国家社科基金项目（13BJY052）
江苏高校优势学科建设工程三期项目

我国新型城镇化
发展模式研究

石淑华 著

中国财经出版传媒集团

经济科学出版社
Economic Science Press

图书在版编目（CIP）数据

我国新型城镇化发展模式研究/石淑华著. —北京：
经济科学出版社，2020.8
ISBN 978 - 7 - 5218 - 1806 - 2

Ⅰ. ①我… Ⅱ. ①石… Ⅲ. ①城市化 - 研究 - 中国
Ⅳ. ①F299. 21

中国版本图书馆 CIP 数据核字（2020）第 159053 号

责任编辑：周国强
责任校对：刘　昕
责任印制：王世伟

我国新型城镇化发展模式研究
石淑华　著
经济科学出版社出版、发行　新华书店经销
社址：北京市海淀区阜成路甲 28 号　邮编：100142
总编部电话：010 - 88191217　发行部电话：010 - 88191522
网址：www. esp. com. cn
电子邮箱：esp@ esp. com. cn
天猫网店：经济科学出版社旗舰店
网址：http://jjkxcbs. tmall. com
固安华明印业有限公司印装
710×1000　16 开　26.5 印张　2 插页　460000 字
2020 年 8 月第 1 版　2020 年 8 月第 1 次印刷
ISBN 978 - 7 - 5218 - 1806 - 2　定价：98. 00 元
（图书出现印装问题，本社负责调换. 电话：010 - 88191510）
（版权所有　侵权必究　打击盗版　举报热线：010 - 88191661
QQ：2242791300　营销中心电话：010 - 88191537
电子邮箱：dbts@ esp. com. cn）

目　录

第一章

导　　论

新的实践呼唤新的理论。不断深化的经济全球化加剧了城市之间的竞争，新技术革命要求转变经济发展方式，全球城镇化趋势对城市发展理念提出新挑战。这些不断发展变化的外部环境，对中国新型城镇化发展模式提出了新要求。同时，中国正处在全面转型、实现历史性跨越发展的关键期。承担这一重任的城镇化建设既不能简单照搬发达国家城镇化发展的做法，也不能继续沿用传统的城镇化模式，必须赋予其以新的内涵。因此，在新的时代背景和历史条件下，具有大国特征的中国新型城镇化建设需要新的理论来指导。

第一节　我国新型城镇化发展的时代背景分析

一、国际背景分析

进入 21 世纪以来，世界经济发展呈现四大趋势：一是全球经济深度调整与转型，二是经济全球化深入推进，三是以信息技术为代表的新技术革命来临，四是全球城镇化发展进入新阶段①。这四种趋势交互作用，使世界经济复杂多变，也给各国带来了前所未有的机遇和挑战。在这纷繁复杂多变的全球经济转型、经济全球化、新技术革命、全球城镇化叠加推进中，各国为了顺应这些特点，趋利避害，纷纷进行了战略性调整与安排。中国政府审时度势，及时提出了新型城镇化战略。

（一）世界经济深度调整与转型

自 2008 年国际金融危机以来，世界经济进入全面调整和变更的低速增长时期。迄今为止，以欧美为代表的发达经济体经济复苏缓慢，增速分化；以中国为代表的新兴经济体经济增速放缓，下行压力较大。在这一复杂多变的国际经济环境中，中国如何通过调整自身的经济结构，提升经济质量，继续引领世界经济发展是当下亟须研究的课题。

1. 世界经济触底回升缓慢，各国表现参差不齐

2013 年是世界经济发展的转折之年，是自 2010 年以来持续走低至谷底进而好转的一年。2013 年世界经济增长率降至 2.19%，2014 年世界经济触底回升增至 2.60%，此后在波动中缓慢回升，2018 年仅为 3.00%。其中，发达经济体表现不佳，美国经济缓慢回升，欧元区经济回升后又掉头下降，日本经济跳出负增长后在 1% 左右徘徊不前。在新兴经济体中，除了印度表现抢眼外，其他国家经济增速持续走低（见表 1.1）。这表明，世界经济进入低增长的"新常态"，发达经济体国家面临着高失业率、低通缩、高负债的困扰（见表 1.2）。新兴经济体国家因大宗商品国际市场价格下降、发达国家进口减少等外部原因以及本国经济结构调整迟缓、产业处于全球价值链低端等国内因素而导致经济进入中低速增长时期。

---

① 对于21世纪以来世界经济发展的特点，学术界还有另外两种观点：一是"两趋势"论，即经济全球化和信息化；二是"三趋势"论，即经济全球化、全球信息化、全球城市化。

表1.1　　　　　　　**2011～2018 年世界经济增长状况**　　　　单位：%

国家	2011 年	2012 年	2013 年	2014 年	2015 年	2016 年	2017 年	2018 年
世界经济	2.83	2.39	2.19	2.60	2.90	2.60	3.20	3.00
美国	1.60	2.22	1.68	2.57	2.86	1.49	2.27	2.86
德国	3.66	0.49	0.49	1.93	1.74	1.94	2.22	1.43
英国	1.45	1.48	2.05	3.05	2.35	1.94	1.79	1.40
日本	-0.12	1.50	2.00	0.37	1.35	0.94	1.71	0.79
南非	3.28	2.21	2.49	1.85	1.28	0.57	1.32	0.79
印度	6.64	5.46	6.39	7.41	8.15	7.11	6.62	6.98
巴西	3.99	1.93	3.01	0.51	-3.55	-3.47	0.98	1.12
俄罗斯	5.28	3.66	1.79	0.74	-2.83	-0.22	1.55	2.25

资料来源：世界经济数据来自《中国统计年鉴》（2014 年、2016 年、2019 年），其他数据来自《全球宏观经济数据网》，http：//finance. sina. com. cn/worldmac。

表1.2　　　　　　　**2011～2018 年发达国家经济发展状况**　　　　单位：%

经济指标	国家	2011 年	2012 年	2013 年	2014 年	2015 年	2016 年	2017 年	2018 年
失业率	美国	8.95	8.07	7.38	6.17	5.25	4.87	4.36	3.93
	德国	5.82	5.36	5.23	4.98	4.62	4.12	3.75	3.43
	英国	8.04	7.89	7.53	6.11	5.30	4.81	4.33	3.95
	日本	4.55	4.35	4.03	3.58	3.33	3.13	2.83	2.45
消费物价增长率	美国	3.16	2.07	1.46	1.62	0.12	1.26	2.13	2.44
	德国	2.08	2.01	1.50	0.91	0.23	0.48	1.74	1.73
	英国	4.48	2.82	2.55	1.46	0.05	0.64	2.69	2.29
	日本	-0.27	-0.05	0.35	2.76	0.79	-0.12	0.47	0.98
政府债务率	美国	90.20	94.41	96.61	96.89	97.37	99.46	—	—
	英国	96.69	100.84	96.74	107.65	106.73	116.86	—	—
	日本	177.96	186.03	188.88	194.43	197.04	195.52	—	—

资料来源：《全球宏观经济数据网》，http：//finance. sina. com. cn/worldmac。

2. 新的保护主义抬头

2008 年金融危机后，各国为了避免外部冲击，稳定国内经济和就业，纷纷实行各种保护主义措施，采取"以邻为壑"的政策，刺激本国经济复苏。此轮保护主义参与国范围之广、数量之大、手段之多史上未有，呈现出很多新的特点。

其一，从保护的范围来看，不仅限于各国对外贸易的保护，还进一步延伸至投资、金融、劳工等多个产业和生产要素市场。就投资保护而言，各国通过设立海外投资准入壁垒、国家安全审查、企业社会责任要求、政治干预等方式来实施保护。根据联合国贸易和发展会议《2011 年世界投资报告》，2010 年世界各国共出台了 149 项与投资有关的政策措施，而保护主义措施占了近 1/3，这一数字在 10 年前仅仅是 2%，直接影响了全球直接投资的复苏与发展。就金融保护而言，发达国家动用大笔资金为本国银行和其他金融机构注资，采取种种手段诱导或者强制本国金融机构撤离海外市场回到母国以促进本国企业的发展，而对在本土经营的外国银行则采取各种手段加以打压（佟家栋、刘程，2013）。

其二，从保护的产业来看，不仅限于对本国失去比较优势和竞争优势的产业保护，还涉及新兴产业的保护。美国自 2011 年开始实施的"高端制造合作伙伴"计划，将保护主义的视角伸向代表未来产业发展具有竞争力的环保、能源、新技术产业和教育、健康等领域。

其三，从保护的动因和方式来看，不仅出于传统的经济安全，还扩至社会安全与政治安全，且多以合法方式出现。气候问题、粮食与食品安全、能源资源安全等问题不仅是经济发展的重大问题，还是事关人类发展的社会问题，成为全球治理的重大议题。因此，各国常以全球治理为借口，行"贸易保护"之实。

其四，从保护的受害国来看，中国是主要受害国。仅从 2008 年 11 月到 2014 年 2 月，中国工业共遭受了 1121 项歧视性贸易保护措施。其中，发展中国家共实施了 923 项，占比高达 82.3%；发达国家发起了 198 项，占 17.7%，主要是欧盟国家（王小梅、秦学志、尚勤，2014）。从近年的贸易救济案件来看，2010 年，共有 20 个国家和地区对中国出口产品发起 66 起贸易救济调查，涉案金额约 71.4 亿美元。2012 年，有 21 个国家和地区发起 96 起，涉案金额达 277 亿美元。2013 年，有 19 个国家和地区对我国发起 92 起贸易救济调查，涉案金额 36.19 亿美元（赵丽娜、孙宁宁，2014）。尽管最近几年我国遭遇贸易救济调查案件数量和金额均有明显下降，但与过去 5 年同期相比，总体波动不大，仍然处于高位。

在这纷繁复杂、恢复乏力的经济环境中，世界各国需要寻求新的合作平台，培育新的亮点，共同促进经济恢复与发展。城镇化就是恰当的选择。我国与发达国家城镇化所处的阶段不同，双方优势互补，合作前景广泛。李克强总理指出，中国的城镇化对欧洲克服债务危机的影响、推动经济复苏也是机遇。欧方完全可以发挥特长，与中方开展产品、产业、技术等方面的合作，拓展市场空间。加强在新能源和可再生能源、节能环保产业、循环经济以及废弃物利用等方面的合作，共同建设绿色城市、低碳城市。另外，双方在城市基础设施建设、服务业、城市景观保护与营造、智慧城市发展方面，也都有很大合作潜力。

（二）经济全球化深入发展

"全球化"这个概念最早是在 1985 年由美国经济学家提奥多尔·拉维特提出的。他在《市场全球化》一文中用这个词来形容前 20 年间国际经济的巨大变化，即商品、服务、资本和技术在世界生产、消费和投资领域中的扩散。究竟什么是经济全球化？尚未有一个权威性的界定，国内外学术界至今也是众说纷纭。

国际货币基金组织（IMF）从要素流动配置和各国关系相互依赖性角度入手，认为："经济全球化是指跨国商品与服务交易及国际资本流动规模和形式的增加，以及技术的广泛迅速传播，使世界各国经济的相互依赖性增强。"经济合作与发展组织（OECD）从国别性日渐削弱的过程入手，认为："经济全球化是一种过程，在这个过程中，经济、市场、技术和通信形式的全球特征日益增加，民族性和地方性不断减少。"

学界一般认为，经济全球化就是一个过程，这个过程包括物质和制度两个方面的内涵：从物质内涵来看，经济全球化是指各种商品和生产要素在全球范围流动和配置，使各国之间的经济联系日益加强和相互依赖日益增强，进而逐渐形成全球统一市场的过程；从制度内涵来看，经济全球化是全球性经济制度的形成、整合与协调的过程（薛敬孝、曾令波，2000）。市场经济制度是经济全球化形成的前提、基础和动因，而经济全球化是市场经济制度不断发展和深化的必然结果。在市场配置资源的过程中，要矫正资源错配行为，逐步拆除阻碍资源自由流动的"制度藩篱"，即有损于资源全球配置的经济法规、经济制度、经济政策以及各种歧视性待遇，包括宏观和微观两个层面。宏观层面主要是国际经济协调机构不断强化；微观层面主要是企业实行跨国公司制度。物质和制度共同构成经济全球化的内涵，二者相互联系，缺一不可。物质内涵是基础，制度内涵是核心。制度内涵既是物质内涵即全球性经济行为增加的结果，又是全球性经济行为进一步增加的前提条件，为全球经济行为提供有力的制度支持。

进入 21 世纪，经济全球化深入发展，资本流动远远高于劳动力流动，而要素全球性流动的载体是城市。因此，经济全球化在很大程度上表现为城市的经济全球化，全球经济的竞争表现为全球城市之间的经济竞争。经济全球化浪潮对城镇化的空间格局产生重大影响：

其一，城市职能范围的拓展。全球范围内的国际分工导致大城市在全球经济竞争中具有重要地位和影响。大城市必须突破本国或者地域的界限，着眼于全球视域的国际分工，主动融入全球产业链和全球分工体系中，向全球市场提供自己的产品与服务。

其二，城市等级结构的转变。全球化背景下的国际分工网络首先体现为城市互动形成的网络，要求一国的城市嵌入全球城市分工体系中，进而出现了新的全球城市等级结构，即世界城市、国家城市、区域城市和地方城市。只有那些城市功能在国际上具有重大影响的少数大城市才能是国际性城市，主要发展高科技产业和高级服务业。区域城市和地方城市承接转移过来的传统制造业，通过专业化和灵活化的产业组织，加强与大城市的联系，增强其开放性。

其三，城乡关系的转变。对于一个大国的城镇化而言，为了在国际竞争中增强实力，城市不仅要充分利用国外的资源、要素和市场，刺激城市的产业发展和就业增长，形成城市发展的外生力量。同时，还要充分利用大城市的扩散和带动作用，形成紧密的城乡关系，推动城乡一体化发展，并且将城乡经济发展融合到世界城乡网络体系中，更好地参与国际分工与合作。

经济全球化为发展中国家的城镇化发展创造了难得的机遇，也带来一些负面影响。一是城镇化的依附性。在国际产业分工中，发达国家控制产业链的高端，发展中国家从事低端制造业，导致发展中国家的产业只能围绕着发达国家跨国公司的指挥棒运转，失去了反映市场供求关系的自我调节能力，削弱了城镇化可持续发展的内生力量（李少星、颜培霞、蒋波，2010）。二是城镇化的脆弱性。外向型的市场体系容易受到全球市场波动的影响。繁荣时造成重复建设，过度竞争，资源浪费；萧条时导致大量失业，引发严重的社会问题。三是城镇化的污染问题。地方政府在经济利益驱动下，为了吸引外资，不仅提供低廉的土地资源、劳动力和原材料，而且放松对其环境监管。结果，外资虽然解决了就业和收入问题，却造成了严重的环境污染。2008年，国家环保局的报告曾指出，2004～2007年间在19个省区共有130家跨国公司存在环境违法行为，其中不乏"世界500强"企业。四是城镇化的"洋化"问题。在经济全球化浪潮中，中国的城市"被西化"，不仅把西方化的城市形态与空间作为时尚，更作为整体性空间来建筑；中国的城市化模式越来越丧失自我，而具有西方化的城市化特点；中国的城市规划具有很深的"洋规划"烙印，很多城市不仅丧失了中国城市的历史记忆，还大量充斥着西方地名（张鸿雁，2012）。

（三）第三次工业革命即将来临

在应对国际经济危机之际，第三次工业革命悄然而至。早在20世纪70年代初期，美国一些专家就开始探讨以信息技术为代表的第三次工业革命对工人、工资、收入等问题的影响。随着信息技术的快速发展，资源枯竭、环境恶化以及可持续发展问题的提出，特别是此次世界经济危机表明，以化石燃料以及相关技术为基础的第二次工业革命无法再支撑世界经济的发展，需要加快推进第三次产业革命。2011年，美国经济学家杰里米·里夫金在《第三次工业革命》一文中，首次界定了第三次工业革命的概念及其内涵。他从能源互联网技术与再生能源技术的融合视角提出，第三次工业革命主要是指从以化石燃料为基础的革命转向以可再生资源为基础的绿色革命（杰里米·里夫金，2012）。这种创新与融合引领整个社会生产方式、生活方式、产业组织方式的重大变革。2012年4月，英国《经济学家》杂志发表保罗·麦基里的《制造与创新：第三次产业革命》一文，他从制造业技术和数字制造的发展角度提出，第三次工业革命是智能软件、新材料、智能机器人、新制造方法及基于网络的商业服务将形成合力，产生足以改变经济社会进程的巨大力量，将变革制造业模式，即大规模流水线制造从此终结，随之而来的是基于网络的定制化生产和小批量生产。这两种观点奠定了此后学术界对第三次产业革命的基本认识。总体看来，第三次产业革命包括新能源革命、新材料革命、制造业数字化革命和新技术革命。其中，新技术革命是第三次工业革命的中枢神经系统，是驱动其他技术的大脑和指挥中枢；新能源与新材料是第三次工业革命的物质基础；数字化制造、3D打印、工业机器人是实现第三次工业革命的智能制造方式。这一革命通过社会生产方式、制造模式和全球产业组织模式的变革来推动城镇化转型发展。

首先，推进城镇化均衡协调发展。互联网、云计算等信息技术的发展，使企业在信息分享和价值共创中实现生产方式的变化，由集中生产转为分散生产和就地销售，导致原本在地理上相对分散、远离中心城市的企业开始融入网络化的生产体系中；劳动者凭借专业知识、劳动条件和劳动能力，突破地域空间限制，随时随地嵌入生产体系中。这样，一方面，加强了中心城市与城市边缘地区、大城市与中小城市、城市与农村的联系，促进大中小城市协调发展和城乡一体化发展。另一方面，从根本上打破制造业集中东南沿海地区的不合理产业布局，促进中西部地区制造业发展，加快中西部就地城镇化发展的步伐，以此突破"胡焕庸线"。

其次，实现城镇化可持续发展。第三次工业革命主要依靠技术创新，城市经济必须大力发展信息技术、创意产业、软件公司等，现代制造业、生产性服务业将是城市支柱产业。这将极大地优化城市产业结构，夯实城市经济发展的基础，推进城市现代化。

最后，促进城镇化低碳发展。随着太阳能、风雨、潮汐、地热等可再生能源的生产、使用与推广，城市汽车将变成插电式汽车，可以减少石油等化石资源的消耗以及带来的环境污染和交通拥挤问题。城市基础设施将是通信技术和能源的有机结合体，开创一种新的低碳、生态城市生活。

（四）世界城市化发展进入新阶段

2014年，世界城市化率达到了53.5%，这标志着世界进入了以城市社会为主的发展时期。对于世界城市化进程的划分，存在两种争议：

其一，关于城市化的起点问题。实际上，这涉及如何认识城市的起源与城市化的起源两个问题之间的关系？即城市的起源是否等于城市化的发端？城市发展史是否等于城市化史？西方学者一般将城市的出现等同于城市化的开始，而中国学术界是有争议的。除了少部分学者持肯定态度外，大部分学者认为，城市发展史不等于城市化发展史，城市化发端于产业革命而非古代城市，二者只是在18世纪60年代英国产业革命爆发之后才开始有了某种重合关系（高珮义，1991）。如果认同城市发展史等同于城市化史，就将城市化的起源追溯到城市的起源，即公元前5500年。如果是持否定态度，则城市化的起点是1760年。

其二，关于城市化的维度问题。一般而言，无论是从国别来看，还是从全球来看，考察城市化的进程都是按照时间对其发展动力以及推进规模等方面进行考察，工业化都是城市化的原发动力，工业化带动了城市化的发展。但是，世界城市化的发展进程却出现了时间维度和空间维度的不对称。在不同的历史发展阶段，不同国家的城市化进程不同。因此，考察世界城市化的发展进程应该从时间维度和空间维度两个方面综合进行。

诚然，城市的起源不同于城市化的起源，但必须把城市的发展与城市化的发展统一起来。因为城市化要依托城市，城市是城市化发展的载体。没有城市，就不可能促进并保证城市化健康持续发展。城市化是一个国家或者地区从传统农业社会向现代城市社会转变的过程，转变的动力是源于技术进步带动下的社会生产力水平的不断提高。那么，这种转变的始点就应该是从有城市的农业社会开始。因为在传统农业社会中，生产力水平也是在不断提高的。只不过1760年工业革命促使社会生产力快速提高，城市化进程加快而已。为此，将世界城市化进程划分为起始阶段、起步阶段、快速发展阶段、加速发展的中前期阶段和增速放缓的中后期阶段这五个阶段（具体见表1.3）。

表1.3 **世界城市化发展阶段的划分**

阶段	时间	代表区域	主要特点	城市化水平
起始阶段	1760年以前	欧洲、中国	世界城市化整体较低	3%
起步阶段	1760～1850年	英国	世界城市化水平较低； 英国基本实现城市化	3%～6.4%
快速发展阶段	1850～1950年	发达国家	世界城市化快速提高； 英国高度城市化； 发达国家基本实现城市化	6.4%～29%
加速发展的中前期阶段	1950～2008年	发达国家 新型国家	世界城市化基本完成； 发达国家城市化深化； 大批新型工业化国家成为 最主要的推动者	29%～50%
增速放缓的中后期阶段	2008年至今	发展中国家	世界城市化增速放缓； 发展中国家是世界城市化的主角	50%以上

第一个阶段是 1760 年以前城市化起始阶段。在传统农业社会,农业生产力水平提高到能够提供剩余产品来养活非农产业人口时,城市就开始产生。城市最早产生于公元前 5000 多年前的人类聚落,以传统农业为基础的工业难以支撑大规模的人口聚集,城市规模都很小,城市人口也很少,城市化水平很低。一直到 1760 年,世界城市人口估计只有 250 万人,城市化率只有 3% 左右。不过欧洲的城市化有了一定的发展。公元 1000 年,西欧拥有 1 万人以上的城市居民数量占总人口的比重几乎为零,但是到了公元 1500 年,城市人口比重上升到 6.1%。公元 1600 年,城市化率达到 7.8%。公元 1700 年,达到 9.9%(见表 1.4)。我国在公元 762 年的唐朝中期,城市人口占比就已达到 4.7%,拥有 1 万人以上的城市数量达到 50 个,但此后城市化进程慢了下来(张启良,2013)。

表 1.4   **1500 ~ 1890 年欧洲城市化水平**   单位:%

国家	1500 年	1600 年	1700 年	1800 年	1890 年
比利时	21.1	18.8	23.9	18.9	34.5
法国	4.2	5.9	9.2	8.8	25.9
德国	3.2	4.1	4.8	5.5	28.2
意大利	14.9	16.8	14.7	18.3	21.2
荷兰	15.8	24.3	33.6	28.8	33.4
斯堪的纳维亚	0.9	1.4	4.0	4.6	13.2
瑞士	1.5	2.5	3.3	3.7	16.0
英格兰和威尔士	3.1	5.8	13.3	20.3	61.9
苏格兰	1.6	3.0	5.3	17.3	50.3
爱尔兰	0.0	0.0	3.4	7.0	17.6
西欧	6.1	7.8	9.9	10.6	31.3
葡萄牙	3.0	14.1	11.5	8.7	12.7
西班牙	6.1	11.4	9.0	11.1	26.8

注:本表数据是指规模达 1 万人以上城市人口占总人口比重。
资料来源:〔英〕安格斯·麦迪森:《世界经济千年史》,北京大学出版社 2010 年版,第 246 页。

第二个阶段是 1760 年至 1850 年的城市化起步阶段。18 世纪中叶,随着欧洲科技进步和第一次工业革命的到来，开启了工业化推动的真正意义上的城市化进程。从 1760 年至 1850 年的 90 年时间里，世界城市化率从 3% 提高到 6.4%，翻了一倍。这一时期英国的城市化率达到 50%，成为世界上第一个基本实现城市化的国家（简新华，1998）。

第三个阶段是 1850 年至 1950 年城市化快速发展阶段。从 19 世纪 50 年代至 20 世纪 50 年代，以重工业发展为主要特征的第二次产业革命在英国、美国、德国、法国等资本主义国家兴起，城市聚集能力增强，城市化开始在这些国家逐步发展进而基本实现。在这 100 年时间里，世界城市化率从 6.4% 提高到 29%，增长了 4 倍多。这一时期全球城市化的主要带动地区是西欧和北美少数国家，它们基本完成了城市化任务，成为发达国家。1950 年，发达国家和地区的城市人口为 4.4 亿人，城市化率为 51.8%。其中，英国达到了高度城市化，城市化率为 78.9%。同时，发展中国家的城市人口从 1850 年的 4000 万人增加到 1950 年的 2.68 亿人（简新华，1998）。

第四个阶段是 1950 年至 2008 年城市化加速发展的中前期阶段。2008 年，世界总人口为 66.97 亿人，其中 34 亿人口生活在城市中。在近 60 年的时间里，世界城市化率从 29% 发展到 50%，提高了 21 个百分点，年均增速为 0.36%（国际统计年鉴，2010），基本完成了世界城市化的伟大任务，整个世界从此进入了以城市为主的社会。这一时期世界城市化主要表现为三个方面：发达国家的城市化继续深化，成为第三产业推动下的后工业化时期的城市化；大批新型工业化国家成为最主要的推动者；广大发展中国家也加入世界城市化进程中来（新玉言，2013）。正因为世界各国都卷入了城市化浪潮中，此时世界城市化在速度、质量、城市体系等方面呈现出多样性、非均衡性等特点。在速度上，发达国家城镇化进入增速放缓的中后期阶段，发展中国家城镇化刚刚起步，速度较快。在质量上，发达国家城镇化与工业化同步，质量较高；而大量发展中国家经济发展水平不高，贫富两极分化严重，公共服务供给不足，出现了过度城镇化问题。在城市体系上，这一时期大量人口进入大城市，大城市和城市群的数量和规模迅速扩大。

第五个阶段是 2008 年至今城市化增速放缓的中后期阶段。对于这一时期的世界城市化发展趋势和特点，学术界提出了很多观点。冯奎（2013）认为，世界城市化中后期阶段的特征主要有：一是城乡关系的矛盾得到缓解，一体化发展加深；二是为城市化人口提供住房及社会保障成为政策核心；三是大中小城市协调发展，城市群成为主要空间形态；四是服务业取代工业成为城市化发展的主要动力；五是生态环境的制约性增强，可持续发展成为共识；六是集约利用土地，紧凑型城市成为城市化的主流方向；七是中产阶级逐渐兴起，社会转型机遇更大但挑战更严峻；八是城市新现象与新问题不断涌现，城市管治继续演化发展。新玉言（2013）认为，世界城市化将继续保持较快的发展速度，大城市和城市群的地位将会更加突出，多级多层次的世界城市化体系将进一步形成，城市进一步向低碳生态型发展，城市治理法制化和透明化。

特别是进入 21 世纪以来，随着以信息技术为核心的现代新技术的迅猛发展，以及前一时期城市化过程中存在的种种问题，今后世界城市化具有三个特点。一是城市发展理念创新，数字城市、低碳城市、智慧城市等新兴城市化模式将引领世界城市化进入新的发展阶段。二是更加注重城市协调与均衡发展，在大城市、城市群仍然是城市化重要载体的同时，更加注重大中小城市协调发展，注重城乡一体化，显著提升城市化质量。三是发展中国家成为世界城市化的主角。发达国家城市化已经进入后城市化阶段，未来全球新增城市人口主要来自发展中国家。由于世界城市化发展的内外部环境出现了新变化和新问题，发展中国家完成城市化任务更具挑战性、复杂性和艰巨性。

二、国内现实状况

目前，我国国内现状主要表现为三个方面，即经济发展进入"新常态"、社会发展面临"中等收入陷阱"、改革进入攻坚期。

（一）经济发展进入"新常态"

自 2014 年以来，经济"新常态"成为社会各界讨论的热词。这个概念从提出到广泛使用经历了三个阶段。第一个阶段是 2014 年上半年的提出阶段。2014 年 5 月，习近平总书记考察河南时首次使用这一概念。他指出，"我国发展仍处于重要战略机遇期，我们要增强信心，从当前我国经济发展的阶段性特征出发，适应新常态，保持战略上的平常心态。"7 月份，习近平同志在和党外人士的座谈会上又一次指出，要正确认识中国经济发展的阶段性特征，进一步增强信心，适应新常态。第二个阶段是 2014 年下半年的诠释阶段。11 月份，在 APEC 工商领导人峰会开幕式上首次从经济增长速度、经济结构、发展动力三个方面全面阐释了中国经济新常态的主要特点。时隔 1 个月，在中央经济工作会议上进一步诠释了经济新常态的 9 个趋势性特征与 5 个重点工作任务。第三个阶段是 2015 年以来社会各界深入研究和广泛使用阶段。2015 年，学界尤其是经济学界对中国经济新常态从提出背景、内涵、特征、任务、政策取向等方面展开了全面而深入的研究，形成一批有影响力的见解，初步提出了中国经济新常态理论。

中国经济新常态实际上是指中国经济发展进入新阶段的一种转型发展，主要包括发展速度换挡、结构调整、动力转型等内容。

其一，发展速度从高速转向中高速。1979～2011 年，长达 32 年时间里，我国 GDP 年均增速 9.9%，创造了"中国奇迹"，为世界经济增长做出了重要贡献。但是，自 2012 年以来，经济增速开始放缓，至 2018 年，经济增速从 7.7% 降至 6.6%。从已有的国际经验来看，任何发达国家在其发展过程中，都要经历高速、中高速、中速、中低速、低速这样的倒 U 形发展轨迹，这是一国迈入中等收入阶段后经济发展的普遍性规律。从国内环境来看，30 多年依靠要素投入带动的粗放型经济增长方式，在要素、资源、环境等硬约束下，难以支撑高速度。

其二，经济结构由中低端迈向中高端。经济结构包括产业结构、收入分配结构、区域空间结构等，产业结构是经济结构调整优化的核心。从产业结构来看，2013 年，第三产业占比达到 46.1%，首次超过第二产业。2018 年，第三产业占比为 52.2%，比第二产业高 11.2 个百分点。这标志着中国经济逐步摆脱了对工业的依赖，第三产业成为经济发展的第一大产业。从收入分配结构来看，农民收入增长速度快于城镇居民，城乡居民收入比自 2009 年达到最大值 3.33：1 之后持续下降，2018 年降为 2.69：1。经济结构不断优化成为当前经济发展的核心。

其三，发展动力由要素、投资带动转向创新、消费驱动。多年来，我国经济增长主要依靠劳动力、资源、资金三大传统要素带动的，目前这些要素面临着诸多瓶颈约束：劳动力因人口老龄化、抚养比提高、人口增长率降低等原因导致"刘易斯拐点"的出现；资源因过度投入带来了资源危机、环境污染等问题；靠政府融资进行资金投入导致地方政府债务过重、投资效率下降、产能严重过剩。在国际竞争激烈、国际市场萎靡不振的背景下，必须依靠科技进步、扩大内需来化解产能过剩，从"中国制造"转为"中国创造"，打造中国经济升级版。

破解这些难题的突破口就在于城镇化模式的转型，以新型城镇化引领经济新常态。首先，从发展速度来看，学界对城镇化与经济增长之间是否存在因果关系有争议，但不可否认的是二者之间的确存在正相关关系，以往近二位数的经济增长在很大程度上得益于城镇化的结构效率，即劳动力的空间流动（从农村流向城市）和职业转换（从农业转为非农产业）增加了收入，改善了资源利用效率，提高了生产率。今后，应该侧重于改善和提高城镇化质量，发挥城镇化的规模效率和分工效率，减缓经济增速下滑。其次，从结构调整来看，新型城镇化与新型工业化、信息化、农业现代化"四化"协调推进，有利于先进制造业、现代服务业等新兴产业的聚集发展；有利于推进农业产业化，促进农村产业结构调整和农业现代化；有利于促进公共性服务、生产性服务等第三产业的发展，推进产业服务化。最后，从发展动力来看，以人为本的新型城镇化有利于转变居民的消费结构，逐步提高教育、文化、旅游、娱乐等消费的比重。同时，加强城镇基础设施建设和区域之间的互联互通，引入更多的社会资本进入基础设施建设领域，将继续发挥投资的带动作用。另外，创新驱动需要科技和人才支撑，这需要提高城市的聚集效应和专业化水平。

（二）社会发展面临"中等收入陷阱"

"中等收入陷阱"最初出现在 2007 年世界银行发布的《东亚复兴：关于经济增长的观点》研究报告中。世界银行的经济学家认为，由于缺乏规模经济，东亚的中等收入国家不得不努力保持其前所未有的高增长率，而以生产要素的积累为基础的战略可能会导致持续恶化的后果，因为资本的边际生产率会下降。在长达几十年的时间内，拉美和中东是中等收入地区，但它们无法走出这一陷阱。国内一些学者认为，"中等收入陷阱"是指一个国家在进入中等收入国家的行列后，随着人均收入的提高，劳动力成本会上升，它的产业结构及科技创新却未出现显著的改善或进步，结果是它既不能与劳动力成本更低的其他发展中国家竞争，也无法与发达国家竞争，从而陷入一种发展困境（张德荣，2013）。

目前，我国已经进入中高收入国家行列，但面临着经济减速、生态环境、社会发展等方面的问题。为此，学术界对我国是否陷入"中等收入陷阱"日渐担忧。中国财政部前部长楼继伟（2015）认为，中国未来有50%以上的可能性会滑入"中等收入陷阱"，目前中国的关键任务是要跨过"中等收入陷阱"，实现6.5%~7%的经济增长速度。实际上，所谓"收入陷阱"是经济发展过程中因社会矛盾激化和经济改革政策欠妥而陷入阶段性的停滞状态。不论在哪个发展阶段，都会有当时情况下的衰退问题。它不仅关系到经济的持续发展，还关系到社会的稳定与协调发展。"中等收入陷阱"是源于城镇化过程中经济社会发展到中等收入阶段后出现的各种发展失衡，解决之道是城镇化转型。

（三）改革进入攻坚期

经济社会领域的各种矛盾与问题是改革发展中的问题，是源于改革不到位和改革滞后。为此，中共十八届三中全会通过了《中共中央关于全面深化改革若干重大问题的决定》，专门成立了中央全面深化改革领导小组，开启了全面深化改革的新征程。如果说以往的改革是"帕累托"改进，相关者的利益都能得到改善，那么这次改革是现有利益格局的重新调整，通过改革旧体制和机制来打破原有的利益藩篱，建立新体制和制度来满足人民群众对美好生活的需求。

在这场改革攻坚战中，城镇化不仅是改革的重要内容，自身也迫切需要一系列改革为城镇化发展注入持续的要素红利和制度红利。

第二节　我国新型城镇化的基本内涵

一、新型城镇化的基本内涵

对于新型城镇化的基本内涵，学术界进行了广泛研究，观点众多，说法不一。

单卓然、黄亚平（2013）认为，新型城镇化体现在民生、可持续发展和质量三大内涵，每个内涵都可以从经济、社会、体制制度和城镇建设四个层面解读其具体内容（见表1.5）。

表1.5   **新型城镇化内涵框架**

三大内涵	不同层面	具体内容
民生城镇化	经济	收入差距、农村人均纯收入、城镇居民人均可支配收入
	社会	福利水平、社会保障能力、医疗服务水平、教育水平、老年群体及弱势群体关注度
	体制制度	户籍、土地、行政管理、城乡统筹、收入分配
	城镇建设	生态建设、公共服务均等化、基础设施覆盖率、保障房安居工程
可持续发展城镇化	经济	产业转型与升级、现代农业、现代服务业发展、产业结构调整
	社会	文化事业、社会网络、非政府团体机构
	体制制度	服务型政府、民营经济、政务及财产公开
	城镇建设	低碳理念、自然环境、历史文脉、绿色建筑、垃圾循环、新能源、新材料
质量城镇化	经济	区域协调与一体化、低污染、低耗能、低排放
	社会	文明及综合素质、土地节约集约、空气及水环境质量、公共服务便捷程度、品质生活
	体制制度	门槛调整、准入制度、监管制度
	城镇建设	速度与质量、土地节约与集约、空气及水环境质量、公共服务便捷程度、品质生活

新玉言（2013）认为，新型城镇化的基本内涵可以概括为：坚持以人为本，以新型工业化为动力、以统筹兼顾为原则，推动城市现代化、城市集群化、城市生态化、农村城镇化，全面提升城镇化质量和水平，走科学发展、集约高效、功能完善、环境友好、社会和谐、个性鲜明、城乡一体、大中小城市和小城镇协调发展的城镇化建设路子。新型城镇化的"新"就是由过去片面注重追求城市规模扩大、空间扩张，改变为以提升城市的文化、公共服务等内涵为中心，真正使城镇化成为具有较高品质的宜居之所。

魏后凯（2014）认为，中国特色的新型城镇化道路就是在科学发展观的指导下，立足中国人多地少、人均资源不足，城乡区域差异大的基本国情，坚持以人为本、集约智能、绿色低碳、城乡一体、"四化"同步，走多元、渐进、集约、和谐、可持续的特色新型城镇化道路，逐步形成资源节约、环境友好、经济高效、社会和谐的城镇化健康发展新格局。

国务院发展研究中心课题组（2014）认为，新型城镇化的基本内涵是高效、包容、可持续。高效意味着城镇化以更少的资源和更优化的要素配置创造更多的社会财富，将为包容和可持续发展奠定更加坚实的物质基础；包容意味着城镇化发展的惠及面更大、成果分配更公平，将为持续的高效发展提供有力的支撑和保障；可持续意味着城镇的资源、环境承载力不断增强，是维持高效的关键所在。

张志前、王申（2014）认为，新型城镇化是指以人口城镇化为核心，以信息化、农业产业化和新型工业化为动力，以"内涵增长"为发展方式，以"政府引导、市场运作"为机制保障，走可持续的、城乡一体的城镇化发展道路。

张占斌等（2014）认为，要素城镇化和人的城镇化是新型城镇化的两个基本内核。从要素城镇化来看，要实现从增长型向发展型转变；而人的城镇化是新型城镇化的实质和根本要求，需要在发展速度、水平、布局、城市功能、可持续等方面具有自身独特而科学的规定性。为此，从城镇化发展水平、速度、可持续性和城乡协调等方面设置了4个一级指标、10个二级指标、57个三级指标。

仇保兴（2012）提出，新型城镇化建设应该实现以下转变：一是从城市优先发展的城镇化转为城乡互补协调发展的城镇化；二是从高能耗的城镇化转向低能耗的城镇化；三是从数量增长型的城镇化转向质量提高型的城镇化；四是从高环境冲击型的城镇化转向低环境冲击型的城镇化；五是从放任式机动化相结合的城镇化转向社会和谐的城镇化。

倪鹏飞（2014）认为，新型城镇化的基本模式应该是：以科学发展观为指针、以全面小康和现代化为目标、以人的城镇化为核心、以市场运作为主导、以创新要素为驱动、以内涵指针为基本方式、以适度聚集为原则的可持续城市化。

胡拥军（2014）认为，所谓新型城镇化，从城乡关系来看，是从二元结构向统筹城乡发展的转变；从人地关系来看，强调从重物轻人向以人为本的思路转变；从产业支撑来看，强调宏观需求结构从外生型需求导向向内生型需求导向转型；从经济增长动力来看，从投资主导向消费主导转型，经济增长方式从粗放型向集约型转变；从空间治理来看，强调从基于行政区划的藩篱式城市格局向以城市群为主体的网络状城市格局转变。

可见，学界对新型城镇化内涵的界定并没有统一的观点，但存在以下共性：一是强调了以人为本，注重居民生活质量的改善与提高；二是从经济学、社会学、地理学等多学科、多视角进行综合性、整体性研究；三是定量与定性相结合，用一系列指标来衡量城镇化的健康发展。其实，对新型城镇化的研究，无论是拓宽视野，还是运用不同的方法，都是围绕着人这一核心要素，促进农业转移人口的生产方式和生活方式实现从农到城的转变。

二、新型城镇化的特色

新型城镇化要体现出三种特色，即"国际特色""中国特色""新型特色"，是三种特色的有机统一，要从这三个维度来把握其基本内容和特征。"国际特色"是指新型城镇化模式要体现世界城镇化的一般规律。新型城镇化建设是中国特色社会主义城镇化建设的重要部分，标志着中国特色社会主义城镇化建设进入了新的发展阶段。作为世界城镇化进程中的重要组成部分，新型城镇化必然体现出城镇化的某些本质要求，借鉴发达国家城镇化发展模式，吸取世界其他国家城镇化的成败经验，折射出城镇化的世界普遍性。"中国特色"是指新型城镇化模式要凸显中国特色。我国是发展中大国，人口众多，资源分布不均衡，区域差距比较严重，工业化、城镇化、信息化、农业现代化与生态文明同步推进叠加进行，城镇化规模之大、难度之深前所未有。因此，新型城镇化建设必须要结合中国国情，彰显"中国特色"。"新型特色"是指新型城镇化模式相对于传统城镇化而言，它克服了传统城镇化的种种弊端，实现了城镇化目标、机制、发展方式、动力机制等方面的转化。这三个方面是相互联系，不可分割的。如果新型城镇化模式没有体现出世界城镇化的一般规律，就会重蹈他国城镇化建设的问题；如果新型城镇化模式没有成功解决传统城镇化中存在的问题，就是传统城镇化的简单复制；如果新型城镇化模式没有立足中国国情，体现中国特色，就是国外城镇化的翻版。可见，新型城镇化模式是"国际特色""中国特色""新型特色"的有机整体。新型城镇化模式的"国际特色"放在后面，此处主要研究"中国特色"和"新型特色"。

（一）"中国特色"

新型城镇化模式的"中国特色"，就是要体现中国国情，这是探索新型城镇化模式的前提条件和基础保障。我国国情主要体现在人口、资源、区域发展、经济发展阶段与体制转型等四个方面。

1. 人口众多，劳动力转移规模大，流动空间跨度大

中国是世界上人口众多的国家，人口数量巨大是我国的基本国情。2018年我国总人口为 13.92 亿人，占世界总人口的 18%，是日本的 11 倍，美国的 4.3 倍，法国的 20.8 倍，德国的 16.8 倍，英国的 21 倍。这就意味着，中国城镇化率提高 1%，转移人口数量可以使美国城市化率提高 4.3%，日本城市化率提高 10.5%，德国城镇化率提高 16.4%，甚至可以使法国和英国城镇化率提高 20% 以上。2018 年，中国仅农业转移人口就高达 2.88 亿人，比印度尼西亚的总人口多 2000 多万，比法国、英国、德国三国总人口多 6600 多万，是日本总人口的 2 倍多，是美国总人口的 88%（见表 1.6）。我国城镇化率每提高 1 个百分点，就要转移农村人口 1300 多万，就要给这些人口提供 1300万个就业岗位。

表 1.6　　　　　　　　2018 年中国与其他国家的人口状况

国家或地区	年中人口数（万人）	中国人口与其他国家人口的关系
世界	759427	0.18
中国	139273	—
印度尼西亚	26766	5.20
日本	12653	11.00
美国	32717	4.26
法国	6699	20.79
德国	8293	16.79
英国	6649	20.95

资料来源：2019 年《中国统计年鉴》电子版，http://www.stats.gov.cn/tjsj/ndsj/。

劳动力流动空间跨度大，跨省流动人口的比重非常高，劳动力从不发达地区流入发达地区，从中西部地区流入东部地区。根据国家统计局发布的

《2018 年全国农民工监测调查报告》显示，2018 年跨省流动农民工 7594 万人，占外出农民工总量的 43.98%。其中，中西部地区的外出农民工一半以上是跨省流动（见表 1.7）。如此规模巨大、空间跨度广的人口迁移世界罕见，必须予以高度重视。

表 1.7　　　　　　　　2018 年外出农民工地区分布及构成

按输出地分	外出农民工总量（万人）			构成（%）		
	外出农民工	跨省流动	省内流动	外出农民工	跨省流动	省内流动
合计	17266	7594	9672	100.00	43.98	56.02
东部地区	4718	812	3906	100.00	17.21	82.79
中部地区	6418	3889	2529	100.00	60.60	39.40
西部地区	5502	2727	2775	100.00	49.56	50.44
东北地区	628	166	462	100.00	26.43	73.57

资料来源：《2018 年全国农民工监测调查报告》。

2. 资源人均占有量不足，地域分布不均，资源和环境承载能力有限

我国土地面积 960 万平方公里，居世界第三，但平原仅占 11.98%，而山地占 33.33%，高原占 26.04%，盆地占 18.75%，丘陵占 9.90%。从海拔来看，1000 米以下的地区只有 42.11%，而 1000 米以上的地区所占比重高达 57.89%（见表 1.8），适合于城镇发展的土地资源非常有限，大部分人口集聚在胡焕庸线以东。

表 1.8　　　　　　　　我国地理结构组成状况

项目		面积（万平方公里）	占总面积（%）
总面积		960	100.00
按地形分	山地	320	33.33
	高原	250	26.04
	盆地	180	18.75
	平原	115	11.98
	丘陵	95	9.90

项目		面积（万平方公里）	占总面积（%）
按地高分	500 米以下	241.7	25.18
	500~1000 米	162.5	16.93
	1000~2000 米	239.9	24.99
	2000~3000 米	67.6	7.04
	3000 米以上	248.3	25.86

资料来源：根据 2011 年《中国统计年鉴》整理而来。

我国资源不足还表现在人均占有量较少。人均耕地面积占世界人均水平的 26.7%，林地为 24.09%，草地为 26.67%，水资源为 20.1%，矿产资源为 27%（见表 1.9）。特别是水资源短缺严重。在 2008~2018 年，城市人口从 62403 万人增加到 83137 万人，增长了 33.2%；而城市生活用水从 729.3 亿立方米增加到 859.9 亿立方米，增长了 17.9%，生活用水供需缺口达 15 个百分点。随着农村人口转化为城镇人口，用水短缺问题更趋严重。

表 1.9   **我国主要资源与世界比较**

主要资源	绝对数	世界位次	人均数量	人均占世界人均比例（%）
耕地面积	1.3 亿公顷	4	1.52 亩	26.7
林地面积	2.27 亿公顷	5	2.65 亩	24.09
草地面积	2.6 亿公顷	2	3.04 亩	26.67
年均水资源总量	28124 亿立方米	4	2189 立方米	20.1
矿产总值	19.27 万亿美元	3	1.5 万美元	27

资料来源：刘成武、黄利民，等：《资源科学概论》，科学出版社 2004 年版，第 219~220 页。

我国资源区域分布不均衡。2018 年，南方地区水资源占全国总量的 81%，而耕地只占全国总量的 35.9%；北方地区水资源只占全国的 19%，而耕地却占全国的 64%。我国人地资源分布也很不均衡。东部地区用 9.5% 的土地聚集了全国 38.2% 的人口，而西部地区却在 71.5% 的土地上分布着 27% 的人口。

3. 区域经济差距大

我国改革开放以来实行的非均衡发展战略，东部地区由于特殊的地理位置、优惠政策等因素优先发展起来，区域经济发展的差距不断扩大。2018年，我国53%的GDP、52%的工业产值、56%的第三产业产值、57%的预算收入、82%的货物进出口总值都集中在东部地区。东部地区的人均GDP比中西部地区高出60%，东部地区城镇居民人均可支配收入比其他地区高出1万多元。

4. 经济转型与体制转型的叠加期

改革开放以来，我国逐渐从农业社会转变为工业社会，也从计划经济转变为市场经济，且两种转变相互重叠。

目前，我国处于工业化中后期阶段。2018年，三产产值比为7.2∶40.7∶52.2，三产就业比为26.1∶27.6∶46.3。尽管第三产业超过第二产业成为第一大产业，但工业产值所占比重仍然较大；第三产业就业比重较低，农业就业比重较高。同时，我国各地经济处于不同的工业化发展阶段，呈现梯次性。第一梯队是北京、上海、天津，处于后工业化阶段，生产性服务业和流通性服务业比较发达，但消费性服务业、混合功能性服务业、公共性服务业占比偏少。第二梯队是广东、江苏、浙江、福建、辽宁、内蒙古、山东、吉林等地区，处于重化工业的工业化后期。这就需要尽快促进人力资本集聚，充分发挥知识的创新和扩散功能，带动金融、研发、营销等现代生产性服务业发展。同时，也要促进企业集聚，培育价值链集成商（大企业），重构先进制造业与生产性服务业的价值链，实现先进制造业与现代生产性服务业的动态匹配，争取全球制造业价值链的控制权。第三梯队是处于工业化中期的大部分中西部地区，需要承接东部沿海地区转移来的劳动密集型产业，大力推进工业化。

经过40多年的努力，我国已经初步建立社会主义市场经济体制的基本框架，确立了市场在配置资源中的决定性作用。但是，社会主义市场经济体制并未完善，要素市场发育不充分，计划体制仍在发挥作用，完善社会主义市场经济体制仍任重道远。

总之，我国是社会主义国家，不可能像西方国家那样向外输出剩余劳动力。在关门转移劳动力时，也不可能按部就班地推进城镇化，必须探索符合我国国情的模式。

（二）"新型特色"

新型城镇化的"新型特色"，是在汲取传统城镇化经验教训的基础上形成的最新理念。

1. 传统城镇化存在的问题

对于传统城镇化存在的问题，叶连松等（2014）认为，传统城镇化以土地城镇化为主要内容，土地城镇化速度明显快于人口城镇化速度；单纯强调以经济发展为目标，忽视了农业转移人口市民化，造成了城乡分割，呈现了城乡二元结构；以能源和其他资源大量消耗为支撑，走的是高消耗、高排放、高污染、低效率为特征的粗放型城镇化发展路线；片面追求城市规模的扩大，注重空间扩张，以外延扩张为特征；偏重速度，只强调将农村人口转移到城镇；是政府主导型，而不是市场主导型。简新华等（2010）认为，中国传统的城镇化道路是一条城镇化滞后于工业化、严格限制城市尤其是大城市发展、在城乡关系上偏向城市、城镇规模结构和空间布局基本恰当，由政府发动和推进、排斥市场作用、忽视民间力量、城市建设和管理比较落后的城镇化道路。这条道路虽然不是一无是处，避免了过度城市化，防止了严重的"城市病"的发生，没有出现大面积的"贫民窟"，大、中、小城镇的结构和空间分布也比较分散、基本恰当，但造成了城镇化进程长期缓慢、城乡差别不断扩大、加剧和固化二元经济结构、严重影响工业化的有效推进。中国城市经济学会中小城市经济发展委员会（2012）认为，改革开放以来，中国基本上走的是一条粗放外延式的城镇化道路。一方面，城镇化推进呈现高速度、低质量的特点，农民市民化程度低，城镇化速度与质量不匹配。另一方面，高消耗、高排放、高扩张特征明显，资源配置效率低，城镇化推进的资源环境代价大，导致城镇化进程中不协调、不可持续、不和谐和非包容性问题突出。中国社科院城市与环境研究所魏后凯（2011）认为，中国的城市发展基本上走的是一条外延扩张的、粗放型发展道路，这种发展模式的典型特征是高增长、高消耗、高排放、高扩张，由此带来的问题是加剧了城市空间无序和低效开发、城乡区域发展不协调、社会发展失衡以及大城市的膨胀。毛丰付、赵奉军（2014）认为，中国传统的城镇化模式是以经济发展为中心目标，以外向型工业化为中心动力，以地方政府为主导，以土地为主要内容，以规模扩张作为发展方式，以物质资本大量投入为驱动要素的城镇化。这种城镇化不仅表现为人口不完全城镇化、土地过度城镇化、城市发展失序，还带来了资源大量消耗、空间过度集中、经济结构失衡、环境污染、社会矛盾激化等问题。

可见，学界对传统城镇化的弊端有了很深刻的认识。但这些研究存在以下问题：一是混淆了因果关系，有的问题是其他问题的原因，有的问题是其他问题的结果，或者把一些问题的原因与结果混为一个问题。二是碎片化认识，缺乏系统性。应该立足于整体，运用系统思维，从理念、内容、动力、方式、目标、路径等方面来研究传统城镇化存在的问题。在发展理念上，"重物轻人""重经济轻社会与生态""重生产轻生活"。在内容上，只注重劳动力作为要素的空间转移和职业转换，忽视了身份转换，导致城镇化质量不高、农民工市民化率较低。在动力上，主要通过招商引资和工业园区、开发区建设推进工业产业发展，现代服务业发展滞后。在空间结构上，盲目拉大城镇框架，"摊大饼式"无序蔓延，注重产业功能空间扩张，忽视生活功能空间配套和完善，导致空间布局不合理、城镇功能缺失与紊乱、城镇人口过度集中与分散并存、交通拥堵等"城市病"。在建设管理上，重开发建设而轻管理服务，很多城镇脏乱差现象严重，交通拥堵问题日趋严峻，公共服务设施闲置、低效运转等问题日益突出。在城乡关系上，"重城轻乡"，城乡二元结构明显，各种矛盾突出，城乡居民收入以及各项福利待遇差距依然悬殊，城镇的成长繁荣与农村的落后衰败并存。大量农民工没有获得市民身份，无法在就业、教育、社保、公共服务、住房等诸多领域享受与城镇居民同等的待遇。在区域关系上，行政区为单位的经济社会治理模式直接导致区域内城镇间缺乏功能性区分，产业同构，重复建设严重，资源配置低效，直接影响到城镇职能的发挥，严重削弱了城镇群的综合竞争力（新玉言，2013）。

2. 城镇化的"新型特色"[①]

新型城镇化是摒弃了传统城镇化的弊端和问题，在新的形势下实施的一种全新的城镇化战略。它是针对我国目前所面临的时代背景、基本国情、发展阶段以及体制转型，创造性地探索出一条既不同于西方发达国家、也不同于我国传统城镇化的发展之路。

---

① 该部分内容已经发表，详见石淑华、吕阳：《中国特色城镇化：学术内涵、实践探索和理论认识》，载于《江苏社会科学》2015年第4期，部分内容进行了修改。

　　其一，外生性与内生性的统一。从演化过程来看，中国城镇化既具有内生性，也具有外生性，但不同时期都出现了二者的分离与脱节，经历了"外生→内生→外生"交替作用的过程。在计划经济体制下，政府行政控制下的外生性城镇化居于主导地位，排斥了市场机制的作用，严格控制农村剩余劳动力向大城市的转移。改革开放后，无论是20世纪80年代农村剩余劳动力就地转移的内生性城镇化造成了小城镇遍地开花与大城市停滞不前，还是90年代以后源于东南沿海对外开放形成的劳动力异地转移所带来的各种"城市病"和"农村病"，以及在GDP指挥棒下，各地政府专注于城镇建设而非城镇化建设所导致的各种城镇化问题，都从反面证明了内生与外生的分离是不利于城镇化建设的。作为外源与内生相统一的中国现代化的重要组成部分，中国城镇化也应该是二者相统一。

　　其二，渐进性。所谓渐进性，一是指城镇化是一个长期的自然发展过程，我国作为世界上规模最大的城镇化，一定要从实际情况出发，科学把握城镇化建设的速度、规模和节奏，使之适应于国家的经济发展水平、城镇的承载能力和吸收能力（魏后凯、关兴良，2014）。落后或者超越于产业发展支撑能力和城镇综合承载能力的城镇化，都会带来各种问题。二是指在从计划经济体制向市场经济体制转型的背景下，农村劳动力的流动受到黏附于户籍制度上的教育、医疗、保障、公共服务等制度约束。由于制度改革的步伐滞后于人口流动的速度，导致了世界上难度最大的中国城镇化必然分为两个阶段，先是以地域和职业转变为主的农民变农民工的传统城镇化，在条件成熟时及时推进以身份转换为主的农民工变市民的新型城镇化，实现城镇化速度与质量的统一。

　　其三，多样性。我国地域广阔，人口众多且分布不均衡，区域间经济社会发展差异巨大，中国城镇化建设应该选择多样化的道路。具体体现为：源于经济发展水平多样化的多种城镇化阶段并存、源于人口规模多样化的大中小城市与小城镇协调发展的城市空间格局、源于在城镇化模式多样化的差异化城镇化战略、源于动力多样化的多种力量共同推动的城镇化（魏后凯、关兴良，2014）。

　　其四，协调性。协调性就是要正确处理城镇化与工业化、农业现代化、生态环境保护以及城乡之间的关系。一是城镇化与工业化要协调发展。英、美等发达国家往往是工业化在先、城镇化在后，城镇化围绕着工业化进行建设，二者基本协调。而我国城镇化滞后于工业化，必须在不同的发展阶段正确处理二者的关系。在工业化和城镇化发展的初中期阶段，大力发展制造业，以工业化带动城镇化；当城镇化建设进入中期阶段以后，大力发展服务业，以城镇化带动工业化。二是城镇化与农业现代化要协调发展。我国是人口庞大的城乡二元结构国家，城镇化水平快速推进。一方面，使得大量进城人口的需求结构和需求水平发生重大变化，要求提高农业劳动生产率，提高农产品质量，调整农业结构；另一方面，即使将来我国城镇化率提高到 70% 甚至是 80%，还会有 3 亿多人口留在农村，如何改善这部分群体的生活水平是一个重要课题。这就要求在推进城镇化过程中一定要同步发展农业，振兴农村，实现农业现代化。三是城镇化与环境保护要协调发展。较高的城镇化水平必然造成优质耕地的锐减和生态环境的破坏，我国不能重复发达国家"先污染、后治理"的老路，必须根据资源的承受能力来合理布局城市的规模和空间结构。四是城乡要一体发展。城镇化不是城乡分离，要城镇不要农村；更不能一边是"城市病"，另一边又是"农村病"。对于我国这样一个人口众多的大国，必须把农村纳入城镇化建设的通盘考虑中，以城带乡、以城促乡，推进整个社会的共同发展。为此，必须在规划、基础设施、公共服务、就业、社保等方面实现城乡一体化发展，建立城乡联合体。

其五，人本性。城镇化分为"物的城镇化"和"人的城镇化"（乔小勇，2014），"物的城镇化"是城镇化的基础和保障，"人的城镇化"是城镇化的出发点和落脚点。只见"物"不见"人"的城镇化，背离了城镇化的宗旨，也违背了社会主义的本质。因此，城镇化要以人为本，不仅体现在进城农业转移人口享有居住、就业、教育、社保等基本公共服务，使他们能够进得来、留得下、过得好，尽快融入城镇；还体现在帮助与扶持农村居民，提高农村居民收入，加强农村基础设施建设等方面（王涌彬，2013）。

第三节　我国新型城镇化发展的重要意义*

新型城镇化的意义和作用在于它是扩大内需的"最大潜力"，这一认识

---

*　本节主要内容发表在《福建行政学院学报》2013 年第 3 期，后来增加一些内容，更新了主要数据。

经历了"必由之路→重要工作→重大战略→最大潜力"不断深化的过程。早在 1979 年 9 月中共十一届四中全会通过的《中共中央关于加快农业发展若干问题的决定》中就提出："有计划地发展小城镇建设和加强城市对农村的支援。这是加快实现农业现代化，实现四个现代化，逐步缩小城乡差别、工农差别的必由之路。"1994 年 9 月，在确立了中国社会主义市场经济体制改革方向、农村经济快速发展、乡镇企业异军突起背景下，建设部等六部委联合发布了《关于加强小城镇建设的若干意见》，第一次以指导性文件的形式提出"把积极引导和加强小城镇建设作为进一步推动农村经济全面发展的一项重要工作"。1998 年 10 月，面对亚洲金融危机的冲击和经济全球化的挑战，为了扩大内需，保持国民经济增长的良好势头，《中共中央关于农业和农村工作若干重大问题的决定》中提出："发展小城镇，是带动农村经济和社会发展的一个大战略"。2012 年中央经济工作会议明确提出："城镇化是我国现代化建设的历史任务，也是扩大内需的最大潜力所在"。基于上述，2014 年《国家新型城镇化规划（2014—2020 年）》高度概括了城镇化建设的作用："城镇化是现代化的必由之路，是保持经济持续健康发展的强大引擎，是加快产业结构转型升级的重要抓手，是解决农业农村农民问题的重要途径，是推动区域协调发展的有力支撑，是促进社会全面进步的必然要求。"本书认为，现阶段城镇化之所以承载着我国现代化建设和扩大内需的历史重任，就在于新型城镇化模式引领中国经济发展方式的转型、工业现代化的推进和农业现代化的发展。

一、新型城镇化引领我国经济发展方式的转型

改革开放以来，我国经济发展的动力结构由投资、出口双轮驱动转变为投资、消费、出口多轮驱动。消费率经历了"V"形变动轨迹，从 1978 年的 61.4% 降到 2010 年历史最低点 48.5%；之后开始触底反弹，2018 年达到 54.3%，仍然比 1978 年低 7.1 个百分点。投资率的变动轨迹是"倒 V"形，从 1978 年 38.9% 增加至 2011 年历史最高点 48.0%，提高了 9.1 个百分点；之后开始下降，2018 年降为 44.8%。外贸依存度也经历了"倒 V"形发展轨迹，1978～2006 年，外贸依存度逐年提高，从 9.7% 提高到 39.5%，2000 年中国加入世贸组织后，进一步扩大对外贸易，外贸依存度持续提高，2006 年

达到 65.1%，国际金融危机之后开始下降，2018 年降为 33.9%。1978~2018
年中国经济增长基本情况，如表 1.10 所示。

表 1.10　　　　　　　　1978~2018 年中国经济增长基本概况　　　　单位：%

年份	最终消费率（消费率）	资本形成率（投资率）	外贸依存度	年份	最终消费率（消费率）	资本形成率（投资率）	外贸依存度
1978	61.4	38.9	9.7	2009	49.4	46.3	44.1
1980	64.8	35.5	12.5	2010	48.5	47.9	50.2
1985	66.0	38.1	22.9	2011	49.6	48.0	48.4
1990	64.5	39.5	29.7	2012	50.1	47.2	45.3
1995	58.8	39.6	38.6	2013	50.3	47.3	43.5
2000	63.3	34.3	39.5	2014	50.7	46.8	41.2
2005	53.6	41.0	63.2	2014	51.8	44.7	35.8
2006	51.9	40.6	65.1	2016	53.6	44.2	33.9
2007	50.1	41.2	62.7	2017	53.6	44.4	33.9
2008	49.2	43.2	57.2	2018	54.3	44.8	33.9

资料来源：消费率和投资率数据来自 2019 年《中国统计年鉴》，外贸依存度数据是根据各年《中国统计年鉴》相关数据计算而来。

应该说，在中国经济发展的起步阶段，大规模投资是经济发展的原动力
和基础，经济全球化及其国际产业分工的变化为中国庞大的低端供给提供了
广阔市场，而不断扩大的外需市场反过来进一步压缩了内需市场，进而形成
我国经济增长的路径依赖。然而，国内外经济形势的急剧变化迫切需要打破
这一发展路径。2008 年国际金融危机以来世界经济增长缓慢，再加上欧美国
家"再工业化"和其他发展中国家奋起直追，外需回升疲弱。同时，大幅度
投资导致工业品大量过剩、资源浪费、环境污染等问题。因此，我国要保持
经济持续平稳发展，必须寻求新的经济增长路径。

扩大内需是我国经济增长的新路径。然而，我国消费需求增长乏力。第
一，居民消费需求持续下降。1978~2018 年，政府消费占消费支出的比重由
21.2%升至 27.5%，提高 6.3 个百分点；而居民消费支出由 78.8%降至
72.5%，减少 6.3 个百分点。第二，城镇居民消费迅速上升，农村居民消费

需求急剧下降。40 年来，城镇居民消费需求每年以 1.27% 的速度在递增，2018 年达到 78.6%。相反，农村居民消费每年却以相同的速度下降，2018 年只占 21.4%，农村居民消费支出不到城镇居民的 1/3（见表 1.11）。第三，城镇居民消费二元化比较严重，低收入家庭消费水平与城镇居民平均消费水平的"剪刀差"越来越大，二者的差距由 2000 年的 2621 元扩大到 2018 年的 24864 元。因此，提升我国消费需求的重点是要提高居民尤其是农民和城市农民工的消费水平，而提高居民消费需求的关键是提高收入水平和改变消费预期。对于农民而言，如果将他们固化在农村，依靠一系列政策发展农业来增加收入是有限的，根本办法是减少农民和从事非农产业；对于农民工而言，就是要真正融入城镇成为市民。农村城镇化、城镇城市化、深度城市化就成为绕不开的主题。

表 1.11　　　　　　　　　　　1978～2018 年我国最终消费支出构成　　　　　　单位：%

年份	居民消费支出	政府消费支出	农村居民	城镇居民	年份	居民消费支出	政府消费支出	农村居民	城镇居民
1978	78.8	21.2	62.1	37.9	2011	73.2	26.8	23.3	76.7
1980	78.8	21.2	60.5	39.5	2012	73.2	26.8	22.8	77.2
1985	78.3	21.7	60.2	39.8	2013	73.2	26.8	22.5	77.5
1990	78.2	21.8	55.5	44.5	2014	73.9	26.1	22.4	77.6
1995	77.6	22.4	41.1	58.9	2015	73.4	26.6	22.2	77.8
2000	73.8	26.2	33.2	66.8	2016	73.1	26.9	21.9	78.1
2005	74.2	25.8	27.8	72.2	2017	72.9	27.1	21.5	78.5
2010	73.4	26.6	23.0	77.0	2018	72.5	27.5	21.4	78.6

资料来源：2019 年《中国统计年鉴》。

目前，学术界对于城镇化能否提升居民消费能力进而拉动消费需求存在着质疑。例如，城镇化并不必然增加进城农民工的收入，有可能因加快城镇化进程而导致新一轮以投资拉动经济增长的浪潮以及社会保障尚未解决条件下的城市"贫民窟"问题（李国平，2011）。的确，伴随着城镇化进程的推进，我国居民消费需求持续下降。但导致这一问题的原因不是城镇化本身，而是选择什么样的城镇化模式。如果我们把城镇化理解成为空间扩大和人口增多，上述问题不可避免。相反，如果选择以就业为目的、以产业做支撑的人口城镇化，居民收入一定会稳步提高。城镇化不是不需要投资，而是要围绕着消费来调整投资方向和投资结构，加大消费性投资而不是生产性投资。因此，新型城镇化模式引领着我国经济发展方式由投资与外需驱动的外生型转变为投资与消费驱动的内生型。

二、新型城镇化引领我国工业现代化的实现

在经济发展的不同阶段，工业化与城市化的关系是不同的。在经济发展的初期，工业化带动城市化；随着经济发展进入快车道，工业化与城市化是互动的；在经济发展进入稳定时期，工业化的作用日趋下降，城市化的引领作用日趋增强。目前，我国处于经济快速发展时期，工业现代化进入新阶段，正面临着一系列新问题。如果依靠工业化本身的发展难以从内部加以解决，必须依靠城市化的转型，从外部推动工业化深度发展。

（一）城镇化引领制造业健康发展

新中国成立初期，我国实行重工业优先发展战略，建立了比较完整的工业体系。改革开放以来，大力发展工业，工业结构渐趋合理，工业增速快于GDP 增速。然而，2007 年以后，工业增加值的增速低于 GDP 增速，尤其是制造业增加值的增速也是低于 GDP 增速（见表 1.12）。工业尤其是制造业增速放缓除了由于第三产业赶超外，还在于自主创新能力较弱。改革开放 40 年来，"市场换技术"策略并没有使我国获得核心技术，技术自主创新的能力较弱。2010 年，我国获得发明专利授权超过 500 件的企业中，境外企业占 13 家，境内企业仅有 4 家。截至 2011 年，我国累计授权有效专利申请 69.7 万件，其中境内有效发明专利 31.8 万件，占 45.7%（林光彬，2013）。为了提高自主创新能力，必须营造和完善良好的创新环境，主要包括研发服务环境、技术能力环境、服务环境以及体制与机制、政策环境。这些环境必须依靠高度的城市化。只有城市化的等级提高了，高级要素聚集的可能性才会更大，才有可能提供最优良的技术创新环境（刘志彪，2010）。

表 1.12　　　　　　　　　2004～2017 年我国经济增长状况

年份	国内生产总值		工业增加值		制造业增加值	
	总量（亿元）	增长速度（%）	总量（亿元）	增长速度（%）	总量（亿元）	增长速度（%）
2004	161840.2	—	65776.8	—	51748.5	—
2005	187318.9	15.7	77960.5	18.5	60118.0	16.2
2006	219438.5	17.1	92238.4	18.3	71212.9	18.5
2007	270232.3	23.1	111693.9	21.1	87465.0	22.8
2008	319515.5	18.2	131727.6	17.9	102539.5	17.2
2009	349081.4	9.3	138095.5	4.8	110118.5	7.4
2010	413030.3	18.3	165126.1	19.6	130325.0	18.3
2011	489300.6	18.5	195142.8	18.2	150597.2	15.6
2012	540367.4	10.4	208905.2	7.1	169806.6	12.8
2013	595244.4	10.2	222337.6	6.4	181867.8	7.1
2014	643974.0	8.2	233856.4	5.2	195620.3	7.6
2015	689052.1	7.0	236506.3	1.1	202420.1	3.5
2016	740598.7	7.5	247877.7	4.8	214289.3	5.7
2017	820754.3	10.8	278328.2	12.3	240505.4	12.2

资料来源：2008 年、2012 年、2019 年《中国统计年鉴》。

（二）城镇化有助于推动工业化区域均衡发展

我国地域广阔，各地经济发展条件不同，处于不同的工业化发展阶段，城市化水平差异较大。以人均 GDP、工业化阶段、城镇化率三个指标来衡量，各地区可分为三个梯队。工业化和城市化处于不同梯队的区域，城镇化引领工业化具有梯次性，不应该"一刀切"。

第一梯队是北京、上海、天津，处于后工业化阶段，城镇化率超过80%。这些地区率先进入了后工业化时代，大力发展信息、电子、新材料、生物工程、海洋工程、航天工程等知识密集型产业，同时也肩负着发展国家战略性新兴产业的重任。因此，生产性服务业比较发达，占服务业增加值的比重远远超过了同属于后工业化阶段的经济合作与发展组织国家的平均水平。

然而，混合功能性服务业都低于经济合作与发展组织国家，消费性服务业与公共性服务业占比（北京除外）都比经济合作与发展组织国家少了一半（见表1.13）。这些地区服务业内部结构呈现出"传统与现代并存""重生产、轻消费"等特点。因此，必须通过城市的经济、社会、文化、管理等结构调整，推进城市转型，提升城市质量，提升高端制造业和高端服务业深度融合的生产服务化质量，积极促进消费服务业和混合服务业的发展，以此作为新的经济增长点，推进城市经济发展，满足居民多样化需求，增强城市人文关怀，使之成为整个国家的文化中心、科教中心、商贸中心。

表1.13　　　2017年北京、上海、天津各分支服务业产值在服务业占比　　　单位：%

服务业类型	北京	上海	天津	经济合作与发展组织
流通性服务业（商业、运输仓储业）	16.37	27.08	16.69	20.89
生产性服务业（金融保险业、商务服务业、信息技术服务业）	43.51	42.38	21.27	25.63
消费性服务业（娱乐文化业、家庭服务业）	9.54	2.78	3.94	8.1
混合性服务业（旅馆酒店业、地产业）	9.66	10.78	5.89	21.06
公共性服务业（教育、公共管理与社会保障、科学研究技术转让、公共设施管理、卫生与社会工作）	26.64	19.22	12.98	24.36

注：经济合作与发展组织数据为2005年数据。

资料来源：根据2018年的《北京统计年鉴》《上海统计年鉴》和《天津统计年鉴》相关数据计算而来。经济合作与发展组织数据参见：邓于君：《发达国家后工业化时期服务业内部结构的演变、机理及启示》，载于《学术研究》2009年第9期。

第二梯队主要有广东、江苏、浙江、福建、辽宁、内蒙古、山东、吉林等地区。其中，东部地区6个，中部地区2个，处于工业化后期。为了深化重加工业的发展，提高工业的技术水平和密集度，必须大力发展现代服务业。2018年只有辽宁、江苏、浙江、广东几个省超过50%，而发达国家基本稳定在70%。在东部地区转移劳动密集型产业、大力发展技术密集型产业的转型时期，为了扭转我国制造业处于全球产业价值链低端、创新竞争力不足的局面，迫切需要城镇化从"蔓延式"转向"集中式"：一方面，促进人力资本集聚，充分发挥知识的创新和扩散功能，带动金融、研发、营销等现代生产性服务业发展；另一方面，促进企业集聚，培育价值链集成商（大企业），重构先进制造业与生产性服务业的价值链，实现先进制造业与现代生产性服务业的动态匹配，进而争取全球制造业价值链的控制权（芮明杰，2013）。

第三梯队是处于工业化中期的大部分中西部地区，人均 GDP 和城镇化率都低于全国平均水平。这些地区在充分利用本地劳动力和资源优势，承接东部沿海地区转移来的劳动密集型产业的同时，积极探索户籍、社会保障、就业、教育等制度改革，实现人口城镇化和经济城镇化的同步发展。为此，这些地区一方面要规避东部地区城镇化中出现的牺牲环境、浪费资源、损害农民利益等问题，另一方面要避免产业布局过于分散，发展集群经济。

总之，在工业化和城市化进入快速发展时期，二者是互促关系。以城市化率50%为界限，低于这一比例，体现为工业化带动城市化；超过这一界限，则为城市化带动工业化。第三梯队表现为工业化带动下的二者互动发展，第一、第二梯队则表现为城市化带动下的二者互促关系。

（三）城镇化有助于解决工业品产能过剩

我国工业产品已经进入结构性过剩阶段，传统产业出现了严重过剩。例如，钢材产能过剩 40%，电解铝过剩 58.4%，焦炭过剩 200%，汽车过剩 20%，家电过剩 30%，电视机过剩 90%，纺织、服装产能过剩超过 100%。绝大多数加工制造业生产能力利用率不到 70%，有些行业利用率不到 40%。另外，一些新兴产业也出现过剩。如果单纯依靠工业化来推动产业转型与升级，既无法消化已有的过剩，还会形成新的过剩。大力推进人口城镇化，就能够很好地解决这一问题。

其一，城镇化可以消化重工业品过剩。随着人口城镇化的稳步推进，不仅会加大对交通运输、水利、环境、公共设施等基础设施投资，更会增加生产性服务业、公用事业等行业的固定资产投资，重工业品过剩问题可以得到极大的缓解。

其二，城镇化可以消化轻工业品过剩。农村家庭每百户耐用消费品拥有量远低于城镇居民的平均水平。尤其是电冰箱、空调和计算机方面，农村的拥有量远低于城镇居民（见表 1.14）。随着城镇化水平的稳步提升，国内市场得到极大拓展，轻工业品过剩问题在国内就可以得到一定程度的解决。

表 1.14　　2013～2018 年城镇居民和农民家庭平均每百户耐用消费品拥有量　单位：台

年份	洗衣机		电冰箱		空调		计算机	
	城镇家庭	农村家庭	城镇家庭	农村家庭	城镇家庭	农村家庭	城镇家庭	农村家庭
2013	88.4	68.05	89.2	64.99	102.2	26.39	71.5	25.29
2014	90.7	72.85	91.7	69.79	107.4	28.76	76.2	30.96
2015	92.3	77.83	94.0	74.79	114.6	31.24	78.5	37.23
2016	94.2	82.99	96.4	80.01	123.7	33.83	80.0	44.09
2017	95.7	88.32	98.0	85.44	128.6	36.53	80.8	51.54
2018	97.7	93.84	100.9	91.08	121.3	39.34	73.1	59.60

资料来源：2019 年《中国统计年鉴》。

三、中国特色城镇化引领农业现代化的发展

20 世纪 80 年代初，改革农业生产经营方式不仅提高了农业生产效率，也促使大量农村剩余劳动力从事非农产业，开启了中国城镇化进程。当前，我国农业现代化已经进入了成长阶段，但规模化、专业化、集约化、社会化水平不高，效率低下。根据中国科学院中国现代化研究中心发布的《中国现代化报告 2012：农业现代化研究》，如果以农业增加值比例、农业劳动力比例、农业劳动生产率三项指标计算的话，2008 年中国农业水平与英国相差约150 年，与美国相差 108 年，与韩国差 36 年。中国农业劳动生产率比中国工业劳动生产率低约 10 倍，中国农业现代化水平比国家现代化水平低约10%。农业现代化已经成为中国现代化发展的一块短板。发展农业必须发展非农产业、富裕农民必须减少农民、繁荣农村必须发展城镇化（马凯，2012）是解决"三农"问题的公理，而发展非农产业和减少农民的必由之路就是城镇化。因此，城镇化就成为现阶段破解农业现代化难题的关键，城镇化引领农业现代化成为必然选择。

（一）城镇化引领农业规模化经营

我国之所以迫切地提出农业规模化经营，主要原因是随着农民工进城打工，农村土地撂荒现象越来越严重。然而，对农产品的需求越来越多，很大

部分依靠进口来满足，主要农产品的进口数量和金额大幅度增长。对于我国这样一个 14 亿人口的大国而言，只有牢牢把饭碗端在自己手中才能保持社会大局稳定，而农业规模化经营是必然的。

那么，我国目前能否大规模推动农业规模化经营呢？两种对立性观点值得关注：一种观点认为，由于中国服务业发展相对滞后、产业结构低端化、农业规模化经营矛盾相对较小、农民强烈依赖土地作为社会保障等原因，目前尚未达到快速推进土地流转的发展时点，重点应该着眼于土地市场的完善和土地管理制度，创造有效的制度约束机制保障农民利益，防范土地过度集中（范剑勇、莫家伟，2013）。另一种观点认为，目前农民对土地的依赖性发生根本性改变，出现了兼业化、非农化和副业化，尤其是在广东省，无论是对土地的经营权还是承包权，农户均具有显著的退出意愿。然而，在农民获得了正规性社会保障后，他们并没有退出土地的经营权或者承包权。因此，农民退出土地不是一个简单的福利保障功能及其替代问题，而是表达了农民对土地财产权利的诉求（罗必良，2013）。争议的焦点在于农村土地保障功能的强弱决定了农地是否流转。前者认为，如果城镇化水平很高，非农收入是农民的主要收入，且具有完善的社会保障。相应地，土地的社会保障功能就会弱化，农民就会退出土地。后者认为，即便社会保障体系比较完善，农民也不会流转经营权，更不会退出承包权。因为农民更加重视土地的资本化，强化土地的财产功能。

实际上，2010 年以来，我国农村居民家庭经营收入占比降到 50% 以下，2018 年降至 36.7%，且经营性收入低于工资性收入（《中国统计年鉴》，2019）。但是，在我国中西部地区，家庭经营收入仍然是农民收入的重要来源，农民依然把土地作为"命根子"，不宜进行大规模的土地流转。在东部地区，农村居民家庭经营收入占比降到 30%，工资性收入占比超过 50%。当工资性收入已经成为农民主要收入时，土地流转已势在必行。农地流转与城镇化率呈显著关系。正因为东部地区的城镇化率普遍超过 60%，才能推动农地流转。而中西部地区城镇化率普遍低于全国平均水平，农民工资性收入较低，农地不宜过度集中，防止农民收入降低和拉大收入差距。因此，为了推动农业规模化经营，东部地区要实施存量的深度城镇化改革，切实解决农民工市民化问题；中西部地区要大力推进增量城镇化，加大农村劳动力的转移，增加工资性收入。

（二）城镇化引领农村产业结构调整

需求结构决定生产结构。随着收入水平的提高，粮食占消费支出的比重下降，非粮食消费占消费支出的比重提高，消费水平提档升级必然推动农业生产结构转型与升级。2018 年，农村居民平均消费水平除了食用油和猪肉基本持平外，其他主要消费品的消费量普遍比城镇居民平均水平低 20% 以上（见表 1.15）。主要原因是农民收入较低。我国必须改变"偏重土地城镇化、轻视人口城镇化"的倾向，坚持"以人为本"，拓展农民工就业渠道，实现基本公共服务均等化，进而提升消费水平，引领农业生产结构的调整与优化。

表 1.15　　　　2018 年城乡居民家庭平均每人全年购买主要商品数量　　　单位：千克

指标	城镇居民	农村居民
食用植物油	9.4	9.9
猪肉	22.7	23.0
鲜蛋	10.8	8.4
鲜菜	99.0	85.6
鲜奶	16.5	6.9
水果	56.4	36.3

资料来源：2019 年《中国统计年鉴》。

（三）城镇化引领农业人力资本的改善与提高

无论是农业生产经营方式的变革，还是农业生产结构的调整，农业现代化都需要一大批能够把现代农业技术应用到实际生产部门中的职业农民，有文化、懂技术、会经营的职业农民是中国农业现代化的中坚力量。

的确，我国农村年轻的、有文化的劳动力大规模地流入城镇和非农产业，留在农村的劳动力素质呈下降趋势。但是，我国农业生产力并未因此受到极大影响，主要农产品的产量逐年提高。城镇化水平的提高，不仅意味着大量农村劳动力向城镇的转移而促进工业化，也必然伴随着农民分化和职业农民的出现而推动农业现代化。因为，随着大量农业劳动力的转移、农地经营方式的变革以及城乡统筹发展下的要素互动，农业成为有吸引力的产业，必将推动农民转变为农业企业家、农业产业工人、现代兼业经营者、农业公职人员等（罗必良，2013）。这一转变的关键在于充分发挥城镇化的引领作用，大力推进教育培训和提升人力资本。

大中城市重点进行农民工非农产业技能的培训，小城镇是职业农民教育培训的基地。结合当地的农业生产状况，对农民进行产前、产中、产后的全过程培训；立足于城乡一体化的城镇化建设，加大对农村道路、教育、医疗、卫生、社保等公共基础设施和公共服务的投入，积累和提升人力资本。

第四节　研究思路、内容、方法与创新

一、研究的思路

本研究搭建了理论、经验、视角、体制四个维度的城镇化模式分析框架。首先，界定了城镇化、新型城镇化、城镇化模式；其次，比较分析了发达国家和发展中国家的城镇化模式；最后，从载体、城乡关系、产业发展三个视角进行研究，提出新型城镇化模式。在此基础上，详细考察了户籍制度、土地制度、城市行政管理制度对城镇化模式的影响，基于扩大内需，围绕着人的城镇化，提出三大制度改革以促进新型城镇化发展的政策建议。

二、研究的内容

根据以上研究思路，本研究内容具体包括：

第一章，导论。主要阐述我国新型城镇化发展的时代背景、基本内涵、重要意义、研究思路、研究内容、研究方法以及本研究的创新与不足。

第二章，城镇化模式研究综述。首先，是详细考察了学术界对"城镇化"与"城市化"概念界定，在此基础上提出了城镇化的科学内涵；其次，是对城镇化模式的内涵、类型、影响因素的相关研究成果进行回顾、整理和评述。

第三章，我国城镇化模式转型。运用历史研究方法纵向考察我国在城镇化不同时期实行的城镇化模式，辩证地分析了我国传统城镇化模式的成就与问题，全面地研究了我国城镇化模式转型面临的困难与挑战。

第四章，发达国家城镇化模式研究。从城镇化发展的阶段入手，首先是从一般意义上梳理总结了发达国家城镇化模式的发展演化历程，然后从国家层面重点考察了美国、英国、日本等主要发达国家城镇化模式的特点，研究这些国家城镇化模式，从中得出对我国城镇化建设有益的若干启示。

第五章，发展中国家城镇化模式研究。首先是从一般意义上分析发展中国家城镇化模式及其背后的原因，然后具体考察巴西、印度两大发展中国家的城镇化模式，在此基础上剖析发展中国家城镇化模式的特点，进而提出若干启示。

第六章，载体视角的我国新型城镇化发展模式。从政策因素详细分析了我国城镇化载体形态经历了"促小""促大""城市群"的探索过程，从投资和消费的视角研究了不同载体城镇化模式存在的问题，进而指出城市群是我国城镇化的主要载体，提出了推动城市群发展的路径选择。

第七章，城乡视角的我国新型城镇化发展模式。首先，对我国城乡关系进行研究，它经历了"合—分—合"的过程。其次，从国家、区域、居民三个尺度分析了我国城乡分离式城镇化模式带来的城乡差距问题。最后，提出要推动城乡一体融合发展。

第八章，产业视角的我国新型城镇化发展模式。在阐述城镇化模式与产业发展关系的基础上，分析了我国产业不合理城镇化模式存在的问题与原因，提出了推进产业合理城镇化模式发展的政策建议。

第九章，新型城镇化与户籍制度改革。本章梳理了我国户籍制度及其演变过程，分析了户籍制度对城镇化模式的影响，考察了新型城镇化背景下户籍制度改革新进展，分析了新一轮户籍制度改革存在的问题、原因与政策建议。

第十章，新型城镇化与土地制度改革。本章立足于城镇化进程中土地制度的演化，分析了土地制度对城镇化的影响机理，研究了高质量城镇化发展对土地制度改革的新要求，提出了新时期土地制度改革的对策。

第十一章，新型城镇化与城镇行政管理体制改革。在梳理我国城镇行政管理体制改革对城镇化影响的相关研究基础上，从行政层级改革和行政区划调整两个方面对我国城镇行政管理体制改革进行了回顾，提出深化城镇行政管理体制改革的目标与政策建议。

三、研究的技术路线

本研究依据上述研究内容绘制了研究的技术路线图（见图1.1）。

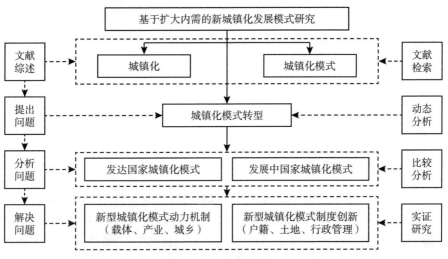

图1.1　研究技术路线

四、研究的方法

本研究采用归纳与演绎相结合、理论与实证相结合以及比较分析的研究方法。

（一）归纳与演绎相结合的方法

运用归纳法，在广泛阅读国内外文献的基础上，总结现有研究的成果与有待完善之处。运用演绎方法，提出本研究假设。

（二）理论与实证相结合的方法

本研究在梳理城镇化、城镇化模式的理论基础上，提出扩大内需与城镇化模式的理论分析框架，并在该框架内开展研究；采用数据统计方法来研究我国城镇化建设与内需之间的关系，考察我国"扩大内需"和城镇化建设路径，比较内需影响我国城镇化建设的规模与方向。

（三）比较分析的方法

本研究选取载体、城乡关系、产业发展三个视角的城镇化模式，比较研究了发达国家与发展中国家的城镇化模式。同时，又分别考察了美国、英国、日本三个发达国家以及印度、巴西两个发展中国家的城镇化模式，借鉴它们的成功经验，从中得出对我国城镇化建设有益的启示和今后发展过程中可以避免的问题。

五、研究的创新与不足

（一）研究的创新

创新是一项神圣而艰巨的工作，本研究进行了如下几方面的探索：

（1）较完整地提出了城镇化模式的理论分析框架。本研究较为全面地梳理了城镇化模式、城镇化模式与内需的关系，提出的"理论、经验、视角、体制"四个维度的分析框架，主要秉承马克思主义经济学中的"经济基础"和"上层建筑"关系理论的研究思想，基于公共经济学中公共产品的有效供给和制度经济学中的制度创新思想，并在此基础上根据发展中国家"二元结构"经济，尤其是我国城镇化发展中存在的问题加以改进。

（2）较深入地分析了我国城镇化模式的特点及其影响因素。本研究从理论分析框架出发，比较分析国内外城镇化模式的制度变迁、发展态势和经验，从载体、城乡、产业三个视角研究了我国城镇化模式的特点，进而剖析影响我国城镇化模式的户籍、土地、城市行政管理等制度因素，确定了以人为本的新型城镇化模式。

本研究是对发展中国家的城镇化理论的充实。

（二）研究的不足

本研究的不足主要体现在两个方面：

（1）研究方法有所欠缺。在研究我国城镇化与内需之间的关系时，应该构造二者之间的内生经济增长模型，由于微观数据获取难度较大，只好采用宏观数据进行统计分析。

（2）城镇化模式的内涵阐释不足。城镇化模式存在于城镇化发展过程中，伴随着城镇化的阶段性推进，城镇化模式也相应地发展转变。本研究从载体、城乡关系、产业发展三个视角进行的研究只是揭示了城镇化模式的类型以及各种视角中的城镇化模式，这是一种外延型研究方法，并没有揭示出城镇化模式本身内在的丰富内涵。

上述研究不足，一是源于研究方法选择和使用不当，二是理论知识内在逻辑演化关系把握不到位，希望在后续研究中尽最大努力弥补这些缺陷。

第二章

城镇化模式研究综述

研究城镇化模式，首先需要了解城镇化。"城镇化"一词伴随着20世纪70年代末国外城市化理论被介绍到中国、展开中国城市化问题的研究而出现的，从此也就拉开了"城镇化"与"城市化"这两个概念的使用之争。作为外延和内涵都极其丰富的概念，"城镇化"到底反映的是历史现象，还是过程与结果？城镇化的标准是什么？城镇化的动力有哪些？城镇化具有国际性、国别性，还是区域性？目前，学术界仍然争论不休。所以，有必要加以研究，便于把握"城镇化"的科学内涵。

第一节 城 镇 化

一、"城镇化"概念的使用情况

提到"城镇化"，不可避免地提到"城市化"。在我国这两个概念并行使用，而国际上普遍使用"城市化"。马克思在1859年发表的《政治经济学批判》中论述城乡关系和城市发展时，就使用了"城市化"一词。他指出："现代的历史是乡村城市化，而不像在古代那样，是城市乡村化"（马克思，1979）。1867 年，西班牙工程师塞达（A. Serda）在《城市化的基本理论》一书中明确界定了城市化概念[①]。从国内来看，根据中国知网（CNKI）《中国期刊全文数据库》的统计，我国学术界最早使用的是"城市化"概念，即在 1979 年第 5 期《城市规划》刊发了吴友仁《关于社会主义城市化问题》一文。时隔两年之后，1981 年第 3 期《城市规划》发表了罗清澄《安徽省城镇特点和城镇化问题初探》一文，首次在篇名上使用"城镇化"一词。

截至 2019 年 12 月底，国内中文学术期刊中，篇名包含"城市化"的文章共 35569 篇，篇名包含"城镇化"的文章共 54417 篇，前者比后者少近1.9 万篇。关键词为"城市化"的文章比"城镇化"的文章多 13%。然而，2013 年以后，篇名含"城镇化"的论文远远多于"城市化"。直到目前，"城镇化"使用频率远远超过了"城市化"（见表 2.1）。究其原因，就在于2012 年中共十八大报告中提出新型城镇化发展道路以后，"城镇化"成为学术界最为关注的焦点问题之一。

表 2.1　　　　改革开放以来《中国期刊全文数据库》发表的城市化、
城镇化研究论文的统计　　　　　　　　　　单位：篇

年份	篇名		关键词		年份	篇名		关键词	
	城市化	城镇化	城市化	城镇化		城市化	城镇化	城市化	城镇化
1979	48	8	6	6	1986	87	59	128	117
1980	66	33	87	84	1987	120	66	156	124
1981	53	15	103	96	1988	115	50	132	111
1982	70	48	127	117	1989	123	49	124	102
1983	68	55	138	135	1990	168	66	162	144
1984	66	52	114	110	1991	91	36	79	57
1985	75	52	122	115	1992	99	33	72	44

---

① 学术界大多数学者认为，西班牙工程师塞达首次使用了"城市化"一词。其实，如果从时间来看，毫无疑问，卡尔·马克思应该是使用这一概念的第一人。

续表

年份	篇名		关键词		年份	篇名		关键词	
	城市化	城镇化	城市化	城镇化		城市化	城镇化	城市化	城镇化
1993	107	73	84	49	2007	1680	669	2470	2012
1994	235	59	123	51	2008	1723	676	2498	2006
1995	374	94	188	75	2009	1677	761	2708	1914
1996	455	82	202	85	2010	1947	1175	3393	2426
1997	380	72	246	141	2011	2338	1542	3912	2918
1998	509	68	245	173	2012	2535	2224	3784	3026
1999	539	134	398	246	2013	2447	8837	6252	5409
2000	770	198	601	445	2014	1962	9403	6667	5839
2001	1012	403	957	760	2015	1706	7249	5434	4870
2002	1192	456	1322	1069	2016	1434	6163	4679	4248
2003	1364	768	1710	1377	2017	1168	4590	2592	3053
2004	1392	694	2056	1611	2018	1087	3454	1011	2033
2005	1477	669	2166	1728	2019	1085	2591	1116	1731
2006	1725	691	2437	1972	总计	35569	54417	60801	52529

资料来源：本表统计的论文数来自中国知网（CNKI）《中国期刊全文数据库》截至2019年12月的所有期刊。

二、学术界对"城镇化"与"城市化"内涵的界定

学术界对"城市化"与"城镇化"的使用没有达成一致，比较随意和混乱，甚至在同一篇文章中交错使用这两个概念。对于学术研究来说，基本概念的正确性是第一科学问题，没有正确和统一的城镇化概念，就谈不上城镇化理论。概念之争将影响实践中对城镇化模式的探索与选择，最终影响城镇化进程和质量。因此，有必要梳理学术界对这两个概念的界定，分析二者的异同点。

（一）"城市化"

国内外对城市化的内涵进行了广泛而研究的深入，取得了丰硕成果，详见表2.2、表2.3。

表 2.2   **国外对城市化内涵的界定**

来源	内涵
A. Serda（1876）	城市化是城市形态发展变化的过程
［美］沃纳（1984）	城市化是指从以人口稀疏并相当均匀遍布空间、劳动强度很大且人分散为特征的农村经济转变为具有基本独立特征的城市经济的变化过程
赫茨勒（1963）	城市化就是人口从乡村流入大城市以及人口在城市的集中
霍利斯·钱纳里 莫伊思·赛尔昆（1975）	城市化可能是一系列事态发展的结果：开始是出现需求和贸易上的变化，这种变化导致工业化，并引起劳动力从农村向城市职业的不断流动
C. Wilson（1986）	城市化是农村人口不断转变为城市人口的过程
Louis Wirth（1989）	城市化主要表现为农村生活方式向城镇化生产方式的转变，是一个变传统落后的乡村社会为现代的城市社会的自然历史过程
西蒙·库兹涅茨（1989）	城市化是指不同等级地区的经济结构转换过程，即农业活动向非农业活动的转换
［日］山鹿域次（1986）	现代城市化应包含4个方面：原有市街地的再组织、再开发；城市地域扩大；城市关系圈形成与变化；大城市地域形成
［日］山田浩之（1977）	城市化的内容，大的方面可以分为两个：一个是在经济过程中的城市化现象；另一个是在社会文化过程（或上层建筑）中的城市化现象。对于后者，就是生活方式的深化与扩大
《日本百科全书》	城市化是一个社会城市人口与农村人口相比数量绝对增大的过程
《不列颠百科全书》	城市化是人口集中到城市或城市地区的过程，这种过程有两种方式：一是通过城市数量的增加，二是通过每个城市地区人口的增加
《苏联百科全书》	城市化是指城市在社会发展中作用日益增大的历史过程。城市化影响人口的社会结构、就业结构、统计结构、人们的文化和生活方式、生产力的分配及居住模式
《美国商业词典》	城市化是指相对乡村地区城市和城镇人口增加的过程，同时伴随着产业革命，人们自愿从农业产业转向工业产业
《大英词典》	城市化包括三个方面：即城市的形成与发展、人口的迁移以及城市人口比例的上升
［加］歌德伯戈（1990）	城市化是乡村地区转变为城市地区的过程。这种转变引起人口数量的变化
［苏］库采夫（1987）	城市化是随着工业革命的发展，大机器工业的出现、劳动分工的深化、交换范围的扩大，社会从一种形态转向另一种形态的历史性过程

资料来源：根据姜爱林：《"城市化"和"城镇化"基本涵义研究述评》，载于《株洲师范高等专科学校学报》2003 年第 4 期；剧锦文：《中国的城镇化与小城镇发展——江苏省靖江市东兴镇考察》，中国社会科学出版社 2013 年版，第 11 页以及相关文献整理而来。

表2.3　　　　　　　　　　　国内对城市化内涵的界定

作者及年份	内涵
高珮义（1991）	城市化就是乡村城市化，是一个变传统落后的乡村社会为现代先进的城市社会的自然历史过程
谢文惠（1996）	城市化是社会生产力变革所引起的人类生产方式、生活方式和居住方式改变的过程
吴楚材（1996）	城市化是指居住在城镇地区的人口占总人口比例增长的过程，亦即农业人口向非农业人口转变并在城市集中的过程
王春光（1997）	城市化是一个综合的、系统的社会变迁过程，它包括人口城乡之间的流动和变迁、生活方式的改变、经济布局和生产经营方式的变化，还包括整个社会结构、组织、文化的变迁
崔援民（1998）	城市化是一个以人为中心的系统转化过程。它包括硬结构和软结构两大系统的建设，是一种从传统社会向现代社会的全面转型或变迁过程
陈颐（1998）	城市化是指人口向城市或城市地带集中的现象或过程，它既表现为非农产业和人口向原城市集聚，城市规模扩大，又表现为在非农产业和人口集聚的基础上形成的新的城市，城市数量增加
胡欣（1999）	城市化是指农村人口向城市人口转移和聚集的现象，包括城市人口和城市数量的增加及城市经济社会化、现代化和集约化程度的提高
秦润新（2000）	城市化是一种产业结构由以第一产业为主逐步转变为以第二产业和第三产业为主的过程；是一个以农业为主的就业人口逐步转向非农业人口为主的转移和集中过程；是由一种自然、原始、封闭、落后的农业文明，转变为一种以现代工业和服务经济为主的并以先进的现代化的城市基础设施和公共服务设施为标志的现代城市文明过程；是对居民从思维方式、生活方式、行为方式、价值观念、文化素养全面改善和提高的过程
王振亮（2000）	城市化是由工业化发展引起的，伴随着现代化过程而产生的在空间社区上人口、社会、经济、文化、政治、思想等领域变迁演化的一段承前启后的历史分化过程
王茂林（2000）	城市化是指一定地域（居民点）的人口规模、产业结构、经济成分、营运机制、管理手段、服务设施、环境条件以及人们的生活水平和生活方式等要素由小到大、由单一到复合的一种转换或重新组合的复杂的动态过程
陈顺清（2000）	城市化是指由于社会生产力的发展而引起的城镇数量增加及其规模扩大、人口向城镇集中，城镇物质文明和文化不断扩散，区域产业结构不断转换的过程
叶裕民（2001）	城市化是由传统的农业社会向现代城市社会发展的自然历史过程。它表现为人口向城市的集中、城市数量的增加、规模的扩大以及城市现代化水平的提高，是社会经济结构发生根本性变革并获得巨大发展的空间表现

续表

作者及年份	内涵
周加来（2001）	城市化须从质和量两方面进行高度概括和总结。从质的规定性看，城市化过程是农村不断被城市"同化"过程，即城市的先进生产力、现代文明不断向农村传播与扩散，最终达到城乡共享的过程。从量的规定性看，城市化过程又是一个不断"量化"的过程，这一"量化"过程意味着农村的地域不断地转化为城市地域，表现为城市地域的扩大和城市数量的增加；农村人口不断转为城市人口，表现为城市人口规模的扩大和人口密度的增加
赵新平、周一星（2002）	城市化是落后的农业国在工业化、现代化过程中全面制度创新的结果，是一个国家内部人口、资源与产业在市场机制作用下以城市为主导重新进行空间配置的过程，期间伴随着全社会生产、生活方式的根本性变化
洪银兴（2003）	城市化是人流、物流、资金流、信息流，甚至主导产业在城市的繁荣
楼培敏（2004）	城市化是一个户籍身份由农民向市民转变，产业结构由"一、二、三"向"二、三、一"甚至"三、二、一"转变，土地使用形式由农村用地向城市用地转变、城市地域空间不断扩大的过程
唐耀华（2013）	城市化是指由于社会经济发展生产效率提高，出现了不受空间制约的生产方式，包括手工业特别是工业，促使分散在广大区域的农业人口向某一较小区域聚集和集中成为非农业生产人口而形成城镇，由于城镇人口不断增加使得城镇消费需求不断增长直至急剧膨胀，从而城镇演化为都市，推动经济快速增长，引起产业结构发生变化和经济加速发展，导致人们生活方式、价值观念等等改变的复杂过程，城市化包含城镇化和都市化

资料来源：根据姜爱林：《"城市化"和"城镇化"基本涵义研究述评》，载于《株洲师范高等专科学校学报》2003 年第 4 期；剧锦文：《中国的城镇化与小城镇发展——江苏省靖江市东兴镇考察》，中国社会科学出版社 2013 年版，第 11 页以及相关文献整理而来。

（二）"城镇化"

"城镇化"是我国研究城市化问题时专门使用的名词。这一概念一经提出，学界就进行了大量研究。总体来看，其内涵与"城市化"基本相似，详见表 2.4。

表 2.4 我国对城镇化内涵的界定

作者及年份	内涵
辜胜阻（1991）	城镇化是指在经济发展过程中人口不断由农村向城镇地区集中的过程
崔功豪（1992）	城镇化是指第二、第三产业在具备特定地理条件的地域空间聚集，并由此形成消费地域，其他经济、生活用地相应建立，多种经济用地和生活空间用地集聚的过程

续表

作者及年份	内涵
吴楚材（1996）	城镇化是指居住在城镇地区的人口占总人口比例不断增长的过程
蔡俊豪（1999）	城镇化就是由非城市社会向城市社会过渡的系统过程，其目标在于最终形成城市文明
姜爱林（2001）	城镇化是以农村人口不断向城镇迁移和集中为特征的一种历史过程，包括人口城镇化和地域城镇化。一方面表现在人的地理位置的转移和职业的改变以及由此引起的生产和生活方式的演变；另一方面则表现为城镇人口和城镇数量的增加及城镇社会化、现代化和集约化程度的提高。它是伴随着工业化而出现的经济社会发展进程，是不以人的意志为转移的客观规律
白晨曦（2002）	城镇化是指农业人口及土地向非农业的城镇转化的过程。这一过程包含着人口职业的转变、产业结构的转变、土地与空间的转变、基础设施与生活方式的转变等
王蒙奎（2004）	城镇化是农村人口向城镇转移、集中以及由此引起的产业—就业结构非农化重组的一系列制度变迁的过程。在这个过程中，农业人口比重下降，工业、服务业人口比重上升，人口和产业向城市集聚，生产方式、交换方式向规模化、集约化、市场化发展，生活方式向多元化、社会化发展
刘传江、郑凌云（2004）	城镇化是伴随着工业化过程而出现的社会、经济结构的转换，这一过程主要表现为人口、非农产业、资本、市场由分散的农村向城市集中、城镇数量增加和城镇规模扩大的过程。在这一过程中，不断地将城镇物质文明和精神文明向周围扩散，由此形成区域产业结构的不断演化，衍生出崭新的空间形态和地理景观
卢海燕（2005）	城镇化是指一种人口由乡村移向城镇，使城镇人口数增多或城镇规模扩大，因而引起社会行为、经济活动等诸多方面发生改变的一种动态过程。其具体内容主要包括经济城镇化、产业结构城镇化、人口城镇化、空间城镇化、生活方式城镇化
胡序威（2008）	城镇化主要包括四个方面：第一，依附于农村土地的农业劳动力越来越多地向非农产业转移；第二，分散的农村人口逐步向各种类型的城镇、地域空间集聚；第三，城镇建设促进城镇物质环境改善和城镇景观地域拓展或更新；第四，城市文明和城市生活方式的传播和扩散
简新华、何志扬、黄锟（2010）	城镇化（或者城市化）是指第二、第三产业在城镇集聚，农村人口不断向非农产业和城镇转移，使城镇数量增加、规模扩大，出现生产方式和生活方式向农村扩散、城镇物质文明和精神文明向农村普及的经济、社会发展过程

作者及年份	内涵
王艳成（2010）	城镇化是由农村人口和各种生产要素不断向城镇集聚而形成的经济结构、生产方式、生活方式以及社会观念等向城镇性质演变的过程。它包括产业结构和社会结构的转换、城乡人口分布结构的转换、城镇空间形态的变化、人们价值观念和生活方式的转换、经济因素聚集方式的变迁或创新等五项基本内涵
段进军、朱妍、倪方钰（2013）	城镇化是由农业为主的传统乡村社会向以工业和服务业为主的现代城市社会逐渐转变的历史过程，具体包括人口职业的转变、产业结构的转变、土地及地域空间的变化等
冯奎（2013）	城镇化从两条主线来理解：一是从人口移动的角度来理解城镇化，即农民向城市移动，变成农民工和市民；也指城市人口从一个城镇向另一个城镇移动；还指人口虽然没有在空间上位移，但开始享受到与城市人一样的基础设施与公共服务，过上城市人一样的生活。二是从城镇发展的角度来理解城镇化，主要研究城镇为满足人口需求，在经济、社会、环境等功能形态上要进行何种功能设计

资料来源：根据剧锦文：《中国的城镇化与小城镇发展——江苏省靖江市东兴镇考察》，中国社会科学出版社 2013 年版，第 11 页；冯奎：《中国城镇化转型研究》，中国发展出版社 2013 年版，第 17～18 页以及相关文献整理而来。

（三）"城镇化"与"城市化"的比较

通过对上述学术界研究的梳理，发现"城市化"和"城镇化"均包括一系列的转变：一是从量变到质变的过程，二者都是从最初的劳动力、土地等生产要素向城市或者城镇转移的量的积累过程，发展到社会生产方式、生活方式、组织方式等全方位的转变。二是从生产力（或经济基础）变革发展到生产关系（或上层建筑）的变革，即从最初的产业结构、就业结构等生产力范畴的物质文明的提高，发展到城市文化等生产关系范畴的精神文明扩散和普及的过程。三是从单学科研究转为多学科研究。早期学者对"城市化""城镇化"的研究，主要立足于单一学科，而现在的研究越来越具有综合性和交叉性，它们涉及社会学、经济学、地理学、人口学、历史学。

然而，"城市化"与"城镇化"存在很大差异，主要表现在三个方面：

其一，概念不同。从历史角度来看，"城"最早是一种大规模、永久性的防御设施，是军事中心与政治中心；它与"市"融合成为"城市"，是"城"进化的产物，也是社会生产力和商品经济发展的必然结果。而"镇"

是以军事行政职能为主，近现代引申为一级行政区单位和联系城乡经济纽带的较低级的城镇居民点。从各自内涵来看，"城市"具有比较发达的经济与社会其他活动的内涵，拥有更大规模的人口数量；"城镇"强调的是居民的居住点，其人口数量也小于城市（唐耀华，2013）。

其二，阶段不同。城市在发展过程中表现为镇、城市、都市三种层次不同的样态。其中，城镇是城市化的初级形态，城市是城市化进程的中级形态，都市是城市化的高级形态。广义城市化包含城镇化，城镇化是城市化的起点，是城市化进程的过渡模式。城镇只是一个地域概念，城镇化强调的是农业人口进入城镇。但是城市不只是地域概念，还具有交易功能，城市化要由侧重人口流动转向功能提升，强调其成为市场中心、信息中心、服务中心、文化教育中心，特别要关注其经济能量的聚集度和对整个区域的辐射力（洪银兴、陈雯，2000）。

其三，道路不同。一些学者认为"城市化"是"使……具有城市属性"之意，"镇"是"指人类稠密的乡村地区"。如果将"城市化"与"城镇化"混淆，实际上是混淆城市与乡镇，使城市化的概念变得模糊不清。城市化的本意是农民从农村向城市转移，转移的结果是"农民（即农民的社会阶层属性）成为市民"。城镇化则是让农民从乡村转移到小城镇，转移的结果是"农民还是农民"。"城市化"道路可以包含建设小城镇，而"城镇化"道路则不能包含建设大中小城市。因此，从长远考虑，"城镇化"不能作为城市化的道路。

三、城镇化的内涵[①]

学术界对城镇化并没有公认的一般性定义，且与城市化的关系也处于争论之中。实际上。作为一般性概念，不仅要明确"城镇化"与"城市化"的关系，还要明确城镇化作为一种社会转变过程，转变的边界在哪里？转变的标准和内容有哪些？各国在城镇化过程中，是否存在一般规律？笔者认为，第一，"城镇化"与"城市化"在本质上没有什么区别，只不过前者更符合

---

① 该部分内容已经发表，详见石淑华、吕阳：《中国特色城镇化：学术内涵、实践探索和理论认识》，载于《江苏社会科学》2015 年第 4 期，第 50 ~ 57 页。

中国国情，具有"中国特色"。第二，城镇化是由工业化推动的，人类在从落后农村社会进入先进城市社会的过程中，生产方式与生活方式都发生了重大变化。第三，推动城镇化发展的动力既有内生的，也有外生的。第四，在工业化的推动下，城镇化实现了从数量变化到质量提升的演化过程，内涵不断丰富，存在着高低形态之分。第五，城镇化是过程和结果的统一，发达国家城镇化的经验可为发展中国家提供借鉴。

首先，中国是使用"城镇化"好，还是"城市化"更科学？"镇"主要包括县政府所在地、镇政府所在地（建制镇）、中心镇、乡镇管辖的小集镇。中国县镇发展历史悠久，古已有之。秦朝全国设有36个郡，郡下设县，共有800~900个县（朱铁臻，2002）。1989年我国《城市规划法》规定城市是包括镇的，该法指出："本法所指的城市，是指国家行政建制设立的直辖市、市、镇。"至此，我国建立了包括直辖市、市（省辖市、地级市、县级市）和镇的三级城市体系。目前，这三级城市之间在经济社会等各方面都存在着差异，但最终目标是实现各层级城市的均衡发展。因此，"城镇化"与"城市化"在本质上没有什么区别，无论是人口向城镇聚集，还是向城市聚集，其目的都是让人口离开农村，从第一产业转向第二、第三产业，接受一种不同于农村文明的全新生活方式。但是，"城镇化"概念更能体现中国特色。其一，中国城市体系包括镇，而且镇的数量很大，约有2万个县级以下的镇。如果到2050年新增的近6亿人口全部安置在660多个县级以上的城市，将是不可承受的，无法保证农民市民化的质量。其二，从我国农村剩余劳动力转移的路径来看，改革开放以来，中国农村剩余劳动力的转移采取了不同于西方国家流入城市的路径，而是在乡镇企业的带动下，就地从事第二、第三产业。在农村启动工业化发展的同时，发展了众多的小城镇，成为转移农村剩余劳动力的吸水池。20世纪80年代末期，在全球化背景下，国际产业转移到我国东南沿海地区，才出现了农村剩余劳动力流向大中城市。其三，从解决我国目前人口转移带来的现实问题来看，源于20世纪80年代末期农村剩余劳动力不断流入大中城市、城市化水平不断提高的同时，"城市病"与"农村病"并存。解决日益严重的"城市病"和"三农"问题的重任历史地落在了离农民最近、农民最为熟悉的城镇身上。这就要求城镇不仅仅成为接纳农业转移人口的场所，更重要的是增强城镇的产业发展、公共服务、吸纳就业、人口集聚等功能，使城镇具有城市功能，进而成为"三农"现代化的策源地、农村发展的中心、城乡一体化发展的关键点（洪银兴，2013）。由于"城镇化"概念反映了中国的实际国情，立足于解决中国现实问题，也契合了学术界的探讨，才被我国政府的官方文件所采用。但要注意的是，采用"城镇化"并不意味着要忽视大中城市的发展。

其次，城镇化是发展的过程，还是发展的结果？尽管不同学科对城镇化的解释各不相同，但基本上都认同，城镇化是由传统农村社会向现代城镇社会转变的历史发展过程。问题在于，作为一种社会发展现象，"城镇化"是否只有起点而没有终点？如果有终点，其目标是什么？其实，"城镇化"包含着目标和进程双重含义。如果把"化"理解为实现，就是目标，即实现了城镇化；如果把"化"理解为发展，就是指进程。赵新平、周一星（2002）也认为："城市化是落后的农业国在工业化、现代化过程中全面制度创新的结果，是一个国家内部人口、资源与产业在市场机制作用下以城市为主导重新进行空间配置的过程，期间伴随着全社会生产、生活方式的根本性变化"。需要指出的是，城镇化所处的阶段不同，发展目标也不同，阶段目标并非最终目标。在生产力水平比较落后的城镇化初期阶段，其目标是建立在经济增长基础上的物质财富的丰富和生活水平的提高。随着经济发展，城镇化越来越重视精神生活的改善。

再次，城镇化的衡量标准是什么？早期传统的城镇化是用城镇人口占总人口的比重作为城镇化的指标，后来由于发达国家出现了"城市病"以及拉美国家出现了"贫民窟"等问题，学者们认识到人口规模的变化仅仅反映了城镇化的一个方面，采用这种单一的人口比重法来衡量城镇化水平存在很大局限性，人们越来越关注经济发展、人居环境、基本公共服务等方面的变化，对城镇化从质和量两个方面进行考察。剧锦文（2013）提出了人口城镇化率、资本城镇化率、土地城镇化率和生活方式城镇化率四个指标体系。王克忠（2012）提出城镇化目标的质的规定性，包括具有较高现代化程度的基础设施和发达的城市非农产业的城镇化，具有资源节约、环境友好、布局合理紧凑、可持续发展的城镇化，具有较高教育文化水平、较好历史文化资源保护和利用相结合的城镇化，具有发达社会事业和较高生活质量的城镇化，具有城乡统筹、向同一方向发展的城镇化，具有较优城镇结构网络体系的城镇化等六个方面。特别是提出新型城镇化以后，单卓然、黄亚平（2013）认为新型城镇化应该强调民生、可持续发展和质量，每个内涵均可以从经济、社会、体制制度和城市建设四个层面来衡量。在 2014 年发布的《国家新型城镇化规划（2014—2020 年）》中，明确提出新型城镇化的指标包括城镇化水平（2 个）、基本公共服务（5 个）、基础设施（6 个）、资源环境（5 个）四个方面 18 个指标。可见，城镇化是个历史范畴，是一个发展的动态概念，随着生产力水平的发展，其指标体系的内容从数量扩大的一维指标发展到质量改善的多维指标，层次也不断提高。这也间接证明了城镇化是发展过程和结果的统一体。当然，城镇化的指标不能简单地等同于城镇建设指标，因为城镇化不能简单地等同于城镇发展。城镇化的核心是农村人口进得来、留得下、活得好，以此相适应，关注的焦点问题是通过一系列制度改革以降低城镇化的成本。而城市建设往往通过基础设施的完善、开发区的建立、行政区域的调整来扩展城市建成区的规模，抬高了城市建设的成本，增加了农民工市民化的成本，加大了城镇化的难度。城镇建设是城镇化的基础和载体，城镇化是城市建设与发展的目的和归宿，"适度"的城镇建设有利于解决农民工市民化问题。

最后，城镇化是内生还是外生的？还是二者兼备？是否存在公认的城镇化发展模式为发展中国家的城镇化建设提供借鉴？朱铁臻（2002）按照政府和市场在城镇化过程中所扮演的角色，以及城镇化与工业化的相互关系，将世界城镇化发展概括为三种模式：一是以西欧、日本为代表的政府调控下市场主导型城镇化；二是以美国为代表的自由放任式城镇化；三是以拉丁美洲和非洲部分国家为代表的受殖民地经济制约的发展中国家城镇化。剧锦文（2013）认为，美国以市场主导的城镇化是一种内生的城镇化，这种城镇化具有很强的稳健性和可持续性。受殖民地体制制约的城镇化属于外生模式，它是在外来资本主导下的工业化与落后的传统农业长期并存，政府调控能力不足，这种模式的基础是不牢固的。苏联和我国计划经济时期的政府主导城镇化具有很强的外生性，这种城镇化的速度可快可慢，政府行政调控机制难以适应不断变化的现实，其基础是脆弱的。著名城市规划专家约翰·弗里德曼以全球化为背景，基于地域基础，根据城市发展的战略要素将城市发展分为"城市营销"和"准国家城市"两种模式。"城市营销"这一模式的发展源动力是全球资本的竞争，它奉献在跨国资本祭坛上的祭品通常是低廉的工资、温顺的劳动力、"灵活而敏感"的地方政府，以及各种优惠政策。"准国家城市"是指城市区域不可能期望从自身外部获得一种可持续发展的动力，必须对区域的人力资源、社会资源、文化资源、智力资源、环境资源、自然资源、城市资源等七种生产性资本进行投资，才能实现城市区域内生性发展模式的可持续性。从这些研究可以发现，城镇化的内生性体现了城镇化的自然逻辑过程，是生产力发展的结果和进一步发展的条件。但是，城镇化的实现又需要外生条件来保证。因此，外生性城镇化与内生性城镇化的有机统一，应是城镇化的合理规律。这就为发展中国家如何推动城镇化持续、快速、健康的发展提供了参考。

第二节　城镇化模式

20世纪80年代，随着对城镇化问题的研究，也开启了城镇化模式的分析，在城镇化模式的内涵、分类、影响因素等问题上取得了丰硕成果。

一、城镇化模式

目前，学者们对城镇化模式有不同的理解，概括起来，主要有以下几种观点：

"一元论"观点，是将城镇化模式的内涵简单地概括为一个要素。赵光瑞（2007）认为它是一个国家或地区为实现城镇化而采取的具体发展形式。陈甬军、宜超（2013）提出，城镇化模式就是城镇化道路，主要包括城市化机制、城乡关系和城市发展方针，其中城市化机制是最主要、最核心的要素，它决定了相应的城乡关系与城市发展方针；反过来，城乡关系与城市发展方针也会对城市化机制产生影响。曹宗平（2005）提出，城镇化模式就是推进城镇化进程所采取的某种战略安排。

"二元论"观点，是将城镇化模式的内容归结为两个要素。例如，简新华、刘传江（1998）认为，城市化模式是社会、经济结构转变过程中的城市化发展状况及动力机制特征的总和。

"多元论"观点，是将城镇化模式概括为一系列要素的总和。姚士谋等（2004）认为，城市化模式就是从全局和长远的战略高度予以明确的城市化的本质特征、主要途径、主导方向和动力机制。周英（2006）认为，城市化模式是社会、经济结构转变过程中，由城市化动态演进所表现出来的相对静止稳态和连续变化动态的系统结构、动力机制、内容特征的总和。盛广耀（2008）认为，城市化模式是对特定国家或地区、特定时期城市化的演进过程、表现特征、动力机制和战略选择的概括和总结。剧锦文（2013）认为，城镇化模式主要指一国或者地区实现城镇化的方式和路径、主导方向和动力机制等。倪鹏飞（2014）认为，城镇化模式主要包括目标模式、动力模式、制度模式、内容模式、驱动模式和结果模式。

可见，城镇化模式是一个综合性概念，它包括道路、目标、动力、制度、方式等内容，其中任何一个方面都可以表示为城镇化模式，反映城镇化模式的特点。需要指出的是，在很大程度上城镇化道路就代表着城镇化模式。

二、城镇化模式的分类

学术界从不同角度、按照不同标准来划分不同类型的城镇化模式。

（一）按照城镇化与工业化和经济发展水平的协调关系划分

按照城镇化与工业化和经济发展水平的协调关系，划分为高水平同步型、低水平同步型、超前型、滞后型。

（1）高水平同步型城镇化是指城镇化是在工业化的发展过程中完成的，工业化与城镇化相互促进、相互支撑，欧美等发达国家城镇化属于这种类型。

（2）低水平同步型城镇化是指经济发展水平与城镇化水平都比较低，主要是在亚非地区的发展中国家。

（3）超前型城镇化（也称为过渡型城镇化）是指城镇化水平明显超过工业化水平，大量农村人口聚集在城市，远远超出城市承受能力，产生大量的贫民窟，拉美国家城镇化属于此种类型。

（4）滞后型城镇化是指像中国、印度等一些发展中国家，由于优先发展重化工业，工业化与城市经济获得快速发展，但农民职业转换的速度慢于工业化的速度；或者农民实现了职业转换但没有完成身份转换。

（二）按照城镇化的规模结构划分

按照城镇化的规模结构，划分为小城镇模式、中等城市模式、大城市模式、大中小协调模式。

（1）"小城镇模式"论者立足于历史发展和现实国情、潜在的"城市病"、农民乡土观念、城镇对城乡经济发展的纽带作用以及"大城市病"等，强调重点发展小城镇。

（2）"中等城市模式"论者既反对"小城镇"，又反对"大城市"，他们认为中等城市是我国城镇化发展中关键的一环。因为，中等城市既可以发挥工业生产和城市经济的聚集效应，又可以避免大城市人口过于密集的弊端；它是联系广大农村和大小城市的桥梁，起着承上启下的纽带作用，可塑性大，社会问题少。城乡两种生产要素在中等城市结合，能够产生新的生产力，成为国民经济发展的巨大动力。

（3）"大城市模式"论者主要针对发展小城镇存在规模效益、聚集效益不足以及资源浪费、环境污染、重复建设等"小城镇病"，提出大力发展大城市可以充分发挥资源效益、城市基础设施效益、规模效益、聚集效益等。

（4）"大中小城市协调模式"论者立足于中国人多地广、资源相对不足、工业化水平低等基本国情，认为在中国不可能采取单一战略模式来解决城镇化问题。要跳出城市规模的单一考虑，城镇体系是由大、中、小各级城市、城镇组成，企图以规模来调控城市的发展，没有抓住问题的核心。不同规模的城市承担着不同的社会经济职能，应该充分发挥不同规模城市间的互补性，大、中、小城市和小城镇要协调发展。

（三）按照城镇的空间布局进行的划分

（1）分散型城镇化与集中型城镇化。分散型城镇化是指城镇数量较多、在空间布局上分散、城市人口分布在许多城镇的城镇化；集中型城镇化是指城市数量较少、在空间布局上集中、城市人口主要集中在少数甚至个别城市的城镇化（简新华，2010）。

（2）据点型城镇化和网络型城镇化。据点型城镇化是指以一个大城市为中心向外扩张的城镇化；网络型城镇化是指以一个大城市为中心的多个城市组成的城市区域，通过便捷的交通通信将若干个不同等级、不同规模的城市组成高密度的、关联紧密的城市群体，使得城市群能够获得比单个城市更大的分工收益与规模效益，实现资源的集约利用与经济效益的最大化。

另外，根据城市的空间发展方式看，城镇化分为内部重组、连续发展、跳跃发展和就地发展等四种推进模式。内部重组是指在城镇建成区范围内，对城镇用地进行功能置换和空间整理，以提高城镇发展的水平。连续发展是以现有城市为依托，随着土地在市场作用下形成级差地租，推动城市空间不断向外扩展。跳跃发展是在城镇范围以外的农村地区，相对独立地进行城镇化发展，这些地区一般缺乏城镇化所必需的基本要素，需要借助外力推动。就地发展是指乡镇和村庄通过自身发展，促进产业升级，增加农民收入，改善农民生活，在本地实现城镇化的生产生活方式（李强、陈宇琳、刘精明，2012）。

（四）按照城镇化的推动机制进行的划分

（1）根据政府和市场在城市化进程中的不同作用，划分为自上而下的政府主导型城市化和自下而上的市场主导型城市化。政府主导型城市化是指政府在城市化过程中充任组织者与发动者，依据国家经济社会发展的总体布局，统一规划城市建设与城市化布局，制定城市产业发展、基础设施等建设规划，并且通过一系列带有刚性的政策和措施限制社会资源的自由流动（巴春生，2004）。市场主导型城市化是指人口与要素在城乡之间迁移和集聚、城市结构的内部调整和外部扩张、城市之间的竞争与协调以及城乡关系调整等过程中，依靠市场机制发挥决定性作用来推动城市化进程（曾宪明，2006）。

（2）按照城市投资的主体，可分为自然城市化、行政城市化、混合型城市化。自然城市化是指在市场经济条件下，以民间投资为主体，受政府支持或认可。行政城市化是按高度集中的计划经济要求，以国有投资为主体，由政府直接发动和统一包办。混合型城市化就是在制定城市发展战略的过程中，城市发展战略内容同时吸取了市场与政府两种力量。现代城市发展既需要充分利用市场机制推动产业要素向城市积聚与流动，也需要利用政府的推动力促使城市公共设施系统的完善（程建平，2006）。

（3）从城市化的驱动力角度来看，分为"被动城市化"与"主动城市化"。"被动城市化"是由工业化推动的城市化，城市缺乏内在发展能力，对农村的辐射带动作用未得到发挥，出现了严重的城乡分离与对立问题。"主动城市化"模式下，城市化成为推动经济社会发展的首要因素，城市的自我发展能力不断增强，城市对农村的辐射带动作用不断得到释放，城乡经济社会逐渐融合（白永秀、赵勇，2011）。

（4）根据城市化的产业发展动力，可以划分为工业驱动型、商业驱动型、交通物流型、文化创意驱动型、旅游驱动型。工业驱动型城镇化是第二产业长期处于地方经济的主导地位，工业吸纳了大量劳动力以及集中了大量资源、资本，工业用地需求不断增加，城市建设用地不断扩张。商业驱动型城市化是指以商业贸易活动为核心驱动力而促进资源向城市集聚，并促进城市再发展，其中商业既包括传统型商贸活动，也包括现代商业服务。交通物流型城市化是指由于区位优势，通过交通物流的枢纽作用，带动人口、资源、产业等在腹地聚集而逐渐促进城市化的一种发展模式。文化创意驱动型城市化主要是指基于城市创意产业的基础和环境以及特色的地方文化要素，推动文化经济与知识经济，结合旅游业等相关产业，成为城市化发展的动力，通过塑造与延伸城市的个性来促进城市的发展。旅游驱动型城市化主要是通过吸引旅游客流以及刺激现代服务业，特别是交通、商业、房地产、休闲娱乐、餐饮以及其他相关配套产业为城市提供更多就业机会，从而使人流、资源、资本向城市集中，促进城市化的发展（北京大学"多途径城市化"研究小组，2013）。

（五）按照城镇化过程中城乡关系进行的划分

（1）根据城镇化发展过程中的城乡关系，划分为城乡分割的城镇化模式和城乡统筹的城镇化模式。城乡分割的城镇化是指在城乡二元体制下，经济发展是就城市论城市，就"三农"论"三农"，政府以行政力量在城乡之间配置资源，在加剧了城市对"三农"剥削的同时，大量农村人口限制在农业和农村，城镇化速度比较缓慢。城乡统筹的城镇化是以城乡协调发展为目标，以体制和政策的城乡统筹为基础，把"三农"发展与城市发展结合起来，充分发挥城市对农村的带动作用和农村对城市的促进作用，走城乡互动、城乡交融、城乡一体的城市化道路（盛广耀，2005）。还有的学者将城乡关系可以分为三种模式：城乡分割发展模式、城乡一体发展模式、城乡互动模式。

（2）根据城镇化过程中城乡关系变化的特征，城镇化模式划分为"城市瓦解农村"模式、"城市馈补农村"模式、"农村转变城市"模式（曹钢，2010）。

三、城镇化模式的影响因素分析

城镇化是一个包含政治、经济、社会、环境、文化等多方面内容的系统工程，每一种城镇化模式都是上述因素在特定发展阶段的选择，深深打上时代烙印。下面从综合视角与特定视角来分析城镇化模式的影响因素。

（一）综合视角分析

学者们普遍认为，城镇化模式的形成受到经济发展水平、自然地理、历史文化背景、政治经济制度、人口状况等多种因素的影响。

尚启君（2007）认为，从理论上讲，工业对布局方式的内在要求是城市化模式的决定性因素；而在现实中，降水充沛、地势平坦、地处沿海等这种确定的自然地理条件是城市化模式的决定性因素。

周英（2006）认为，具体的、现实的城市化模式受各国历史文化传统、实行的经济发展战略和经济体制的制约，至于更微观的城市化模式，其影响因素还包括资源、区位、经济实力、各利益集团的地位以及个体偏好等。其中，经济增长是城市化模式的主导动力，产业结构转换升级是城市化模式的内在动力，其他方面的动力都要部分的通过产业转换来实现。

毛蒋兴、薛德升（2006）认为，城市化模式与特定国家、地区特定时期的经济发展水平、历史文化背景和社会经济条件息息相关。

邵龙飞（2001）认为，我国城市化模式受两个基本因素的左右，一是方针政策的限定和制约，二是经济发展水平的影响，由此演化出四种模式：城市发展方式的限定和户籍制度制约产生的模式、转化农村剩余劳动力和资本投入因素产生的模式、经济发展因素产生的模式、地域差异产生的模式。

孔祥云、王小龙（2013）认为，影响城镇化模式选择的主要因素包括当地经济技术发展水平、国家政策和城乡规划、当地自然地理状况、当地人文资源状况、当地传统风俗习惯和百姓的愿望要求。其中，当地经济技术发展水平是决定城镇化模式选择的第一因素；城镇化模式的选择直接受到当地城乡规划的影响，各地应根据国家政策制定以城乡一体化发展为目标的城乡规划，没有具体的规划直接选择什么样的模式是行不通的。

中国城市经济学会中小城市经济发展委员会（2012）认为：城镇化模式

选择的影响因素主要包括农业水平、工业基础、人口因素、文化背景和资源条件、生态环境因素。其中，农业发展水平的差异是决定城镇化效果不同的根源；工业化与城镇化是否可以协调、同步发展，是决定城镇化模式发展质量的关键；城镇化模式的选择必须与当地的自然资源条件相适应，保证城市发展的可持续性。此外，城镇化模式的选择还要考虑已有的城镇空间格局和区域平衡问题等。

可见，影响城镇化模式的因素是多方面的。既有经济方面的因素，如工业化进程和水平、产业驱动和结构、劳动生产率的差异等；也有文化背景和自然资源因素；还有政策与制度安排等因素。这些因素对城镇化模式的影响不是单方面的，而是综合作用、动态演化的结果。在不同的发展时期，决定城镇化模式的主要因素不同，甚至在同一时期，不同国家甚至同一国家的不同地区，影响城镇化模式的因素也是不同的。

（二）特定视角分析

除了对影响城镇化模式的因素进行综合研究外，学者还专门研究了影响城镇化模式的具体因素。

在经济方面，有的学者研究了经济发展模式对城市化模式的影响，认为经济发展模式和城市化模式关系密切，无论哪个层面的经济发展模式发生转变都会在目标定位和动力机制两个方面对城市化模式的变动产生重大影响（薛光明，2010）。有的学者利用市场潜能函数研究了经济发展水平与城市化模式的关系，指出在经济发展水平较低的地区，应选择以小城镇建设为中心的城市化模式；经济发展水平较高的地区，应选择以大城市和城市群为主导的城市化模式（安虎森、朱妍，2007）。有的学者认为以土地平面扩张为主的城市化模式衍生出以土地要素的扭曲配置及其土地金融为纽带进而带动整个经济快速发展的经济增长方式。因此，今后城市化应尊重"现阶段产业结构低端化、农业经营收入占农村家庭收入一半左右的份额"等基本国情，应遵循"地方政府逐步退出土地市场、人口城市化替代土地城市化、不可急速推进土地市场的城乡一体化、富余工业土地存量转化为商住用地"等四项原则（范剑勇、莫家伟，2013）。

在金融方面，有的学者提出，金融作用于经济所产生的"金融经济力"是协调各种新型城市化模式以充分发挥其政策组合效益的动力。包容性与均衡型城市化是我国实现深度城市化的新模式，在城市化经济运行由非均衡到均衡的运行轨迹以及践行包容思想的包容性城市化模式过程中，金融经济力是实现这种新型城镇化模式的驱动力，它致力于突出城市化均衡模式效率属性，诉求于城市化包容模式以体现公平属性（齐昕，2012）。

在自然生态环境方面，有的学者认为，自然生态因素是影响城市化可持续发展的最终制约因素，应该选择自然生态环境优越的地区进行重点发展，建设特大城市和城市群，以此带动经济增长和文化、技术发展创新。对于现有的特大城市，要视其生态状况确定发展方向。对于生态环境脆弱的地区要严格限制其城市化的规模和水平。对于中小城市的发展也应采取这样的方针，自然生态环境允许的就继续扩大，反之，则要考虑限制其规模（韦廷柒、潘保兴，2011）。

在制度方面，有的学者是从体制因素入手，认为自上而下和自下而上是我国城市化在传统计划经济体制和市场经济体制下形成的两种模式，不同体制下制度安排上的差异是决定两种模式特点的根本原因。中国城市化最终要走向市场型城市化，解决的根本办法在于土地流转制度创新、城镇建设体制创新、城镇管理体制创新等（吴翔阳，2001）。有的学者从城乡分割的制度安排来分析中国城市化以小城镇为主导模式的原因，这一制度是以户籍制度为核心和起点的，与口粮供给、就业、住房、产权等制度相配套的制度系列（陆升军，2003）。

在能源－交通体系方面，有的学者提出，城市化模式与能源利用方式、交通运输条件关系密切，能源形式及其利用方式和交通运输模式所形成的能源－交通体系决定了不同国家具有不同的城市化模式。每一次新能源的开发和利用，都会带来不同的能源－交通体系以及不同的城市化模式，也都会使经济和社会发展产生一次新的飞跃（管清友，2010）。

在全球化方面，有的学者认为，全球化对城镇化的影响表现在三方面变化：一是在经济全球化条件下，中国的城市化环境更加开放，城市化模式的选择更趋理性和多元化；二是市场机制在社会经济各方面的作用逐步增强，市场体系的日趋完善、经济的稳步增长、产业的转换与发展、生产要素的快速流动等将对我国城市化产生深远影响；三是伴随着科学发展观的确立，中国城市化过程中对公平与效率权衡将更趋理性与科学（杨益明，2007）。

上述从经济、金融、生态、制度、交通、全球化等特定视角进行的研究，有利于更深入地理解城镇化的影响因素。城镇化涉及生产方式、生活方式、文化水平等多方面的转变过程，影响这一转变的因素也就是多方面的，只不过不同学科关注的侧重点不同而已。

第三节 城镇化模式研究综述

国内学术界对城镇化模式的研究，主要集中在两个方面：一是中国应该选择什么样的城镇化模式；二是研究国外的城市化模式，为中国选择城镇化模式提供某种经验与借鉴。

一、中国城镇化模式研究综述

总体来看，我国学界分别从国家、区域两个层面，对城镇化的规模结构、城乡关系、政府与市场的关系等内容展开全面而深入研究。

（一）国家层面城镇化模式研究

1. 规模结构模式之争

在关于城镇化模式的讨论中，规模结构的"大小之争"是涉及范围最广、持续时间最久、讨论最为激烈的争论。归纳起来主要有以下几个观点。

"一元化"模式，即把城镇化发展的重点放在某一个方面，主要包括小城镇论、中等城市论、大城市论。

小城镇发展问题最早是胡耀邦于 1980 年提出的，1983 年费孝通做了进一步阐述，提炼为"小城镇大战略"①。他立足于中国的现实国情，提出中国农村人口众多，大中城市不可能容纳大量的农业转移人口。同时，建设新城市负担沉重，在原有农村集镇基础上发展小城镇，可以就地消化农村剩余劳

---

① 《小城镇，大问题》是费孝通教授于 1983 年 9 月 21 日在南京"江苏省小城镇研究讨论会"上的发言，后由沈关宝同志整理。《瞭望》《江海学刊》等报刊摘要发表或全文刊载了该文，该文还先后被收录到《小城镇，大问题——江苏省小城镇研究论文选》第一集等多部论文集中（转引自蔡继明、王成伟、周炳林：《我国城市化战略选择与定量分析》，载于《当代经济研究》2012 年第 12 期，第 22~27 页）。

动力，并且可以避免大城市过度发展带来的"城市病"。辜胜阻（1999）根据增长极理论，提出以县城为中心、据点和网络同步发展的农村城镇化道路。温铁军（2007）从城市化的最终目的是解决"三农"问题出发，提出小城镇可以把城乡市场较好地联结起来，推动农村第二、第三产业和中、小企业发展。朱选功（2000）从资金投入角度认为小城镇在吸收农业劳动力上比大城市更有优势，因为在小城镇安排一个劳动力就业需要的投资不足大城市的一半。值得注意的是，目前我国经济社会发展进入新的历史阶段，破除城乡二元结构，走城乡一体化发展的道路，将成为今后经济发展的主题。在这种背景下，小城镇发展问题获得了新的战略意义，促进小城镇发展和繁荣成为一项大政策（李培林，2013）。

大城市论者主要是针对小城镇存在的诸多弊端和大城市的规模效益和聚集效益而提出的。王学圣（1991）认为，小城镇占地太多浪费土地严重；小城镇在空间分布上过于分散，无法获得聚集经济效益，资源和能源消耗大，环境污染严重。王树春（2003）从世界城市化道路的发展规律出发，提出发达国家都是以大城市为主导的城市化模式。因为大城市具有强大的聚集效应、扩散效应和辐射效应。尽管中国的发展具有特殊性，但也不能抗拒城市化的一般规律，尤其中国人多地少，更应该走资源节约型的城市化发展模式。从总体上说，中国的城市化道路应该选择以大城市为主导的城市化模式。蔡继明等（2012）从国际经验和我国实践出发，认为大城市为城市发展提供了更为雄厚的工业基础和服务业基础，更集约和节约土地资源，更易于控制和减少污染。优先发展大城市和城市群，已经成为城市发展政策的必然选择。张蕊（2003）立足于大城市对本地经济发展的作用，提出大城市发展扩大了本地城市的规模，能更有效、更大程度上把本地经济纳入全国市场和世界市场的网络；大城市提供的基础设施、市场信息和人文环境，能减少本地市场的实际生产费用和本地流动费用，为企业成长获得更好的内部条件和外部环境；大城市的工业集中能带来金融、房地产、通信等服务业的繁荣和发展，大大增加就业容量。王小鲁（2010）运用数量分析方法，通过比较不同规模城市的聚集效应和外部成本，发现规模较大城市的经济效应超出中小城市和小城镇，提出中国的大城市不是太多，而是太少，并预测出我国100万人以上规模的大城市占总人口的比重在2020年可能达到30%左右，在2030年可能达到39%。这意味着，中国未来至少需要增加上百个百万人级别的大城市。

中等城市论者试图调和前两种观点的矛盾，是前两种观点的折中。李金来（1990）认为，中等城市在我国城市化体系中处于承上启下的中间环节，兼具大城市、小城市的优点：比起小城镇来，中等城市具有较大的生产生活聚集效应，又能避免大城市人口聚集密度过高引发的"城市病"。与大城市和小城镇相比，中等城市比较容易实现经济效益、社会效益和环境效益的统一。刘纯彬（1987）认为，我国中等城市的人均净产值比小城市约高近100%，更优于小城镇。因此，我国应以条件较好的小城镇为依托，逐步建立上千个新的中等城市。

"二元化"模式是针对我国城市群与非城市群地区而提出的两种城市化道路。在城市群（带）地区，如长三角、珠三角地区，推行以面式聚集型城市化为主，扩散式城市化为辅的发展战略，充分发挥区域的"累积效应"和"扩散效应"。在尚未形成城市群的地区，推进点式集中城市化，即以中心城市为发展重点，强化中心城市建设，充分发挥中心城市功能。

"大中小协调"模式论者认为，我国的城镇化模式应该是大、中、小城市并举。随着我国城镇化进程的推进以及各地经济社会发展水平的不同，决不能把中国城市化的希望寄托在某一种模式上，城市体系是由大中小各级城市组成的。像中国这样农村人口众多、地域差别较大的国家搞城市化选择单一模式，只能是一种理论演绎与主观臆想，不是一种理性选择，在现实中也行不通。所以，中国城市化道路应是多元化模式取向，而不应是单一模式取向，即选择基于对国际国内各种因素与发展要求、系统考虑的、适合中国国情的城市化综合模式（徐智环，2008）。

"城市群带动型"是以城市群为主体形态来带动大中小城市协调发展。陆铭等（2011）从发达国家城市化进程的阶段性特征出发，提出大城市发展和中小城镇发展并不是互相排斥的，发达国家的城市化进程大都经历了发展初期的"集中化"以及发展到一定阶段后的"分散化"。城市化推进应该在大中小城市和小城镇协调发展的基础上，充分发挥中心城市的带动与辐射作用，发展一批具有世界竞争力的大城市群或大都市圈，通过其强大的集聚功能和辐射功能有效带动农村工业化和城镇化发展，实现以城市群带动城市化的跨越。魏后凯（2014）认为，为了解决中国城镇化进程中出现了"大城市过大、小城市过小"两极化倾向，以及诱发的一系列深层次矛盾，要推动形成以城市群为主体形态，大中小城市和小城镇合理分工、协调发展、等级有序的城镇化规模格局。还有的学者从技术支撑角度，提出"三高技术"（高速公路、高速铁路和高速信息网）将对城市发展模式产生了三个革命性影响：一是由单中心的"金字塔"城市结构向多中心的扁平化、网络化结构转变，不同城市之间优势互补及多功能组合成为区域城市群发展的新趋势；二是将会出现由人口大规模移动的城市化向要素流动的城市化转变，使大城市、小城镇与乡村共生的城市化发展成为可能；三是在传统技术支持下的要素流动由原来的单向流动向双向流动转变，从根本上打破了生产要素向大城市中心单向流动的格局，形成大城市与郊区、城市与乡村之间的双向流动新格局。现代"三高技术"使未来的城市发展走向一条大中小城市协调发展、城市与乡村共生发展的均衡之路。

2. 城乡关系模式的审视

城乡关系一直是城镇化研究的重要内容。如何处理和协调城乡关系，关系到城镇化模式的选择与发展问题。以往我国实行的是"城乡割裂、城乡二元"的城镇化模式，城乡收入持续拉大，农村和农民在城镇化过程中尚未享受应有的收益，也未有效带动农业和农村的发展。如今提出城乡一体化发展的城镇化模式。有的学者根据城镇化过程中城乡关系变化的特征，将城镇化模式划分为"城市瓦解农村"模式、"城市馈补农村"模式、"农村转变城市"模式（曹钢，2010）。有的学者从城乡体制和政策入手，将城市化分为城乡分割的城市化和城乡统筹的城市化（盛广耀，2005）。有的学者把城市和乡村视为一个多元共生的有机整体，强调工业与农业相互滋养，提出了"城进农退"式的城市化和城乡共荣的城市化（王治河，2014）。有的学者从城乡文明的视角，将城市化分为城市代替乡村、城乡两元文明归于城市一元文明的城市化和城乡两元文明共生的城市化（张孝德，2013）。

3. 发展动力模式的选择

政府与市场的关系是选择城镇化模式的重要因素，据此学者将中国城镇化模式分为政府主导的城镇化模式、市场主导的城镇化模式以及混合型城镇化模式三种类型。传统体制下，我国实行的是政府主导型城镇化。改革开放以来，市场对城镇化的推动作用越来越显著，但政府的力量依然强大，怎样认识二者在城镇化中的关系与作用呢？

首先，学术界从理论和实证两个方面对政府主导型城镇化模式进行反思，一致认为政府主导型城镇化模式存在众多问题。在理论研究方面，曾宪明

（2006）认为，政府主导型城市化导致城市化剧烈波动；阻碍了农村剩余劳动力转移，使城市化初期滞后于工业化；造成城镇体系结构、城镇地区布局非均衡，导致城市化高成本，存在城市化泡沫的危险，在一定程度上阻碍了中国从计划经济体制向市场经济体制的转轨。秦震（2013）认为，当前政府主导型城镇化存在的主要问题表现为城镇化水平相对落后，城镇化区域发展不平衡；半城镇化现象严重，农民工市民化存在制度障碍；城市土地非集约化利用现象严重。这些问题既源于政府非科学地主导城镇化，同时也是市场力量未充分发挥作用的结果。盛广耀（2009）提出，行政主导的城市化模式受到人的主观意识影响，由于对城市化规律认识的偏差，常会产生矫枉过正的情况。过去对"城市病"的恐惧，使政府采取限制城市特别是大城市的发展政策，导致城市化进程滞后。而近年来随着各界对城市化的重视，又普遍存在贪大求快的倾向，盲目追求建设速度和规模，忽视了社会和环境问题，城市化的质量不高。在实证研究方面，文贯中、柴毅（2015）采用中科院遥感卫星获取的城市建成区数据，并以城市年鉴数据作为参照，用计量模型估算政府主导型的城市化对土地利用效率的影响。结果表明，全国范围内地方财政支出和固定资产投资对于土地利用效率来说已具负效应。成对比的是，城市人口的变动对东部、中部和西部的土地利用效率仍具正效应。从第一、第二、第三线城市看，人口因素对土地利用效率同样具有正效应，而地方财政支出、固定资产和外资对不同城市层级具有不同的效应。这说明，在现行土地制度和户口制度的限制下，政府主导的外生型城市化使得生产要素不能自由流动，导致城市土地和资本相对人口而言过度扩张，土地利用效率低下。王垚、年猛（2015）通过对中国地级以上城市的实证研究结果表明，在控制影响城市发展其他因素的情况下，行政等级越高，城市人口增长速度就越快、城市达到人口规模门槛值的时间就越早，政府可以赋予某一城市行政等级优势来促进该城市的发展。

其次，分析了城镇化过程中政府与市场的关系。观点之一是"协同论""共同发展论""有机结合论"等。持这类观点的学者认为，完全由政府计划控制城镇化进程或完全依赖于市场的力量，城镇化发展的结果都不尽如人意，必须做到市场与政府的有机结合。这类观点强调了市场与政府各自的优缺点，但没有指出二者如何结合。观点之二是"政府有限主导论"。该观点认为，在新型城镇化过程中，不能否认政府承担着有限主导的作用，但政府的主导作用存在着路径依赖，对于经济欠发达地区来说更是如此（何华玲，2015）。政府的有限主导，就是在尊重市场规律的前提下，担当起"守夜人"的角色，充分发挥市场在资源配置中的决定性作用，为新型城镇化建设创造良好的政策和法律环境（茶洪旺，2013）。观点之三是"市场主导（决定）、政府引导论"，这是一种主流观点。市场决定的城镇化模式是指在城镇化过程中，以城镇开发、建设和经营为对象，作为经营主体的企业在政府的引导下，利用市场化运作手段对构成城镇空间的载体及其构成城镇的资源进行重组、集聚、运营，从而推进城镇化的动态发展（倪鹏飞，2014）。为此，要理清政府与市场的边界，不能越位；明确政府与市场的职能，不能缺位；协调政府与市场作用的手段，要补位（胡拥军，2014）。

（二）区域层面城镇化模式研究

我国区域经济发展不平衡，城镇化模式也呈现出区域性特征。从区域角度来认识城镇化模式的选择问题，对于我国城镇化建设具有重要指导作用。

孙久文等（2012）从规模结构视角，提出东部地区的城市化模式应该是一种网络型的城市化模式。从重点区域看，积极发展环渤海湾城市群、长三角城市群和珠三角城市群，在区域内部，重视城市网络的形成，培育合理的城市职能分工体系，提高区域竞争力，而不是一味追求城市规模的扩大；在各个城市内部，着力解决各种社会问题。

杨柏芳（2007）提出，东部地区要构建和完善区域一体化都市群模式，对于初具规模的三大都市群来说，发展的关键是核心城市能否对周边城市经济和社会发展具有巨大的拉动力、吸引力和凝聚力，从而形成点、线、面有机结合、多层次网络型协调发展的产业布局体系，是大都市群的灵魂所在。中部地区应该构建大中小城市并举、以小城镇建设为重点的城市化模式。而西部区域应该强化区域中心城市地位，重点发展大城市，合理调整小城镇规模。

中国城市经济学会中小城市经济发展委员会（2012）提出，东部沿海地区经济发达，城镇化水平高，城镇体系结构较为合理，且空间分布均衡，实施大中小城市协调发展模式的条件较为充分，但人地矛盾也相对突出，宜积极发展中等城市以解决当地小城镇数量较多可能带来的资源浪费等问题。中西部地区要抓住国家实施西部大开发战略和经济建设重点向中西部转移、东部地区产业结构调整的机遇，依托当地实际，政府主导和市场调节相结合，实施以发展小城镇为重点、合理推动大中城市发展的大中小城市和小城镇协调发展的城镇化模式。

叶连松等（2014）提出，在中国特色新型城镇化进程中，东部沿海地区重点应放在完善现代城镇体系，提升城市圈、城市群、城市带发展水平；东北地区要进一步提高城镇化质量和水平，优化城市网络结构，促进大中小城市协调发展。中部地区重点加强现有区域性中心城市、特大城市、大城市建设，加快产业培育发展，增强城市辐射带动功能，大力发展中小城市，统筹城乡发展，缩小城乡发展差距。西部地区应加强城市聚集，促进特色产业发展，培育发展大中小城市。

肖金成（2014）认为，东部地区的城市就要加强向高技术产业及生产性服务业转型，提高城市的国际竞争力，促进网络型城市体系的形成，增强区域整体经济实力。中部地区应加快城市群、城市带的发展，构建带动区域发展的科学合理的城市体系，提高城镇化水平。西部地区在培育和发展西部地区特色产业中，发展能够对区域发展起到显著带动作用的区域性中心城市。东北地区要在国家政策的支持下加强老工业基地和资源型城市的转型。

简新华（1998）提出，东部地带应大力发展小城市，实施分散式城市化的战略，完善区域城市体系；中部地带应合理发展中等城市，实施分散—集中式城市化战略，形成区域社会经济发展中心；西部地带应集中扩大几个有基础的城市，把它们建成一流水平的大城市，实施集中式城市化战略。

还有的学者主张，东部地区应严格控制大城市，适当发展中小城市；中部地区应适当发展大中城市，合理发展小城市；西部地区应在自然环境和经济发展允许的条件下，大力发展各类城市，主要是大中城市。

二、对国外城镇化模式的研究

国内学者主要是运用分类法、比较法和个案剖析法来研究国外城镇化模式，对我国城镇化建设提供某些借鉴和启示，最终建立既符合世界城镇化发展规律又体现出我国具体国情的城镇化模式和发展道路。这里主要是从研究方法视角对国外城镇化模式进行总体性梳理，具体某一国家的城镇化特点、发展历程安排在后面章节中。

（一）分类研究

这种研究方法是采用不同的标准来研究各国的城镇化模式。

从工业化与城镇化的关系入手，将世界城市化模式分为同步城市化、过度城市化、滞后城市化、逆城市化，详细考察了这四种城市化模式的特征、成因及其影响（简新华、刘传江，1998）。

从经济发展与城镇化是否同步以及城镇化水平与质量是否一致，分析了先发国家、追赶型国家、"中等收入陷阱"国家、资源驱动型国家的城镇化模式，指出以美国、英国、德国、法国为代表的先发国家在长期历史探索中实现了城镇化水平和质量的同步提升；以日本、韩国、新加坡以及中国台湾、香港地区为代表的二战后成功追赶型经济体在较短时期内积极调整政策促进城镇化水平和质量同步高速提升；以拉美、亚洲、非洲等地区发展中国家为代表的中等收入陷阱国家因战略和体制缺陷导致的高水平、低质量的城镇化；以沙特、伊朗、委内瑞拉等石油输出国为代表的资源驱动型国家是水平较高、质量有待提升的城镇化，并且分析了每一种城镇化模式的特点及其经验（国务院发展研究中心课题组，2014）。

从政府与市场在城镇化过程中的作用入手，分为以美国为代表的依靠市场机制主导的城镇化、以欧洲的英德法和亚洲的日韩为代表的注重政府调控引导的城镇化、以拉美地区和非洲的许多国家为代表的受到殖民历史制约的城镇化（国家发展改革委政策研究室，2013）。

从人口、土地等资源的使用状况入手，分为人口与土地城市化的集约模式、分散模式以及介于集约与分散之间的中间模式（新玉言，2013）。

从社会制度、生产力发展水平入手，分为发达国家的城市化、发展中国家的城市化、社会主义国家的城市化，并详细考察了各种类型城市化的进程、现状、主要特点、存在的主要问题（高佩义，1991）。

从城乡关系入手，分为"工业化"主导城乡关系而引发郊区城镇化、"逆城市化"改变城乡格局而加速卫星城市发展、"再城市化"促进城乡协调而淡化城乡界限（孙嘉明，2014）。还有学者按照城乡统筹布局，分为城市发展与乡村现代化同步推进的英国模式、低密度蔓延式扩展的美国模式、城乡交错发展的亚洲发展中国家模式（新玉言，2013）。

（二）个案研究

个案研究是指对国外某一特定国家的城镇化模式进行详细剖析，从中提炼出一些值得借鉴的经验和启示。学术界对英国、美国、法国、德国、日本、韩国等发达国家以及印度、巴西等发展中国家的城镇化模式进行详细研究，总结若干经验和启示。

英国是世界上第一个开始城市化和完成城市化的国家，一方面重视发挥市场机制的作用，特别是发挥工业化带动城镇化、城镇化促进工业化的作用。另一方面充分发挥政府的作用，制定合适的城镇化战略和政策解决"城市病"，促进城镇化健康发展（冯奎，2013）。

从城市化发展的历史进程来看，美国城市的空间结构经历了最初的紧凑和密集结构向多中心分散结构发展，郊区化成为美国城市化的主流趋势，它推动了规模巨大的大城市地区替代空间狭窄的传统城市，促进了庞大的城市集合体——集合城市的出现，强有力地推动整个社会经济的发展（徐和平、蔡绍洪，2006）。

日本是先集中后分散但总体上又相对集中的城市化模式，政府对国土进行全面周密规划、为工业发展提供导向及种种优惠措施以促进工业的快速增长、制定相关法律确保政府规划乃至城市化进程的顺利实施等方面发挥重要作用（付恒杰，2003）。

巴西作为发展中国家，其"过度城镇化"的典型特征是城镇化超过了工业化和经济发展水平，人口高度城市化但缺乏城市就业支撑，"贫民窟"、农业落后、环境污染等社会问题严重（冯奎，2013）。

印度作为世界上第二人口大国，城市化滞后，城市化动力不足。印度没有经过工业化的基本完成就大力发展软件、高科技等第三产业，忽略了工业发展，严重失衡的三次产业比重导致印度的工业增长率偏低，就业吸纳能力低，进而阻碍了农村剩余劳动力向城市转移，延缓了城市化进程。同时，印度也是"集中型城市化"，除了大城市和特大城市迅速发展外，中等城市发展缓慢或陷于停滞，小城市明显衰退。这种倒金字塔型的不合理的城市体系结构，既不利于控制大城市人口规模继续膨胀，又不能带动中小城市以及整个区域的发展（李延军等，2008）。

（三）比较研究

学界对国外城镇化模式的研究，除了采用分类法和个案法之外，还对两个及以上国家、同一个经济体内不同国家的城镇化模式进行比较分析，深入了解各国城镇化模式的利与弊。

美国、英国、日本、韩国同属于发达国家，它们在城市化过程中的主导城市、城市关系、内外力关系、政府作用、农业地位、地域特点、郊区化政策、扩展方式等方面都存在很大差异。为了避免城乡文明的不对称发展以及在高度城市化条件下造成的城市问题，政府的行政干预发挥了重大作用，其中城市外围空间的多种发展格局为我国城市发展提供了参考（孟祥林，2010）。尤其是美国和欧盟，源于不同的城市化环境形成了不同的城市化政策，而不同的城市化政策对各自的城市化模式产生了重要影响。尽管随着交通与新技术革命，人口、制造业、传统服务业等从城市中心向外分散，城市化转向了郊区化，但二者在郊区化程度、城市核心地区与外围经济功能、城市空间结构等方面存在巨大差异：美国城市化是以分散及蔓延为特征；欧盟城市化则是有限的分散，具有紧凑型特征。从效率与成本角度看，郊区化有力地推动了战后美国整个城市地区及全美的经济发展，但代价高昂，消耗了大量的土地、矿产资源，不利于经济社会的可持续发展。而欧洲城市化模式虽然经济活力不足，但有利于节约土地、矿产资源，有利于保护城市古建筑群和自然景观（徐和平，2011）。

发展中国家的城市化，在动力机制上，与工业化不是同步进行的，也并不都是以农业生产力的提高为前提；区域城市化发展水平差异较大。为此，我国在城镇化发展过程中，要大力发展农业，避免特大城市的恶性膨胀，促进乡村工业化与城市化的有机结合，提高城市化质量（焦华富，2000）。

东亚地区是当今世界经济最具活力的地区之一，由于各国的经济政治体制、经济发展、资源条件与地理环境等条件不同，东亚国家城市化模式也具有较大的差异。既有日本的高度集中型城市化、韩国的大城市主导型城市化，也有蒙古国的畸形过度城市化以及朝鲜的政府控制性城市化。

三、文献简评

综上所述，我国关于城镇化模式的研究成果非常丰富。已有研究成果对本研究的启示和所忽略的问题体现在以下几个方面。

（一）已有文献对本研究的启示

第一，城镇化规模结构要多样化。从现有的研究文献来看，对我国城镇化规模结构模式提出了"一元论""二元论""大中小城市协调"等观点，使得城镇化的规模结构突破了"大小"之争。大中小城市具有各自不同、无法替代的功能，不能片面强调某一模式而否定其他模式存在的必要性，只发展某一种模式是片面的。我国不同地区自然地理条件差异巨大，经济社会发展不平衡，发展阶段不相同，人口分布不均衡，不能笼统地用一个标准进行衡量和裁定，要因地制宜，宜大则大，宜小则小。国家已经提出要构建以路桥通道、沿长江通道为两条横轴，以沿海、京哈京广、包昆通道为三条纵轴，以轴线上城市群和节点城市为依托、其他城镇化地区为重要组成部分，大中小城市和小城镇协调发展的"两横三纵"城镇化战略格局。

第二，不同区域的城镇化模式要因地制宜。目前学术界对我国不同区域实施的城市化模式观点各异，即使对同一个区域推行的城镇化模式也是众说纷纭。例如，东部地区的城市化模式就存在"城市群""大中城市""中等城市""小城市"等多种观点。其实，不同区域应该推行什么样的城镇化模式，只能根据区域的经济社会发展水平、区位特点、资源禀赋和环境基础，因地制宜。总体而言，东部地区应该侧重于完善城市群及其城市功能，中西部应该强化中心城市，发挥聚集、扩散和带动功能。

第三，城乡关系是城镇化的重要内容之一。目前城乡关系的说法很多，例如，城乡统筹发展、城乡融合发展、城乡协调发展、城乡一体化发展等，但基本上都摒弃了城乡对立与分割的思维，纠正"城市偏向"或者"农村偏向"，积极制定有利于各种资源在城乡双向流动的制度和政策，逐步缩小城乡差距，实行整个社会的共同发展和进步。

第四，要正确处理好市场与政府的关系。在城镇化过程中，不仅要充分发挥市场的决定性作用，更要重视政府的主导作用。通过市场的作用促进城市产业聚集，以工业化带动城镇化。同时，充分发挥政府的引导作用，加强城市规划，避免城市的无序发展和非均衡发展。

第五，要准确把握工业化、农业现代化与城镇化的关系。就城镇化的农业基础而言，发达国家在工业化之前都曾有过一场"农业革命"，而且在工业化基本实现后，工业反哺农业，出现第二次农业革命。而许多发展中国家在追求高度工业化之时，普遍忽视农业发展。就城镇化的工业基础而言，发达国家的工业化和城镇化是内生的，即工业化和城市化的动力主要源于经济社会的各种创新，外来影响是次要的，且工业经济增长与工业就业增长是同步的。而发展中国家的工业化是外源的或者外诱的，是社会受到外部冲击引起的，产业资本密集程度较高，产业就业增长滞后于产业经济增长。上述研究为本研究准确处理城市与农村、工业化与城镇化等关系提供了参考和借鉴。

（二）已有研究所忽略的问题

第一，上述文献分别对城镇化模式的内涵、类型、影响因素进行了大量研究，取得了丰硕成果。但是在我国经济转型大背景下，围绕着"以人为本"的发展目标，针对城镇化模式转型的研究则不多，这也是本研究的出发点和着眼点。

第二，对新型城镇化模式的总体框架研究不足。学术界研究了新型城镇化模式的某一个方面、某一个片段，进而提出相应的政策建议。然而，从宏观角度来看，片段性的内容只有在总体框架下才有切实意义。因此，既要抓住城镇化过程中"人"的转型，又要抓住"城"的转型；既要研究产业、载体视角的城镇化模式，又要研究城乡视角的城镇化模式；既要研究户籍制度、土地制度对城镇化模式的影响，又要研究行政管理体制，建立总体分析框架，条分缕析，这些尤为重要。

第三，现有文献对发达国家城镇化模式的研究存在两个问题：一是把发达国家作为一个整体来研究，在掌握一般性特征的同时，忽略了单个国家城镇化模式的特点。二是把某一个国家的城镇化模式视为发达国家的一般性特征。因此，要把一般性研究和特殊性研究结合起来，详细考察主要发达国家的城镇化模式，在此基础上总结出来的发达国家城镇化模式的一般特点，才具有科学性和准确性。

第四，在立足于国际视野研究时，多数学者侧重于发达国家的城镇化模式，对发展中国家城镇化模式研究不足。发展中国家的城镇化是世界城镇化的一部分，是目前和未来世界城镇化的主流。其他发展中国家城镇化中出现的问题会在中国出现，它们的解决方法对我国具有一定的启发和借鉴意义。因此，深入研究主要发展中国家的城镇化模式，为我国提供政策支撑。

第三章

我国城镇化模式转型

城镇化是现代化的必由之路。推进城镇化是解决"三农"问题的重要途径，是推动城乡融合、区域协调发展的有力支撑，是扩大内需和促进产业结构升级的重要抓手，对全面建成小康社会、加快推进富强民主文明和谐美丽的社会主义现代化强国具有深远的历史意义（陈锡文，2015）。2011 年，中国城镇人口达到 6.91 亿，城镇化率首次突破 50%，达到了 51.27%，这是中国社会结构的一个历史性变化，表明中国已经由农村社会进入城乡社会。然而，长期以来，中国城镇化呈现的粗放外延发展特征，重数量轻质量，重物轻人，重经济轻社会，重城市轻农村，资源环境代价较大。因此，积极推进城镇化模式的转型，走以人为核心的新型城镇化道路，着力提升城镇化质量，将是当前乃至今后面临的一项艰巨任务。

第一节　我国城镇化模式的演进历程

城镇化模式的演变与城镇化的发展历程紧密

相连。在中国悠久的历史中，城镇化建设曾经有过辉煌。但是，具有现代意义的城镇化建设却始于新中国的建立。根据城镇化的速度和演变特点，城镇化发展大体上分为三个阶段，即城镇化的前期阶段（10%～30%）、中前期阶段（30%～50%）和中后期阶段（50%～70%）。

一、城镇化前期阶段的模式（1949～1995 年）

以 1978 年为分界线，城镇化前期阶段分为两个不同时期。这两个时期面临的体制不同，发展特点不同，城镇化模式也不同。

（一）1949～1978 年改革开放之前的城镇化模式

1. 城镇化水平缓慢提高

1949 年底，我国总人口 5.4167 亿人，城镇人口 5765 万人，城镇化率只不过 10.64%。经过近 30 年的发展，1978 年城镇化率为 17.92%，仅比 1949 年提高了 7.32 个百分点。1949～1961 年，我国城镇化水平一直稳定发展，但在 1962～1978 年的 16 年里，城镇化水平基本处于停滞状态。在增加的 1.148 亿城镇人口中，因迁移和市镇区划变动而增加的人口估计 6000 多万，占城镇人口增量的一半。其中，50 年代的城镇人口增量以人口迁移的机械增长为主（约占 60.6%），自然增长为辅（约占 39.4%）；而 60～70 年代的城镇人口增量则以城镇人口的自然增长为主（约占 77.3%），机械增长为辅（约占 22.7%）。而同一时期，世界城市化水平从 1950 年 29% 提高到 1980 年的 39%，欠发达地区的城市化水平从 18.1% 提高到 29.5%。

这种缓慢发展的城镇化并不是建立在工业发展滞后或者缓慢基础上。相反，1949～1978 年，中国的工业和国民经济增长速度并不算慢。工业总产值增长了 38.18 倍，在工农业总产值中的占比由 30% 提高到 72.2%。社会总产值增长了 12.44 倍，其中非农产业在全社会总产值中的占比则由 41.4% 上升到 77.1%。国民收入总额则由 358 亿元增长到 3010 亿元，提高了 7.41 倍；其中，非农产业在国民收入构成中的比重由 31.6% 上升到 64.6%。根据麦迪森计算，1950～1973 年，世界 GDP 年均增长 4.9%，人均 GDP 增长 2.9%。其中，中国 GDP 年均增长 5.1%，人均增长 2.9%，高于和等于世界平均水平，高于同期发展中国家平均水平（王曙光，2013）。

这一时期城镇化滞后的主要原因是我国在特殊背景下实施了重工业优先发展战略，导致了农村人口流动受到严格限制。新中国成立初期，政治上面临帝国主义的包围与封锁，经济上生产力水平极其落后，百废待兴。新中国面临的首要问题就是选择什么样的发展道路，采取什么样的发展模式，才能够在较短时间内实现民族独立，建立起比较完整的、独立的国民经济体系和工业体系。此时苏联社会主义建设所取得的伟大成就吸引了中国，模仿苏联、选择重工业优先发展战略就成为顺理成章的事情。然而，重工业优先发展战略并不符合我国的比较优势。我国劳动力充裕，不仅农村劳动力供大于求，城市失业问题也比较严重，就业压力大，现实的选择理应是大力发展劳动密集型。而优先发展重工业战略，不仅不能吸纳更多的富余劳动力，还提高了对劳动力素质的要求。这无疑进一步加剧城乡劳动力过剩，从而不得不采取政治性的行政手段，保证资金流向重工业而把人口留在农业，对城市和市民实行"统包"政策，对农村和农民实行"统制"政策，进而逐渐形成了城乡之间相互隔离和相互封锁的二元经济与社会结构。

2. 城市数量缓慢增加

1949～1952 年国民经济恢复时期，城市数量一直是 132 个。1953～1957 年开始实施第一个五年计划，围绕着苏联援建的 156 个项目和 694 个限额以上的重点项目，开展了大规模的工业化建设，大批农业人口进入城市和工矿就业，拉开了新中国城镇化发展的大幕，不仅扩建了一大批老城市，还诞生了一批中小城市。1957 年城市数量发展到 176 个，比 1952 年增加了 44 个，年均增加 8 个。在接下来的 1957～1961 年"大跃进"时期，城市数量又由 176 个增加到 208 个，年均增加 8 个。在随后的调整时期，由于缩短工业战线，压缩城市人口，撤销了一批城市，1965 年城市数量减至 168 个，减少了 40 个。在 1965～1978 年的 13 年里，全国仅增加了 25 个城市，年均增加不足 2 个。而建制镇的数量不增反减。1954 年全国共有建制镇 5400 个，1957 年减至 3596 个，1963 年进一步减少，1978 年全国建制镇只有 2173 个，23 年减少了 60%（见表 3.1）。

表 3.1 1949～1978 年我国城镇化前期阶段概况

年份	全国总人口（万人）	城镇人口（万人）	城镇化水平（%）	城镇化年均增速（%）	城市（个）	建制镇（个）
1949	54167	5765	10.64	—	132	—
1952	57482	7163	12.46	1.82	132	—
1955	61465	8285	13.48	1.02	—	5400*
1957	64653	9949	15.39	1.91	176	3596
1958	65994	10721	16.25	0.86	—	—
1959	67207	12371	18.41	2.16	—	—
1960	66207	13073	19.75	1.34	—	—
1961	65859	12707	19.29	-0.46	208	—
1962	67295	11659	17.33	-1.96	—	—
1963	69172	11646	16.84	-0.49	—	2877
1964	70499	12950	18.36	1.52	—	—
1965	72538	13045	17.98	-0.38	168	—
1966	74542	13313	17.86	-0.12	—	—
1967	76368	13548	17.74	-0.12	—	—
1968	78534	13838	17.62	-0.12	—	—
1969	80671	14117	17.50	-0.12	—	—
1970	82992	14935	17.38	-0.12	—	—
1971	85229	14711	17.26	-0.12	—	—
1972	87177	14935	17.13	-0.13	—	—
1973	89211	15345	17.20	0.07	—	—
1974	90859	15595	17.16	-0.04	—	—
1975	92420	16030	17.34	0.18	—	—
1976	93717	16341	17.44	0.1	—	—
1977	94974	16669	17.55	0.11	—	—
1978	96259	17245	17.92	0.37	193	2173

注：＊是 1954 年数据。

资料来源：全国总人口、城镇人口、城镇化水平的数据来自 1986 年《中国统计年鉴》；城市和城镇的数量来自：武力：《中国城镇化道路的回顾与前瞻》，载于王曙光：《农本（第二辑）：新型城镇化：挑战与寻路》，中国发展出版社 2013 年版，第 4 页；倪鹏飞：《新型城镇化：理论与政策框架》，广东经济出版社 2014 年版，第 76～78 页。

可见，改革开放之前，优先发展重工业的工业化战略导致我国城镇化进程迟缓，不仅表现为城市缓慢增长所导致的城市人口增加缓慢，也表现为镇的数量锐减所引致的镇人口数量的减少。

（二）1978~1995 年改革开放之后的城镇化起步阶段的模式

1978 年以后，我国开启了城镇化进程，城镇化模式初具雏形。

1. 城镇化水平稳步提高

在这一时期，我国以经济建设为中心，及时将工业化发展战略调整为重点发展轻纺工业，先后进行了农村改革、城市改革、以市场为导向的经济体制改革，外向型经济促进加工制造业的繁荣，开启城镇化进程。城镇化水平由 1978 年的 17.92% 提高到 1995 年的 29.04%，年均提高 0.65 个百分点。其中，1978~1987 年，城镇化推进速度较快，年均提高 0.82 个百分点；城镇人口净增 1.043 亿人，年均增加 1159 万人。而在 1988~1995 年，受 1989 年治理整顿政策的影响，城镇化速度趋于放缓，年均提高 0.46 个百分点；城镇人口增加了 6513 万人，年均增加 930 万人（见表 3.2）。总体上看，这一时期我国城镇化稳步提高，但由于工业化推进速度较快，导致城镇化滞后于工业化。

表 3.2　　　　　　　　　1978~1995 年我国城镇化情况

年份	全国总人口（万人）	城镇人口（万人）	城镇化水平（%）	城镇化年均增速（%）	市（个）	地级市（个）	县级市（个）	镇（个）
1978	96259	17245	17.92	0.37	193	98	92	2173
1979	97542	18495	18.96	1.04	216	104	109	2361
1980	98705	19140	19.39	0.43	223	107	113	—
1981	100072	20171	20.16	0.77	233	108	122	2678
1982	101654	21480	21.13	0.97	245	112	130	—
1983	103008	22274	21.62	0.49	289	144	142	2968
1984	104357	24017	23.01	1.39	300	147	150	7186
1985	105851	25094	23.71	0.7	324	162	159	9140
1986	107507	26366	24.52	0.81	353	166	184	10718
1987	109300	27674	25.32	0.8	381	170	208	11103

年份	全国总人口（万人）	城镇人口（万人）	城镇化水平（%）	城镇化年均增速（%）	市（个）	地级市（个）	县级市（个）	镇（个）
1988	111026	28661	25.81	0.49	434	183	248	11481
1989	112704	29540	26.21	0.4	450	185	262	11873
1990	114333	30195	26.41	0.2	467	185	279	12084
1991	115823	31203	26.94	0.53	479	187	289	12455
1992	117171	32175	27.46	0.52	517	191	323	14539
1993	118517	33173	27.99	0.53	570	196	371	15805
1994	119850	34169	28.51	0.52	622	206	413	16702
1995	121121	35174	29.04	0.53	640	210	427	17532

资料来源：前三项数据来自《中国统计年鉴（2014）》，后四项数据来自《中国社会统计年鉴（2014）》。

2. 城市数量快速增加

1978~1995 年，城市数量由 193 个增加到 640 个，年均增加 26 个。尤其是在 1992~1995 年，城市数量由 517 个增加到 640 个，三年间增加了 123 个，年均增加 41 个（见表 3.2）。小城市和城镇的数量快速增加主要是三个原因：

一是制定了城市发展方针。改革开放之初，我国经济缺乏活力，城市基础设施比较薄弱，大量返城知青就业困难，1980 年全国城市规划会议正式提出了"控制大城市规模，合理发展中等城市，积极发展小城市"的城市发展方针。

二是大力发展小城镇。乡镇企业的崛起掀起了中国农村工业化浪潮，小城镇发展受到重视。

三是修改设市、镇标准。为了促进小城镇的发展，民政部在 1984 年、1986 年、1993 年先后颁布了三个报告调整市镇标准，将设镇标准降低为不足 2000 人，设市非农业人口标准由原来的 10 万人降低为 6 万人。1978~1995 年，县级市从 92 个增加到 427 个，共增加 335 个，占城市增加总数的 75%；城镇数量从 2173 个增加到 17532 个，提高了 7.06 倍，年均增加 903 个（见表 3.3）。

表 3.3		1978～1995 年城镇发展情况		单位：个
年份	城市	地级市	县级市数	城镇数
1978	193	98	92	2173
1995	640	210	427	17532
1978～1995 年的增加数	447	112	335	15359
年均增加数	26	6	19	903

资料来源：《中国城市建设统计年鉴（2018）》。

3. 土地城镇化初具规模

1978 年，中国设市建成区面积只有 6000 多平方公里，1981 年达到了 7438 平方公里，建成区人口密度为每平方公里 26849 人。1995 年，建成区面积达到 19264 平方公里，建成区人口密度每平方公里 18259 人。面积增加了 1.5 倍，城镇人口只增长了 0.74 倍，土地增速是人口增速的一倍，人口密度降低了 31%（见表 3.4）。随着时间的推移，建成区面积加速增长，城镇人口密度持续降低。

表 3.4	1981～1995 年中国城市建成区面积与城镇人口情况		
年份	城市建成区面积（平方公里）	建成区人口密度（人/平方公里）	城镇人口（万人）
1981	7438	26849	20171
1985	9386	26736	25094
1990	12856	23484	30195
1995	19264	18259	35174
1981～1995 年增幅	1.58	-0.31	0.74
1981～1985 年增幅	0.26	-0.004	0.24
1985～1990 年增幅	0.36	-0.12	0.20
1990～1995 年增幅	0.49	-0.22	0.16

资料来源：1996 年《中国统计年鉴》。

总的来看，在我国城镇化起步阶段，初步形成了以中小城镇为主、工业化快速推进、土地城镇化发展迅速的城镇化模式，为我国传统城镇化模式奠定了基础。

二、城镇化中前期阶段的模式

1996～2010 年，是我国城镇化快速推进时期。1997 年我国经济运行发生两大根本性变革：一是经济成功"软着陆"和"亚洲金融危机"，标志着国民经济由"短缺市场"进入"过剩市场"状态。二是 1998 年底提前实现了"翻两番"的任务，基本解决了人民的温饱问题，预示着我国经济发展将由过去长期的"供给"约束型转向"需求"约束型。这就要求必须调整以温饱型消费为对象的工业结构，走向资本和技术密集型的重化工业。而"新型工业化"和"创新型国家"两大战略的提出以及加快经济增长方式的转变，则是顺应了这一客观趋势。在新型工业化战略引导下，我国制定了加速城镇化的总体战略，提出了大中小城市和小城镇要协调发展。实际上，这是间接认同大城市的作用，促进异地城镇化的迅速推进。

1996～2010 年，城镇化率从 30% 提高到 50%，年均增速为 1.4 个百分点，城镇人口年均增加 2000 万人。2003 年城镇新增人口达到 2164 万峰值以后，逐年减少，2008 年降至 1700 万人。需要指出的是，从 1981 年开始统计的城镇化率是以城镇常住人口为标准，如果以户籍人口来计算，2010 年城镇化率仅为 36%。

从城市数量来看，1996～2010 年，城市数量有所减少，从 666 个减至 657 个。其中，地级市从 218 个增加到 283 个，县级市从 445 个减至 370 个。建制镇呈现倒 U 形的变化轨迹。1998 年首次提出"小城镇大战略"以及 2000 年中央对"小城镇大战略"的具体阐述，小城镇获得了快速发展，2002 年达到了 2 万多个，之后城镇数量开始持续减少，2010 年只有 1.94 万个（见表 3.5）。究其原因主要有三：一是"镇改街"，即城关镇改为街道办事处；二是沿海地区的城镇合并；三是"镇改区"，即将建制镇内部化为城区的一部分（肖金城、党国英，2014）。

表 3.5 1996 年以来我国城镇化基本情况

年份	全国总人口（万人）	城镇人口（万人）	城镇化水平（%）	城镇化年均增速（%）	市（个）	地级市（个）	县级市（个）	镇（个）
1996	122389	37304	30.48	1.44	666	218	445	18171
1997	123626	39449	31.91	1.43	668	222	442	18925
1998	124761	41608	33.35	1.44	668	227	437	19216
1999	125786	43748	34.78	1.43	667	236	427	19756
2000	126743	45906	36.22	1.44	663	259	400	20312
2001	127627	48064	37.66	1.44	662	265	393	20358
2002	128453	50212	39.09	1.43	660	275	381	20600
2003	129227	52376	40.53	1.44	660	282	374	20226
2004	129988	54283	41.76	1.23	661	283	374	19892
2005	130756	56212	42.99	1.23	661	283	374	19522
2006	131448	58288	44.34	1.35	656	283	369	19369
2007	132129	60633	45.89	1.55	655	283	368	19249
2008	132802	62403	46.99	1.10	655	283	368	19234
2009	133450	64512	48.34	1.35	654	283	367	19322
2010	134091	66978	49.95	1.61	657	283	370	19410
2011	134735	69079	51.27	1.32	657	284	369	19683
2012	135404	71182	52.57	1.30	657	285	368	19881
2013	136072	73111	53.73	1.16	658	286	368	20117
2014	136782	74916	54.77	1.04	653	288	361	20401
2015	137462	77116	56.10	1.33	656	291	361	20515
2016	138271	79298	57.35	1.25	653	293	360	20883
2017	139008	81347	58.52	1.17	657	294	363	21116
2018	139538	83137	59.58	1.06	672	293	375	21297

资料来源：各年《中国统计年鉴》。

从城市规模结构来看，2000～2011 年，50 万～100 万人的城市从 54 个增加到 96 个，增加 42 个；100 万～200 万人的城市从 25 个增加到 39 个，增加 14 个；200 万人以上的大城市数量几乎翻了一倍，从 13 个加到 24 个。相反，20 万人以下的小城市却从 353 个减至 251 个，减少了 29%。从城市人口分布来看，50 万人口以上的大中城市吸纳的人口占比不断提高，而 50 万人口以下的中小城镇吸纳的人口占比持续下降（见表 3.6）。

表 3.6　　　　我国各类城市数量变化情况（按城区非农业人口计算）

规模	2000 年		2011 年	
	城市数（个）	人口比重（%）	城市数（个）	人口比重（%）
200 万人以上	13	22.53	24	31.77
100 万~200 万人	25	14.55	39	16.38
50 万~100 万人	54	15.54	96	19.11
20 万~50 万人	220	28.86	245	22.90
20 万人以下	353	18.52	251	9.84

资料来源：倪鹏飞、董扬：《市场决定模式的城镇化：一个分析框架》，载于《改革》2014 年第 6 期，第 82~93 页。

从城市占地面积来看，中国城市建成区的扩张速度远远超过城镇人口的增长速度。1995~2010 年，城市建成区面积从 19264 平方公里拓展到 40058 平方公里，翻了一倍；而建成区人口密度从每平方公里为 18259 人减至 16720 人，减少了 8%（见表 3.7）。

表 3.7　　　　　　　　1995~2010 年我国城市基本概况

年份	城市建成区面积 （平方公里）	建成区人口密度 （人/平方公里）	城镇人口 （万人）
1995	19264	18259	35174
2000	22439	20458	45906
2005	32521	17285	56212
2006	33660	17316	58288
2007	35470	17094	60633
2008	36295	17193	62403
2009	38107	16929	64512
2010	40058	16720	66978

续表

年份	城市建成区面积（平方公里）	建成区人口密度（人/平方公里）	城镇人口（万人）
1995~2010 年增长速度	1.07	−0.08	0.90
1995~2000 年增长速度	0.16	0.12	0.30
2005~2010 年增长速度	0.23	−0.03	0.19

资料来源：建成区面积数据来自《中国城市建设统计年鉴（2018）》，城镇人口数据来自《中国统计年鉴（2019）》。

从城乡结构来看，城镇化率超过30%以后，进入了城乡中国转型的加快发展时期。由于城镇化、工业化、农业现代化没有同步推进，不仅城乡二元结构特征加剧，还出现了农村二元结构、城市二元结构，进入三个"二元结构"叠加时期。

总之，我国城镇化中前期阶段选择的是粗放外延式城镇化发展道路，存在着严重的"六重六轻"现象，即重速度、轻质量，重生产、轻生活，重经济、轻社会，重大城市、轻中小城市，重户籍人口、轻常住人口，重城市、轻农村。可以说，那是一种不完全、不协调、非包容的城镇化模式。

三、城镇化中后期阶段的模式

2011 年，中国城镇化率达到51.27%，我国进入以城市为主的社会。为了摆脱2008 年以来的经济低迷状态，中国果断做出扩大内需的战略安排，而城镇化是扩大内需的重要引擎。针对城镇化中前期出现的"伪城镇化""半拉子城镇化"问题，"以人为本"成为目前和今后我国高质量城镇化的战略重点，推进农业转移人口市民化、基础公共服务均等化、城市发展绿色低碳化成为高质量城镇化的着力点，逐步建立一种协调、包容、高质量的新型城镇化模式。为此，国家密集出台了一系列政策和法规（见表3.8）。

表 3.8   **2011 年以来新型城镇化建设的相关政策**

时间	相关政策	具体规定
2011 年 3 月	"十二五"规划	要把符合落户条件的农业转移人口逐步转为城镇居民作为推进城镇化的重要任务。大城市要加强和改进人口管理,中小城市和小城镇要根据实际放宽外来人口落户条件
2012 年 11 月	中共十八大报告	坚持走中国特色新型工业化、信息化、城镇化、农业现代化道路,推动信息化和工业化深度融合、工业化和城镇化良性互动、城镇化和农业现代化相互协调,促进工业化、信息化、城镇化、农业现代化同步发展
2012 年 12 月	中央经济工作会议报告	积极稳妥推进城镇化,着力提高城镇化质量……要构建科学合理的城市格局,大中小城市和小城镇、城市群要科学布局,与区域经济发展和产业布局紧密衔接,与资源环境承载能力相适应。要把有序推进农业转移人口市民化作为重要任务抓实抓好。要把生态文明理念和原则全面融入城镇化全过程,走集约、智能、绿色、低碳的新型城镇化道路
2014 年 3 月	国家新型城镇化规划(2014—2020 年)	围绕全面提高城镇化质量加快转变城镇化发展方式,以人的城镇化为核心,有序推进农业转移人口市民化;以城市群为主体形态,推动大中小城市和小城镇协调发展;以综合承载能力为支撑,提升城市可持续发展水平;以体制机制创新为保障,通过改革释放城镇化发展潜力,走以人为本、"四化"同步、优化布局、生态文明、文化传承的中国特色新型城镇化道路
2015 年 10 月	"十三五"规划	提高城市规划、建设、管理水平;深化户籍制度改革,促进有能力在城镇稳定就业和生活的农业转移人口举家进城落户,并与城镇居民享有同等权利和义务;实施居住证制度,努力实现基本公共服务常住人口全覆盖;健全财政转移支付同农业转移人口市民化挂钩机制,建立城镇建设用地增加规模同吸纳农业转移人口落户数量挂钩机制;维护进城落户农民土地承包权、宅基地使用权、集体收益分配权,支持引导其依法自愿有偿转让上述权益;深化住房制度改革;加大城镇棚户区和城乡危房改造力度
2016 年 2 月	国务院关于深入推进新型城镇化建设的若干意见	围绕着积极推进农业转移人口市民化、全面提升城市功能、加快培育中小城市和特色小城镇、辐射带动新农村建设、完善土地利用机制、创新投融资机制、完善城镇住房制度、加快推进新型城镇化综合试点、健全新型城镇化工作推进机制等九个方面提出新型城镇化建设 36 条
2018 年 3 月	2018 年实施推进新型城镇化建设重点任务	五大重点任务,即加快农业转移人口市民化、提高城市群建设质量、提高城市发展质量、加快推动城乡融合发展、深化城镇化制度改革

续表

时间	相关政策	具体规定
2019 年 3 月	2019 年新型城镇化建设重点任务	突出抓好在城镇就业的农业转移人口落户工作，城区常住人口 100 万~300 万的Ⅱ型大城市要全面取消落户限制；城区常住人口 300 万~500 万的Ⅰ型大城市要全面放开放宽落户条件，并全面取消重点群体落户限制，推动 1 亿非户籍人口在城市落户目标取得决定性进展；培育发展现代化都市圈，推进大城市精细化管理；支持特色小镇有序发展，加快推动城乡融合发展；实现常住人口和户籍人口城镇化率均提高 1%

资料来源：根据相关规定整理。

由此可见，以 2010 年为分界线，中国特色城镇化建设分为中国特色社会主义的传统城镇化模式（或中国特色社会主义城镇化的初级形态）和新型城镇化模式（或中国特色社会主义城镇化的高级形态）。传统城镇化模式是基于供给的工业化引领的城镇化，新型城镇化是供给和需求两端同时发力的城镇化。新型城镇化建设不仅是中国特色社会主义城镇化建设的重要部分，也标志着中国特色社会主义城镇化建设进入了新阶段。

第二节　我国传统城镇化模式的成就与问题

改革开放 40 多年来，我国经济与社会发展取得长足进步、国际地位显著提升、居民生活水平显著改善，而且我国城镇化模式建设也取得了显著成就。

一、中国传统城镇化模式的成就

（一）提出科学的城镇化发展战略，树立正确的城镇化发展理念

我国城镇化建设之所以取得显著成就，主要源于在经济社会发展的不同阶段结合具体国情能够制定适当的城镇化路线、方针与政策。改革开放后的 20 年里，国家确定了"小城镇"发展战略。进入 21 世纪，随着国家全方位开放格局的形成，中国经济不断融入全球化，沿海地区快速发展，人口向沿海大城市转移。为此，国家提出了大中小城市协调发展。2006~2010 年的

"十一五"计划时期，国家根据已经形成的城镇体系，提出要推进城乡统筹发展、大中小城市和小城镇协调发展、分类引导城镇化。直到 2011 年，中央首次提出"以人为本"的新型城镇化发展战略。

可见，我国城镇化战略具有阶段性与继起性。不同时期的城镇化战略彼此之间不是对立的，而是继承与发展的关系，都是我国整个城镇化战略的重要组成部分。前一阶段城镇化战略是后一阶段城镇化战略的前提和基础，后一阶段城镇化战略是前一阶段城镇化战略的发展与完善。在 40 多年不断调整的城镇化战略指导下，我国城镇化模式的发展理念发生根本性变化，逐渐形成了科学的城镇化发展理念：发展目标从"以物为本"转变为"以人为本"，发展方式从注重规模的"外延发展"转变为提升质量的"内涵发展"（蔡秀玲，2011），城乡关系从城乡分割发展转变为城乡一体化发展，城市规模从"促小"或者"促大"的非均衡发展转变为大中小城市与小城镇的协调发展，城市层级从城镇的单体封闭式发展转变为城市圈的区域开放式发展。在科学的城镇化理念引领下，我国城镇化水平和质量不断提高。

（二）城镇化进程明显加快，城市经济比重不断提高

改革开放 40 多年来，对中国社会影响最广泛、最深刻的就是经济高速增长和与之相伴的快速城镇化进程。1978～2018 年，我国城镇人口比重由17.92% 提高到 59.58%，城镇人口由 1.72 亿人增长到 8.3 亿人。如此巨量的人口规模从事非农产业，成为支撑中国经济发展的最强动力和最大红利。1978～2018 年，我国国内生产总值从 3678.7 亿元增长到 90 多万亿元，提高了 244 倍；人均国内生产总值从 385 元提高到 64644 元，提高了 167 倍。地级及以上城市的市辖区生产总值占国内生产总值的 70%；地级及以上城市的市辖区非农产业比重为 97%，比全国非农产业占比高出 7 个百分点。

（三）城市体系日益完善，城市群成为城镇化的主体形态

目前，我国城镇体系基本形成了大中小城市与小城镇并存的格局，初步搭建了"293 个地级市 + 360 个县级市 + 20883 个建制镇"的城镇结构。城市之间正在突破行政界限，以产业分工为基础、用交通网络和生态网络来架构城镇体系；城市群逐渐成为城镇化的主体形态，要科学规划城市群规模和布局；中小城市和小城镇要增强产业发展、公共服务、吸纳就业、人口聚集等

功能。2013 年，长三角、珠三角、京津冀、长中游、成渝五大城市群以18.14% 的全国城市行政区面积、40.48% 的城市建设用地，聚集了 32.16% 的城市总人口，创造了 46.43% 的国内生产总值，贡献了 46.03% 的社会消费品零售总额，吸纳了 38.63% 的固定资产投资，吸引了 57.15% 的外资（见表3.9）。我国已经初步形成 23 个城市群，其中 15 个达标，8 个未达标。在 15个达标城市群中，4 个是成熟城市群（长三角城市群、珠三角城市群、京津冀城市群、辽中城市群），11 个是半成熟城市群（吉中城市群、鲁北城市群、鲁东城市群、宁绍舟城市群、海峡西岸城市群、粤东城市群、关中城市群、中原城市群、成渝城市群、武汉城市群、长株潭城市群）。这些城市群主要分为三类：一是以特大城市为核心的大型城市群，二是以省会城市为核心的中型城市群，三是以具有某种特色商品的县城或乡镇为核心就地城镇化的小型城市群（孙一仰、焦晓云，2015）。它们不仅带动了区域经济发展，也深刻影响了我国城市体系的空间布局。

表 3.9　　　　　　　　　　　2013 年五大国家级城市群发展状况

城市群		城市建设用地（平方公里）	年末总人口（万人）	地区生产总值（亿元）	社会消费品零售总额（亿元）	固定资产投资（亿元）	实际利用外资（亿美元）
全国总量		35276	127786	629715	230097	418770	2725
京津冀城市群	总量	3161	7541	56474	20700	33819	305
	占比	8.96%	5.90%	8.97%	9.00%	8.08%	11.18%
长三角城市群	总量	3611	8601	97760	35599	47152	583
	占比	10.24%	6.73%	15.52%	15.47%	11.26%	21.39%
珠三角城市群	总量	2364	3142	53060	18933	16057	231
	占比	6.70%	2.46%	8.43%	8.23%	3.83%	8.46%
长中游城市群	总量	2953	12055	51150	17884	38653	210
	占比	8.37%	9.43%	8.12%	7.77%	9.23%	7.71%
成渝城市群	总量	2191	9754	33921	12802	26090	229
	占比	6.21%	7.63%	5.39%	5.56%	6.23%	8.42%
合计	总量	14280	41094	292365	105919	161771	1557
	占比	40.48%	32.16%	46.43%	46.03%	38.63%	57.15%

资料来源：潘家华、魏后凯：《中国城市发展报告：创新驱动中国城市全面转型》，社会科学文献出版社 2015 年版，第 6 页。

（四）城市建设效果明显，现代化生活水平不断提高

城镇化建设不仅要有量的研究，还有质的规范。城市现代化水平主要包括基础设施的现代化程度、生态环境的保护和建设、教育医疗社保等基本公共产品和服务普及性，等等。改革开放以来，我国城镇投资大幅度提高，城市建设效果明显。1978 年城镇投资总额为 15643.7 亿元，占全社会投资总额的 78%；2018 年城镇投资总额高达 635636 亿元，提高了 41 倍，占全社会投资总额的 98%，提高了 20 个百分点（见表 3.10）。住房条件持续改善，城市交通、供水、热电、绿化、环境卫生等基础设施不断完善，城市居民生活质量不断提升，城市现代化水平跃上新台阶。

表 3.10 　　　　　　　　　　1995～2018 年城镇投资基本情况

年份	全社会投资（亿元）	城镇投资（亿元）	城镇投资占社会投资的比重（%）	年份	全社会投资（亿元）	城镇投资（亿元）	城镇投资占社会投资的比重（%）
1995	20019.3	15643.7	78	2007	137323.9	117464.5	85
1996	22913.5	17567.2	76	2008	172828.4	148738.3	86
1997	24941.1	19194.2	76	2009	224598.8	193920.4	86
1998	28406.2	22491.4	79	2010	251683.8	243797.8	96
1999	29854.7	23732.0	79	2011	311485.1	302396.1	97
2000	32917.7	26221.8	79	2012	374694.7	364854.1	97
2001	37213.5	30001.2	80	2013	446294.1	435747.4	97
2002	43499.9	35488.8	81	2014	512020.7	501264.9	98
2003	55566.6	45811.7	82	2015	561999.8	551590.0	98
2004	70477.4	59028.2	83	2016	606465.7	596500.8	98
2005	88773.6	75095.1	84	2017	641238.4	631684.0	98
2006	109998.2	93368.7	84	2018	645675.0	635636.0	98

资料来源：《中国统计年鉴（2019）》。

2000～2018 年，建成区面积和城市建设用地面积都增加了 2 倍多，城市人口密度增加了 5 倍多。生活用水量增加了 64%，用水普及率由 63.9% 提高

到98.4%。天然气供气量提高了近9倍,天然气家庭用量提高了11倍,供气管道长度增加了7倍多,燃气普及率由45.4%提高到96.7%,集中供热面积扩大了7倍。年末实有道路长度由16万公里提高了43.2万公里,增加了1倍多,每万人拥有道路长度由4.1公里提高到8.4公里;年末实有道路面积增加了2.3倍,人均拥有道路面积增加了1.6倍,城市排水管道长度增加了3倍多。公共交通车辆运营数由22.6万辆增加到56.6万辆,出租汽车由82.5万辆增加到109.7万辆。城市绿地面积增加了2.4倍,人均公园绿地面积增加了2.8倍,公园个数增加了2.5倍,等等(见表3.11)。

表 3.11　　　　　　　1978 年以来我国城市公共事业发展情况

项目		1978 年	1990 年	2000 年	2010 年	2013 年	2018 年
城市建设	城区面积(平方公里)	—	1165970	878015	178692	183416	200897
	建成区面积(平方公里)	—	12856	22439	40058	47855	58456
	城市建设用地面积(平方公里)		11608	22114	39758	47109	56076
	城市人口密度(人/平方公里)	—	279	442	2209	2362	2546
供水、燃气及集中供热	全年供水总量(亿立方米)	78.8	382.3	469.0	507.9	537.3	614.6
	其中:生活用水量	27.6	100.1	200.0	238.8	267.6	328.8
	人均生活用水(吨)	44.0	67.9	95.5	62.6	63.3	65.6
	用水普及率(%)	81.0	48.0	63.9	96.7	97.6	98.4
	人工煤气供气量(立方米)	17.25	174.7	152.4	279.9	62.8	29.8
	其中:家庭用量	6.66	27.4	63.1	26.9	16.8	7.9
	天然气供气量(亿立方米)	6.9	64.2	82.1	487.6	901.0	1444.0
	其中:家庭用量	—	11.6	24.8	117.2	185.4	313.5
	液化石油气供气量(万吨)	—	219.0	1053.7	1268.0	1109.7	1015.3
	其中:家庭用量	17.6	142.8	532.3	633.9	613.1	544.8
	供气管道长度(万公里)	4.7	2.4	8.9	30.9	43.2	71.6
	燃气普及率(%)	13.9	19.1	45.4	92.0	94.3	96.7
	集中供热面积(亿平方米)	—	2.1	11.1	43.6	57.2	87.8
市政设施	年末实有道路长度(万公里)	—	9.5	16.0	29.4	33.6	43.2
	每万人拥有道路长度(公里)		3.1	4.1	7.5	7.8	8.4

续表

项目		1978 年	1990 年	2000 年	2010 年	2013 年	2018 年
市政设施	年末实有道路面积（亿平方米）	—	10.2	23.8	52.1	64.4	85.4
	人均拥有道路面积（平方米）	—	3.1	6.1	13.2	14.9	16.7
	城市排水管道长度（万公里）	1.9	5.8	14.2	37.0	46.5	68.3
公共交通	年末公共交通车辆运营数（万辆）	2.58	6.2	22.6	38.3	46.1	56.6
	每万人拥有公交车辆（标台）	3.3	2.2	5.3	11.2	12.8	13.1
	出租汽车数（万辆）	—	11.1	82.5	98.6	105.4	109.7
绿化园林	城市绿地面积（万公顷）	8.17	47.5	86.5	213.4	242.7	304.7
	人均公园绿地面积（平方米）	—	1.8	3.7	11.2	12.6	14.1
	公园个数（个）	616	1970	4455	9955	12401	16735
	公园面积（万公顷）	1.52	3.9	8.2	25.8	33.0	49.4
环境卫生	生活垃圾清运量（万吨）	—	6767	11819	15805	17239	22802
	粪便清运量（万吨）	—	2385	2829	1951	1682	—
	每万人拥有公厕（座）	—	3.0	2.7	3.0	2.8	2.9

资料来源：2014 年、2018 年《中国统计年鉴》。

二、我国传统城镇化模式存在的问题

我国城镇化建设在取得重大成就的同时，却存在很多结构失衡。结构失衡分为城镇化自身结构失衡和城镇化与其他关系失衡，城镇化自身结构失衡主要包括内容结构失衡、空间结构失衡、规模结构失衡，城镇化与其他关系失衡主要包括城镇化与工业化失衡、城镇化与农业发展失衡。这些失衡有机制因素，需要通过体制改革来解决；也有发展中的问题，需要通过经济与社会发展来解决。这部分主要分析城镇化自身结构失衡，城镇化与其他关系失衡放在后面章节分析。

（一）城镇化内容结构失衡

城镇化内容结构失衡主要包括人口城镇化失衡、土地城镇化失衡以及人口城镇化与土地城镇化之间的失衡。

就人口城镇化失衡而言，主要表现为常住人口城镇化率和户籍人口城镇化率的不同步，二者之间的差额逐年持续拉大，2013 年达到最高点之后逐年收窄，2018 年仍然高达 16.18 个百分点。1990～2018 年，我国城镇常住人口增长率快于城镇户籍人口增长率。2018 年，约 2.25 亿城镇常住人口没有城市户籍（见表 3.12）。这就表明，占城镇常住人口 27% 的进城农业转移人口虽然实现了就业方式和生产方式的转变，但没有同步实现身份的转变，不能公正、平等地享受城市的教育、医疗、社保等基本公共服务。

表 3.12　　　　　1990～2018 年我国城镇化过程中的人口变动情况

年份	全国总人口（万人）	(1) 城镇常住人口（万人）	(2) 常住人口城镇化率（%）	(3) 城镇户籍人口（万人）	(4) 户籍人口城镇化率（%）	(1)－(3)（万人）	(2)－(4)（%）
1990	112954	30195	26.73	23567	20.86	6628	5.87
1995	118467	35174	29.69	28242	23.84	6932	5.85
2000	123672	45906	37.11	32249	26.08	13657	11.03
2005	127833	56212	43.97	40898	31.99	15314	11.98
2010	134531	66978	49.78	45963	34.17	21015	15.61
2011	134735	69079	51.27	46766	34.71	22313	16.56
2012	135404	71182	52.57	47798	35.3	23384	17.27
2013	136072	73111	53.73	48849	35.9	24262	17.83
2014	136782	74916	54.77	49104	35.9	25812	18.87
2015	137462	77116	56.10	54847	39.9	22269	16.20
2016	138271	79298	57.35	56968	41.2	22330	16.15
2017	139008	81347	58.52	58800	42.3	21991	16.20
2018	139538	83137	59.58	60559	43.4	22578	16.18

资料来源：根据各年《中国人口与就业统计年鉴》《中国统计年鉴（2019）》计算而来。

就土地城镇化失衡而言，我国城镇建设用地结构不均衡，工业用地过多，商服用地和住宅用地偏少。根据《中国国土资源公报》发布的信息，2006～2017 年，我国新增城镇建设用地结构发生明显变化：工矿仓储用地占比自

2006 年达到最大值后持续下降，2017 年降为 20.4%，但仍然比商服用地和住宅用地占比高出一倍。基础设施用地占比逐年增加，由 2006 年的 6.84% 提高到 2017 年的 60.5%，占整个城镇建设用地的半壁江山。住宅用地占比 2007 年达到高点后持续下降，2017 年为 14.0%。商服用地占比 2008 年达到 11.49% 后也掉头下降，2017 年仅为 5.1%（见表 3.13）。这种不合理的城镇建设用地结构，出现工业用地占比一直大大高于商服用地和住宅用地占比。一方面因工业用地价格过低而导致土地利用效率低下，企业进入成本过低而出现产能过剩；另一方面因商服用地和住宅用地价格持续上涨而导致服务业供给不足和房价泡沫。

表 3.13　　　　　2006～2017 年我国城镇新增建设用地占比情况　　　　单位：%

年份	工矿仓储用地	商服用地	住宅用地	基础设施用地
2006	59.83	8.97	24.36	6.84
2007	54.44	8.47	27.82	9.27
2008	39.57	11.49	26.38	22.55
2009	38.95	7.73	22.65	30.66
2010	35.65	9.03	26.62	28.70
2011	32.15	7.24	21.38	39.23
2012	29.42	7.10	16.09	47.39
2013	28.74	8.91	18.90	43.43
2014	24.2	8.1	16.7	51.0
2015	23.3	7.0	15.5	54.1
2016	23.3	6.7	14.1	55.9
2017	20.4	5.1	14.0	60.5

资料来源：根据 2006～2017 年《中国国土资源公报》数据统计而来。

就人口城镇化与土地城镇化失衡而言，土地城镇化速度远远快于人口城镇化速度。1995～2018 年，我国城镇常住人口总量增加了 2.4 倍；而城市建成区面积增长了 3 倍多；人口密度从每平方公里 18259 人减少至 14222 人，减少了 22%（见表 3.14）。可见，我国城镇化过程中土地扩张的速度远远快于人口增长速度，造成土地利用效率低下，资源浪费严重。

表 3.14   1995～2018 年我国城镇化过程中的人地关系

年份	建成区面积（平方公里）	城镇常住人口（万人）	建成区人口密度（人/平方公里）	年份	建成区面积（平方公里）	城镇常住人口（万人）	建成区人口密度（人/平方公里）
1995	19264	35174	18259	2013	47855	73111	15278
2000	22439	45906	20458	2014	49733	74916	15064
2005	32521	56212	17285	2015	51584	77116	14950
2010	40058	66978	16720	2016	52761	79298	15030
2011	43603	69079	15843	2017	56225	81347	14468
2012	45566	71182	15622	2018	58456	83137	14222

资料来源：建成区面积和城镇常住人口的数据来自《中国统计年鉴（2019）》。

（二）城镇化空间分布失衡

城镇化空间分布失衡主要表现为区域城镇化不均衡和城市分布不均衡。

首先，我国区域城镇化水平差异非常大。改革开放以来，我国实施区域非均衡发展战略，东部地区率先发展起来，吸引和聚集了大量人口，城镇化水平高于全国平均水平。2018 年，北京、上海、天津三地进入城镇化后期，城镇化水平提高速度比较缓慢；海南、广西、河北三省区的城镇化率低于全国平均水平，其他地区城镇化水平都高于全国平均水平。进入 21 世纪，随着"西部大开发""中部崛起""东北老工业基地振兴"等国家发展战略的推出，中、西部地区经济发展后来居上，也成为我国城镇化的主战场。2000～2018年，山西、安徽、江西、河南、湖南、重庆、四川、贵州、云南、陕西、甘肃、宁夏等 12 个省区城镇化率提高速度都明显高于全国城镇化增长速度（见表 3.15）。2018 年，全国城镇化水平为 59.58%，而东、中、西部地区的城镇化水平分别为 69%、57.5%、51.4%。近年来，随着东部地区用地、劳动力、环境成本不断上升，劳动力向中、西部地区转移的趋势明显，中、西部地区城镇化进程加快。从整体来看，东、中、西部地区城镇化水平的差距在逐渐缩小。

表 3.15　　　　　2000～2018 年我国各地区城镇人口比重变化情况　　　　单位：%

地区		城镇人口比重				变化幅度		
		2000 年	2005 年	2010 年	2018 年	2000～2018 年	2005～2018 年	2010～2018 年
全国		36.22	42.99	49.95	59.58	23.36	16.59	9.63
东部地区	北京	77.54	83.62	85.96	86.50	8.96	2.88	0.54
	天津	71.99	75.11	79.55	83.15	11.16	8.04	3.60
	河北	26.08	37.69	44.50	56.43	30.35	18.74	11.93
	辽宁	54.24	58.7	62.10	68.10	13.86	9.40	6.00
	上海	88.31	89.09	89.30	88.10	-0.21	-0.99	-1.20
	江苏	41.49	50.5	60.58	69.61	28.12	19.11	9.03
	浙江	48.67	56.02	61.62	68.90	20.23	12.88	7.28
	福建	41.57	49.4	57.10	65.82	24.25	16.42	8.72
	山东	38.00	45.00	49.70	61.18	23.18	16.18	11.48
	广东	55.0	60.68	66.18	70.70	15.70	10.02	4.52
	广西	28.15	33.62	40.00	50.22	22.07	16.60	10.22
	海南	40.11	45.20	49.8	59.06	18.95	13.86	9.26
中部地区	山西	34.91	42.11	48.05	58.41	23.50	16.30	10.36
	内蒙古	42.68	47.20	55.5	62.71	20.03	15.51	7.21
	吉林	49.68	52.52	53.35	57.53	7.85	5.01	4.18
	黑龙江	51.54	53.10	55.66	60.10	8.56	7.00	4.44
	安徽	27.81	35.5	43.01	54.69	26.88	19.19	11.68
	江西	27.67	37.00	44.06	56.02	28.35	19.02	11.96
	河南	23.2	30.65	38.50	51.71	28.51	21.06	13.21
	湖北	40.22	43.20	49.70	60.30	20.08	17.10	10.60
	湖南	29.75	37.00	43.30	56.02	26.27	19.02	12.72
西部地区	重庆	33.09	45.20	53.02	65.50	32.41	20.30	12.48
	四川	26.69	33.00	40.18	52.29	25.60	19.29	12.11
	贵州	23.87	26.87	33.81	47.52	23.65	20.65	13.71
	云南	23.36	29.50	34.70	47.81	24.45	18.31	13.11
	西藏	18.93	20.85	22.67	31.14	12.21	10.29	8.47

续表

地区		城镇人口比重				变化幅度		
		2000 年	2005 年	2010 年	2018 年	2000～2018 年	2005～2018 年	2010～2018 年
西部地区	陕西	32.26	37.23	45.76	58.13	25.87	20.90	12.37
	甘肃	24.01	30.02	36.12	47.69	23.68	17.67	11.57
	青海	34.76	39.25	44.72	54.47	19.71	15.22	9.75
	宁夏	32.43	42.28	47.9	58.88	26.45	16.60	10.98
	新疆	33.82	37.15	43.01	50.91	17.09	13.76	7.90

资料来源：根据 2019 年《中国统计年鉴》计算而来。

其次，我国城市分布不均衡。从行政等级来看，2018 年，我国全部城市 657 个。其中，在 4 个直辖市中，东部有 3 个，西部 1 个，中部没有；在 15 个副省级城市中，东部占据 10 个，中部 3 个，西部 2 个；在地级市和县级市中，东部地区占有 40%，大部分分布在中、西部地区（见表 3.16）。从规模等级来看，2018 年，百万人口以上的大城市主要集中在东部地区，中、西部地区主要是中小城市（见表 3.17）。我国东部地区城镇化水平高，大城市、特大城市较多，许多城市聚集功能强而扩散功能弱。中、西部地区城市数量明显不足，大城市不多，小城市过多，城市功能较弱。

表 3.16　　　　　　　　2018 年我国城市数量区域分布情况　　　　单位：个

地区	城市合计	按行政级别分组			
		直辖市	副省级市	地级市	县级市
全国	657	4	15	278	360
东部地区	264	3	10	104	147
中部地区	248	0	3	106	139
西部地区	145	1	2	68	74

资料来源：根据《中国统计年鉴（2019）》计算而来。

表 3.17　　　　　　　**2018 年我国不同规模等级城市的分布状况**　　　　单位：个

地区	总计	按城市市辖区年末总人口分组					
		>400 万人	200 万 ~ 400 万人	100 万 ~ 200 万人	50 万 ~ 100 万人	20 万 ~ 50 万人	<20 万人
全部地级及以上城市	297	20	42	99	88	40	8
东部地区	116	14	26	41	30	5	1
中部地区	109	3	11	37	41	16	1
西部地区	72	3	5	21	17	19	6

资料来源：根据《中国统计年鉴（2019）》计算而来。

最后，省内城镇化发展严重不均衡。例如，江苏省作为我国率先全面进入小康社会的发达省份之一，城镇化发展取得长足进步。2018 年，江苏城镇化率69.6%，已经是城市社会。但是，江苏省各地经济发展水平不平衡，各地城镇化水平差异很大。苏南地区城镇化率为76.4%，进入到城镇化后期。其中，南京作为省会城市，城镇化率高达82.3%，已经进入城镇化的成熟时期。苏中地区城镇化率为65.7%，比全省平均城镇化率低近4个百分点；苏北地区城镇化率仅为62%，刚刚进入城镇化中后期，比全省平均城镇化率低7.6个百分点。[①]

（三）城镇规模结构失衡

我国城市规模结构存在"双快"现象，即大城市增长快、中小城市萎缩快。根据《中国城市建设统计年鉴》和《中国统计年鉴》，2000 年以来，我国百万人口的大城市增长迅速。其中，400 万人口以上城市由 8 个增加到 20 个，200 万 ~400 万人口的城市由 12 个增加到 42 个，100 万 ~200 万人口的城市由 70 个增加到 99 个。与此同时，百万人口以下的中小城市在减少。50 万 ~100 万人口的城市由 103 个减至 88 个，减少 15 个；20 万 ~50 万人口的城市由 66 个减至 40 个，减少 26 个（见表 3.18）。这种城市结构使得大量农业转移人口聚集在大城市中，"大城市病"越来越严重，极大降低了城镇化质量。

---

① 2019 年《江苏统计年鉴》。

表 3.18   2000～2018 年我国城市的规模体系结构状况   单位：个

年份	>400 万人	200 万～400 万人	100 万～200 万人	50 万～100 万人	20 万～50 万人	<20 万人
2000	8	12	70	103	66	3
2005	13	25	75	108	61	4
2006	13	24	80	106	59	4
2007	13	26	79	111	55	4
2008	13	28	81	110	51	4
2009	14	28	82	110	51	2
2010	14	30	81	109	49	4
2011	14	31	82	108	49	4
2012	14	31	82	108	50	4
2013	14	33	86	103	52	2
2014	17	35	91	98	47	4
2015	15	38	94	92	49	7
2016	17	43	96	90	43	8
2017	19	42	100	86	42	9
2018	20	42	99	88	40	8

资料来源：2000～2012 年数据来自各年《中国城市建设统计年鉴》，2013 年以后数据分别来自各年《中国统计年鉴》。

第三节   我国城镇化模式转型面临的困难与挑战

改革开放以来，过度依赖土地扩张和人口红利的低成本、粗放型的传统城镇化模式快速推进城镇化进程。但是，资源短缺和环境污染问题越来越严重，已经无法继续支撑传统城镇化发展道路，迫切需要转型。

一、水资源问题

水资源不仅是维持人类生产生活的基本资源，也是支撑城市发展和建设的基础条件。随着经济的快速发展和城镇人口的迅速增加，水资源的消耗越来越大，水资源短缺问题越来越突出，水体污染越来越严峻，已经成为制约城镇化发展的重要问题之一。

（一）水资源短缺问题

按照国际标准，人均水资源低于 3000 立方米为轻度缺水，低于 2000 立方米为中度缺水，低于 1000 立方米为重度缺水，低于 500 立方米为极度缺水。2017 年，我国人均水资源占有量为 2074.5 立方米，为世界平均水平的1/4，基本上属于中度缺水国家。目前，北京、天津、河北、山西、上海、山东、河南、宁夏等 8 个省区属于极度缺水地区。在全国 657 个城市中，有 300多个属于联合国人居署评价标准的"严重缺水"和"缺水"城市。

（二）水污染问题

城镇化的快速推进使得城市生活污水和工业废水的排放量激增，城镇水污染问题严重，水资源环境恶化，水质量降低。2011～2015 年，全国废水排放量逐年增加，由 659.2 亿吨增加到 735.3 亿吨，增长了 11.5%。其中，工业废水量逐年减少，由 230.9 亿吨减至 199.5 亿吨，降低了 13 个百分点；占废水排放量的比重也由 35%降至 27%，减少了 8 个百分点。而城镇生活污水排放量却逐年增加，由 427.9 亿吨增至 535.2 亿吨，提高了 1/4；占废水排放量的比重由 65%提升至 73%，提高了 12 个百分点（见表 3.19）。这些污水集中倾倒江河中，导致水体污染日益严重。根据环境保护部发布的《中国环境状况公报》，2018 年全国 10168 个国家级地下水水质监测点中，Ⅰ类水质监测点占 1.9%，Ⅱ类占 9.0%，Ⅲ类占 2.9%，Ⅳ类占 70.7%，Ⅴ类占15.5%。全国 2833 处浅层地下水监测井水质总体较差：Ⅰ～Ⅲ类水质监测井占 23.9%，Ⅳ类占 29.2%，Ⅴ类占 46.9%。

表 3.19　　　　　　　　2011～2015 年全国废水排放情况　　　　　　单位：亿吨

年份	总计	工业源	城镇生活源	集中式
2011	659.2	230.9	427.9	0.4
2012	684.8	221.6	462.7	0.5
2013	695.4	209.8	485.1	0.5

年份	总计	工业源	城镇生活源	集中式
2014	716.1	205.3	510.3	—
2015	735.3	199.5	535.2	

注：集中式污染治理设施排放量指生活垃圾处理厂（场）和危险废物（医疗废物）集中处理（置）厂（场）垃圾渗滤液/废水及其污染物的排放量。

资料来源：根据2011～2015年《中国环境统计年报》的数据整理而来。

二、土地资源问题

土地是最基本的自然资源，也是不可再生资源。随着工业化和城镇化进程的加快，土地供需矛盾日益加剧，面临一系列土地安全问题。

（一）耕地面积大量减少，耕地质量总体偏低

根据2017年《中国国土资源公报》，近年来我国耕地面积逐年减少，已由2009年的13538.46万公顷减至2016年的13492.09万公顷，7年共减少了46.37万公顷。尽管这期间通过土地整治、农业结构调整等增加耕地面积247.85万公顷，但是因建设占用、灾毁、生态退耕、农业结构调整等原因减少耕地面积285.92万公顷，净减少耕地面积38.07万公顷（见表3.20）。耕地面积持续减少不仅威胁粮食的安全生产，更会影响城市的可持续发展，增加城市建设成本。

表3.20   **2009～2016年耕地增减情况**   单位：万公顷

年份	耕地面积	增加耕地面积	减少耕地面积
2009	13538.46	31.38	23.20
2010	13526.83	31.49	42.90
2011	13523.86	37.73	40.68
2012	13515.85	32.18	40.20
2013	13516.34	35.96	35.47
2014	13505.73	28.07	38.80
2015	13499.78	24.23	30.17
2016	13492.09	26.81	34.50

我国耕地不仅面积减少，质量也偏低。根据第二次全国土地调查的耕地质量等别①成果显示，全国耕地平均质量等别为 9.96，总体偏低。优等地面积为 389.91 万公顷，占全国耕地评定总面积的 2.9%；高等地面积为 3579.57 万公顷，占全国耕地评定总面积的 26.59%；中等地面积为 7097.49 万公顷，占全国耕地评定总面积的 52.72%；低等地面积为 2386.47 万公顷，占全国耕地评定总面积的 17.79%。②

（二）城镇建设过度依赖土地，土地利用效率低下

城市建设过度依赖土地，土地出让收入持续大幅度增长，但征地拆迁成本也持续攀升。2008 年，我国国有土地使用权出让收入为 10375.28 亿元，2014 年该收入规模达到 42940.3 亿元，增长了 3 倍多。尽管这期间该项收入年度增长不一，2010 年增长率为 108.5 个百分点，2012 年为负增长，但年均增长 52%。占地方财政收入的比重最高值达到 72%，最低值为 36%，最近两年仍然保持在 57%。而国有土地使用权出让收入中用于征地拆迁补偿的成本支出从 2008 年 3778.15 亿元提高到 2014 年 33952.37 亿元，提高了 8 倍；占当年国有土地出让收入的比重从 36.4% 升至 79.1%（见表 3.21）。可见，高度依赖土地的城镇化难以为继。

表 3.21　　　　　　2008～2014 年国有土地出让收入与成本占比情况

年份	土地出让收入（亿元）	增速（%）	地方财政收入与土地出让收入之比	征地拆迁补偿等成本支出（亿元）	征地拆迁补偿等成本占比（%）
2008	10375.28	42.4	1 : 0.36	3778.15	36.4
2009	13964.8	34.6	1 : 0.43	5108.58	36.6
2010	29109.9	108.5	1 : 0.72	13395.6	46.0
2011	33477	15.0	1 : 0.63	24053.76	71.9
2012	28886.31	-13.7	1 : 0.47	22624.9	78.3
2013	39073	35.3	1 : 0.57	20917.69	53.5
2014	42940.3	9.9	1 : 0.57	33952.37	79.1

资料来源：财政部网站。

---

① 全国耕地评定为 15 个等别，1 等耕地质量最好，15 等耕地质量最差。1～4 等、5～8 等、9～12 等、13～15 等耕地分别划为优等地、高等地、中等地、低等地。
② 2017 年《中国土地矿产海洋资源统计公报》。

我国土地规模不断扩大的同时，土地利用效率比较低。从人均综合用地来看，我国大中城市已超过 120 平方米，而东京人均综合用地仅 78 平方米，我国香港地区才 37 平方米。从土地经济密度即每平方公里土地上承载的 GDP 来看，我国约为美国的 1/5 ~ 1/4；韩国国土面积 9.9 万平方公里，与江苏、浙江面积相当，但土地经济密度 2.8 倍于江苏、4 倍于浙江（胡存智，2012）。从城镇容积率来看，日本的城镇容积率是 2，我国香港地区是 1.6，我国台湾地区是 1.2，我国内地仅为 0.78。较低的城镇容积率使得城镇土地没有得到充分利用。

（三）土地污染严重

根据 2014 年 4 月发布的《全国土壤污染状况调查公报》，全国土壤环境状况总体不容乐观。2014 年，我国土壤总超标率为 16.1%。其中，轻微、轻度、中度和重度污染点位比例分别为 11.2%、2.3%、1.5% 和 1.1%。污染类型以无机型为主，有机型次之，复合型污染比重较小，无机污染物超标点位数占全部超标点位的 82.8%。从污染分布情况看，南方土壤污染重于北方；长江三角洲、珠江三角洲、东北老工业基地等部分区域土壤污染问题较为突出；西南、中南地区土壤重金属超标范围较大，镉、汞、砷、铅 4 种无机污染物含量分布呈现从西北到东南、从东北到西南方向逐渐升高的态势。从不同土地利用类型土壤的环境状况来看，耕地污染状况最为严重，其土壤点位超标率达到 19.4%；林地污染状况较轻，但重度超标率最高（见表 3.22）。

表 3.22　　　　**2014 年我国不同土地利用类型土壤的环境质量状况**　　　　单位：%

土地类型	土壤点位超标率	轻微	轻度	中度	重度
耕地	19.4	13.7	2.8	1.8	1.1
林地	10.0	5.9	1.6	1.2	1.3
草地	10.4	7.6	1.2	0.9	0.7
未利用地	11.4	8.4	1.1	0.9	1.0

资料来源：根据 2014 年《全国土壤污染状况调查公报》整理而来。

三、能源问题

我国在快速推进城镇化进程中，大力发展第二、第三产业，不可避免地过度消耗能源，带来了一系列经济社会问题。

（一）能源供需矛盾大，对外依存度高

我国能源资源不足，人均占有量较低。2007 年，我国煤炭、石油、天然气人均剩余可开采量分别只有世界平均水平的 58.6%、7.69%、7.05%（刘学艺等，2007）。2005 年以来，我国一次能源生产总量呈上升趋势，但远远低于能源消费需求的增长。2005～2018 年，能源生产量增长了 64.6%，而能源消费量却增长了 77.5%，供需缺口由 32332 万吨标准煤扩大到 87000 万吨标准煤。为了满足能源的消费需求，加大了能源进口量，从 26823 万吨标准煤增加到 99957 万吨标准煤，增长了 2.7 倍；能源进口量在能源消费总量中的占比由 10.3% 提高到 22.3%（见表 3.23），能源对外依存度大幅度提升。

表 3.23　　　　　**2005～2018 年我国一次能源的生产、消费情况**　单位：万吨标准煤

年份	能源生产总量	能源消费总量	能源进口量
2005	229037	261369	26823
2006	244763	286467	31171
2007	264173	311442	34904
2008	277419	320611	—
2009	286092	336126	47313
2010	312125	360648	57671
2011	340178	387043	62262
2012	351041	402138	68701
2013	358784	416913	73420
2014	361866	425806	77325
2015	361476	429905	77451

续表

年份	能源生产总量	能源消费总量	能源进口量
2016	346037	435819	89730
2017	358500	448529	99957
2018	377000	464000	—

资料来源：相应年份的《中国统计年鉴》。

（二）能源生产与消费结构单一，新能源发展任重道远

受到资源禀赋和国家政策的影响，在我国能源生产和消费结构中，煤炭占比在降低，但一直占据主导地位。2018 年，我国煤炭、石油、天然气、一次电力及其他能源在能源消费结构中的比重分别为 59%、18.9%、7.8%、14.3%，与世界主要国家的能源消费结构相距甚远。最新数据难以获得，故以 2012 年数据进行比较。2012 年，我国煤炭消费占比为 68.5%，比世界煤炭消费占比高 38.6 个百分点，比印度煤炭消费占比还高 15.6 个百分点。我国天然气消费占比仅为 4.7%，而世界平均水平则为 23.9%；我国石油消费占比为 17.7%，比世界平均水平低 15.4 个百分点。我国新能源（主要包括太阳能、风能、水能、核能、生物质能、海洋能、地热能、氢能等）的消费占比为 9.1%，比世界平均水平低 4 个百分点（见表 3.24）。即使用我国 2018 年的数据与其他国家 2012 年的数据进行对比，也仍然存在很大差距。

（三）煤炭、石油等传统能源大量消费，生态环境污染严重

近年来国家开始淘汰落后产能，工业中污染物的排放量有所减少，但减排任务仍然艰巨。2014 年，工业二氧化硫与氮氧化物排放量分别为 1740.4 万吨、1404.8 万吨，分别比 2011 年减少了 13.7%、18.8%；烟（粉）尘排放量为 1456 万吨，比 2011 年增加了 32.3%；固体废物产生量小幅增加（见表 3.25）。工业污染物的巨量排放，导致城市空气质量比较差，达标率极低。2017 年，根据《环境空气质量标准》（GB 3095—2012）对空气质量进行了监测和评价，全国 338 个地级及以上城市中，有 99 个城市环境空气质量达标，占全部城市数的 29.3%；239 个城市环境空气质量超标，占 70.7%。

表3.24　2012年世界主要国家能源消费结构

国家	石油		天然气		煤炭		核能		水力发电		可再生能源		合计消费量（百万吨油当量）	国内生产总值（亿美元）	能源利用率（吨当油量/万美元）
	消费量（百万吨油当量）	占比（%）	消费量（百万吨油当量）	占比（%）	消费量（百万吨油当量）	占比（%）	消费量（百万吨油当量）	占比（%）	消费量（百万吨油当量）	占比（%）	消费量（百万吨油当量）	占比（%）			
美国	819.9	37.1	654.0	39.6	437.8	19.8	183.2	8.3	63.2	2.9	50.7	2.3	2208.8	717073	0.31
加拿大	104.3	31.7	90.6	17.6	21.9	6.7	21.7	6.6	86.0	26.2	4.3	1.3	328.8	18191	1.8
巴西	125.6	45.7	26.2	9.5	13.5	4.9	3.6	1.3	94.5	34.4	11.2	4.1	274.7	23960	1.14
法国	80.9	32.9	38.2	15.6	114.0	46.0	96.3	39.2	13.2	5.4	5.4	2.2	245.4	26087	0.94
德国	111.5	35.8	67.7	21.7	79.2	25.4	22.5	7.2	4.8	1.5	26.0	8.3	311.7	34006	0.91
英国	58.5	28.9	70.5	34.6	39.1	19.2	15.9	7.8	1.2	0.5	8.4	4.1	203.6	24405	0.83
俄罗斯	147.5	21.2	374.6	54.0	93.9	13.5	40.3	5.8	37.8	8.4	0.1	0.0	694.2	20220	3.4
日本	218.2	45.6	105.1	22.0	124.4	26.0	4.1	0.8	18.3	3.8	8.2	1.7	478.2	59640	0.8
韩国	108.8	40.1	45.0	16.6	81.8	30.2	34.0	12.5	0.7	0.3	0.8	0.3	271.1	11559	2.34
印度	171.6	30.5	49.1	8.7	298.3	52.9	7.5	1.3	26.2	4.6	10.9	1.9	563.5	18248	3.08
中国	483.7	17.7	129.5	4.7	1873.3	68.5	22.0	0.8	194.8	7.1	31.9	1.2	2735.2	82270	3.32
世界	4130.5	33.1	2987.1	23.9	3730.1	29.9	560.4	4.5	831.1	6.7	237.4	1.9	12476.6	717073	1.73

资料来源：《2014中国新能源发展现状、发展形势分析》，中国产业洞察网；国内生产总值值来自于2013年《中国统计年鉴》。

表 3.25   **2011 ~ 2014 年我国工业污染物排放情况**

污染物	排放量（万吨）				变化幅度（%）
	2011 年	2012 年	2013 年	2014 年	
二氧化硫	2017.2	1911.7	1835.2	1740.4	-13.7
氮氧化物	1729.7	1658.1	1545.6	1404.8	-18.8
烟（粉）尘	1100.9	1029.3	1094.6	1456.1	32.3
固体废物产生量	322722	329044	327702	326000	1.0

资料来源：根据各年《全国环境统计公报》整理而来。

总的来看，2011 年以来，我国加大了环境保护和污染治理的力度，环境保护工作取得很大成绩，扭转了环境恶化的趋势，但环境形势依然严峻，资源环境对城镇化的制约依然存在。

第四节　本章小结

本章对我国城镇化模式转型研究所做的工作如下：

（1）全面分析了我国城镇化模式的演进历程。城镇化模式的演变与城镇化的发展历程紧密相连。根据城镇化的速度和演变特点，我国城镇化分为三个阶段，即城镇化的前期阶段（10% ~ 30%）、中前期阶段（30% ~ 50%）和中后期阶段（50% ~ 70%）。相应地，我国城镇化模式分为城镇化前期阶段的模式、城镇化中前期阶段的模式和城镇化中后期阶段的模式。2010 年以前的城镇化模式是我国传统的城镇化模式，它是基于供给端工业化引领的城镇化。2010 年以后推行的新型城镇化模式是供给和需求两端同时发力的城镇化。

（2）详细阐述了我国传统城镇化模式的成就与问题。我国传统的城镇化模式在科学的城镇化发展战略和正确的城镇化发展理念引领下，促进了城市经济快速发展，城市体系日益完善，城市建设效果明显，城市现代化水平不断提高。同时，也导致了城镇自身的内容结构失衡、空间结构失衡、规模结构失衡，以及城镇化与工业化、城镇化与农业发展失衡。

（3）我国城镇化模式转型面临着众多困难和挑战。例如，水资源短缺与水体污染严重；土地供需矛盾日益加剧，土地利用效率低下，土地污染严重；能源供需矛盾大、对外依存度高，能源生产结构与消费结构单一、新能源发展任重道远，能源消费方式落后、利用效率较低，传统能源大量消费、生态环境污染严重等。这些问题严重制约着城镇化模式的转型发展。

| 第四章 |

发达国家城镇化模式研究

发达国家城镇化的起点与世界城镇化进程的起点是同步的。它始于 1760 年第一次工业革命，经历了上百年的时间，完成了以农业、农村为主的传统社会向以工业和城市为主的现代社会的转变，率先实现了城市化。二战之后，伴随着科技、经济与社会的发展，发达国家在迈向高度城镇化的过程中又呈现一些新的特点。在很大程度上，发达国家城镇化进程折射出世界城镇化的总体发展趋势，有助于把握城镇化的一般规律，为中国城镇化建设提供一些经验和借鉴。

第一节　发达国家城镇化模式的演化历程

一、发达国家城镇化模式的总体概况

对于西方发达国家城镇化的发展历程，大部分学者并没有按照美国城市地理学家诺瑟姆三阶段方法来研究，而是呈现出两大特点：其一，起

始阶段的终点不是在城镇化率30%左右，而是在10%左右。原因在于，第一次产业革命打破了以往几百年来城镇人口所占比重为个位数的状态，使城镇化率在100年的时间里跃居两位数，这种变化具有里程碑意义。其二，城镇化率达到50%具有特别重要意义。发达国家城镇化率达到50%进入城市型社会之时二战刚刚结束，各发达国家亟待通过城市化的转型来带动经济发展。二战结束为发达国家乃至世界城镇化发展奠定了社会基础，加速发达国家城镇化进程，但并不意味着发达国家进入高度城镇化阶段，后者只能是在城镇化率达到70%以上。鉴于此，本书按照诺瑟姆三阶段方法来研究西方发达国家城镇化所经历的260多年历史，大致分为起步阶段（城镇化水平为10%左右）、加速阶段（城镇化水平为26%～70%）和完善阶段（城镇化水平为70%以上），相应地研究每个阶段的城镇化模式。

（一）城镇化起步阶段的模式（1760～1900年）

18世纪60年代，以蒸汽机的发明与使用为标志的第一次产业革命在英国兴起，率先掀起了英国城市化进程。此后，法国、比利时、瑞士（1770～1800年），德国与奥地利（1800～1830年），意大利与美国（1840年前后），西班牙与瑞典（1850～1900年），东欧和南北欧的其他国家以及亚洲的日本先后进入了城镇化起始阶段。1900年发达国家城镇化率达到26.1%（见表4.1），进入了发展快车道。第一次工业革命推动了采掘业、钢铁业、纺织业的发展，这一时期城镇化模式主要表现为煤矿、铁矿等自然资源丰富以及交通便利的地区发展成为一批资源型城市。由于没有城市规划理论，城镇建设混乱，缺乏规划；环境卫生状况恶化，疾病流行；住房拥挤，交通运输不畅，"城市病"非常严重。为此，学者们围绕着城市究竟是"罪恶之源"还是"进步之源"进行了激烈争论。

表4.1　　　　　1800～1900年发达地区与欠发达地区城市化率比较

年份	发达地区			欠发达地区		
	总人口（百万人）	城镇人口（百万人）	城市化率（%）	总人口（百万人）	城镇人口（百万人）	城市化率（%）
1800	273	20	7.3	705	30	4.3
1825	305	25	8.2	805	35	4.3

续表

年份	发达地区			欠发达地区		
	总人口（百万人）	城镇人口（百万人）	城市化率（%）	总人口（百万人）	城镇人口（百万人）	城市化率（%）
1850	352	40	11.4	910	40	4.4
1875	435	75	17.2	985	50	5.0
1900	575	150	26.1	1075	70	6.5

资料来源：简新华、何志扬、黄锟：《中国城镇化与特色城镇化道路》，山东人民出版社 2010 年版，第 87 页。

（二）城镇化加速发展阶段的模式（1900～1980 年）

19 世纪末 20 世纪初，发达国家城镇化快速发展，在不到 90 年的时间内城镇化率从 26.1% 提高到 68.7%。这一时期以 1950 年为界，分为城镇化快速发展的前期与后期，每个时期城镇化水平、速度、空间格局都不同。

以发电机和电动机的发明为标志的第二次工业革命，使得发达国家的重工业取代轻工业成为主导产业，电车、电话的发明进一步便利了交通和通信，加快了城镇化进程。1950 年左右，发达国家的城市化率达到 52.1%，基本上进入城市为主的社会。除了日本城市化率为 34.9%，法国、意大利、西班牙的城镇化率为 50%～55%，德国、瑞典、奥地利、加拿大、美国的城镇化率在 60%～70%，英国、澳大利亚、新西兰的城市化率在 70%～80%（见表 4.2）。人口迅速向城市集中，城市规模快速扩张。1900～1940 年，主要城市人口规模都增长了 2 倍。相比较而言，伦敦、纽约、芝加哥、巴黎这类百万人以上的大城市人口增速较慢，但人口的增量大，分别达到了 502 万人、669 万人、282 万人、272 万人。可见，这一时期城镇化模式是大城市集中型。当然，像洛杉矶、底特律、慕尼黑等中小城市发展也比较迅速，尤其是慕尼黑人口从 50 万人猛增至 945 万人，增长了近 19 倍（见表 4.3）。

表 4.2　　　　　　　　　**1950 年以来主要发达国家城市化率**　　　　　　单位：%

国家或地区	1950 年	1960 年	1970 年	1980 年	1990 年	2000 年	2005 年	2017 年
世界	29.0	32.8	35.9	39.1	43.0	46.7	48.7	54.7
发达地区	52.1	58.4	64.6	68.7	71.2	73.2	74.1	—
欠发达地区	18.1	21.7	25.2	29.5	35.2	40.3	42.9	—
英国	79.0	78.4	77.1	87.9	88.7	89.4	89.7	83.1
法国	55.2	61.9	71.1	73.3	74.1	75.8	76.7	80.0
德国	64.7	69.8	72.9	72.6	73.4	75.1	75.2	75.7
意大利	54.1	59.4	64.3	66.6	66.7	67.2	67.6	69.3
瑞典	65.7	72.5	81.0	83.1	83.1	84.0	84.2	—
西班牙	51.9	56.6	66.0	72.8	75.4	76.3	76.7	82.0
奥地利	64.6	65.3	65.4	65.8	65.8	65.8	66.0	—
加拿大	60.9	69.1	75.7	75.7	76.6	79.4	80.1	82.2
美国	64.2	70.0	73.6	73.7	75.3	79.1	80.8	82.0
澳大利亚	77.0	81.5	85.3	85.8	85.4	87.2	88.2	89.7
新西兰	72.5	76.0	81.1	83.4	84.7	85.7	86.2	86.4
日本	34.9	43.1	53.2	59.6	77.0	78.8	86.0	94.3

资料来源：简新华、何志扬、黄锟：《中国城镇化与特色城镇化道路》，山东人民出版社 2010 年版，第 88 页。2017 年数据来自于 2018 年《国际统计年鉴》。

表 4.3　　　　　　**1900～1940 年发达国家主要城市人口规模的比较**

城市	1900 年城市人口（万人）	1940 年城市人口（万人）	增加的绝对数量（万人）	年均增速（%）
伦敦	648	1150	502	1.9
伯明翰	52	207	155	7.5
利物浦	68	137	69	2.5
纽约	424	1093	669	3.9
洛杉矶	19	260	241	31.7
芝加哥	171	453	282	4.1
波士顿	107	250	143	3.3
底特律	38	270	232	15.3

续表

城市	1900 年城市人口 （万人）	1940 年城市人口 （万人）	增加的绝对数量 （万人）	年均增速 （%）
汉堡	89	181	92	2.6
慕尼黑	50	945	895	44.8
科隆	43	106	63	3.7
巴黎	333	605	272	2.0

资料来源：周铁训：《均衡城镇化理论与中外城镇化比较研究》，南开大学出版社 2007 年版，第 13~15 页。

二战之后，发达国家城镇化经过短时间的恢复后，继续向高水平城镇化发展，1980 年城市化率达到了 68.7%。其中，英国、瑞典、澳大利亚、新西兰等国家城市化率都超过了 80%，即使是城镇化水平较低的意大利、奥地利、日本等国家的城镇化率也在 60% 以上。这一时期发达国家城市化模式具有以下特点：

一是城市人口增速放缓。1950~1960 年，发达国家城市人口年均增长率为 2.47%，1960~1970 年为 2.02%，1970~1980 年为 1.35%，1980~1990 年为 0.92%，1990~1995 年为 0.70%（黄升旗，2010）。这表明，当一国进入城市社会时，城市化率增速递减，直至处于停滞状态。

二是大城市优先增长。1900 年发达国家人口 50 万人以上的城市仅有 33 个，其中人口 100 万人以上的有 9 个；1950 年分别为 120 个和 52 个；1980 年分别达到 231 个和 110 个。1950~1980 年的 30 年时间里，50 万人以上的大城市由 120 个增加到 231 个，尤其是百万人以上的大城市数量翻了一倍多（见表 4.4）。

表 4.4　　　　1900~1980 年发达国家大城市数量及人口的增长

城市规模	1900 年		1950 年		1970 年		1980 年	
	城市数量 （个）	城市人口 （万人）	城市数量 （个）	城市人口 （万人）	城市数量 （个）	城市人口 （万人）	城市数量 （个）	城市人口 （万人）
50 万~100 万人	24	1400	68	4500	102	7100	121	8400
100 万~250 万人	6	1000	38	5400	67	9800	81	12100

续表

城市规模	1900 年		1950 年		1970 年		1980 年	
	城市数量（个）	城市人口（万人）	城市数量（个）	城市人口（万人）	城市数量（个）	城市人口（万人）	城市数量（个）	城市人口（万人）
250 万~500 万人	2	800	9	3100	15	4700	20	6100
500 万~1000 万人	1	700	3	1800	6	4400	6	4500
1000 万人以上	—	—	2	2300	3	4000	3	4000
小计	33	3900	120	17100	193	30000	231	35100

资料来源：高珮义：《中外城镇化比较研究》，南开大学出版社 1991 年版，第 184 页。

三是逆城镇化趋势加强。二战以后，发达国家在第三次产业革命推动下呈现出服务化和信息化，尤其是高速铁路和公路的快速发展，汽车拥有量增加，人们纷纷远离居住环境恶劣的中心城区，郊区人口相应增加。逆城镇化趋势不是对城镇化进程的否定，而是进入高度城镇化阶段城市人口空间分布的调整，促进了发达国家城乡一体化发展。以美国为例，1960 年，美国大城市非中心城区人口占全国人口的比重为 31%，1970 年为 38%，1980 年为 45%，1990 年为 46%。根据美国 1960 年和 1970 年两次人口普查的资料，1960 年大城市郊区人口的比重为 49%，1970 年提高到 55%（黄升旗，2010）。

（三）城镇化完成阶段的模式

发达国家经过 20 世纪 60~70 年代的逆城市化之后，于 80 年代开始出现了再城市化阶段。2011 年，发达国家城镇化率接近 80%。除了意大利城市化水平低于 70%，绝大多数发达国家城市化水平都在 80% 以上，日本更是高达 91%。这主要是由于城市管理水平不断提高、环境治理水平不断改善、交通成本持续上升等原因，再加上第三次产业革命深入发展，新技术、新能源、信息技术等一大批新兴产业蓬勃发展，要求城市化转型发展，形成以大城市为依托的城市分工协作体系。在人口向城市中心回归过程中，城市化空间格局不断调整与优化。

一是人口向中小城市流动。以西欧为例，1975~2005 年，尽管百万城市数量变动不大，人口增长较快。500 万~1000 万人的城市人口从 8630 千人增加到 9820 千人，增加人口 1190 千人；100 万~500 万人的城市人口增加了

5258 千人。但是，不到 50 万人的城市人口却增加了 15849 千人，占城市人口的比例始终持在 71%～73% 之间（见表 4.5）。这表明，西欧城镇化模式是以中小城市为主。

表 4.5 **1975～2005 年西欧国家城市人口分布情况**

城市规模	指标	1975 年	1980 年	1985 年	1990 年	1995 年	2000 年	2005 年
500 万～1000 万人	城市数量（个）	1	1	1	1	1	1	1
	城市人口（千人）	8630	8873	9105	9931	9510	9692	9820
	城市人口占比（%）	7.1	7.2	7.3	7.2	7.0	6.9	6.9
100 万～500 万人	城市数量（个）	7	8	8	8	9	10	11
	城市人口（千人）	11610	12660	12719	13082	14367	15493	16868
	城市人口占比（%）	9.5	10.2	10.1	10.0	11.5	11.1	11.8
50 万～100 万人	城市数量（个）	22	21	22	21	21	20	21
	城市人口（千人）	14974	13930	14447	14241	13987	131333	13390
	城市人口占比（%）	12.2	11.3	11.5	10.9	10.2	9.4	9.4
小于 50 万人	城市人口（千人）	87126	88274	89219	93634	98649	101576	102975
	城市人口占比（%）	71.2	71.3	71.1	71.9	72.3	72.6	72.0

资料来源：简新华、何志扬、黄锟：《中国城镇化与特色城镇化道路》，山东人民出版社 2010 年版，第 90 页。

二是城市群人口迅速增长。由于大量人口向中小城市聚集，推动了城市群快速发展，城市群人口数量激增。1950 年，发达国家城市群人口占比最高的东京 - 横滨城市群也只有 674 万人。2000 年，东京 - 横滨、纽约 - 新泽西城市群的人口总量都超过 2000 万人，每年增速超过了 40%。即使人口最少的莱茵 - 鲁尔城市群也高达 1120 万人（见表 4.6）。

表 4.6 **1950～2000 年发达国家城市群人口发展情况** 单位：百万人

国家	城市群	1950 年	2000 年	1950～2000 年增长率
日本	东京 - 横滨	6.74	26.1	287%
	大阪 - 神户	3.83	12.5	226%

续表

国家	城市群	1950 年	2000 年	1950~2000 年增长率
美国	纽约－新泽西	12.34	22.2	80%
	洛杉矶－长滩	4.05	14.8	265%
英国	伦敦	10.25	12.7	24%
法国	巴黎	5.44	12.3	126%
德国*	莱茵－鲁尔	6.82	11.2	64%

注：*1990 年以前为联邦德国数据。
资料来源：高珮义：《中外城镇化比较研究》，南开大学出版社 1991 年版，第 183 页。

二、主要发达国家的城镇化模式

（一）英国

英国是世界上第一个完成城镇化的国家，其城镇化进程对世界城镇化进程具有显著的示范和带动作用，很多创新做法值得世界其他国家借鉴和学习。英国城镇化进程分为起步与发展阶段（1750~1851 年）、高度发展阶段（1851~1891 年）与后城镇化阶段（1891 年至今）。

表 4.7　　　　　　　　1750~2015 年英国城市化进程　　　　　单位：%

年份	城镇化率	年份	城镇化率
1750	17.0	1911	75.8
1801	33.8	1921	77.2
1811	36.6	1931	78.1
1831	44.3	1939	80.4
1851	54.0	1950	79.0
1861	62.3	1955	78.7
1871	65.2	1960	78.4
1891	72.0	1965	77.8
1901	77.0	1970	77.1

年份	城镇化率	年份	城镇化率
1975	82.7	1995	89.0
1980	87.9	2000	89.4
1985	88.6	2005	89.7
1990	88.7	2015	82.6

资料来源：简新华、何志扬、黄锟：《中国城镇化与特色城镇化道路》，山东人民出版社 2010 年版，第 92 页。2015 年数据来自于《国际统计年鉴（2016）》。

1. 城镇化起步与发展阶段的模式

英国的工业革命始于 18 世纪 50 年代，在工业带动下，英国开始了城镇化。1750~1801 年，城镇化率从 17% 提高到 33.8%，年增长率为 0.34%。到了 1851 年，英国城市化率达到了 54%。这样，英国大约用了 100 年的时间基本实现了城镇化。这一时期英国城镇化模式表现为农村就地城镇化。英国新兴工业首先在农村地区发展，农村非农人口不断上升，很多乡村地区发展成为城市。在新兴城市的带动下，城镇化开始起步。伯明翰、利物浦、曼彻斯特、利兹、谢菲尔德、布拉德福德、斯托克等 7 个新兴城市的人口总量从 1700 年的 4.7 万人增加到 1851 年的 76.8 万人，增长了 15 倍。相反，一些历史悠久的古老城镇，如诺里奇、布里斯托尔、纽卡斯尔、埃克塞特、约克、科尔切斯特、考文垂等，它们是当地的行政、司法、宗教活动的中心，人口基础较好，规模比较大，但是人口增长较为缓慢，从 1700 年的 11.9 万人增加到 1851 年的 41.7 万人，150 年仅增长了 2.5 倍（见表 4.8）。

表 4.8   **1700~1901 年英国新兴城市与古老城市人口对比状况**   单位：万人

主要城市		1700 年	1800 年	1841 年	1851 年	1871 年	1891 年	1901 年
工业革命前出现的城市	诺里奇	2.9	3.6	6.2	6.8	8.0	10.1	11.2
	布里斯托尔	2.5	3.6	12.4	13.7	18.3	22.2	32.9
	纽卡斯尔	2.5	3.3	7.0	8.8	12.8	18.6	21.5
	埃克塞特	1.4	1.6	3.1	3.3	3.5	3.7	4.7
	约克	1.1	1.6	2.9	3.6	4.4	6.7	7.8

续表

主要城市		1700 年	1800 年	1841 年	1851 年	1871 年	1891 年	1901 年
工业革命前出现的城市	科尔切斯特	0.8	1.0	1.8	1.9	2.6	3.5	3.8
	考文垂	0.7	1.6	3.1	3.6	3.8	5.3	7.0
	总计	11.9	18.8	36.5	41.7	53.4	70.1	88.9
工业革命时期出现的城市	伯明翰	1.0	7.1	18.3	23.3	34.4	47.8	52.3
	利物浦	0.6	7.6	28.3	37.6	49.3	63.0	70.4
	曼彻斯特	0.9	8.1	23.5	30.3	35.1	50.5	64.5
	利兹	0.7	5.2	15.2	17.2	25.9	36.8	42.9
	谢菲尔德	0.8	4.5	11.1	13.5	24.0	32.4	40.9
	布拉德福德	0.4	1.3	6.7	10.4	14.7	26.6	28.0
	斯托克	0.3	2.2	5.0	5.4	5.3	7.0	9.3
	总计	4.7	36.0	61.5	76.8	105	153.5	185.6

资料来源：廖跃文：《英国维多利亚时期城市化的发展特点》，载于《世界历史》1997 年第 5 期，第 73~79 页。

2. 城镇化高度发展阶段的模式

随着工厂规模的扩大，产生集中的要求。由于当地村镇能够为工厂提供充足的资源和便利的交通，这类村镇发展成为城镇和城市，吸引更多工厂和劳动力的迁入，加快了城镇化步伐。这种转变发生在 19 世纪 50 年代左右。1891 年，英国城镇化率就从 54% 提高 72%，年增长率为 0.45%，短短的 40 年时间里就完成了城镇化任务。这一阶段英国城镇化模式具有两个特点：

其一，人口继续向少数大城市集中。1851~1901 年，伯明翰增加了 29 万人，增长了 124%，年增长率为 2.5%；利物浦增加了 32.8 万人，增长了 87%，年增长率为 1.7%；曼彻斯特增加了 34.2 万人，增长了 112%，年增长率为 2.2%；利兹人口增加了 25.7 万人，增长了 149%，年增长率为 3%；谢菲尔德人口增加了 27.4 万人，增长了 202%，年增长率为 4%；布拉德福德人口增加了 17.6 万人，增长了 169%，年增长率为 3.3%（见表 4.8）。

其二，在人口向大城市集中的同时，也出现了人口向郊区扩散，促进了城市群发展。之所以在 19 世纪 70 年代以后出现这种现象，一是人们为了摆脱大城市病的困扰，寻求更好的生活空间；二是交通通信等技术的发展，为人们提供了便利的交通条件。以伦敦为例，在 1801～1851 年，伦敦商业中心区人口非常稳定，一直保持在 13 万人，1881 年不到 5.1 万人，1901 年仅为 2.7 万人。相反，伦敦外围市郊人口不断增加，1861 年为 41.4 万人，1891 年为 140.5 万人，1901 年达到 204.5 万人（纪晓岚，2004）。在人口向郊区转移过程中，逐渐形成了一些城市群。1871～1901 年，大伦敦市、兰开夏东南部城市群、西米德兰城市群、西约克城市群、莫西地带城市群、泰因地带城市群的人口总量分别增加了 269.6 万人、73.1 万人、51.4 万人、46 万人、34 万人、33.2 万人，分别增长了 69%、52%、53%、43%、49%、95%。1901 年，六大城市群人口占英国城镇总人口的 52.8%（见表 4.9）。

表 4.9　　　　　　　　1871～1901 年英国六大城市群的人口发展状况

年份	人口数量（万人）						六大城市群总人口占城市总人口的比重（％）
	大伦敦市	兰开夏东南部城市群	西米德兰城市群	西约克城市群	莫西地带城市群	泰因地带城市群	
1871	389	138.6	96.9	106.4	69.0	34.6	56.4
1881	477.0	168.5	113.4	129.6	82.4	42.6	55.5
1891	563.8	189.4	126.9	141	90.8	55.1	54.0
1901	658.6	211.7	148.3	152.4	103	67.8	52.8

资料来源：廖跃文：《英国维多利亚时期城市化的发展特点》，载于《世界历史》1997 年第 5 期，第 73～79 页。

3. 后城镇化阶段的模式

19 世纪末 20 世纪初，英国城镇化率超过了 70%，完成了城镇化任务，进入后城镇化时代。经过 80 多年的缓慢发展，20 世纪 70 年代中后期，英国城镇化率进入了 80% 以上的增长空间。目前英国的城镇化率接近 90%，发展主题从侧重于城镇人口增长的外延发展，转变为调整与优化城镇人口布局、完善城镇管理体系等内涵发展上。

从城市人口的空间分布来看，随着城镇化任务的完成，大都市制造业外迁，人口开始从大都市流向城镇与农村，规模越大的城市转移出去的人口越多，导致大城市的人口数量和人口占比"双降"，而中小城市的人口数量与占比"双增"，城乡一体化发展。

从城镇治理来看，英国制定了一系列促进城市化健康发展的法律法规。例如，1909 年通过第一部涉及城市规划的法律、1945 年《工业分布法》、1946 年《新城法》、1947 年《城乡规划法》、1949 年《国家公园和乡村通道法》、1952 年《城镇发展法》。同时，建立各类公共管理机构来落实相关的政策，提供各种公共服务，改善城镇居民生活质量。

（二）美国

自 1789 年美国联邦政府成立以后，两次工业革命开启了现代城镇化进程，1880 年城镇化率仅为 28.2%。经过 40 年的发展，到了 1920 年城镇化率提高到 50.9%，实现了以农业社会到城市社会的转变，并且一跃成为世界上最发达的国家。在这一转变过程中，工业化成为城镇化的第一推动力，同时在外来移民、西部开发、交通革命等多种因素的共同推动下，使得美国城镇化模式既具有普遍性，又具有鲜明的美国特色。

1. 城镇化启动阶段的模式（1789~1880 年）

1790 年美国第一次人口普查时总人口不到 400 万人，城市人口只有 20 万人，城镇化率仅为 5.1%。2500 人以上的城市有 24 个，其中 5000 人以上的城市只有 7 个。此时，以纺织技术为代表、以蒸汽为动力的第一次产业革命直接促进了城镇化第一次发展。纺织工业的技术革命推动了一系列轻工业部门的变革，工业基础较好的东北部成为美国制造业中心，它集中了全国制造业的 4/5。技术发展也提高了农业机械化水平，农业生产力大幅度提升，出现了大量农业剩余劳动力向东北部工业城市转移，此时东北部城市的人口占全部城市人口的 3/5。蒸汽机的发明使交通运输技术出现新飞跃，以蒸汽为动力的轮船、火车成为主要交通工具，促进了运河、铁路等交通系统发展。运河、铁路的建设联通了东北部和中西部，推动了美国中西部地区的城镇化。另外，大批移民涌入美国，满足了制造业对劳动力的需求，使城市人口跃上新台阶。1790~1860 年间美国就有 500 多万移民，绝大多数流向东北部和中西部的城市。

这一时期美国城镇化模式有两个特点：其一，城镇功能发生了重大变化。商业城市纷纷转变为工业城市，制造业、交通系统的发展带动了能源城镇、交通枢纽城镇、重工业城镇的发展。其二，区域城镇化发展不均衡。东北部地区是全国城镇化高地，1810 年城镇化率仅为 10.9%，1890 年达到 59%，80 年提高了 48 个百分点，期间全国城镇化水平只增加了 28 个百分点（见表 4.10）。

表 4.10 1810~1890 年美国各地城镇化率 单位：%

时间	东北部	中央北部	南部	西部	全国平均水平
1810	10.9	0.9	4.1	—	7.3
1850	26.5	9.2	8.3	6.4	15.3
1890	59	33.1	16.3	37	35.1

资料来源：王小侠：《近代美国城市化动因初探》，载于《城市》1996 年第 4 期，第 11~14 页。

2. 城镇化快速发展阶段的模式（1880~1960 年）

19 世纪 80 年代，以电动机和内燃机等新技术为代表的第二次产业革命，极大地促进了美国经济发展，也使美国城镇化发展进入了快车道。这期间，美国进行了大规模铁路建设，1900 年铁路总长度达 20 万英里，超过欧洲铁路长度的总和。1913 年又增加到 30 多万英里，等于世界铁路总长度的一半（杨荣，2002）。铁路铺设改变了以往城市孤岛发展的局面，围绕着铁路网形成了大中小城市相结合的网络体系。

从城市人口来源看，移民占比非常大。此时出现了美国历史上两次移民潮：一是 1881~1890 年移民达 520 万人，二是 1901~1910 年移民达 870 万人。这些移民多数居住在纽约、芝加哥、旧金山、底特律、克利夫兰、密尔沃基等城市，移民占比最高达 88%，最低也超过了 20%（见表 4.11），赋予了美国城镇化以鲜明的移民特色。1920 年，5400 万人的美国城镇人口居住在 2722 个城镇中，城镇化率为 50.9%，开始进入城市社会。20 世纪 30 年代城镇化进程放缓，40 年代城镇化进程快速推进，1960 年城镇化水平超过 70%，美国完成了城镇化任务。

表 4.11 1890 年外来移民在 20 万人口以上的城市中占比

城市	总人口（万人）	移民比重（%）	城市	总人口（万人）	移民比重（%）
纽约	250.74	81	辛辛那提	29.9	70

续表

城市	总人口 （万人）	移民比重 （%）	城市	总人口 （万人）	移民比重 （%）
芝加哥	109.88	78	克利夫兰	26.13	77
费城	104.69	55	布法罗	25.56	76
圣路易	45.17	70	新奥尔良	24.20	42
波士顿	44.84	69	华盛顿	23.03	20
巴尔的摩	43.44	41	底特律	20.58	78
匹兹堡	34.39	70	密尔沃基	20.44	88
旧金山	29.89	78	纽瓦克	18.18	66

资料来源：梁茂信：《1860～1920 年外来移民对美国城市化的影响》，载于《东北师大学报（哲学社会科学版）》1997 年第 5 期，第 29～35 页。

从城市空间布局看，呈现两种趋势：一是人口继续向大城市聚集的同时，出现了郊区化。1930 年，美国单体城市的聚集能力达到顶点。其中，百万人口以上的大城市人口增速最快，该类城市人口占比达到 12.3%，比 1880 年提高了近 10 个百分点（见表 4.12），远远高于其他类型城市的人口增速。1930 年以后，由于大城市交通、环境等问题，加上小汽车的逐渐普及住房政策改革，城市人口开始向郊区扩散。二是区域城镇化渐趋平衡。西部开发促进了人口西迁，西部地区城镇化进程快速推进。1880 年全国 10 个面积最大的城市中，西部有 4 个，南部 1 个，东北部 5 个。到了 1910 年 10 个最大城市中，西部就占有 6 个，南部 1 个，东北部只剩 3 个。

表 4.12　1880～1980 年美国不同规模城市的人口在全国总人口中的占比　　单位：%

规模	1880 年	1900 年	1910 年	1920 年	1930 年	1940 年	1950 年	1960 年	1970 年	1980 年
>100 万人	2.4	8.5	9.2	9.6	12.3	12.1	11.5	9.8	9.2	7.7
50 万～100 万人	3.8	2.2	3.3	5.9	4.7	4.9	6.1	6.2	6.4	4.8
25 万～50 万人	2.6	3.8	4.3	4.3	6.5	5.9	5.5	6.0	5.1	5.4
10 万～25 万人	3.6	4.3	5.3	6.2	6.1	5.9	6.4	6.5	7.0	7.5
5 万～10 万人	1.9	3.6	4.5	5.0	5.3	5.6	6.0	7.7	8.2	8.7

续表

规模	1880年	1900年	1910年	1920年	1930年	1940年	1950年	1960年	1970年	1980年
2.5万~5万人	2.9	3.7	4.4	4.8	5.2	5.6	6.3	8.3	8.8	10.3
1万~2.5万人	4.4	5.7	6.0	6.7	7.4	7.6	8.3	9.8	10.5	12.2
0.5万~1万人	3.4	4.2	4.6	4.7	4.8	5.1	5.2	5.5	6.4	6.7
<0.5万人	3.2	3.8	4.1	4.1	3.8	3.8	3.7	4.6	4.4	4.7

资料来源：高珮义：《中外城市化比较研究》，南开大学出版社1991年版，第230页。

3. 城镇化成熟阶段的模式（1960年至今）

这一时期城镇化进程分为两个阶段：1960~1990年的蔓延式城镇化阶段与1990年至今的"精明增长"战略阶段。1960年以后，美国经济社会结构发生重大变化，传统制造业衰落，金融、服务等第三产业迅速崛起，这对进入高度发展阶段的城镇化影响重大。

其一，城镇化速度放缓。1960~1990年的30年时间里，城镇化水平只提高了5个百分点，尤其是在1970~1980年这十年，城镇化水平处于停滞状态（见表4.13）。这表明城市人口的增长率与乡村人口的增长率基本一致，农村人口向城镇聚集的过程基本停滞。同时，开启了人口在城市内部的调整，即大都市区内部中心城市人口增速显著下降，郊区人口增速显著提高。

表4.13　　　　　　　1960~2015年美国城镇化水平　　　　单位：%

年份	城镇化率	年份	城镇化率
1960	70.00	1990	75.30
1965	71.90	1995	77.30
1970	73.60	2000	79.10
1975	73.70	2005	80.80
1980	73.70	2010	80.80
1985	74.50	2015	81.60

资料来源：简新华、何志扬、黄锟：《中国城镇化与特色城镇化道路》，山东人民出版社2010年版，第114页。2010年、2015年的数据来自《国际统计年鉴（2016）》。

其二，人口向都市区聚集，但郊区人口增速较快。1960年，美国2/3的人口居住在222个都市区。1990年，都市区增加到335个，都市区人口占比增至77.5%（见表4.14）。但都市区人口主要集中在郊区，郊区人口增长较快。1950～1960年达到48%，20世纪70年代以来有所下降，但也远远高于中心城市的人口增长率（见表4.15）。都市区中心城市的人口流失状况非常严重。1970～1980年，纽约、芝加哥、费城、底特律、巴尔的摩、华盛顿、克利夫兰的人口分别减少了82.4万人（人口增长率为－10.4%）、36.4万人（－10.8%）、6.1万人（－13.4%）、31.1万人（－20.5%）、11.8万人（－13.1%）、11.8万人（－15.6%）、17.7万人（－23.3%）（叶连松等，2014）。

表4.14   1940～1990年美国都市区的数量和人口

年份	都市区数（个）	美国总人口（百万人）	都市区人口（百万人）	都市区人口占（%）
1940	138	131.7	67.1	51.0
1960	222	178.5	116.6	65.3
1990	335	248.7	192.9	77.5

资料来源：王春艳：《美国城市化的历史、特征及启示》，载于《城市问题》2007年第6期，第92～98页。

表4.15   1940～1980年美国都市区人口增长率情况   单位：%

年份	城乡			大都市区			非都市区
	总计	城市	乡村	总计	中心城市	郊区	
1940～1950	14.8	29.6	－5.3	21.8	13.9	34.7	9.0
1950～1960	19.1	29.9	－0.4	26.4	10.7	48.6	7.1
1960～1970	13.4	19.2	－0.3	16.6	6.4	26.8	6.8
1970～1980	11.5	11.9	10.4	10.6	0.7	19.0	14.2

资料来源：郭吴新：《战后美国城市化过程中的新现象及其发展前景》，载于《世界经济》1986年第7期，第55～60页。

其三，从城市空间格局来看，南部、西部城市人口继续保持较快增长，城镇化区域发展更趋于均衡。1950～1960年，东北地区人口净流入率低于全国 8 个百分点,而西部地区高于全国 19 个百分点。1970～1980 年,东北部、中西部人口净流入率为负值,而西部地区人口净流入率仍为 12.8%(见表 4.16)。这表明,南部地区、西部地区城镇化速度比较快。

表 4.16　　　　　　　　1950～1980 年美国不同区域城市人口的净流入率　　　　　　单位:%

区域	1950～1960 年	1960～1970 年	1970～1980 年
东北区	1.4	0.7	−6.4
中西部地区	5.0	0.4	−5.6
南部地区	15.5	7.5	9.2
西部地区	28.5	14.4	12.8
全国	9.5	4.6	1.6
平均年流入率	0.80	0.41	0.31

资料来源:钟水映、李晶、刘孟芳:《产业结构与城市化:美国的"去工业化"和"再城市化"现象及其启示》,载于《人口与经济》2003 年第 2 期,第 8～13 页。

都市蔓延的外延性城镇化导致农业用地锐减,城市用地快速增加。1950～2000 年,美国城市化用地从 5.9 万平方公里增加到 23.9 万平方公里,增加的面积相当于 1950 年城市用地的 3 倍。农业用地共减少了 104.6 万平方公里,减少了 1/5。而同一时期,城市人口只增 1 倍多(见表 4.17)。都市区的土地扩张更为明显。纽约都市区自 1960～1985 年间人口增加了 8%,而城市化区域增长了 65%;芝加哥都市区自 1970～1990 年人口增加了 4%,而城市化区域扩大了 45%。更为典型的是克利夫兰,同期城市人口减少了 12%,城市化区域反而扩大了 33%(冯奎,2013)。土地城镇化明显快于人口城镇化,加大了城市基础设施成本,聚集效率下降,中心城市衰退。

表 4.17　　　　　　　　1950～2000 年美国用地、人口的变化

年份	城市用地(万平方公里)	农业用地(万平方公里)	其他农村用地(万平方公里)	总人口(万人)	城市人口(万人)	城市化率(%)
1950	5.9	486.2	423.3	15132	10124	66.9
1960	10.4	475.6	429.5	17932	13030	72.7

续表

年份	城市用地（万平方公里）	农业用地（万平方公里）	其他农村用地（万平方公里）	总人口（万人）	城市人口（万人）	城市化率（%）
1970	14.0	445.8	455.7	20330	15456	76.1
1980	19.1	420.2	476.1	22654	16990	75.0
1990	22.6	381.6	510.0	28142	21868	77.1
2000	23.9	381.6	510.0	28142	21868	77.7
1950~2000年增加数	18.0	-104.6	86.7	13010	11744	10.8

资料来源：尚娟：《中国特色城镇化道路》，科学出版社 2013 年版，第 67 页。

　　针对郊区化引发的经济、社会、生态等问题，美国于 20 世纪 90 年代中后期提出了"精明增长"战略，即"再城市化"战略，目标是城市发展要实现经济、环境和社会的公平，使新、旧城都有投资机会。1999 年，在联邦政府资助下，美国规划师协会花了 8 年时间，完成了"精明增长"的城市规划立法纲要。2000 年，全美有 20 个州制定了管理计划，或者制定了精明增长法、增长管理法。这一战略成效显著。1990~2000 年，美国人口由 2.48 亿人增长到 2.81 亿人，增长了 13.2%，都市区人口增长了 13.81%，且人口增速普遍快于 20 世纪 80 年代（见表 4.18）。

表 4.18　　20 世纪 70 年代以来美国主要都市区人口的增长状况　　单位：%

都市区		1970~1980年	1980~1990年	1990~2000年
A北部	纽约	-3.6	3.1	8.4
	芝加哥	2.0	1.6	11.1
	费城	-1.2	3.9	5.0
	底特律	-0.7	-1.8	5.2
	波士顿	0.8	5.0	6.7
	克利夫兰	-5.5	-2.6	3.0
	明尼阿波利斯—圣保罗	7.8	15.3	16.9
	圣路易斯	-2.2	2.8	4.5
	匹兹堡	-5.2	-7.5	4.5

续表

都市区		1970～1980 年	1980～1990 年	1990～2000 年
A 北部	辛辛那提	2.9	5.1	8.9
	密尔沃基	-0.3	2.4	5.1
	堪萨斯城	4.4	9.3	12.2
B 南部	华盛顿 DC	6.9	20.7	13.1
	达拉斯—沃斯堡	24.6	32.6	29.3
	休斯敦	43.0	19.7	25.2
	迈阿密	40.1	20.8	21.4
	亚特兰大	27.0	32.5	38.9
	坦帕—圣彼得斯堡	46.0	28.2	15.9
C 西部	洛杉矶	15.2	26.4	12.7
	圣弗兰西斯科—奥兰克	12.9	16.5	12.6
	西雅图	14.0	22.3	19.7
	圣地亚哥	37.1	34.2	12.6
	凤凰城	55.4	40.6	45.3
	丹佛	30.7	14.2	30.4

资料来源：美国人口普查局历次人口普查资料，转引自钟水映、李晶、刘孟芳：《产业结构与城市化：美国的"去工业化"和"再城市化"现象及其启示》，载于《人口与经济》2003 年第 2 期，第 8～13 页。

（三）日本

日本工业化起源于明治维新时期，工业化的发展带动了城镇化。20 世纪 30 年代，城镇化水平达到了 30%。但是，战争导致日本城镇化陷于停滞甚至倒退状态。二战后，在经济快速发展的带动下，城镇化也快速发展，1970 年城镇化率超过 70%。日本用了不到 40 年的时间，就完成了欧美国家 100 多年的城镇化和工业化进程。总体来看，日本城镇化进程与经济发展、行政区域合并紧密相关。

1. 城镇化起步阶段的模式（1868～1935 年）

明治维新之前，日本是一个农业国家，88% 的劳动力从事第一产业。1868 年之后，日本政府通过颁布一系列禁令、制定"劝农政策"、推广农业教育、整合耕地等多种措施促进农业变革，发展农业生产力，为非农产业提供大量劳动力奠定基础。1876～1890年，日本第一产业释放出来的劳动力70%以上进入城市，从事第二产业的生产。根据《帝国人口动态统计》的数据，外府县出生的人口在东京、大阪、名古屋、京都、横滨、神户等六大城市中占46%，在10万人的城市中占28%，在10万人以下的城市中占20%左右。由于农业人口大量涌入，导致城市人口从1898年的533万人提高到1935年的2266万人（见表4.19），增长了4.2倍。其中，大阪市的人口从1913年的99万人增加到1925年的211万人，名古屋市从1913年的32万人猛增至1930年的90万人，神户市从1913年的39万人猛增至1920年60万人，京都市由1913年的50万人增加至1930年的76万人（马约生，2006）。1935年，日本城镇化率达到32.7%，进入城镇化的快速发展时期。

表4.19　　　　　　　　1898～2005年日本城市数目与城市人口

年份	全国总人口（人）	农村人口（人）	城市人口（人）	城市数目（个）	城镇化率（%）
1898	45403041	40068478	5334563	52	11.75
1903	48542736	41732760	6809976	60	14.03
1908	51741853	43442109	8299744	66	16.04
1913	55131270	46132006	8999264	69	16.32
1918	58087277	47244420	10842857	79	18.67
1920	55963053	45866295	10096758	83	18.04
1925	59736822	46839972	12896850	101	21.59
1930	64450005	49005705	15444300	109	23.96
1935	69254148	46587841	22666307	127	32.73
1940	73114308	45536769	27577539	168	37.72
1947	78101473	52243734	25857739	206 *	33.11
1950	83199637	51996446	31203191	254	37.50
1955	89275529	38987503	50288026	496	56.33
1960	93418501	34084057	59333171	561	63.51
1965	98274961	31356340	66918621	567	68.09
1970	103720060	28866723	74853337	588	72.17

年份	全国总人口（人）	农村人口（人）	城市人口（人）	城市数目（个）	城镇化率（%）
1975	111939643	26972374	84967269	644	75.90
1980	117060396	27872987	89187409	647	76.19
1985	121048923	28159687	92889236	652	76.74
1990	123611167	27967646	95643521	656	77.37
1995	125570246	27561139	98009107	665	78.05
2000	126925843	27060554	99865289	672	78.68
2005	127768000	17504000	110264000	751	86.30

注：1947 年城市数目用 1945 年数据代替。

资料来源：根据简新华、何志扬、黄锟：《中国城镇化与特色城镇化道路》，山东人民出版社 2010 年版，第 117 页、120 页整理。2011 年数据来自《国际统计年鉴（2014）》。

这一时期日本城镇化除了表现为城市人口扩张外，城市数量也增加较快，到 1935 年，日本共有城市 127 座。一是这些城市是在旧城的基础上发展起来。1889 年日本就已经建立了 39 个城市，其中 32 个城市起源于封建时期的城下町，占全部城市数量的 82.1%。二是调整与重组原来的市、镇（町）、村三级结构。日本城市化水平与町村数量之间存在明显的负相关关系。三是伴随着大机器工业的发展，在一些地理位置优越的地方不断出现新城市，例如港口城市、大工业中心、重工业基地等。

2. 城镇化快速发展阶段的模式（1935～1975 年）

这一时期的城镇化分为二战后恢复发展时期（1935～1955 年）和完成时期（1955～1975 年）。

20 世纪 30 年代的经济大萧条促使日本加快侵略中国的步伐，通过立法来扶持战略性产业，日本工业化进入第二个发展阶段。随之，城市人口快速提高，1940 年城镇化率达到了 37.7%。1935～1940 年，城镇化率年均增速为 1%。然而，二战中断了日本快速城镇化的进程，大量居民为了躲避轰炸纷纷迁居农村。战争结束后，1947 年城镇化率降至 33.1%，倒退回 1935 年的水平。直到 1950 年朝鲜战争爆发，日本经济得到恢复与发展，人口再次进入城市寻找工作。1955 年，56.3% 的人口居住在城市，农业人口降至 41%，将近 60% 的劳动力在第二、第三产业工作。城市数量也由 1950 年的 254 座激增至 1955 年的 496 座，每年增加 48 座。城市的增加与町村合并密切相关。1950～1955 年，町村数量由 10246 个减至 4381 个，减少了 57%（见表 4.20）。日本进入了以城市为主的社会。

表 4.20　　　　　　　　1945～2006 年日本市町村数量及其面积变化

年份	合计（个）	市（个）	町村（个）	市面积 （万平方公里）	町村面积 （万平方公里）
1945	10536	206	10330	1.61	36.12
1950	10500	254	10246	2.00	35.69
1955	4877	496	4381	6.80	30.79
1960	3574	561	3013	8.29	29.28
1965	3435	567	2868	8.86	28.73
1970	3331	588	2743	9.54	28.07
1975	3257	644	2613	10.24	27.40
1980	3256	647	2609	10.27	27.39
1985	3254	652	2602	10.31	27.36
1990	3246	656	2590	10.39	27.25
1995	3233	665	2568	10.51	27.15
2000	3230	672	2558	10.60	27.08
2006	1822	778	1044	18.18	19.50

　　资料来源：郑宇：《战后日本城市化过程与主要特征》，载于《世界地理研究》2008 年第 2 期，第 56～63 页。

　　1956～1973 年是日本工业发展的黄金时期，18 年间工业生产增长了 8.6 倍，年均增长 13.6%。在工业带动下，城镇化快速发展。其一，农业人口外流速度继续加快。工业的迅速发展、城市劳动力的供给短缺以及非农产业收入的提升吸引大量农村劳动力向城市转移并定居。1956～1975 年，农村人口共减少了 1200 万人，每年转移 60 万人。其中，1955～1960 年，全国 47 个都道府县中 26 个县人口下降；1960～1965 年，仍有 25 个县的人口减少。1975 年城镇人口超过 8400 万人，城镇化水平为 75.9%。其二，都市圈形成。这一时期农村人口主要迁入东京、大阪、名古屋三大都市区。1955～1975 年，全国人口增量的 91.6% 都聚集在三大都市圈，其中东京都市圈人口增长了 1161.8 万人，占三大都市圈人口增量的 58% 和全国人口增量的 53%。三大都市圈人口占全国人口的比重由 36.9% 提高到 47.6%，提高了 10 个百分点。其中，东京都市区人口占比从 17.1% 提高到 24.2%，增加了 7 个百分点。从城市增量来看，全国增加的 148 个城市中，有 83 个分布在三大都市圈中。其中，东京都市圈就占据 52 个（见表 4.21）。

表 4.21　　　　　1955～2005 年日本三大都市圈人口、城市的情况

项目	年份	全国	三大都市圈合计	东京圈	大阪圈	名古屋圈
人口（万人）	1955	9007.7	3321.4 (36.9)	1542.4 (17.1)	1095.1 (12.2)	683.9 (7.6)
	1960	9430.2	3737.8 (39.6)	1786.4 (18.9)	1218.5 (12.9)	732.9 (7.8)
	1965	9920.9	4292.6 (43.3)	2101.7 (21.2)	1389.6 (14.0)	801.3 (8.1)
	1970	10466.5	4826.9 (46.1)	2411.3 (23.0)	1546.8 (14.8)	868.8 (8.3)
	1975	11194	5323.3 (47.6)	2704.2 (24.2)	1677.3 (15.0)	941.8 (8.4)
	1985	12104.9	5834.2 (48.2)	3027.3 (25.0)	1783.8 (14.7)	1023.1 (8.5)
	1995	12557	6164.6 (49.1)	3257.7 (25.9)	1826 (14.5)	1080.9 (8.6)
	2000	12692.6	6286.9 (49.5)	3341.8 (26.3)	1844.3 (14.5)	1100.8 (8.7)
	2005	12776.8	6418.5 (50.2)	3447.9 (27.0)	1847.7 (14.5)	1122.9 (8.8)
城市（个）	1955	496	153	57	51	45
	1960	561	174	66	61	47
	1965	567	180	71	62	47
	1970	588	203	86	66	51
	1975	644	236	109	71	56
	2000	672	256	121	77	58
	2005	751	272	118	85	69
	1955～1975 年增加	148	83	52	20	11
	1975～2000 年增加	28	20	12	6	2
	2000～2005 年增加	79	19	-3	8	11

注：括号内数字为占全国人口比重。

资料来源：郑宇：《战后日本城市化过程与主要特征》，载于《世界地理研究》2008 年第 2 期，第 56～63 页。

3. 城镇化成熟和完善阶段的模式（1975 年至今）

20 世纪 70 年代，日本已经实现了工业化和城镇化，进入到后工业化和后城镇化时期。城镇化模式具有两个特点：

其一，城镇化速度"先慢后快"。1975～2000 年，日本相继经历了两次石油危机以及 20 世纪 90 年代经济危机，经济增速放低。与此同时，城市人口达到饱和状态，城镇化速度开始减缓。但是，日本致力于产业结构调整，从重化工业转为高附加值的新兴产业，经济服务化趋势明显，大力发展第三产业，吸纳了较多劳动力。1980～2000 年，第三产业新增劳动力 957.4 万人，就业人数占比从 55.4% 提高到 64.3%，上升了近 9 个百分点（见表 4.22）。在第三产业带动下，城镇化水平缓慢提高。进入 21 世纪，日本城镇化速度加快是源于行政区划调整。2000～2006 年，町村总量由 2558 个调整为 1044 个，减少了 1 半多。与此同时，城市数量增加了 106 座，每年增加 17.6 座（见表 4.20）。2000～2011 年，城镇化率由 78.7% 提高到 91.1%，增加 12.4 个百分点，年增长率为 1.1%。

表 4.22　　　　　　　　二战后日本三大产业就业人数情况

年份	就业人数（千人）			不同产业就业人数所占比重（%）		
	第一产业	第二产业	第三产业	第一产业	第二产业	第三产业
1950	1748	7838	10671	48.5	21.8	29.6
1960	14389	12804	16841	32.7	29.1	38.2
1970	10146	17897	24511	19.3	34.0	46.6
1980	6102	18737	30911	10.9	33.6	55.4
1990	4391	20548	36421	7.1	33.3	59.0
2000	3173	18571	40485	5.0	29.5	64.3
1980～2000 年增长	-2929	-166	9574	-5.9	-4.1	8.9

资料来源：孙波、白永秀、马晓强：《日本城市化的演进及启示》，载于《经济纵横》2010 年第 12 期，第 84～87 页。

其二，城镇布局"散中有聚"。所谓"散"，一是指郊区化。随着"大城市病"日益严重，城市人口开始向郊区扩散。例如，在东京都市区（50 千米为半径的方圆内），1970～1975 年、1975～1980 年这两个 5 年期间，0～10

平方公里地区人口分别减少了 6.5% 和 6.3%。与此同时，10～20 平方公里地区人口分别增加了 6.2% 和 2.1%；30～40 平方公里地区人口分别增加了 29.7% 和 14.2%；40～50 平方公里地区人口分别增加了 22.1% 和 16.1%（简新华、张国胜，2006）。二是指中小城市迅速崛起。2000～2005 年，79 座新增城市中 19 座分布在三大都市圈中，其余 60 座分散在全国各地（见表 4.21）。1980～2005 年，各种规模的城市数量占比和人口占比要么小幅提高，要么小幅下降，只有 2 万～10 万人的城市数量占比从 14.8% 提高到 18.8%，人口占比从 14.5% 提高到 17.6%。所谓"聚"，是指东京都市圈急剧膨胀和"再城市化"。1975～2005 年，在大阪都市圈和名古屋都市圈人口比重保持不变的情况下，东京都市圈作为日本政治、行政、金融、信息、经济、文化中心，特别是为了适应经济全球化趋势，通过三产加速聚集、临海副中心建设、筑波快线修建等（顾朝林、袁家冬、杜国庆，2007），使东京作为世界性城市保持了经济持续增长，吸引着大量劳动力的流入。1975～2005 年，东京都市圈的人口从 2704.2 万人增加到 3447.9 万人，增加了 743.7 万人，占同期日本全国劳动力增量的 46.9%，占三大都市圈劳动力增量的 67.9%。就城市数量而言，1975～2000 年，全国新增 28 座城市中，12 座分布在东京都市圈。尽管 2005 年减少了 3 座城市，但并不能改变这里仍然坐落了 118 座城市的聚集趋势（见表 4.21）。

第二节　发达国家城镇化模式的特点

从主要发达国家城镇化发展过程来看，它们都选择了符合本国国情、与经济发展阶段相适宜的城镇化模式。这些模式具有一些共性，即工业化与城镇化互相促进、大中小城市基本协调、城乡关系从对立到融合、城市人口从集中到分散的动态调整，走出一条以市场调节为主、政府调控为辅的城镇化道路。

一、工业化与城镇化协调发展

工业化与城镇化协调发展，实际上是指产业发展与就业增长相适应。经济发展的阶段不同，二者协调发展的内容也不同。

（一）经济发展初期工业化与城镇化的协调发展

经济发展的初期，工业化与城镇化发展的协调性表现在工业发展与就业增长的同步性。一般而言，工业化在先，城镇化在后，农业人口的流动是源于工业的发展，城镇化是工业化发展的自然结果。发达国家的工业化与城镇化之所以是相辅相成、协调发展，在于工业革命带动了工业发展，工业的产值增长与工业所创造的就业增长是同步的，从而保证进入城镇的人口能够在工业部门就业，推动了城镇化进程。随着城市人口增多和规模扩大，推动了工业生产的规模效应和城市的聚集效应，又进一步促进了工业化发展。

18 世纪中期，英国中部出现大规模的制造业，家庭工场变成了大规模的工厂，吸引了农村剩余劳动力。到了 19 世纪末 20 世纪初，英国成为世界工厂。城镇化水平已达 77%，产业结构和就业结构都发生了重大变化。1801 ~ 1901 年，农业产值结构从 32.5% 降到 6.1%，就业比重从 29.7% 降到 8.7%；工业产值比重从 23.4% 提高到 40.2%，就业比重从 29.7% 提高到 46.3%（见表 4.23）。

表 4.23　　　　　　　1801 ~ 1955 年英国的产业结构与就业结构　　　单位：%

年份	产业结构					就业结构				
	农林渔	制造业、矿业和建筑业	商业、交通运输业和海外收入	政府、家庭和其他服务业	住房	农林渔	制造业、矿业和建筑业	商业、交通运输业和海外收入	政府、家庭和其他服务业	住房
1801	32.5	23.4	17.4	21.3	5.3	35.9	29.7	11.2	11.5	11.8
1851	20.3	34.5	20.7	18.4	8.1	21.7	42.9	15.8	13.0	6.7
1901	6.1	40.2	29.8	15.5	8.2	8.7	46.3	21.4	14.1	9.6
1955	4.7	48.1	24.9	19.2	3.2	5.0	49.1	21.8	2.2	21.9

资料来源：简新华、何志扬、黄锟：《中国城镇化与特色城镇化道路》，山东人民出版社 2010 年版，第 124 ~ 125 页。

美国城镇化也是在工业化的带动下实现的。欧洲西北部工业革命中心的工业技术向美国转移，在促进美国工业企业兴起的同时，农业生产率水平也得以提高，农村劳动力开始进入工厂。在 19 世纪 60 年代南北战争前夕，农业在国内收入中的占比为30.8%，制造业占比仅为12.1%。1884年，美国工业生产超过了农业，占国民收入的52%（储玉坤、孙宪钧，1990）。而农业人口占全国总人口的比重由1880年49%降至1910年的32.5%。20世纪20年代，美国城镇化率达到50%，进入了城市为主的社会。

日本工业革命始于明治维新时期，但是工业化和城镇化进程在二战期间中断，战后才重新启动。20世纪五六十年代，是日本工业发展的黄金时期，采用现代化科学技术，建设重化工业产业，实现了日本经济现代化，也完成了城镇化任务。总体来看，产业产值占比和就业占比之间的差额较大，二者基本保持同步变化，但后者变化速度快于前者。1955～1970年，第一产业产值占比由22.8%减至7.8%，就业占比由41%减至19.4%；而第二产业产值占比由30.8%升至38.1%，就业占比由23.5%升至33.9%（见表4.24）。

表4.24　　　二战后日本国民收入部门结构与就业人口部门结构　　　单位：%

类别	年份	第一产业	第二产业	第三产业
就业人口 部门结构	1955	41.0	23.5	35.5
	1960	32.6	29.2	36.2
	1965	24.6	30.2	43.4
	1970	19.4	33.9	46.7
	1977	11.9	34.8	53.3
	1985	9.3	33.2	57.5
	1955～1970年变化幅度	-21.6	10.4	11.2
国民收入 部门结构	1955	22.8	30.8	46.4
	1960	14.9	36.2	48.9
	1965	11.2	35.8	53.0
	1970	7.8	38.1	54.1
	1977	4.7	35.4	59.8
	1984	3.1	36.3	60.6
	1955～1970年变化幅度	-15	7.3	7.7

资料来源：刘天纯：《战后日本产业结构调整的进程与政策》，载于《历史研究》1987年第5期，第179～192页。1977年、1985年数据来自赵凤彬、郑北雁：《试析战后日本产业结构演进趋势》，载于《社会科学战线》1988年第4期，第56～64页。

如果说制造业发展引领的工业化与城镇化协调发展，助推一个国家的经济起飞，那么服务业发展引领下的工业化与城镇化协调发展，则推动一个国家从中等收入国家迈进高收入国家的行列。

（二）经济发展转型期工业化与城镇化的协调发展

当一个国家城镇化水平达到50%，进入以城市为主的社会发展转型期，也是该国经济发展转型期。这一阶段出现了制造业过剩，制造业对城镇化的带动作用开始走低，需要发展服务业，特别是生产性服务业来促进制造业转型与升级，进而吸纳更多的劳动力进入第三产业，实现城镇化水平与质量的同步提高。

1920～1970年，美国城镇化水平从50.9%提高到73.5%，处于城镇化快速发展的第二阶段，也是从中等收入国家迈入高收入国家的年份，恰好也是经济危机时期。为此，美国加快产业结构调整与升级，大力发展服务业，农业与工业比例迅速下降，服务业比例快速上升。1947年，三次产业产值占比约为10∶30∶60，就业占比为7∶34∶59。第一产业产值比重在20世纪50年代降至6%，60年代降至5%～4%，70年代进一步降至3%，以后基本保持在3%以下的水平。而第一产业的就业占比持续下降，70年代为4%，80年代已经低于3%。第二产业产值占比同样持续下降，且下降幅度比第一产业更大。50～60年代，第二产业产值占比在30%～35%之间徘徊，70年代下降到30%以下，2001年进一步下降到20%以下，目前仅占17%；就业占比由1947年的34%降至2010年的13%，累计下降21%，第二产业就业占比的降速快于产值占比的降速。相反，第三产业产值占比持续上升，50年代超过60%，80年代超过70%，2009年进一步超过80%；就业占比也由1947年的59%上升至2010年的86%，累计上升了27%（乔晓楠、张欣，2012）。可见，第三产业充分吸纳了从第一、第二产业转移出来的劳动力。

20世纪70年代，受石油危机、重化工业过快发展带来的问题等影响，日本经济高速增长时代宣告结束，进入一个转折时期，即改变重化工业为中心的产业结构，加快发展以流通和服务业为中心的第三产业。1970～1984年，第一产业的产值占比由7.8%降至3.1%，就业占比从19.4%降至9.3%。第二产业的产值占比由38.1%降至36.3%，就业结构基本保持在

33%。第三产业的产值占比由54.1%提高到60.6%，突破60%；就业比重由1970年的46.7%提高至1985年的57.5%（见表4.24）。这说明，大力发展知识密集型产业，劳动力就业增幅不大，已处于饱和状态；大力发展第三产业能够为第一产业转移出来的劳动力提供大量的就业机会。

可见，主要发达国家在不同的经济发展阶段上，都是通过产业发展来带动人口的转移与流动，以工业化带动城镇化，推行的是"工业化的城镇化"模式。

二、以城市群为载体、大中小城市均衡发展

每个国家的国情条件、社会文化、城镇化进程各不相同，它们的城市规模结构和空间结构也各具特点，但基本上都经历了集中—分散—再集中的过程，最终形成以城市群为主体形态、大中小城市均衡发展的空间格局。

英国的人口先向大城市流动，当大城市发展到一定程度，城市人口开始外迁，推动周边中小城市快速发展，形成了伦敦城市群（大伦敦市）、兰开夏东南部城市群、西米德兰城市群、西约克城市群、莫西地带城市群、泰因地带城市群。除了伯明翰和伦敦的人口数量略有提高外，其他中心城市的人口数量均下降，且其人口在全国的占比持续下滑。而周边中小城市的人口数量和比重趋于上升。

20世纪20年代以来，在大都市化和郊区蔓延的作用下，美国形成了世界级的三大都市区：一是东北部的"波士华士"（BosWash），即从波士顿沿大西洋至首都华盛顿的大都市区连绵带，包括波士顿、纽约、费城、巴尔的摩、华盛顿等。二是中部的"芝匹兹"（ChiPitts），即五大湖周围从芝加哥到匹兹堡的大都市连绵带，几乎囊括了中部五大湖周围的主要城市，如芝加哥、底特律、托莱多、克利夫兰、阿克伦、布法罗、罗切斯特等。三是西部的"圣圣"（SanSan），即太平洋沿岸从圣迭哥至旧金山的大都市连绵带，包括加州的主要城市，如圣迭哥、洛杉矶、旧金山等（孙群郎、郑殿娟，2007）。在大都市区带动下，美国的中小城市迅速发展。1990年，50万人以下的城市有77个，占100个最大城市的77%，人口则占42%（见表4.25）。

表4.25   1900～1990年美国100个最大城市的人口规模情况

年份	项目	规模						
		700万人以上	300万～700万人	100万～300万人	50万～100万人	30万～50万人	10万～30万人	10万人以下
1900	个数（个）	0	1	2	3	5	27	62
	人数（万人）	0	343.7	299.2	164.5	172.4	440.9	363.4
	比重（%）	0	19.3	16.8	9.2	9.7	24.7	20.4
1950	个数（个）	1	1	3	13	18	64	—
	人数（万人）	789.2	362.1	589.2	918.7	688.7	1024.2	—
	比重（%）	18.1	8.2	13.4	21.1	15.8	23.4	—
1970	个数（个）	1	1	4	20	22	52	—
	人数（万人）	789.5	336.7	750.9	1298.9	831.1	990.6	—
	比重（%）	15.8	6.7	15.0	26.0	16.6	19.9	—
1990	个数（个）	1	1	6	15	28	49	—
	人数（万人）	732.3	348.5	914.5	1011.8	1107.3	1060.9	—
	比重（%）	14.1	6.7	17.6	19.6	21.4	20.5	—

资料来源：汪东梅：《日本、美国城市化比较及其对我国的启示》，载于《中国农村经济》2003年第9期，第69～81页。

日本工业化始于明治维新时期，是依靠由封建官僚和武士转变而来的财阀推动的。这些财阀大多集中在大中城市，工业化带动农业剩余劳动力向这些城市流动，继之人口又向周边地区外迁，最终形成了现在的以东京、大阪、名古屋为核心的东京、大阪、名古屋都市圈。2000年，日本太平洋西岸的大都市圈（一级都市圈）包括首都圈、中部圈、近畿圈3个二级都市圈，占国土面积的27.66%，却聚集了全国62.37%的人口。而核心区域东京圈、名古屋圈、关西圈（三级都市圈）则以10.33%的国土面积容纳了日本46.82%的人口。其中，东京圈的人口最为密集，以3.51%的国土面积汇聚了全国26.33%的人口，人口密度为2516人/平方公里，分别是名古屋圈和关西圈的3倍、2倍（见表4.26）。可见，日本的都市圈以不到1/3的面积承载着接近2/3的人口，区域聚集度非常高，但仍然有很大比重的人口居住在中小城市。

1920～1995 年，日本居住在 20 万人口以上的城市人口占比由 54.3% 提高到 60.4%，增加了 6%。而在 1999～2009 年的 10 年间，日本小城市由 246 个增加到 448 个，占全国城市的比重已由 54.6% 增至 66.7%。

表 4.26　　　　　2000 年日本三大都市圈基本人口情况

地区	人口		面积		人口密度（人/平方公里）
	数量（千人）	比重（%）	数量（平方公里）	比重（%）	
1. 首都圈	41317	32.55	36346	9.62	1137
东京圈（东京、琦玉、千叶、神奈川）	33414	26.33	13280	3.51	2516
东京圈以外的首都圈（茨城、历木、群马、山梨）	7903	6.23	23066	6.10	343
2. 中都圈（除北陆）	16990	13.39	41012	10.85	414
名古屋圈（爱知、三重）	8901	7.10	10877	2.88	818
名古屋以外的中部圈（长野、岐阜、静冈）	8090	6.37	30135	7.98	268
3. 近畿圈（除北陆）	20855	16.43	27168	7.19	768
关西圈（京都、大阪、兵库）	17000	13.39	14897	3.94	1141
关西圈以外的近畿圈（兹贺、奈良、和歌山）	3856	3.04	12271	3.25	314
4. 三大都市圈小计	79162	62.37	104526	27.66	757
5. 新潟（北陆）	5606	4.42	22114	5.85	254
6. 其他的地方圈	42151	33.21	251215	66.48	168
7. 全国	126919	100	377855	100	336

资料来源：新玉言：《国外城镇化比较研究与经验启示》，国家行政学院出版社 2013 年版，第 61 页。

从上述分析可以看出，主要发达国家的城市空间格局在城镇化的不同阶段是不同的，具有动态调整的特征，但都经历了集中→扩散→再集中的过程，大中小城市协调发展。

三、城乡关系从对立到融合

城乡关系是影响城镇化进程和质量的重要问题。从总体来看，发达国家工业化、城镇化、农业现代化是协调发展的。但在城镇化发展的不同阶段，工农关系、城乡关系具有不同的特点，经历了"融合→对立→统一→融合"的动态调整过程。在城镇化的启动阶段，发达国家都曾经有过一场"农业革命"，大幅提高了农业生产效率，为城镇化做出了农业剩余贡献（包括产品、生产资料与生产要素）、市场贡献和外汇贡献。在城镇化发展的前期阶段，发达国家过多掠夺农业剩余来支持工业化、城镇化发展，导致城乡对立，农业落后、农村凋敝、农民贫困。到了城镇化发展的中后期，工业化发展形成了足够的资金积累，促使政府有能力解决"三农"问题，实行以工促农、以城带乡、城乡一体协调发展，具体表现在提高农业生产效率、增加农民收入、加强农村建设等方面。

（一）提高农业生产效率

提高农业生产效率的途径是调整农业生产关系，大力发展家庭农场，扩大经营规模，采用先进生产技术等，其中最重要的是变革生产关系、提高生产力水平和改变生产经营方式。变革生产关系是前提，提高生产力水平是基础，转变经营方式是核心。只有通过改革生产关系来解决农业生产中的监督问题，并且实行适当的生产经营方式，才能采用先进的生产技术。否则，先进的生产技术不可能在农业中大规模推广，生产力水平也不会得到大幅度提高。而主要的经营方式是家庭农场。家庭农场基本上都经历了数量增加→快速减少→基本稳定的变化过程，农场平均规模也相应地经历了快速增长→缓慢增长→基本稳定这一变化过程。

1935 年，美国家庭农场的数量达到了最高值 681.4 万个，但平均经营面积为 62.6 公顷。1970 年，农场为 294.9 万个，平均经营面积为 151.3 公顷。到了 1992 年，农场数量降至 210.8 万个，但平均经营规模达到了最高值 187.9 公顷。2011 年，家庭农场稳定在 219.4 万个，平均经营规模小幅回落为 175 公顷（见表 4.27）。根据 1978 年美国农业普查资料显示，当时只有经营面积不低于 1011.7 公顷、年销售额在 20 万美元以上的家庭农场才会盈利。

小农场绝大多数都亏本，要么离开土地，要么兼营。

表 4.27　　　　1900～2011 年美国农场数量与农场经营规模的变化情况

项目	1900 年	1935 年	1970 年	1992 年	2011 年
农场数量（万个）	573.7	681.4	294.9	210.8	219.4
农场平均规模（公顷）	60	62.6	151.3	187.9	175

资料来源：张士云、江激宇等：《美国和日本农业规模化经营进程分析及启示》，载于《农业经济问题》2014 年第 1 期，第 101～109 页。

　　1960～1995 年，日本农户总量从 6057 个减少至 2651 个。其中，专业户从 2078 个减少至 428 个，兼业户从 3979 个减少至 2224 个；都府县经营 2 公顷土地的农户从 237 户增加到 339 户，所占比重从 4.1% 提高到 13.1%。北海道地区经营 10 公顷以上的农户从 11 户增加到 32 户，所占比重从 4.7% 提高到 43.2%（见表 4.28）。1995～2011 年，农户总量从 2651 个减至 1561 个，其中，专业户基本稳定，兼业户从 2224 个减至 1122 个。可见，日本农户的减少主要是兼业户的减少。这一时期农业经营规模进一步扩大，户均耕地面积达到了 2.92 公顷，北海道农户经营规模扩大更是明显，10 公顷以上的农户数占比达到了 60.5%。

表 4.28　　　　1960～1995 年日本农户数量与经营规模的变化情况

年份	农户数量（个）			都府县（个）		北海道（个）	
	总数	专营户	兼业户	总户数	2 公顷以上	总户数	10 公顷以上
1960	6057	2078	3979	5823	237	234	11
1965	5665	1219	4446	5466	255	199	16
1970	5342	831	4510	5176	301	166	25
1975	4953	616	4337	4819	301	134	26
1980	4661	623	4038	4542	335	120	29
1985	4376	626	3750	4267	346	109	31
1990	3835	592	3243	3739	348	95	32
1995	2651	428	2224	2578	339	74	32

资料来源：2001 年《国际统计年鉴》。

市场竞争促进了农业规模化经营，但也离不开政府的调控作用。美国先后采用信贷支持、利息调节、价格补贴等宏观手段，鼓励和支持家庭农场扩大规模。另外，通过限制非家庭农场来巩固家庭农场的地位，确保农地尽可能由农户经营。日本自 20 世纪 60 年代以来两次修改《农地法》，放松土地流转管制，放宽农地经营规模的上限，有效地促进了农地规模化经营。同时，日本还实施农业保护的"特别措施"来促进农业规模经营。英国在 1967 年修订了《农业法》，规定凡是政府批准合并的农场均可获得 50% 的补贴，对愿意放弃经营退出农业的小农场主发给奖励金，其中 55 岁以下者可以得到一次性现金资助，最高额为 2000 英镑；60 岁以上者可领取终生养老金。1973年，英国政府又公布了"农场资本补贴计划"，对于农场建设基础设施和设备给予一定比例的补贴。

（二）增加农民收入

城乡差距主要体现在城乡居民收入的差距，提高农民收入是缩小城乡居民收入差距的重要路径，主要有两种方式：

一是采取价格支持、收入支付等措施直接增加农业收入。价格支持是发达国家使用时间最长、范围最广的支持政策，目的在于稳定和提高农民收入，包括目标价格、营销差价补贴、最低支持价格、保护价收购等手段。美国早在 1933 年在《农业调整法》中提出价格支持政策，1996 年依据《联邦农业完善与改革法》对价格与收入支持政策进行了调整。英国在加入欧盟之前，实行农产品的保证价格制度；加入欧盟之后，改为目标价格、门槛价格、干预价格这三种方式。日本的价格支持政策体系具有多样化特点，主要有成本与收入补偿、最低保护价、价格稳定带、价格差额补贴、价格平准基金等方式。相对于价格支持这种间接补贴方式而言，收入支付这种直接补贴方式已经成为发达国家最重要的农业政策之一，它分为直接支付、面积限制补贴、投入品补贴等多种形式。据美国农业部测算，2002～2012 年这 10 年间，政府补贴农业的资金为 1900 亿美元，平均每年达到 190 亿美元，只稍低于WTO 规定的每年农业补贴不得高于 191 亿美元的上限。目前美国补贴侧重于农业低息贷款和农业保险补贴，仅 2011 年农业保险补贴就达到 68 亿美元。英国在 20 世纪 50～60 年代提出对农业生产的直接补贴，如发展人工草场的按亩补贴，饲养牲畜的按头数给予补贴。日本在 2000 年出台了《针对山区、半山区等的直接支付制度》，对这些地区的农户进行直接收入补贴，补贴标准是山区、半山区与平原地区生产成本差别的 80%，每个农户每年可享受的补贴上限为 100 万日元。全国补贴规模为每年 700 亿日元，补贴面积大约为 90 万公顷，相当于平均每公顷补贴 7.8 万日元（杨红炳，2007）。

二是大力发展农村非农产业，提高农民非农收入。发达国家为了促进非农产业发展，首先是成立了非农产业管理机构来加强管理。美国于 1953 年专门设立了国会领导下的联邦小型企业管理局（SBA），SBA 不仅负责对全国小企业（包括农村）的管理与信贷支持，还负责制定农村工业发展的各种政策法规。英国成立了非农产业管理机构（即乡村发展委员会和乡村地区小工业委员会），专门协调各部门的管理工作，制定有关农村工业的各种政策法规。其次是制定了相关法律和政策予以保障。日本先后制定了《中小企业安定法》《农村地区引进工业促进法》《关于促进地方中心都市地区建设及产业业务设施重新布局的法律》《低开发地区工业开发优惠法》等，引导企业到农村投资建厂，促进农村工商业发展。英国从 1934 年起，针对边缘和衰落地区特别是苏格兰、威尔士和英格兰北部等传统工业区，提出了一个囊括搬迁补贴、投资补贴、税收优惠、低息贷款、商业信贷利率补贴等一系列支持计划，促进工业在城乡之间均衡分布进而推动农村工业化。大力发展非农产业使得农户非农收入大幅增加，带动了农户整体收入水平的快速提高。1965～1998 年，日本农户的总收入提高了 9.88 倍，其中，农业收入增长 5.79 倍，非农收入增长 12.6 倍（见表 4.29）。在非农收入带动下，日本农户和城市居民的收入基本一致，甚至前者超过了后者。美国除了占农场总数 16% 的大农场以农业收入为主，其余 84% 的中小农场均以非农收入为主。

表 4. 29　　　　　　　　1965～1998 年日本农户收入及其构成

年份	总收入 （千日元）	农业收入		农业外收入	
		总额 （千日元）	比重 （%）	总额 （千日元）	比重 （%）
1965	1156	639	55. 2	443	38. 3
1970	2156	985	45. 6	972	45. 1
1975	5084	2081	40. 9	2457	48. 3
1980	7329	2421	33. 0	3829	52. 2

续表

年份	总收入（千日元）	农业收入		农业外收入	
		总额（千日元）	比重（%）	总额（千日元）	比重（%）
1985	9029	2897	32.1	4717	52.2
1990	10553	3002	28.4	5754	54.5
1995	11573	3791	32.7	5760	49.7
1998	11427	3705	32.4	5598	48.9
1965~1998年增长倍数	9.88倍	5.79倍		12.6倍	

资料来源：2001年《国际统计年鉴》。

（三）加强农村建设

加强农村建设，改善农业生产和生活条件，为农村建立良好的投资环境，不仅有利于推动农村经济发展，为农民提供更多的就业机会；更有利于生产要素在城乡之间自由流动，促进城乡一体化发展。

其一，加大农村基础设施投入，强化农村基础设施建设。美国自20世纪30年代以来，一直重视农村道路、水电、排灌、市场等基础设施建设，尤其是美国大力兴建农田水利灌溉设施和引水工程。英国对农业基本建设进行补贴，凡是修建农场建筑物、道路、堤坝、供电系统等，2/3的费用由国家补助。日本通过加大公共财政、发行债券、实施信息贷款等形式加强对农村基础设施的投入。1998年日本农村基本建设投资额10840亿日元，1999年增至10910亿日元。

其二，增加农业基本公共服务供给，实现城乡基本公共服务均等化。城乡基本公共服务的差距是城乡差距的重要表现，大力发展农村基本公共服务是缩小城乡差距的重要之举。日本非常重视农村教育，通过立法明确各级政府的职责，增加农村教育的供给，使农村职业技术教育正规化和制度化。同时，日本致力于建设城乡一体化的社会保障体系，建立国民公共医疗和养老保险体系，促使日本的农村居民享有与城市居民大致相同的社会保险制度、国家救助制度、社会福利制度以及公共卫生等。美国也是通过立法形式确保农村基本公共服务的供给，并实施项目计划管理；建立健全包括农村基础教育、农业高等教育在内的农业教育体系，把农民培养成为高素质人才。目前，

30% 的美国农民上过大学。英国的社会保障制度是基本全面公平型的制度，1983 年开始相继制定了《济贫法》《国民保险法》《国民救济法》《国民健康服务法》等一系列法律法规，逐步建立起城乡统一的社会保障体系。

其三，开展农村建设，促进城乡一体化发展。发达国家为了解决城市人口过度集中以及农业落后问题，开始新城建设。英国的"新城建设"运动主要发生在二战之后至 20 世纪 70 年代，先后经历了三代新城以疏解和分散中心城，带动了广大乡村地区发展，对城乡一体化起到积极促进作用。第一次世界大战之后，美国按照《新城市开发法》开始实施"示范城市（镇）实验计划"。根据乡村发展的实际情况，建成功能各异的村镇，例如农业镇、工业镇、矿业镇等。这些城镇在疏导大城市人口和产业转移、缩小城乡差距方面发挥了重要作用。日本从 20 世纪 70 年代开始，实施了旨在改善农村生活环境的"村镇综合建设示范工程"，主要包括生活环境、基础设施、公共设施等方面建设。

总之，在城镇化中期发展阶段，要求城镇化与农业现代化协调发展，提升城镇化质量。发达国家通过提高农业生产效率、增加农民收入、加强农村建设等举措全面解决"三农"问题，缩小工农差别、城乡差别，逐步实现城乡一体化发展。

四、市场与政府"双轮驱动"

对于发达国家城镇化中政府与市场的关系，学界观点不同。有人提出，美国城镇化是市场主导型，政府作用非常有限；英国城镇化是政府引导型，在充分发挥市场机制主导作用的同时，始终坚持政府公共干预政策；而日本城镇化是政府主导型，充分发挥政府在城镇化中的主导作用。这些看法有其合理性，突出了发达国家在城镇化的不同阶段政府与市场的地位、作用与职责的差异性。实际上，分析城镇化过程中政府与市场的关系，不仅要有阶段性研究，还要有整体性探索。城镇化早期，英美国家在市场机制的作用下过于重视经济发展，忽视了社会治理。到了城镇化中后期，越来越重视政府作用，突出政府治理。但是，从发达国家城镇化的整个过程来看，每当出现问题时政府都积极干预，出台一系列城镇化政策。下面以住房为例，详细分析政府的作用。住房问题是发达国家城镇化进程中的一个主要问题，随着工业化发展，大量人口进入城镇，普遍存在着住房条件差、住房短缺等问题。

（一）英国

19世纪50年代，英国由乡村社会变成城市社会，主要集中修建利润高的高档住宅，底层工人住房多无人问津，再加上在自由主义思想影响下，政府难以介入，工人居住状况极其恶劣，贫民窟是典型的英国工人阶级住宅。恩格斯在《英国工人阶级状况》中对英国各地的贫民窟作了详细说明："每一个大城市都有一个或几个挤满了工人阶级的贫民窟。……英国一切城市中的这些贫民窟大体上都是一样的；这是城市中最糟糕地区的最糟糕房屋，最常见的是一排排的两层或一层的砖房，几乎总是排列得乱七八糟，有许多还有住人的地下室。这些房屋每所仅有三四个房间和一个厨房，叫作小宅子，在全英国（除了伦敦的某些地区），这是普通的工人住宅。"[①] 同时，他详细地描述了伦敦东区的贫民窟："这里有1400幢房子，里面住着2795个家庭，共约12000人。安插这么多人口的空间，总共只有不到400码（1200英尺）见方的一片地方，由于这样拥挤，往往是丈夫、妻子、四五个孩子，有时还有祖母和祖父，住在仅有的一间10~12英尺见方的屋子里，在这里工作、吃饭、睡觉。"[②] 19世纪90年代，伦敦1/5以上人口的居住条件是一间房住两人以上，到1911年英国两人以上同住一屋的人口比例仍很高，在伦敦、西哈姆、普利茅斯占15%~17.5%，在纽卡斯尔、桑德兰占32%左右（克拉潘，1977）。

英国通过制定一系列法律法规来解决住房问题。在提高住房质量、改善居住条件方面，1840年英国政府制定了《关于调整利物浦房屋建筑的条例》，首次通过政策来解决利物浦房屋建设的狭窄问题。1844年议会颁布了《都市建筑法》，对住房面积、墙壁厚度、街道宽度等基本标准做出了详细规定。1909年颁布了世界上第一部城市规划法《住宅与规划法》，将房屋建设纳入统一规划中。在清除、改造贫民窟方面，议会分别于1875年、1882年、1885年三次出台《工人住宅法》，清除和改造城市贫民窟。在大规模建设公

---

① 恩格斯：《英国工人阶级状况》，《马克思恩格斯全集》第2卷，人民出版社1957年版，第303~307页。

② 恩格斯：《英国工人阶级状况》，《马克思恩格斯全集》第2卷，人民出版社1957年版，第308页。

共住房、增加住房供给方面，1890 年颁布了《工人住宅法》，进一步扩大了地方政府在城市房屋建设中的权力，在清理贫民窟的同时，建设廉租住房来缓解住房危机。1920～1979 年，英国共建 600 多万套公租房，1979 年公租房约占英国住房总量的 30%（雷广平，2014）。另外，英国早在 1851 年就出台了《住宅补贴法》，对低收入群体提供房租补贴；1874 年颁布第一部《住房互助协会法》，政府通过减税来鼓励住房互助协会等社会组织提供住房；也号召一些企业家参与公租房建设。19 世纪 60 年代以来，著名的乔治·皮博迪（Geoge Peabody）家族在伦敦为工薪阶层建有 2 万所公寓，有些公寓目前还在使用中。

（二）美国

19 世纪 80 年代至 20 世纪 20 年代，是美国工业化和城镇化的快速推进时期。1880～1910 年，共有 1400 万人从欧洲大陆移民至美国，这些移民多数居住在城市，尤其是纽约、芝加哥、旧金山、底特律、克利夫兰、密尔沃基等移民占城市总人口的比重都在 78% 左右，城市人口的激增带来了严重的住房问题。城市的房地产商为牟取暴利，将破旧房屋稍加改造就出售或租让，或者兴建简陋住房待价而沽，廉租房成为流浪工人解决住房的主要方式。1900 年，纽约市在 400 万人口中，大约有 150 万人居住在 43000 个贫民窟中。芝加哥平均每晚有 2 万多人在 200 多所廉租房里过夜。19 世纪末，美国开始实施住房改革。

首先，建立住房金融保障体系和抵押贷款保险体系。1932 年，美国成立了"联邦住宅银行抵押贷款系统"（FHLB），由 FHLB 开始向公共住房开发商和中低收入家庭提供低息贷款，从此打破了由地方私人金融机构垄断住房贷款市场的格局。由于 FHLB 提供的抵押贷款可以由联邦政府提供担保，降低了中低收入家庭贷款的门槛，相当一部分家庭得到 FHLB 的贷款支持，购买到适宜的住宅。另外，1934 年美国政府还成立了"联邦储蓄贷款保险公司"（FSLIC），组建了"互助抵押贷款保险基金"，由其负责对中低收入家庭提供抵押贷款保险（马光红，2006）。

其次，依法开展大规模的公共住房建设。1934 年，美国制定了最早的住宅保障法，即《临时住房法》。1937 年该法进一步补充，改为《公共住宅法》，正式确立了公共住房计划方案。根据决定，联邦住房局向同期设立的各大城市的地方住房局提供占住房开发费用90%以上的60年贷款。1941年，共建成公共住房16万余套，供低收入家庭租用。全美3000多个地方"公房管理局"负责建造并管理这些公共房屋，开创了联邦政府资助公共住房的先河。

（三）日本

1950年，为了满足美国在朝鲜战争中的军事需要，日本经济告别恢复时期，进入高速增长阶段。相应地，城镇化也快速发展，大量农村人口进入城镇，带动了对住房的高需求，导致住房困难。1957年，东京有273个贫民区，其中231个在市中心，并且大部分贫民区房屋都是废弃的军营和宿舍、遭轰炸的厂房、衰败的建筑等。日本政府为了解决住房问题，采取如下措施：

首先，成立了管理机构——住宅局，负责住宅建设与分配问题。

其次，颁布了一系列法律制度，使住宅建设法律化、制度化。如日本政府先后制定实施了《住房金融公库法》（1950年）、《公营住宅法》（1951年）、《日本住宅公团法》（1955年）、《城市住房计划法》（1966年）等。此后又陆续制定了一系列相关法规，逐步建立健全保障住房和规范住宅市场的法律体系，这类法律共颁布40多部。

再次，为低收入家庭提供住房。1951年日本制定并颁布《公营住房法》，规定由中央政府向地方政府提供补助，用于修建出租房，其出租对象为所有阶层，后来演变为仅向低收入阶层提供廉租房。1951～1960年，日本共建设公营住房4万户，1961～1970年间为33.4万户，1971～1980年间为70.9万户（赵光瑞，2011）。

最后，公私合营，通过补贴等手段将出租屋纳入公营住宅事业，鼓励日本开发银行等参与解决住房问题。

可见，发达国家在城镇化中后期都积极干预，形成了明确的城镇化政策。认识不到这一点，盲目以为发达国家（尤其是美国）对城镇化放任发展，就不能理解发达国家具有较高的城市竞争力的政府因素，也不能理解发达国家面对城镇化转型所采取的各种政策措施。

第三节　发达国家城镇化模式的启示

英、美等发达国家的城镇化模式既体现了工业革命先行者的特点，也深深地烙上了那个时代的历史印记。作为工业革命的先行者，它们拥有城镇化和经济发展的各种资源、良好的生态环境，选择了"高投入、高消耗、高污染"的粗放型发展模式和"先污染、后治理"的发展道路，付出了巨大代价；从时代的历史特征来看，发达国家城镇化模式是在旧殖民体系和世界格局下进行的，它们通过各种手段从境外获得发展资金。例如，英国是通过掠夺殖民地，德国和日本是通过索赔战争赔款，美国是通过引进外资。尽管时代的变迁使得发达国家的很多做法和措施已不能直接采用，但还是可以得到一些有价值的启示。

一、工业化是城镇化的发动器，城镇化是工业化的必然结果

从因果关系来看，没有工业化就没有城镇化，城镇化是工业化发展的必然结果。以英国为代表的发达国家由于生产技术、生产地点、生产组织方式发生了深刻变化，促进劳动分工和专业化生产，建立全新的工业经济体系，推动人口向城市聚集。反过来，城市发展也为工业生产提供基础设施、劳动力市场、消费市场。

要做到工业化与城镇化同步协调发展，一是必须选择适合国情的工业化道路，大多是从劳动密集型轻工业起步。英国以纺织业做突破口，美国是先消费品工业后重工业，日本轻重工业比例关系一直较为协调。这种适合国情的工业化战略使发达国家的工业得到充分发展，创造出较多的非农就业岗位，有利于吸纳农业转移人口，为城镇化发展提供了强大的物质基础。二是在城镇化的中后期阶段，需要城市产业转型发展。在工业化的初期，工业发展形成的聚集效应和规模效应对城镇化水平的提高具有直接带动作用；当工业化进入到中期，产业结构的调整与提升作用将超过聚集效应，服务业等第三产业比重的上升将继续推动城镇化。此时必须针对主导产业即将衰退而引发的城市衰退，及时培育主导产业，推动城镇化持续发展。

二、城市规模结构经历了"集中→分散→再集中"的动态调整过程

发达国家城市规模结构和空间布局不是一成不变的,在城镇化的不同阶段,需要进行动态调整。在城镇化早期,由于自然资源、地理环境、经济水平等原因,发展大城市有利于发挥聚集效应。但是,到了一定阶段,大城市问题日益凸显,小城镇建设引起人们的关注,人口开始向环境优美、地价便宜的郊区或者卫星城迁移。这表明,城市规模结构不存在一个固定模式,城市不是越大越好,越集中越好。当然,城市规模过小、过于分散,聚集效应和规模效应不足,会占用大量的资源,造成资源的巨大浪费。就一个人口大国而言,应该形成以城市群为主体、大中小城市均衡发展的格局。但是,不同地区应该因地制宜,东部应该重点建设城市带,中西部应该重点建设大中城市。

三、在城镇化的不同阶段,要正确处理城乡关系

工农关系、城乡关系因城镇化的阶段性而具有不同的特点,经历了"融合→对立→统一→融合"的动态调整过程。在城镇化的启动阶段,发达国家都曾经历过一场"农业革命",大幅提高农业生产效率,为城镇化做出了农业剩余贡献(包括产品、生产资料与生产要素)、市场贡献和外汇贡献。在城镇化发展的前期阶段,发达国家过多掠夺农业剩余来支持工业化和城镇化发展,导致城乡对立,农业落后、农村凋敝、农民贫困。在城镇化发展的后期阶段,工业化发展积累了足够的资金,促使政府有能力解决"三农"问题,实行以工促农、以城带乡,城乡一体协调发展。

在很大程度上,"城市病"反映的并不仅仅是城市发展问题,往往是"城市病"与"农村病"并存。过度的城镇化只不过是农村问题在城市的再现。发达国家城镇化发展过程中不同阶段呈现出来的城乡关系也是发展中国家城乡关系的体现。发展中国家不必要完全遵循发达国家城镇化的阶段性与城乡关系这一规律,而要在城镇化起步阶段,就把农村发展纳入规划中,加强农业基础设施和社会事业建设,完善农业保护政策,健全城乡统筹发展的

法律体系，增加农民收入，缩小城乡差距。

四、市场机制是城镇化的重要力量，但不能否定政府的引导作用

发达国家城镇化是伴随着自由竞争的市场机制实现的，市场机制在产业发展、人口流动等方面发挥了巨大作用，但不能据此否定政府的作用。随着大量人口聚集城市，加大了对城市基础设施和公共服务的需求，也带来了环境污染、交通拥挤、住房困难、社会秩序混乱，等等。解决这些问题，仅仅依靠市场机制是无法实现的。无论是英国在 19 世纪早期、还是美国在 20 世纪 20 年代以及日本在二战之后存在的严重"城市病"，都是对"市场万能论"的有力反击。发达国家城镇化的实践表明，当出现城镇化问题时，政府顺应城镇化发展趋势，运用法律手段，制定了众多的法律法规，出台了一系列城镇化政策①。尤其在解决住房问题时，更是如此。详见本章第二节部分内容，在此不再赘述。总之，政府与市场有机结合是发达国家城镇化成功的重要保障。

第四节 本 章 小 结

本章详细考察了发达国家城镇化模式的演化历程和发展特征。

（1）从一般意义上梳理总结了发达国家城镇化模式发展演化历程。在总结他人成果的基础上，本研究提出发达国家在 1760～1900 年城镇化起步阶段，城镇化模式主要表现为第一次工业革命推动了采掘业、钢铁业、纺织业的发展，因此这一时期城镇化模式主要表现为煤矿、铁矿等自然资源丰富以及交通便利的地区发展成为一批资源型城市。1900～1980 年城镇化加速发展阶段的模式，以 1950 年为界，前期表现为大城市集中发展；后期是大城市继续增长的同时，逆城镇化趋势加强。20 世纪 80 年代开始发达国家进入城镇

---

① 有的学者认为，英国的城镇化政策具有明显的被动性，原因有三：一是城镇化速度之快，带来的变化之剧烈，超出英国人的想象；二是源于渐进决策模型的局限性；三是利益群体无法形成新的城镇化政策，或者说造成很多政策迟迟不能出台（详见冯奎：《中国城镇化转型研究》，中国发展出版社 2013 年版，第 68～69 页）。

化的完成阶段,出现了再城市化趋势,形成以大城市为依托的城市分工协作体系。

(2)从国家层面重点关注了英国、美国、日本的城镇化模式。英国在城镇化起步与发展阶段的模式表现为农村就地城镇化;高度发展阶段的模式是人口继续向少数大城市集中的同时,开始向郊区扩散,促进了城市群发展;后城镇化阶段的模式转变为调整与优化城镇人口布局、完善城镇管理体系等内涵发展上。美国城镇化在启动阶段的模式表现为非均衡性的区域城镇化,快速发展阶段的模式呈现出郊区化和区域平衡化,成熟阶段的模式由"蔓延式"向"精明增长"转变。而日本在城镇化起步阶段的模式表现为城市人口和城市数量"双扩张",快速发展阶段的模式是形成都市圈,成熟和完善阶段表现为城镇化速度"先慢后快"和城镇布局"散中有聚"。

(3)本研究基于时间和国家两个维度来分析发达国家城镇化模式的一般特点。从工业化与城镇化的协调关系来看,在经济起飞阶段,是制造业引领下工业化与城镇化的协调发展;在经济发展转型时期,则是服务业发展引领下的二者协调发展。从城市规模结构和空间结构来看,基本上都经历了"集中→分散→再集中"的过程,最终形成以城市群为主体形态、大中小城市均衡发展的格局。从城乡关系来看,发达国家城镇化与农业现代化是协调发展的,都经历了"融合→对立→统一→融合"的动态调整过程。从政府与市场的关系来看,既要进行阶段性研究,还要有整体性探索。在城镇化早期,英美国家在市场机制的作用下过于重视经济发展,忽视了社会治理。到了城镇化中后期,越来越重视政府作用,突出政府治理。从发达国家城镇化的整个过程来看,每当出现问题时,政府都积极干预,出台一系列城镇化政策。

| 第五章 |

发展中国家城镇化模式研究

相对于发达国家城镇化而言，发展中国家的城镇化进程起步晚、水平低、后劲足，是目前世界城镇化的主流。从历史角度来看，发展中国家的城镇化水平与发达国家的城镇化水平相差不多。早在 1800 年，发展中国家与发达国家的城镇化水平分别为 4.3% 和 7.3%，前者只比后者少 3 个百分点，而当时世界城镇化水平为 5.1%。此后，由于各种原因，发展中国家城镇化水平远远落后于发达国家和世界平均水平。进入 20 世纪 50 年代之后，发展中国家加快了城镇化进程，但与发达国家城镇化水平仍有较大差距。研究发展中国家的城镇化模式能够为我国从反面提供一些借鉴。

第一节　发展中国家城镇化模式及其原因分析

一、发展中国家城镇化模式与原因分析

（一）城镇化的发展历程

从城镇化水平来看，发展中国家的城镇化进程分为三个阶段：

第一个阶段是 1950 年之前城镇化萌芽时期。这一时期大多数发展中国家是发达国家的殖民地和附属国，处于封建社会甚至是农奴社会，产业革命的力量比较微弱，城镇化的初始力量不是来自工业革命，而是服务于宗主国输出原材料和输入制成品的中转地。因此，城镇一般建立在沿海地带，与周边地区的关系比较疏远。

第二个阶段是 1950～1980 年城镇化起步时期。二战后发展中国家纷纷独立，加快本国的工业化与城镇化进程，城镇化水平从 1950 年的 18.1% 提高到 1980 年的 29.5%（见表5.1），主要有两个重要因素促进城镇人口的快速增长：一是人口自然增长率的提高。发展中国家由于普遍早婚以及医疗保健技术带来的死亡率急剧下降，导致发展中国家出现了前所未有的人口增长。二是农村人口大量涌入城市。由于农业落后，城乡差异巨大，为了改善生存条件，大量农村人口涌入城镇。在总人口增长中，从农村转移而来的人口所占比例超过了 50%（见表5.2）。

表5.1　　　　　　　　　**1800 年以来世界城镇化的发展水平**　　　　　单位：%

年份	世界	发达国家	发展中国家
1800	5.1	7.3	4.3
1900	—	26.1	6.5
1920	—	38.7	8.4
1930	—	41.6	10.3

续表

年份	世界	发达国家	发展中国家
1940	—	46.9	12.5
1950	29.0	52.1	18.1
1960	32.8	58.4	21.7
1970	35.9	64.6	25.2
1980	39.1	68.7	29.5
1990	43.0	71.2	35.2
2000	46.7	73.2	40.3
2010	50.8	75.2	45.5

资料来源：1800～1940 年的数据来自于高珮义：《中外城市化比较研究》，南开大学出版社 1991 年版，第 47 页。其他数据来自简新华、何志扬、黄锟：《中国城镇化与特色城镇化道路》，山东人民出版社 2010 年版，第 146 页。

表 5.2　20 世纪 50～60 年代发展中国家农村转移人口在城镇总人口增长中的占比

城市	时期	总人口增长（千人）	总人口增长中农村转移人口占比（%）
阿比让	1955～1963 年	129	76
孟买	1951～1961 年	1207	52
卡尔卡斯	1950～1960 年	587	54
	1960～1966 年	501	50
雅加达	1961～1968 年	1528	59
伊斯坦布尔	1950～1960 年	672	68
	1960～1965 年	428	65
拉各斯	1952～1962 年	393	75
奈洛比	1961～1969 年	162	50
圣保罗	1950～1960 年	2163	72
	1960～1967 年	2543	68

资料来源：[美] 布赖恩·贝利：《比较城市化》，商务印书馆 2011 年版，第 92 页。

　　第三个阶段是 1980 年之后城镇化快速发展时期。针对前一时期大量农村人口涌入城镇导致就业、居住等方面出现的众多社会问题，发展中国家纷纷调整工业化战略，采取一系列政策措施促进城镇化健康发展。2010

年，发展中国家城镇化率达到了45.5%，进入从农业社会迈入城市社会的关键时期。

（二）城镇化模式

从发展中国家的城镇化历程可以看出，发展中国家城镇化模式具有如下特点：

其一，城镇化发展速度较快。20世纪50年代以后，发展中国家城镇化进程明显加快。1950～2000年间，发展中国家的城镇化水平提高幅度比发达国家高4.1%，而且随着时间的推移，前者提高幅度明显快于后者。从城市人口年均增长率来看，1950年之后，发展中国家都比发达国家高2个百分点（见表5.3）。

表5.3　　　　1950～2010年发达国家与发展中国家城镇化水平比较　　　单位：%

项目		1950～2000年	1950～1960年	1960～1970年	1970～1980年	1980～1990年	1990～2000年	2000～2010年
城镇化率增长水平	发达国家	23.1	6.3	6.2	4.1	2.5	2	2.0
	发展中国家	27.2	3.6	3.5	4.3	5.7	5.1	5.2
城市人口年均增长水平	发达国家	—	2.5	2.1	1.7	1.5	—	—
	发展中国家	—	4.9	4.1	4.0	4.0	—	—

资料来源：城镇化率增长水平根据表5.1计算而来。城市人口年均增长率来自焦华富：《发展中国家城市化的特征及其启示》，载于《安徽师范大学学报（自然科学版）》2000年第4期，第368～372页。

其二，动力不足。二战以后，发展中国家为了摆脱发达国家的控制，纷纷采取进口替代型工业化战略，曾经取得了令人瞩目的成就。但是，长期实施这一封闭性的战略造成产业结构升级缓慢、制造业发展倒退，以及因解决资本有机构成高的技术资金短缺带来了债务危机。"工业化倒退"对城镇化产生重大影响：一是工业部门发展停滞导致城镇失业率居高不下，工业化对城镇化的拉力不足。二是农村人口过多流入城市，在缺少就业机会以及必要的生活条件下，大量城镇人口聚集在贫民区（见表5.4），城市二元结构突出，导致过度城镇化。

表 5.4 20 世纪 60～70 年代发展中国家城市贫民区的状况

地区	国家	城市	年份	城市人口（千人）	城市贫民区	
					总人口（千人）	占城市人口的比重（%）
非洲	塞内加尔	达喀尔	1969	500	150	30
	坦桑尼亚	达累斯萨拉姆	1967	273	98	36
	赞比亚	卢萨卡	1967	194	53	27
亚洲	印度	加尔各答	1961	6700	2220	33
	印度尼西亚	雅加达	1961	2906	725	25
	伊拉克	巴格达	1965	1745	500	29
	马来西亚	吉隆坡	1961	400	100	25
	巴基斯坦	卡拉奇	1964	2280	752	33
欧洲	土耳其	安卡拉	1965	979	460	47
			1970	1250	750	60
		伊兹密尔	1970	640	416	65
南北美洲	巴西	里约热内卢	1961	3326	900	27
		巴西利亚	1962	148	60	41
	智利	圣地亚哥	1964	2184	546	25
	哥伦比亚	卡利	1964	813	243	30
		布韦那文图拉	1964	111	88	80
	墨西哥	墨西哥城	1966	3287	1500	46
	秘鲁	利马	1961	1716	360	21
			1969	2800	1000	36
	委内瑞拉	加拉加斯	1961	1330	280	21
			1964	1590	556	35
		马拉开波	1966	559	280	50

资料来源：〔美〕布赖恩·贝利：《比较城市化》，商务印书馆 2010 年版，第 96～97 页。

其三，地域差异较大。发展中国家数量众多，地域分布较广，经济社会差异较大。因此，不同地区与国家的城镇化水平差异较大。从发展中国家内部来看，最不发达国家的城镇化水平 1950 年为 7.3%，2005 年只达到

26.7%，55 年提高不足 20 个百分点，远远落后于发展中国家总体水平所提高的 24.8 个百分点。从各大洲来看，2005 年拉丁美洲城镇化水平高达 77.4%，亚洲和非洲分别为 39.5% 和 38.3%。

其四，规模结构不合理。人口向大城市集中，城市首位度高，是发展中国家城镇化的另一个主要特点。从世界范围来看，1950 年世界上 35 个大城市中，23 个在发达国家；到了 1985 年，世界上 35 个大城市中 23 个在发展中国家。如果以 100 万人口作为大城市的最低标准，1950 年世界上 78 个 100 万人以上人口的大城市中，发展中国家只占 31 个；到了 1985 年，发展中国家的大城市就达到了 276 个。人口超过 800 万人的巨型城市在发展中国家迅速增长：1990 年世界巨型城市达 20 个，发展中国家就占据了 14 个（俞金尧，2011）。在大城市规模不断扩张的同时，城市首位度非常高。1970 年，秘鲁的利马城市首位度高达 13.1，阿根廷的布宜诺斯艾利斯城市首位度为 11.5，菲律宾的马尼拉 11.6，智利的圣地亚哥为 8.6，伊朗的德黑兰为 6.5（高佩义，1991）。首位城市不仅表现为人口的高度集中，同时在经济、政治、文化等方面也处于支配地位。例如，曼谷几乎集中了泰国人口的 60%，泰国绝大部分的投资也集中于此，它创造了全国 3/4 以上的工业总产值。印度独立后的城市发展沿袭了殖民时期业已形成的格局，经济活动进一步向孟买、加尔各答、德里、马德拉斯这四个城市及其附近集中，这四个城市创造了 70% 以上的全国税收。在巴西和墨西哥，50% 的工业生产和就业聚集在圣保罗和墨西哥城大都市区（俞金尧，2011）。

（三）影响城镇化模式的原因分析

影响发展中国家城镇化模式的原因很多，各个国家也各不相同，但作为同一类国家，存在一些普遍性的因素。除了殖民主义的遗产、资本主义世界经济体系、投资与经济活动过于集中大城市使其获得超常发展机会、"三农"问题得不到妥善解决以外（俞金尧，2011），学界越来越认识到民粹主义倡导的"福利赶超"战略对发展中国家城镇化模式的重要影响。或者说，拉美各国试图通过政府主导的收入再分配和超出财政承受能力的补贴政策，实行高福利制度和就业保障制度来快速提高低收入阶层的收入水平。这一战略的出发点是解决收入差距等贫困问题，提升城镇化质量，但最终却陷入了"增长陷阱"。

具体而言，20 世纪 80 年代，拉美国家针对前期大量农村人口进城带来的城市贫困问题，政府增加公共支出来提供基本公共服务、提高工资。20 世纪 90 年代以来，拉美国家的消费性支出（即社会性支出）快速增长①。1980 年，拉美社会支出占 GDP 比重不足 5%，只有阿根廷、智利、乌拉圭超过了 10%。但是，从 90 年代开始，拉美国家的社会支出占 GDP 比重突破 10%；2000~2001 年，达到了 13.8%，阿根廷、巴拿马、乌拉圭这三个国家超过了 20%（见表 5.5）。从社会支出占公共支出的比重来看，拉美国家平均水平由 1990~1991 年的 41.8% 提高到 1998~1999 年的 47.8%，个别国家提高到 60% 甚至 70% 以上，如巴西 60.4%、阿根廷 63.6%、智利 66.8%、乌拉圭 72.5%（樊纲、张晓晶，2008）。拉美国家社会性支出的持续提高挤压了一般公共服务、经济事务、交通等生产性支出（见表 5.6）。

表 5.5　　　　　　1980~2001 年拉美各国社会支出占 GDP 比重　　　　单位：%

国家	1980 年	1990~1991 年	1992~1993 年	1994~1995 年	1996~1997 年	1998~1999 年	2000~2001 年
阿根廷	10	19.3	20.1	21.1	20	20.8	21.6
玻利维亚	3	—	—	12.4	14.6	16.3	17.9
巴西	5	18.1	17.7	19.3	17.3	19.3	18.8
智利	11	11.7	12.4	12.3	13	14.7	16
哥伦比亚	4	6.8	8.1	11.5	15.3	14	13.6
哥斯达黎加	9	15.6	15.2	15.8	16.8	16.4	18.2
多米尼加共和国	2	4.3	5.9	6.1	6	6.6	7.6
厄瓜多尔	3	5.5	5.8	7.4	8.2	8.1	8.8
萨尔瓦多	2	—	3.1	3.4	3.8	4.1	4.2
危地马拉	—	3.4	4.1	4.1	4.3	6	6.2
洪都拉斯	3	7.9	8.1	7.8	7.2	7.5	10
墨西哥	3	6.5	8.1	8.8	8.5	9.2	9.8
尼加拉瓜	2	11.1	10.9	12.2	11.3	13	13.2

---

① 政府公共支出分为生产性公共支出和消费性公共支出，前者通过投资于基础设施以促进经济增长，后者通过投资于公共产品以满足于消费需求，无益于经济增长。

续表

国家	1980 年	1990 ~ 1991 年	1992 ~ 1993 年	1994 ~ 1995 年	1996 ~ 1997 年	1998 ~ 1999 年	2000 ~ 2001 年
巴拿马	7	18.6	19.5	19.8	20.9	21.6	25.5
巴拉圭	2	3.1	6.2	7	8	8.5	8.5
秘鲁	3	4	5.3	6.7	7.1	7.7	8
乌拉圭	11	16.9	18.9	20.3	21.3	22.8	23.5
委内瑞拉	3	8.5	8.9	7.6	8.3	8.4	11.3
拉美	4.9	10.1	10.9	11.7	12.1	12.8	13.8

资料来源：转引自樊纲、张晓晶：《"福利赶超"与"增长陷阱"：拉美的教训》，载于《管理世界（月刊)》2008 年第 9 期，第 12 ~ 24 页。

表 5.6　　　2004 年部分拉美国家与东亚国家中央政府公共支出结构比较　　单位：%

国家	一般公共支出	国防	交通	经济事务	公共安全	健康	教育	社会保障	社会支出
阿根廷	32.6	3.0	3.8	7.2	4.4	5.3	5.2	39.9	54.8
玻利维亚	20.3	5.6	9.6	17.4	6.8	9.9	21.7	16.2	54.6
智利	7.2	5.6	8.2	12.6	6.6	14.8	18.9	32.2	72.5
哥斯达黎加	30.6	0.0	5.3	7.9	10.8	2.6	29.9	16.5	59.8
萨尔瓦多	26.9	4.3	5.4	11.3	14.0	9.3	18.0	13.5	54.8
危地马拉	28.8	3.1	9.4	23.9	10.4	7.1	18.9	0.7	37.1
乌拉圭	41.9	5.1	2.9	6.2	6.2	7.5	13.7	19.4	46.8
委内瑞拉	43.6	4.7	1.3	4.1	5.8	7.0	21.4	6.9	41.1
中国	58.9	11.4	3.8	19.8	2.0	0.2	1.3	1.1	4.6
印度尼西亚	78.1	6.9	2.1	6.6	0.7	1.5	4.2	0.5	6.9
韩国	21.7	14.7	9.6	22.1	6.0	0.6	17.9	6.4	30.9
菲律宾	56.0	4.7	7.7	11.1	5.9	1.6	14.2	4.9	26.6
新加坡	10.3	33.0	7.6	11.3	7.0	7.2	14.3	3.7	32.2
泰国	23.4	6.8	5.4	20.3	5.7	8.5	22.0	11.1	47.3

注：社会支出包括公共安全、健康、教育以及社会保障等四项支出之和。

资料来源：时磊、刘志彪：《"福利赶超"、政府失灵与经济增长停滞——"中等收入陷阱"拉美教训的再解释》，载于《江苏社会科学》2013 年第 1 期，第 30 ~ 36 页。

政府公共支出的"福利偏向"给城镇化带来两个严重后果:

其一,生产性支出投入不足,难以满足经济和社会发展的需求,导致工业化水平不高,有些国家甚至出现经济倒退,城镇化动力不足。20 世纪 80 年代以来,拉美国家的基础设施投入持续下降,占 GDP 的比重从 1988 年的 3% 降到 1998 年的 1%(郑秉文,2011)。进入 21 世纪,大多数拉美国家制造业占 GDP 比重大幅降低,基本上不到 20%。例如,2000 年与 1980 年相比,阿根廷由 30.3% 降为 16.1%,巴西由 27.2% 降为 19.8%,哥伦比亚由 21.5% 降为 13.7%,哥斯达黎加由 19.5% 降为 13.0%,秘鲁由 29.3% 降为 14.6%,乌拉圭由 28.6% 降为 17.9%(见表 5.7)。

表 5.7　　　　1980～2000 年拉美制造业占 GDP 比重的比较　　　　单位:%

国家	1990 年美元价		1995 年美元价格				
	1980 年	1990 年	1995 年	1997 年	1998 年	1999 年	2000 年
阿根廷	30.3	26.8	17.2	17.6	17.3	16.5	16.1
玻利维亚	18.4	17.0	16.7	16.3	15.8	16.1	16.1
巴西	27.2	22.8	21.2	21.1	20.3	19.6	19.8
智利	19.3	18.5	19.3	18.5	17.6	17.5	17.4
哥伦比亚	21.5	19.9	14.6	13.7	13.7	12.8	13.7
哥斯达黎加	19.5	19.4	19.9	20.3	20.9	24.1	13.0
古巴	—	—	37.9	39.5	40.2	40.4	39.9
厄瓜多尔	20.0	15.6	23.1	23.7	23.8	23.0	23.2
萨尔瓦多	22.9	21.7	21.3	22.1	22.7	22.8	23.4
危地马拉	13.9	12.5	11.7	11.4	11.2	11.1	11.0
海地	18.2	15.8	7.6	7.2	7.5	7.4	7.4
洪都拉斯	15.4	16.3	17.3	17.8	17.8	18.5	18.5
墨西哥	18.6	19.0	19.1	20.6	21.1	21.2	21.2
尼加拉瓜	20.2	16.9	16.3	15.6	15.3	14.8	14.4
巴拿马	10.1	9.5	8.8	8.6	8.5	7.6	7.0
巴拉圭	18.8	17.3	15.6	14.8	15.0	15.0	15.3
秘鲁	29.3	27.3	15.1	14.8	14.3	14.1	14.6

国家	1990 年美元价		1995 年美元价格				
	1980 年	1990 年	1995 年	1997 年	1998 年	1999 年	2000 年
多米尼加	13.9	13.5	18.3	17.5	17.2	17.0	17.2
乌拉圭	28.6	25.9	19.7	19.6	19.2	18.1	17.9
委内瑞拉	15.9	20.5	17.1	16.3	15.5	15.4	15.1
合计	24.3	21.8	19.3	19.5	19.2	18.9	18.9

资料来源：苏振兴：《未竟的工业化——对拉美国家工业化进程的考察》，载于《江汉大学学报（社会科学版）》2006 年第 23 卷第 1 期，第 5～11 页。

其二，抬高了正规部门劳动力就业的门槛，不能吸纳农村转移劳动力。大量劳动力只能停留在非正规部门，收入水平得不到提高，生活条件得不到改善（见表 5.8）。

表 5.8　　　　　　1950～2000 年部分拉美国家非正规就业状况　　　　单位：%

国家	1950 年	1970 年	1990 年	2000 年
阿根廷	9.5	9.5	52.0	46.5
玻利维亚	10.5	14.5	—	66.7
巴西	6.9	9.3	40.6	44.6
智利	13.8	11.5	37.9	38.0
哥伦比亚	8.5	11.5	45.7	55.6
厄瓜多尔	7.7	13.7	55.6	55.0
墨西哥	9.7	14.5	38.4	41.0
秘鲁	9.8	17.0	52.7	56.2
委内瑞拉	11.4	16.0	38.6	52.4

资料来源：转引自樊纲、张晓晶：《"福利赶超"与"增长陷阱"：拉美的教训》，载于《管理世界（月刊）》2008 年第 9 期，第 12～24 页。

不断增加的社会支出能够促进人力资本的形成，提高城镇化质量。但是，由于工业化滞后，就业岗位不足，受过教育的劳动力不一定找到正规部门的工作，不一定提高收入。可见，城市发展与经济发展脱节，会引发过度城镇化。没有工业化的城镇化是不成功的，提高城镇生活质量的政策只有在经济增长的前提下才能发挥作用。

二、主要发展中国家城镇化模式的发展历程

（一）巴西

巴西是拉美地区大国，也是全球新兴经济体之一，更是较早实现城镇化的发展中国家之一。一般意义来说，城镇化是工业化的伴生物，是经济发展带来的内生性人口转移，二者具有同步性。但是，在外力作用下，巴西城镇化先于工业化。巴西工业化始于1930年，而其城镇化最早可以追溯到19世纪。以1930年为分界线，巴西城镇化分为两大阶段：1930年之前，主要靠外来移民推动的"无工业化的城镇化"；1930年之后，工业化开始起步，大大推进了城镇化。1970年，巴西城镇化率达到55.8%，开始进入到城市社会。1985年，巴西城镇化率为71.3%，完成城镇化任务（见表5.9）。巴西城镇化进程受多种因素的影响，既有在传统经济结构基础上形成的商贸、政治、资源开发推动下自然演进的特色，又有与工业化进程相伴的特点。但是，经济发展的时期不同，影响巴西城镇化的主要因素不尽相同。据此，巴西城镇化进程分为三个时期：即1930年之前的城镇化起步时期，1930~1985年城镇化快速推进时期，1985年至今城镇化完善时期。

表5.9 　　　　　　　　　1940年以来巴西城镇化发展状况

年份	城市人口（千人）	前5年城市人口年均增长率（%）	农村人口（千人）	前5年农村人口年均增长率（%）	城市人口比重（%）	农村人口比重（%）
1940	—	—	—	—	31.2	68.8
1950	19517	—	34457	—	36.2	63.8
1955	25448	5.31	37438	1.66	40.5	59.5
1960	32681	5.00	40061	1.35	44.9	55.1
1965	42443	5.23	41886	0.89	50.3	49.7
1970	53521	4.64	42468	0.28	55.8	44.2

年份	城市人口（千人）	前5年城市人口年均增长率（%）	农村人口（千人）	前5年农村人口年均增长率（%）	城市人口比重（%）	农村人口比重（%）
1975	66753	4.42	41371	-0.52	61.7	38.3
1980	81975	4.11	39640	-0.86	67.4	32.6
1985	96973	3.36	39019	-0.28	71.3	28.7
1990	111756	2.84	37639	-0.76	74.8	25.2
1995	125499	2.32	35877	-0.96	77.8	22.2
2000	141159	2.35	32699	-1.85	81.2	18.8
2005	157010	2.13	29395	-2.13	84.2	15.8

资料来源：简新华、何志扬、黄锟：《中国城镇化与特色城镇化道路》，山东人民出版社2010年版，第153~154页。

1. 1930年之前城镇化起步时期的模式

早在16世纪30年代，葡萄牙占领巴西后建立了巴西首批城市。巴西殖民地经济以出口农业为主，城市的主要职能是商品的集散地。城市的选址不仅要位于农作物产区，还要便于与港口联系。因此，巴西首批城市多位于东部沿海地区。18世纪，随着巴西内地矿产挖掘，大量采矿者涌入内地，内地城镇开始发展。

19世纪初期，葡萄牙王室定都里约热内卢，人口急剧增加，城市基础设施和文化建设迅速发展，推动了巴西城镇化进程。但这一时期城市主要是作为政治中心，属于传统城市的扩张，与工业化推动的城镇化无关。但是，随着巴西独立、奴隶制度废除、咖啡经济崛起、铁路修建，在奴隶成为自由人进入城市以及欧洲大量移民进入巴西这两种因素的共同作用下，城市人口不断增多，规模不断扩大，标志着巴西开始进入城镇化的起步阶段。

总之，20世纪之前巴西城镇化是没有工业化基础的传统城市扩张，是外来移民进入所致。当时，巴西主要城市的移民占比高达30%~50%，他们控制了零售业和一些工业（如建筑业），推动了面向地方市场的消费品生产（刘文龙、罗平峰，2000）。

2. 1930~1980 年城镇化加速推进时期的模式

1930 年，瓦加斯革命结束了"牛奶加咖啡"的农业寡头统治，全面实施进口替代战略，开始了工业化进程。20 世纪 30 年代至 60 年代初期，巴西建立起纺织、食品饮料、制鞋等基本消费品的劳动密集型进口替代工业，城市快速扩张，农村人口大量流入城市。50 年代后期开始，巴西重点发展重工业和耐用消费品等资本密集型工业。1967~1974 年经济年均增速达到 10.1%，创造了"巴西奇迹"，初步建立了较为完整的工业体系。在工业化带动下，城镇化进程快速推进。

其一，城镇化速度加快。巴西城镇化水平从 30% 提高到 50% 用了 30 年，即从 1940 年持续到 1970 年。发达国家完成同样的城镇化任务却用了 50 年，巴西比发达国家整整缩短了 20 年。城镇化水平从 50% 提高到 70% 以上，巴西用了不到 15 年的时间（即从 1970~1985 年），而发达国家用了 30 年。

其二，就业结构快速转变，加快了农业社会向城市社会的转型。1940 年，巴西城镇化率为 31.2%，当年三次产业的产值比重为 21.4∶24.4∶54.2，而就业比重分别为 60∶14∶26。可见，巴西在城镇化早期，服务业就比较发达，但服务业提供的就业岗位较少。1970 年，当巴西城镇化率提高到 55.8%，农业产值比重和就业比重都下降，而非农产业的产值比重和就业比重都在提高。1990 年，农业就业比重仍然下降，工业就业比重也降低了 3.9%，服务业就业比重提高了 12.2%（见表 5.10）。可见，在巴西城镇化中前期，工业化推动作用比较明显，产出比重和就业比重都大幅提高，服务业对城镇化的贡献主要体现在就业上。在城镇化中后期，工业产值比重基本稳定，就业比重下降；而服务业产值在下降，就业比重大幅度提高。这说明，巴西城镇化中后期动力不足。

表 5.10　　　　　1940~1990 年巴西城镇化率与产业结构的变动　　　　单位：%

年份	城镇化率	产值结构			就业结构		
		农业	工业	服务业	农业	工业	服务业
1940	31.2	21.4	24.4	54.2	60	14	26
1950	36.2	16.8	32.7	50.5	54	13	33
1960	44.9	13.4	37.1	49.5	44	18	38
1970	55.8	10	37.4	52.6	31.2	26.6	42.3

年份	城镇化率	产值结构			就业结构		
		农业	工业	服务业	农业	工业	服务业
1980	67.4	10.5	43	46.5	—	—	—
1985	71.3	14.3	33.6	52.1	—	—	—
1990	74.8	11.6	38.3	50.1	22.8	22.7	54.5
城镇化中前期的变动 （1940~1970年）	24.6	−11.4	13	−1.6	−28.8	12.6	16.3
城镇化中后期的变动 （1970~1990年）	19.0	1.6	0.9	−2.5	−8.4	−3.9	12.2

资料来源：生产结构和就业结构的数据来自陈甬军、景普秋、陈爱民：《中国城市化道路新论》，商务印书馆2009年版，第241页。

其三，城市规模不断扩大，城市结构多样化。1970~1980年，原来两个500万以上城市的人口规模不断扩大，10年间增加了641.5万人，集中了全国26%的城市人口；这一占比比1970年有所降低。100万~500万人的城市增加4个，城市人口占比也增加了；50万~100万人的城市减少1个，城市人口占比降低2个百分点；50万人以下城市人口达到4159.8万人，占城市人口的一半以上，但所占比重10年下降了4个百分点（见表5.11）。可见，巴西在城镇化进程中人口并没有完全集中在少数大城市。

表5.11　　　1960~2010年巴西城市人口、城市数量、城市人口比重

人口规模	指标	1960年	1970年	1980年	1990年	2000年	2010年
1000万人以上城市	个数（个）	0	0	1	1	2	2
	人口（千人）	0	0	12089	14776	27902	31517
	人口比重（%）	0	0	15	13	20	19
500万~1000万人城市	个数（个）	0	2	1	1	0	1
	人口（千人）	0	14257	8583	9595	0	5407
	人口比重（%）	0	27	11	9	0	3
100万~500万人城市	个数（个）	3	4	8	12	14	18
	人口（千人）	9417	5590	13579	23612	33450	40767
	人口比重（%）	28	10	17	21	24	25
50万~100万人	个数（个）	3	6	5	9	13	12
	人口（千人）	2334	3810	3833	5862	9307	8145
	人口比重（%）	7	7	5	5	7	5

人口规模	指标	1960 年	1970 年	1980 年	1990 年	2000 年	2010 年
50 万人以下	人口（千人）	21818	30060	41598	56779	70961	78573
	人口比重（％）	65	56	52	51	50	48

资料来源：吴国平、武小琦：《巴西城市化进程及其启示》，载于《拉丁美洲研究》2014 年第 2 期，第 9～16 页。

3. 1980 年之后城镇化完善时期的模式

20 世纪 80 年代，受经济危机的影响，巴西经济停滞，城镇化速度开始放缓，1990 年城镇化率为 74.8％。2005 年城镇化水平为 84％，2012 年达到 85％，实现了高度城镇化，城市人口比重远高于其他发展中国家，与发达国家城镇化水平基本一致。这期间巴西城镇化模式表现出两个特点：

其一，城市人口总数不断增加，但增速放缓，而农村人口总数大量减少。2000～2005 年，城镇人口增加 1585.1 万人，年均增速为 2.13％。而农村人口减少 330.4 万人，年均减少 2.13％，达到了历史最低（见表 5.9）。

其二，城市布局发生明显变化，大城市迅速扩张。1980～2010 年，尽管 500 万人以上大城市人口数量在增长，但占比由 26％降为 22％，减少了 4 个百分点。50 万～100 万人的城市数量和人口都增加，但占比基本保持不变。而 50 万人以下的城市人口数量翻了一倍，但占比减少了 4 个百分点。相反，100 万～500 万人口的城市从 8 个增加到 18 个，人口数量从 1357.9 万人增加到 4076.7 万人，人口占比提高了 8 个百分点，成为这一时期城市人口增加的主要规模城市（见表 5.11）。

（二）印度

印度是世界上人口第二多的发展中大国，城市发展历史悠久，起点比较高，但城镇化水平较低。2017 年，印度城镇化水平为 33.5％，不仅大大低于世界城镇化的平均水平（54.7％），而且与发展中国家的平均水平也相差 14 个百分点，是世界上城镇化水平较低的国家。这种低水平的城镇化与殖民主义统治的影响、城镇化动力不足、种姓制度、土地制度等因素有很大关系。1947 年，印度脱离英国殖民统治，开始实行以重工业为中心的尼赫鲁工业化战略，开启了城镇化进程。因此，根据城镇化与工业化的关系以及城镇化发展水平，印度城镇化发展大致分为三个阶段：即 1947 年之前的城镇化萌芽阶段、1947 ~ 2005 年城镇化起步阶段以及 2005 年至今城镇化稳步发展时期。

1. 第一个阶段：1947 年之前城镇化萌芽阶段的模式

被殖民之前，印度是一个典型的封建农业社会，城市主要是市场中心、管理中心、文化中心，同时兼有防卫功能，城镇化水平还处于城镇化的史前阶段。随着殖民主义的入侵，成为英国殖民地。英国为了倾销过剩工业品和掠夺原材料，在主要港口建立一批大城市，如孟买、加尔各答等，实际上它们是掠夺、奴役殖民地的政治经济中心。19 世纪后半期，英国开始在印度加大投资，大规模修建铁路，带动了一系列工商业城市发展，促进了农业人口大量向城市转移，城市人口不断增多。1872 年印度城市人口为 1789 万人，1931 年增加到 3346 万人，60 年增长了 87%。1941 年印度城镇人口为 4415万人，比 1931 年增长了 32%。城镇人口占总人口的比重由 1931 年的 12% 提升至 1941 年的 13.9%，十年提高了近 2 个百分点（见表 5.12），但城镇化水平依然比较低。

表 5.12　　　　　　　　　1872 ~ 1941 年印度人口基本情况

年份	总人口		城镇人口		
	总数（百万人）	增长率（%）	总数（百万人）	增长率（%）	占总人口比重（%）
1872	206.1	—	17.89	—	8.72
1881	253.8	23.14	23.88	32.89	9.41
1891	235.9	-7.1	22.32	6.53	9.46
1901	238.4	1.06	25.85	15.82	10.84
1911	252.1	5.75	25.94	0.35	10.29
1921	251.3	-0.3	28.09	8.29	11.2
1931	279.0	11.20	33.46	19.12	12.0
1941	318.7	14.23	44.15	31.95	13.9

资料来源：简新华、何志扬、黄锟：《中国城镇化与特色城镇化道路》，山东人民出版社 2010 年版，第 159 页。

另外，印度在殖民时期的城市人口主要集中在大城市，中小城市人口停滞不前，甚至萎缩。1901～1951年，10万人以上的一级城市人口占城市人口总数的比重由26%提高到44.63%；2万～5万人之间的三级城市人口占比基本稳定，保持在15%左右；其他等级的城市人口占比逐年降低（见表5.13）。

表5.13　　1901～1951年印度六个等级城市人口所占城市人口总数的比重　　单位：%

年份	一级 （＞10万人）	二级 （5万～ 10万人）	三级 （2万～ 5万人）	四级 （1万～ 2万人）	五级 （0.5万～ 1万人）	六级 （＜0.5万人）	城镇化 水平
1901	26.00	11.29	15.64	20.83	20.14	6.10	10.84
1911	27.48	10.51	16.40	19.73	19.13	6.57	10.29
1921	29.70	10.39	15.92	18.29	18.67	7.03	11.18
1931	31.20	11.65	16.80	18.00	17.14	5.21	11.99
1941	38.23	11.42	16.35	15.78	15.08	3.14	13.86
1951	44.63	9.96	15.72	13.63	12.97	3.09	17.29

资料来源：田雪源：《人口大国城市化之路》，中国人口出版社1998年版，第135页。

2. 第二阶段：1947～2005年城镇化起步阶段的模式

1947年，印度脱离英国独立以后，开始实施以重工业为核心的工业化战略。经过60年的发展，建立了初具规模的独立工业体系，城市化水平有了较大提高。2005年，印度城市人口比重达到了28.7%，比独立之初的1950年提高了近12个百分点。但印度城镇化水平仍然低于世界平均水平，甚至低于发展中国家的一般水平。这一时期印度城镇化模式主要表现为以下几个方面：

其一，城镇人口快速增长。尽管印度城镇化水平低于世界其他国家的城镇化水平，但是城镇人口增长加快，由1950年6093.6万人提高到2005年31694.2万人，增加了2.5亿人。城镇人口之所以增长较快，除了城市人口的自然增长外，区划调整和农村人口流入也是重要因素。1961～1971年，印度城市人口增量为3020万人，因区划调整和农村流入城市的移民都是630万人，分别占城镇人口增量的20.9%。1971～1981年，区划调整和农村移民都是 980 万人，分别占城镇人口增量的 19.6%（见表 5.14）。

表 5.14   1961～1981 年印度城镇人口增量的构成

类别	1961～1971 年		1971～1981 年	
	人数（百万人）	比重（%）	人数（百万人）	比重（%）
城市人口增量	30.2	100	49.9	100
城市区划变更	6.3	20.9	9.8	19.6
城乡人口净流量	6.3	20.9	9.8	19.6
人口自然增长	19.5	64.6	25.6	48.3
补遗	-0.1	-0.3	7.8	15.6

资料来源：雪娟：《论 20 世纪 70 年代印度城市化》，西北大学硕士论文，2004 年，第 6 页。

其二，城市体系结构不合理，人口向大城市集中。1951～1991 年，印度 10 万人以上的一级城市人口从 2731 万人增加到 13973 万人，占城市人口的比重从 44.3% 提高到 64.8%；5 万～10 万人的二级城市人口所占比重提高不到 2 个百分点。其他级别城市人口所占比重大幅减少，尤其是 1 万人以下的城市更是锐减，城市数量从 1724 个减至 937 个，减少了 45.6%；城市人口从 996 万人减少至 606 万人，所占比重从 16.1% 降至 2.8%，降低 13 个百分点（见表 5.15）。

表 5.15   1951～1991 年印度六个等级城市数量、人口情况

类别	年份	一级（>10 万人）	二级（5 万～10 万人）	三级（2 万～5 万人）	四级（1 万～2 万人）	五级（0.5 万～1 万人）	六级（<0.5 万人）	合计
城市数量（个）	1951	74	95	330	621	1146	578	2844
	1961	102	129	449	732	739	169	2320
	1971	145	178	570	847	641	150	2531
	1981	216	270	739	1048	742	230	3245
	1991	300	345	947	1167	740	197	3690

续表

类别	年份	一级 （>10 万人）	二级 （5万~ 10万人）	三级 （2万~ 5万人）	四级 （1万~ 2万人）	五级 （0.5万~ 1万人）	六级 （<0.5 万人）	合计
城市 人口 （万人）	1951	2731	613	973	850	804	192	6163
	1961	3938	854	1350	1008	545	61	7756
	1971	6012	1202	1745	1198	489	49	10695
	1981	9429	1819	2241	1486	564	79	15618
	1991	13973	2400	2871	1700	540	66	21534
人口 比重 （%）	1951	44.3	9.9	15.7	13.7	13.0	3.1	
	1961	50.7	11.0	17.4	12.9	7.0	0.7	
	1971	56.2	11.2	16.3	11.2	4.5	0.4	
	1981	60.3	11.6	14.3	9.5	3.6	0.5	
	1991	64.8	11.1	13.3	7.8	2.5	0.3	

资料来源：崔瑛：《印度的城市化与经济发展》，载于《南亚研究》1993 年第 4 期。

其三，城镇化区域差异较大。一般来讲，城镇化水平与经济发展水平呈正相关关系。经济发展水平较高的地区，城镇化水平也较高。人均国民收入超过全印度平均水平的各邦，其城镇化水平也超过全印度的平均水平，如马哈拉斯特、古吉拉特、旁遮普、西孟加拉等。经济发展水平较低的地区，城镇化水平也较低，如北方邦、喀拉拉、中央邦、奥利萨、比哈尔等。

另外，城镇发展速度的区域差异也非常明显，城镇人口增长率与城镇化水平呈反比例关系。1971～1981 年，城镇化水平高于全国平均水平的马哈拉斯特、古吉拉特、泰米尔纳杜、旁遮普、安德拉等邦的城市人口增长率都低于全国平均水平；而城镇化水平较低的拉贾斯坦、奥利萨、比哈尔等各邦的城市人口增长速度都高于全国平均水平（见表 5.16）。导致这种现象的主要原因在于城镇化水平较高的各邦城镇人口较多，即使增量较大，但增长率较低，而城镇化水平较低的各邦情况正相反。总的说来，印度城镇化在地域分布上具有西部高于东部、南部高于北部的特点，而在城市发展速度上则正好相反。

表 5.16　　　　　　1961～1981 年印度各邦的城镇化水平与经济发展水平

主要各邦	城镇化水平（%）			城市人口增长率 （1971～1981 年） （%）	人均国民收入 （1981～1982 年） （卢比）
	1961 年	1971 年	1981 年		
马哈拉斯特	28.22	31.17	35.03	39.57	2446
古吉拉特	25.77	28.08	31.10	42.92	2238
泰米尔纳杜	26.69	30.26	32.95	28.88	1541
卡纳塔克	22.33	24.31	28.89	51.62	1644
旁遮普	23.06	23.73	27.68	37.45	3169
西孟加拉	24.45	24.75	26.47	29.14	1771
安德拉	17.44	19.31	23.82	44.52	1659
喀拉拉	15.11	16.24	18.74	27.34	1445
中央邦	14.29	16.29	20.29	44.52	1240
拉贾斯坦	16.28	17.63	21.94	47.74	1429
北方邦	12.85	14.02	17.95	35.99	1296
奥利萨	6.32	8.41	11.79	51.62	1308
比哈尔	8.11	10.00	12.47	51.95	1007
喜马偕尔	—	—	7.70	—	1806
全印度	18.24	20.21	23.70	46.14	1746

资料来源：雪娟：《论 20 世纪 70 年代印度城市化》，西北大学硕士论文，2004 年，第 8 页；崔瑛：《印度的城市化与经济发展》，载于《南亚研究》1993 年第 4 期，第 1～7 页。

3. 第三阶段：2005 年至今城镇化缓慢发展时期的模式

2005 年之后，印度城镇化进程缓慢。2007 年城镇化水平为 30%，2017 年为 33.5%，十年仅提高 3.5 百分点。根据世界城镇化发展规律，当城镇化水平达到 30%，意味着城镇化进入了快速发展阶段，而印度城镇化水平五年之内只提高了 1 个百分点。印度城镇化进程之所以缓慢，主要是由于社会经济、政治体制、文化传统等诸多方面的原因严重制约和阻碍了城镇化发展。人口向城市加速集中的趋势是不可阻挡，如果印度政府不加快自身改革步伐，不加大基础设施建设以推进城市现代化，现有城市是无法容纳更多的人口，城镇化进程就会逆向而动，最终严重影响经济和社会发展。

第二节 发展中国家城镇化模式的特点

目前，学界基本上立足于发达国家比较的视角来研究发展中国家的城镇化模式。由于时代背景、内外部条件、发展战略等各不相同，发展中国家不可能复制发达国家的城镇化模式，但是后者仍然对前者具有借鉴意义和指导作用。从总体来看，发达国家选择的是工业化与城镇化相协调、城乡一体化、大中小城市协调发展的模式，而发展中国家的城镇化模式却具有非协调、非均衡的特点。

一、工业化与城镇化失调

根据工业化与城镇化的关系，城镇化大体上分为三种模式：即城镇化、工业化、经济发展基本协调的"同步城镇化"、城镇化水平超过工业化和经济发展水平的"过度城镇化"、城镇化水平落后于工业化和经济发展水平的"滞后城镇化"。大部分发达国家属于"同步城镇化"，而大部分发展中国家是"非协调的城镇化"，其中很大一部分属于"过度城镇化"，少部分属于"滞后城镇化"。

表5.17是2017年世界主要国家和地区人均GDP与城镇化水平的数据，从中可以看出，城镇化与经济发展具有正相关关系，人均GDP越高的国家和地区，城镇化水平也越高。发达国家和地区人均GDP都超过了3万美元，相应的城镇化水平都超过了70%。而发展中国家城镇化分为两类：一类是"滞后城镇化"，即人均GDP在2000美元以下的贫困国家，对应的城镇化水平在30%左右；另一类是"过度城镇化"，即人均GDP在5000～15000美元之间的中等收入国家，其城镇化水平在50%～70%，拉美国家甚至超过了70%以上。这说明，发展中国家的城镇化与经济发展水平不协调，以拉美为代表的发展中国家城镇化水平超越了经济发展水平。这种缺乏经济基础的城镇化模式不仅带来了严重的城市问题，也存在严峻的农业问题，阻碍了整个经济与社会发展。

表 5.17 2017 年世界主要国家和地区的人均 GDP 和城镇化水平

国家和地区	人均 GDP（美元）	城镇化率（%）	国家和地区	人均 GDP（美元）	城镇化率（%）
中国	8827	57.9	越南	2343	34.9
中国香港	46194	100.0	埃及	2413	43.3
中国澳门	80893	100.0	尼日利亚	1969	49.4
孟加拉国	1517	35.8	南非	6161	65.8
文莱	28291	77.8	加拿大	45032	82.2
柬埔寨	1384	21.2	墨西哥	8903	79.8
印度	1940	33.5	美国	59532	82.0
印度尼西亚	3847	55.2	巴西	9821	86.2
以色列	40270	92.3	捷克	20368	73.0
日本	38428	94.3	法国	38477	80.0
哈萨克斯坦	8838	53.2	德国	44470	75.7
韩国	29743	82.7	意大利	31953	69.3
老挝	2457	40.7	荷兰	48223	91.5
马来西亚	9945	76.0	波兰	13812	60.5
蒙古国	3735	73.6	俄罗斯	10743	74.2
巴基斯坦	1548	39.7	西班牙	28157	80.0
菲律宾	2989	44.2	土耳其	10541	74.4
新加坡	57714	100.0	乌克兰	2640	70.1
斯里兰卡	4065	18.5	英国	39720	83.1
泰国	6594	52.7	澳大利亚	53800	89.7

资料来源：2018 年《国际统计年鉴》。

从城镇化进程与工业化进程的关系来看，发展中国家城镇化缺少工业化的基础。要分析城镇化与工业化的关系，就要明确城镇化与工业化的衡量指标，我们以就业结构的转变来衡量工业化。如果以工业就业比重作为工业化率与城镇化率相比较来衡量工业化与城镇化发展的协调程度，当这一比值大致为 0.5 左右，表明工业化与城镇化的发展比较协调。如果这一比值显著小于 0.5，说明城市集中大量的非农产业人口，城市化发展超前。如果这一比值显著大于 0.5，则反映了大量劳动力仍然滞留在农村，说明城镇化滞后发展。从表 5.18 可以看出，第一，发达国家和地区的工业化与城镇化协调度的比值一般低于 0.3，而发展中国家的这一比值一般高于 0.3，甚至在 0.5 以上。这就说明，发展中国家城镇化水平较低。第二，在比值低于 0.5 范围内包含了很多拉美国家和一些亚洲国家，并不意味着这些国家的工业化与城镇化是协调发展的，只是说明这些国家一方面工业化水平比较低，工业就业比值较小；另一方面印证了这些国家大量人口聚集在城镇，在非正规部门的服务行业就业。

表 5.18　　　　　　　**主要国家和地区工业化与城镇化协调程度对比**　　　　单位：%

国家和地区	2000 年			2005 年			2017 年		
	工业就业比重	城镇化率	二者协调程度	工业就业比重	城镇化率	二者协调程度	工业就业比重	城镇化率	二者协调程度
中国香港	20.3	100.0	0.20	15.2	100.0	0.15	26.6	57.9	0.46
孟加拉国	10.3	23.6	0.43	13.7	25.6	0.53	21.1	35.8	0.59
印度尼西亚	17.3	42.0	0.41	18.0	45.9	0.39	21.7	55.2	0.39
以色列	24.0	91.2	0.26	21.7	91.5	0.23	17.3	92.3	0.19
日本	31.2	78.7	0.39	27.9	86.0	0.32	25.6	94.3	0.27
哈萨克斯坦	18.4	55.7	0.33	17.4	54.7	0.31	20.7	53.2	0.39
韩国	28.0	79.6	0.35	26.8	81.4	0.32	24.8	82.7	0.30
马来西亚	32.2	62.0	0.51	30.1	67.6	0.44	27.4	76.0	0.36
蒙古国	14.1	57.1	0.24	16.1	62.5	0.25	19.0	73.6	0.26
巴基斯坦	18.0	33.1	0.54	20.8	34.5	0.60	23.7	39.7	0.60
菲律宾	16.0	58.6	0.27	14.9	48.0	0.31	17.7	44.2	0.40
新加坡	34.2	100.0	0.34	29.5	100.0	0.29	16.3	100.0	0.16
斯里兰卡	22.5	22.8	0.98	23.4	22.5	1.04	25.7	18.5	1.39
泰国	19.0	19.8	0.95	20.2	32.2	0.62	22.6	52.7	0.43
土耳其	24.5	64.7	0.37	24.7	66.8	0.36	26.8	74.4	0.36
南非	21.3	56.9	0.37	24.5	59.3	0.41	23.4	65.8	0.36
加拿大	25.1	78.8	0.31	22.0	80.1	0.27	19.6	82.2	0.24

续表

国家和地区	2000 年			2005 年			2017 年		
	工业就业比重	城镇化率	二者协调程度	工业就业比重	城镇化率	二者协调程度	工业就业比重	城镇化率	二者协调程度
墨西哥	26.9	74.4	0.36	25.7	76.3	0.33	25.8	79.8	0.32
美国	22.9	77.2	0.29	20.6	80.7	0.25	18.9	82.0	0.23
阿根廷	22.7	88.2	0.25	23.5	91.4	0.25	23.3	92.0	0.25
巴西	19.3	81.2	0.23	21.0	82.8	0.25	20.8	86.2	0.24
委内瑞拉	22.8	86.9	0.26	19.8	91.9	0.21	23.3	89.1	0.26
捷克	40.0	74.5	0.53	39.5	73.7	0.53	37.9	73.0	0.52
法国	24.5	75.4	0.32	24.6	81.6	0.30	20.4	80.0	0.26
德国	33.4	87.5	0.38	29.7	73.4	0.40	27.3	75.7	0.36
意大利	32.4	66.9	0.48	30.7	67.6	0.45	26.3	69.3	0.38
荷兰	21.3	89.5	0.23	20.0	80.2	0.24	16.5	91.5	0.18
波兰	30.9	62.3	0.49	29.2	61.5	0.47	31.3	60.5	0.52
俄罗斯联邦	29.4	72.9	0.40	29.8	72.9	0.40	26.9	74.2	0.36
西班牙	31.3	77.6	0.40	29.7	76.7	0.38	19.5	80.0	0.24
乌克兰	31.4	67.9	0.46	24.2	67.8	0.35	25.3	70.1	0.36
英国	25.4	89.5	0.28	22.0	79.0	0.27	18.4	83.1	0.22
澳大利亚	22.0	90.7	0.24	21.1	88.2	0.23	19.2	89.7	0.21
新西兰	23.2	85.8	0.27	22.0	86.1	0.25	20.2	86.4	0.23

资料来源：2005 年、2008 年、2018 年《国际统计年鉴》。

工业化与城镇化的关系也可以通过分析发达国家与发展中国家城镇化水平大体处于 50% 左右的年份中劳动力的就业分布状况来加以说明（见表 5.19）。首先，从农业就业来看，发展中国家 1980 年城镇化水平达到 50%，农业劳动力就业比例为 43%，比发达国家多 5～16 个百分点。这反映发展中国家虽然有一半的人口住在城镇，却由于农业生产力水平比较落后或者农业人口自然增长率比较高，40% 多的劳动力从事农业生产。而发达国家由于城镇化过程中伴随着农业生产力水平的不断提高，农村人口的居住地变换与职业转换是基本一致的。其次，从工业就业来看，发展中国家比发达国家少

6~14个百分点。这反映了城镇化水平相同的国家，其工业基础是不同的。美国是0.72，法国是0.63，日本是0.5，而发展中国家却是0.46。这无疑有力证明发展中国家存在"跨工业化"的"过度城镇化"。最后，从服务业就业来看，城镇化水平基本相当时，发展中国家服务业的就业比例与美国、日本差不多。如果用服务业与工业的劳动力比例来反映工业化的发展，发展中国家一个工业劳动力需要1.5个劳动力为之服务。大量劳动力集中在城市，源于工业发展的吸引力较弱。

表5.19　　　　城镇化水平为50%时的不同国家劳动力就业结构

国家	年份	城镇化水平（%）	劳动力分布（%）		
			农业	工业	服务业
中等收入国家	1980	50	43	23	34
美国	1920	51	27	37	36
法国	1936	52	38	33	29
日本	1955	58	34	29	37

资料来源：潘纪一：《发展中国家的城市化问题》，载于《复旦学报（社会科学版）》1983年第1期，第47~52页。

发展中国家城镇化与工业化的失衡特征也可以从巴西和印度两个国家得到反映。巴西经济从20世纪60年代后期进入快速发展阶段，一直持续到80年代初期。1970~1980年，人均国民生产总值从450美元提高到2190美元，翻了三倍多；相应地，城镇化水平从55.9%提高到67.6%，年均增长率为1.17%。从80年代开始，拉美陷入债务危机，经济发展处于停滞状态，1990年人均国民生产总值只是比1980年提高了437美元，有些年份甚至出现了负增长。而城镇化水平却在提高，由67.6%上升到75%，年均增长0.84%。自90年代开始，巴西经济发展进入低速增长时期，2005年人均国民生产总值为4743美元，但其城镇化水平提高到82.8%，[①]已经达到发达国家水平。显然，巴西城镇化远远超过了经济发展水平，是一种缺乏工业支撑的城镇化模式。巴西工业和经济发展落后也可以从就业人口的产业分布状况得到反映。2005年，巴西三产劳动力就业比为20.8：21：58.2。在服务行业中，30.5%的

---

① 数据来自于《国际统计年鉴》（1995年、2001年、2013年）。

劳动力集中在零售贸易、机动车及个人家庭用品修理业，旅馆和饭店业占6.2%，运输、仓储和通信占7.8%，雇人的私人住户占13.1%。[1] 可见，巴西在工业发展支撑不足的情况下，劳动力就业主要集中在传统服务行业。

印度在1947年独立之后实行重工业为核心的经济发展战略，建立了比较完整的工业体系，但经济发展比较缓慢。1970~1990年，人均国民生产总值从110美元提高到390美元。90年代开始进行经济改革，取得了重大成就。但由于人口众多，农业落后，2010年人均国内生产总值仅为1375美元，仍然是一个低收入国家。印度在经济发展过程中，城镇化进程非常缓慢。1970~1990年，城镇化水平从19.8%提高到25.5%，20年只增长了5.7个百分点，特别是1985~1990年，城镇化水平始终保持在25%，处于停滞状态。自90年代开始经济改革以来，城镇化进程仍然缓慢。2000~2017年，印度人均国内生产总值从450美元提高到1940美元，每年以19%的速度在提高。然而，城镇化水平从27.7%提高到33.5%，只提高了5.8%，年均增速为0.34%。印度的工业化与城镇化失衡发展，也可以从劳动力就业比重与产值比重的比较中得到反映。1950~2017年，经过60多年的发展，农业产值占比由59.2%降至15.5%，下降了43.7个百分点；而农业就业人口由79.6%减少到42.7%，下降了36.9个百分点（见表5.20）。这就意味着，印度农业产值占比大幅度下降，但还有40%多的人口从事农业生产，农村劳动力的职业转换缓慢。

表5.20　1950年以来印度在不同时期三次产业劳动力就业结构与产值结构的比较

项目		1950~1951年	1960~1961年	1970~1971年	1980~1981年	1990~1991年	2000年	2017年
产值结构	农业	59.2	54.8	48.1	41.8	34.9	23.4	15.5
	工业	13.3	16.6	19.9	21.6	24.5	26.2	26.2
	服务业	28.0	29.0	32.2	36.6	40.6	50.4	48.9
就业结构	农业	79.6	75.4	72.6	69.5	64.0	59.8	42.7
	工业	8.0	10.5	11.8	13.1	16.0	16.1	23.8
	服务业	12.5	14.1	15.5	17.4	20.0	24.1	33.5

资料来源：1950~1991年数据来自任佳：《印度工业化进程中产业结构演变的内在机理》，复旦大学博士学位论文2006年，第63页。2000年、2017年两年数据来自2018年《国际统计年鉴》。

---

[1]　数据来自于《国际统计年鉴》（2013年）。

二、城市空间布局失衡

与发达国家城市人口均衡地分布在大中小城市相比，发展中国家的城市人口主要集中在大城市。这些大城市在尚未独立之前，就已经是各国的政治、商业、文化中心。国家独立之后，依靠原来的资源、地理优势成为经济中心，吸引大量人口涌入，得到了极大发展。

如果以 100 万人口规模作为大城市的最低标准，发展中国家的大城市无论是数量还是规模都远超发达国家。1950 年，世界上百万人口大城市有 79 个，发展中国家仅有 27 个，占世界大城市的 34%。2000 年，发展中国家大城市有 134 个，比发达国家多 43 个。1950~2000 年，发展中国家居住在大城市人口由 5020 万人增加到 9.3 亿人，提高了 18 倍；而同期发达国家仅增长了 3.4 倍。发展中国家大城市人口占城市人口的比重，由 18.8% 提高到 44%，比发达国家多 4%（见表 5.21）。

表 5.21　　　　　　　世界 100 万人口以上的城市数量与人口

国家	1950 年			1970 年			2000 年		
	城市数量（个）	城市人数（百万）	占城市人数的比重（%）	城市数量（个）	城市人数（百万）	占城市人数的比重（%）	城市数量（个）	城市人数（百万）	占城市人数的比重（%）
世界	79	174.5	24.5	166	433.1	32.0	225	1366.7	42.6
发达国家	52	124.3	28.0	91	239.2	33.8	91	434.8	39.8
发展中国家	27	50.2	18.8	75	193.9	29.8	134	931.8	44.0

注：2000 年的城市数量采用 1980 年的数据。
资料来源：高佩义：《中外城市化比较研究》，南开大学出版社 1991 年版，第 184 页、188 页。

如果以 500 万人口作为超大城市，发展中国家城市人口向超大城市集中的特征就更加明显。1950~2000 年，发展中国家超大城市人口从 580 万人发展到 4.86 亿人，提高了 83.8 倍；而发达国家仅从 4710 万人增加到 1.72 亿人，增加了 3.6 倍。发展中国家超大城市人口占比从 2.2% 提高到 23.0%，增加了 21 个百分点；发达国家的这一比重仅增加 5 个百分点（见表 5.22）。可见，发展中国家的城市人口超过 1/5 集中在超大城市中。

表 5.22　　　　　　　　1950～2000 年 500 万以上规模的城市人口

国家	1950 年		1970 年		1990 年		2000 年	
	城市人口（百万）	城市人口占比（%）	城市人口（百万）	城市人口占比（%）	城市人口（百万）	城市人口占比（%）	城市人口（百万）	城市人口占比（%）
世界	52.9	6.6	172.4	12.7	398.3	16.4	658.1	20.5
发达国家	47.1	10.6	99.2	14.1	148.6	15.3	171.6	15.7
发展中国家	5.8	2.2	73.2	10.4	249.7	17.2	486.4	23.0

资料来源：高佩义：《中外城市化比较研究》，南开大学出版社 1991 年版，第 189～190 页。

　　发展中国家大城市迅猛发展也可以从印度得到印证。1901 年，印度只有加尔各答的人口超过 100 万。1951 年，人口超过 100 万的大城市增至 5 个，1981 年提高到 12 个，十年后即 1991 年几乎翻了一番，猛增至 23 个。随着百万级城市数量的增加，它们的人口在城市总人口中的占比不断提高。1941 年，加尔各答和孟买的人口占全国城市人口的 13%。到了 1981 年，12 个人口超过百万的城市人口占城市总人口的 26.9%。1991 年，23 个百万大城市的总人口达到 7200 万人，占印度全国城市人口的 1/3（迈克尔·P. 康仁，1986）。尤其值得注意的是，7200 万人的大城市人口竟然有一半居住在孟买、加尔各答、德里和马德拉斯这四个城市。

　　城市人口过多地向大城市集中，造成了严重的"城市病"：一是就业问题。由于工业化滞后于城镇化，正规经济部门就业机会有限，大量进城劳动力只好在"非正规经济部门"谋生。据估计，发展中国家的城市中非正规部门的就业规模约占城市经济就业的 40%～70%。到 20 世纪 90 年代中期，发展中国家的城市里仍有高达 40% 的就业人员在非正规部门工作，总数达到 2.3 亿人。印度城市非正规部门就业率为 65%，秘鲁的利玛为 48%，玻利维亚的拉巴斯为 57.1%、哥伦比亚的波哥大为 50.0%、智利的圣地亚哥为 22.0%。这些人工作不稳定，工作环境恶劣，收入不多，生活困苦，城市二元现象严重。二是居住问题。城市贫困人群大多居住在"贫民窟"，"贫民窟"人口数量及其占比令人震惊。2001 年，印度百万人口以上城市共计 7081.39 万人，贫民窟人口 1656.55 万人，贫民窟人口占总人口的 23.4%。五个最大城市贫民窟人口所占比例为 29.47%。其中，最大城市孟买贫民窟人口为582.35万人，占城市总人口的48.9%（见表5.23）。巴西是世界上贫民窟最突出的国家。圣保罗有贫民窟1500个，里约城区人口550万人，有150万人住在贫民窟，4万人以上的贫民窟20多个，其中一个大的贫民窟占地139万平方米，有贫民15万人，是拉美最大的贫民窟（浙江省发展规划研究院，2004）。这些贫困人群在居住、出行、卫生、教育等方面的条件极差，代际影响严重。

表5.23　　　2001年印度五个大城市总人口、贫民窟人口及比例

城市	总人口（万人）	贫民窟人口（万人）	贫民窟人口占总人口比例（%）
孟买	1191.44	582.35	48.9
德里	981.74	185.47	18.9
加尔各答	458.05	149.08	32.5
班加罗尔	429.22	34.52	8.0
钦奈	421.63	74.79	17.7
五大城市总人口	3482.08	1026.21	29.47

资料来源：陈吉祥：《论城市化进程中的印度非正规就业》，载于《南亚研究季刊》2010年第4期，第47~52页、第5页。

发展中国家劳动力向大城市集中，既有历史原因，也有国家政策的影响，更重要的是这些因素叠加作用的结果。就历史来看，发展中国家的大城市在殖民地统治时期就已存在，工业基础比较好。独立之后，这些国家大力推行以重工业为核心的进口替代发展战略，在政府财力有限的情况下，政府只能实行"大城市偏向"政策，把资金投向人口集中、交通发达、有一定工业基础的大城市。这些地方由于政府投资，提供了较多的就业机会，吸引农村劳动力的流入；随着人口增多，扩大了消费市场，又创造出新的产业。在这种内生动力机制推动下，大城市人口不断增加。

三、城乡发展失衡

城乡发展失衡是发展中国家城镇化过程中存在的突出问题，导致这一问题的主要原因在于落后的农业生产和不公平的土地制度。

（一）生产力因素：落后的农业生产

由于工业先天不足，在资本短缺情况下，发展中国家在工业化过程中普遍实施"重工轻农""以农养工"战略，再加上根深蒂固的农业大地产制度，农村贫困问题持续恶化。这种"重工抑农"战略导致农业投入低，农业、农村发展长期处于停滞不前状态。

1950～1970年的20年里，整个发展中国家每年人均粮食生产和人均农业产出增长率都不足1%。尤其是20世纪60年代，拉美和近东地区的人均农业产出增长率是零。非洲情况更为严重，60～70年代人均粮食和农产品产量不但没有增加，反而减少了。落后的农业无法满足工业发展和城镇化所需的农产品。在二战之前，发展中国家还是一个粮食进出口地区，但从50年代以后，发展中国家粮食进出口逆差越来越大。1948～1952年，发展中国家每年逆差600万吨；1958～1962年，每年逆差1500万吨；1968～1972年，每年逆差2400万吨；1978～1982年，每年逆差6600万吨；1983～1987年，更是每年逆差7700万吨（成德宁，2002）。发展中国家在农业没有发展的条件下推进工业化和城镇化，农民贫困问题依然严重。目前，布隆迪、刚果（金）、危地马拉、几内亚、几内亚比绍、津巴布韦等地的农村贫困率超过了60%（见表5.24）。

表5.24 　　　　　　　　　部分发展中国家的贫困率　　　　　　　单位：%

国家	年份	全国	农村	国家	年份	全国	农村
阿富汗	2011	35.8	38.3	肯尼亚	2015	36.1	—
玻利维亚	2016	39.5	—	墨西哥	2016	43.6	—
布隆迪	2014	64.6	68.8	尼日利亚	2010	46.0	52.8
哥伦比亚	2016	28.0	—	蒙古国	2014	21.6	26.4
刚果（金）	2012	63.6	64.9	巴基斯坦	2013	29.5	35.6
危地马拉	2014	59.3	76.1	塔吉克斯坦	2015	31.5	35.2
几内亚	2012	55.2	64.7	乌干达	2012	19.5	22.4
几内亚比绍	2010	69.3	75.6	津巴布韦	2011	72.3	84.3
印度	2012	21.9	25.7	南非	2014	55.5	—

资料来源：2018年《国际统计年鉴》。

巴西农业属于外贸型，多种农产品的产量和出口量均排名世界第一。这种出口型农业一方面不能为巴西工业发展提供充足的原材料，为城镇化提供消费品；另一方面在政府长期"以农养工"战略下，巴西政府将农业出口创造的资本用于工业部门，促进工业和城市的发展，而农业和农村没有足够的投资缺少发展动力，无法实现农业现代化。1960～1970年，巴西对农业的投资仅占总投资的2.4%，1974年对农业的投资仅占联邦预算的1.5%。如此少的农业投入导致农业生产衰退，粮食产量不足，农业增长跟不上人口增长。

印度独立之后，受到苏联和中国的影响，从"二五"计划（1956～1961年）开始实施以重工业为主导的工业化战略，政府投资严重倾向于重工业，对农业和水利的投资从"一五"时期的34.6%下降到"二五"时期的20.9%，"三五"时期进一步降为20.5%，"四五"时期农业投入达到最高点23.3%，此后又逐年下降，到"八五"时期（1992～1997年）又回落到30年前的"三五"时期水平。农业生产缓慢增长，1950～1956年年均增长率仅为1.9%，1965～1980年为2.8%，特别是"三五"时期（1961～1966年）竟然出现了1%的负增长。1950～1982年人均粮食产量由154公斤增加到182公斤，仅增长了17.5%。1951～1978年的28年里，印度竟有25年粮食短缺，其中5次全国性粮食严重不足中的4次发生在快速推进重工业化战略的尼赫鲁时期（1950～1965年）（尚启君、魏正果，1996）。随着印度产业结构的转变，农业就业人员占比有所下降，1951年为72.1%，1981年为68.8%，1991年为66.8%。但是，农村劳动者的数量却在增加。这主要是由于农村人口在持续上涨。1950年为2.96亿人，1980年为5.29亿人，1990年为6.32亿人。农业落后导致印度城乡差距没有明显缩小。1993年、1994年印度城乡人口贫困率分别为32.4%和37.3%，到了1999年、2000年，两个指标分别为24.7%和30.2%。因此，在农业没有得到发展的情况下，印度不断增多的农业人口被迫进入城市寻找生存机会。

（二）生产关系因素：不公平的土地制度

不平等的土地占有制度是城乡失衡发展的制度性原因。多数发展中国家的土地制度是在殖民时期的大土地所有制基础上逐渐形成的，其特点是绝大部分土地一直为少数大地主所控制，广大农民只能在小块土地上耕种或者作为雇工劳作。

巴西的土地占有非常不平等。独立后的巴西没有进行过彻底的土地改革，原有极不平等的土地占有制度一直没有多大变化，土地集中率位列世界第二。2003 年，土地面积低于 10 公顷的农户占全部农户的 31.6%，他们的土地占比为 1.8%。而面积超过 2000 公顷的农户只占农户总数的 0.8%，但他们的土地占比高达 31.6%（见表 5.25）。其中，超过 1 万公顷的农户占农户总数的 0.04%，而他们的土地占比为 16.4%。这种过于集中的土地占有方式从两个方面推动了农业人口大量进入城市：一方面，随着农业人口的快速增长进一步加剧了小块土地上的人口压力，使得大批小块土地所有者仅仅依靠土地越来越难以维持生存，不得不放弃土地涌入城市；另一方面，大土地所有者采用机械化生产，提高资本密集度，出现了机器对劳动力的排挤，这些被排挤的劳动力只好进入城市。

表 5.25　　　　　　　　　　　2003 年巴西的土地结构

农户所占土地面积	农户数量（个）	占农户总数的比重（%）	总土地面积（公顷）	占全部土地面积的比重（%）	平均每户所占土地面积（公顷）
<10 公顷	1388711	31.6	7616113	1.8	5.7
10~25 公顷	1102999	26.0	18985869	4.5	17.2
25~50 公顷	684237	16.1	24141638	5.7	35.3
50~100 公顷	485482	11.5	33630240	8.0	69.3
100~500 公顷	482677	11.4	100216200	23.8	207.6
500~1000 公顷	75158	1.8	52191003	12.4	694.4
1000~2000 公顷	36859	0.9	50932790	12.1	1381.8
>2000 公顷	32264	0.8	132631509	31.6	4110.8
总数	4238421	100.0	420345382	100.0	99.2

　　资料来源：韩俊、崔传义等：《巴西城市化过程中贫民窟问题及对我国的启示》，载于《中国发展观察》2005 年第 6 期，第 4~6 页。

印度的土地占有方式极不合理。独立之初，印度有耕地 21.45 亿亩，不到人口 2% 的大地主占有全部土地的 70%，人均占有土地约 250 亩，一个 8

口之家就拥有土地2000亩（杨民、杨献东，2005）。1947年，印度进行土地改革，废除大土地所有制，改革租赁制度，实现土地最高限额法，试图在印度建立一个土地所有者和耕种者合二为一的平等的农村社会。但是，土地改革并不成功，无地和少地农民仍然大量存在。1971年，占农村总人口40%的下层和底层人口所占土地财产份额仅为2.1%，2/5的农民是无地或者少地的农民，他们中的大部分被迫进入城市（见表5.26）。同时，随着印度农村人口的快速增长，个人占有的农场规模越来越小。2011年，印度农场只有1%属于10公顷以上的大规模，80%规模都少于2公顷，62%规模不足0.5公顷，整体平均规模仅17.1公顷（阿布都瓦力·艾百，2015）。小规模的农业生产抑制了农业机械化，农业生产力低下，大量农民依附于农业成为雇佣工人，滞留在农村。

表5.26　　　　　1961年和1971年印度农村地区财产分配状况　　　　　单位：%

人口组别	所占财产比重	
	1961年	1971年
最底层10%人口	0.1	0.1
下层30%人口	2.5	2.0
中间层40%人口	18.5	16.1
上层30%人口	79.0	81.9
最上层10%人口	51.4	51.0

资料来源：陈吉祥：《论城市化进程中的印度非正规就业》，载于《南亚研究季刊》2010年第4期，第47~52页。

四、市场失灵与政府错位

二战之后，发展中国家在形式上实现了经济市场化和政治民主化，但实际上并没有建立完善的市场运行机制和有效的政府治理体系，出现了市场失灵和政府失效，在城镇化过程中导致城市发展与经济发展脱节，各种城市问题丛生。

市场失灵主要表现在城镇化过程中市场规则不健全、市场体系不完善，对人口流动采取放任态度，进而导致各种城市问题。例如，印度法律鼓励人们自由迁居，保障人的迁徙权和居住权，比公私土地产权具有更优先的权利。甚至还规定，一旦房客在一处住房住满 1 年，他就有优先购买权。即使不购买，只要他交房租，就可以无限期居住。如果居住期超过 10 年，他就拥有这块土地。这一规定导致私人出租房屋和建造出租房屋的积极性降低。大多数移居者只能在政府所有的公共土地上搭建简棚。由于法律不健全带来的人口迁徙无序性和放任性，已经成为城市发展中的一个严重社会问题。另外，发展中国家劳动力市场的双轨制特征突出。由于发展中国家城市人口的自然增长率高于农村劳动力的转移，城市并不缺乏劳动力。因此，受教育程度较高、有技术的城市居民在有劳动保护和社会保障的正规部门就业，而受教育程度较低、无技术、无资本的农村转移人口只能在非正规部门从事脏、乱、差的工作。

政府失效是指发展中国家政府治理能力较弱，未能及时制定或者有效实施公共政策来引导城镇化健康发展，主要体现在产业、人口、教育、城市发展、公共管理等方面。从产业政策来看，政府之手越位使城镇化发展的产业支撑能力不强。发展中国家从国内外各种因素出发制定的以重工业为核心的进口替代性经济发展战略对经济发展做出了重大贡献，但是重工业吸纳就业能力有限，无法为大量进城农业人口提供岗位，只能在非正规部门就业，产生大量的城市贫民。从人口政策来看，城市人口的增长来自于城市居民的自然增长和移民的社会增长。既然农民进城是社会发展不可逆转的趋势，那么重点就在于如何控制人口的自然增长。尽管印度在 20 世纪 70 年代推行了计划生育政策，但是平均每个妇女生孩子的数量仅由 5.3 个减至 3.6 个。如果能够有效降低整个国家的人口出生率，不但能够减少城市人口的增长，从长期来看也有助于减少潜在的移民数量。因此，发展中国家必须把计划生育作为一项基本国策。从教育体系来看，发展中国家的教育重精神轻实用、重普通教育轻专业教育，教学内容与实践需求往往脱节；农村劳动力文化素质低，劳动技能不强，受正规技能培训的劳动力不多。2015 年，印度 15 岁及以上成人识字率为 72.2%，比中等收入国家的 84% 的平均水平低 12 个百分点，尤其是成年女性识字率仅为 63%，比中等收入国家平均水平 79% 少 16 个百分点。因此，必须加大对农业劳动力的教育和培训投入，推进教育城乡一体化发展。从城市政策来看，发展中国家加大对大城市的投入，大城市是人口集聚区，也是经济、政治、文化中心。为了防止工业活动与人口在大城市的进一步扩张，纷纷采取工业"非集中化"战略来推动中小城市发展。例如，印度先后实施城乡协调发展、从分散工业到建设新城乃至推动农业工业化等措施。巴西实施扩展的都市区政策，让都市区的核心区与周边中小城市、小城镇协同发展；实施区域协调发展政策，甚至把首都迁至中西部的巴西利亚。这些措施取得了一些成效，但没有从根本上扭转人口向大城市集中的趋势。从公共政策来看，早在20世纪60年代发展中国家的城市化问题就已经出现，但是政府没有及时地采取措施加以应对，主要是因为发展中国家奉行市场化原则，对大量人口流入城市采取不干预政策。直到80年代城市化问题十分尖锐才被迫出台一系列政策。然而，在解决贫民窟问题时，巴西政府通过强化警察和监狱等"维护公共秩序"的国家职能，对贫民窟进行扫荡，把穷人大规模投入监狱。这些措施反而进一步加剧了犯罪等社会问题。

总之，大多数发展中国家选择的是一种缺乏经济支撑、农业基础、政府引导的失衡城镇化模式，要么会导致过度城镇化，要么会出现滞后城镇化。

第三节　发展中国家城镇化模式的启示

发展中国家城镇化模式不同于发达国家，主要是由于历史基础、制度差异、经济基础、"殖民化"统治等因素所致。在城镇化之初，工业基础薄弱，农业落后。当农村大量人口无法在农村生存而被迫流入城市时，因正规部门就业岗位有限迫使他们在非正规部门谋生。再加上城市基本公共服务和公用设施供给不足，贫民窟林立，环境恶劣，"城市病"非常严重。可见，发展中国家城镇化模式是不可取的，给我国提供以下一些启示。

一、城乡协调发展是城镇化健康发展的基本前提

城镇发展与农村发展是相互促进、相互依存的。如果农业和农村没有得到发展，就不能为工业化和城镇发展做出产品贡献、要素贡献、市场贡献、资金贡献，进而影响工业化和城镇化进程。反之，如果工业化和城镇化进程滞后，缺少工业反哺农业的能力和城镇市场的需求，就无法实现农业现代化。发展中国家之所以出现"过度城镇化"，表面上看似乎是大量来自于农村的

人口不能被城市经济完全吸纳，而真正的原因是农业土地制度不合理、农业技术水平落后、生产效率低下、基础设施投入不足而导致农业落后、农村衰败。因此，要实现城镇化健康发展，首先要大力发展农业和农村。

发展农业的关键在于能否设计出公平合理的土地分配制度。在城镇化发展的早期，制约农业生产率提高的主要瓶颈是能否解决农业生产的监督问题，进而调动生产主体的积极性，而农户之间公平分配土地可以较好地解决这一问题（国务院发展研究中心课题组，2014）。大多数发展中国家在独立后都进行了农业土地制度改革，但没有从根本上改变少数人占有大多数土地的格局，多数农民处于无地或者少地的状态，依靠耕种少量土地或者作为农业雇工都无法维持基本生活，更不能调动生产积极性。可见，相对公平的土地分配制度是提高农业生产效率的前提和基础。

二、持续推进产业发展与升级是城镇化健康发展的决定条件

工业化是城镇化的根本动力，城镇化是工业化的必然结果。工业化促进产业发展和聚集，吸引人口集中进而形成城市；工业化发展带来的财富积累为城市建设提供充足的资金支持。然而，不同的工业化战略提供的非农就业机会是不同的，从而决定了城镇化水平与质量的高低。在工业化初期，应该大力发展劳动密集型产业以满足人们的基本需求。这时大量人口在制造业和传统服务行业就业。随着人们收入水平不断提高、需求结构不断升级，要求产业调整与升级。为了顺应工业结构调整的变动趋势，不断优化工业制造业的内部结构，需要大力发展生产性服务业，提高生产性服务行业的就业比重。可见，在工业化前期，工业化是城镇化的动力；在工业化中后期，城镇化是工业化的动力。因此，需要跟随工业化战略的调整来持续推进产业转型升级，不断创造非农就业机会。

然而，大多数发展中国家为了摆脱殖民地国家的统治，建立比较完善的工业体系，基本上都推行以重工业为核心的进口替代发展战略，出现了工业产值增长与工业就业增长的非同步性，大量人口处于失业状态，被迫进入非正规的服务部门就业，造成城市贫困。由于城市人口的收入水平长时间没有提高，严重影响了产业发展，导致发展中国家陷入缺乏工业支撑的城镇化之中。因此，必须适时调整工业化发展战略，采取综合措施，在大力发展产业

的同时，不断创造非农就业机会，提高居民收入水平，实现工业化与城镇化良性互动发展。

三、正确处理政府与市场的关系是城镇化健康发展的重要保障

市场和政府是城镇化健康发展的两个基本保障：完善的市场机制主要是在促进资源流动、提高经济效率方面发挥作用，即通过形成自由竞争的要素市场、产品市场，充分利用市场价格机制，推动要素合理流动，实现要素优化配置，促进产业发展。有效的政府治理主要是为资源流动创造适宜的硬件、软件条件进而促进社会公平方面发挥作用，即顺应城镇化发展规律，对其进行规划、提供均等化的基本公共服务、制定法律法规等，为要素聚集和产业发展提供物质基础和制度支撑。由于市场和政府都是不完善的，在城镇化过程中必须把二者有机结合起来，在各自职责范围内发挥优势，互补互促。

就发展中国家的城镇化而言，市场机制不完善主要体现在：首先，产品市场不完善，工农产品之间巨大的"剪刀差"既剥削了农民、影响农业发展、导致农村贫困，又制约了城市经济发展，城乡二元问题日趋严重。其次，劳动力市场不完善，城乡劳动力市场分割，大多数进城的农业人口缺少技能和知识，只能在非正规部门就业，在城乡二元问题基础上又出现城市内部的二元问题，城市贫困问题严重。最后，生产要素市场不完善，大部分土地、资金等生产要素由少数富人通过各种手段占有，这部分人凭借产权规则独享要素市场收益，普通居民不仅不能分享，反而要支付更高的成本，社会不公平问题越发凸显，制约了城市经济的发展。

政府治理水平低效主要体现在：第一，不能适时地调整经济发展战略，长期僵化地实行封闭的进口替代战略，无法促进产业升级和提高产业竞争力，不仅导致工业化发展缓慢，产业竞争力弱；也无法创造更多的非农就业岗位，进城农民主要聚集在技术含量低、劳动条件差、收入水平低的传统服务行业，加剧了城市贫民化。第二，实行非均衡的城市发展战略。由于财政收入有限，政府投资主要集中在大城市，忽视中小城市的建设与发展。在城市建设中，政府又将有限的财政资金主要用于社会保障、公共安全、健康等消费性支出，而城市基本公共服务设施等生产性支出严重不足，不能促进经济增长。第三，不能有效治理"城市病"，尤其是贫民窟、城市环境、犯罪等问题不能有效

遏制，城市社会秩序混乱。

很多发展中国家尽管实现了经济市场化和政治民主化，但是并没有建立起完善的市场机制和有效的政府治理体制。单一的以市场为主导的城镇化模式产生严重的两种"二元"问题，应该根据城镇化发展的不同阶段来协调二者的职能定位和互补关系。

四、促进经济社会协调发展是城镇化健康发展的基本要求

城镇化过程不仅要解决农村人口如何进城，更要解决进城人口如何生活，城镇化水平和质量是衡量一个国家或地区经济社会发展的核心指标。其中，提高城镇化的质量尤为重要。像印度那样城镇化水平低且城市问题突出的城镇化模式固然应该避免，但是像拉美国家那样的过度城镇化也是不可取的。城镇化本质上是一场"城市社会变革"，它将推动城市在环境治理、社会治安、住房就业等各个领域进行一系列变革，为城市居民提供良好的工作和居住环境。

城镇化过程中要协调好经济发展与社会发展的关系，首先要掌握好社会福利的提升节奏。随着经济发展水平的不断提高，相应地提高社会福利水平，使之保持在经济可承受范围内。如果像拉美国家那样在较低的经济发展阶段就推行"福利赶超"战略，虽然提升了人力资本，但就业机会不足，受到良好教育的劳动力不一定能够找到工作。可见，社会政策只有在经济增长的前提下才能发挥作用，否则就会出现原本想惠及的广大低收入群体恰恰成为这一战略的受害者。

第四节　本　章　小　结

本章研究了发展中国家的城镇化模式，主要做了以下工作：

（1）从一般意义上考察了发展中国家城镇化发展历程，大致经历了1950年之前城镇化萌芽时期、1950～1980年之间城镇化起步时期、1980年之后城镇化快速发展时期。从中可以看出，一是发展中国家城镇化速度较快。1950年之后每十年，发展中国家都比发达国家快2个百分点。二是城镇化的动力

不足。长期实施进口替代战略造成产业结构升级缓慢、制造业发展倒退、债务危机等问题。三是地域差异较大。最不发达国家城镇化水平 1950 年为 7.3%，2005 年只达到 26.7%，55 年提高不足 20 个百分点，远远落后于发展中国家的总体水平。四是规模结构不合理。人口向大城市集中，城市首位度高。

（2）研究了民粹主义倡导的"福利赶超"战略对发展中国家"没有工业化的城镇化模式"的重要影响。拉美各国试图通过政府主导的收入再分配和超出财政承受能力的补贴政策，实行高福利制度和就业保障制度来快速提高低收入阶层的收入水平。政府公共支出的"福利偏向"给城镇化带来两个严重后果：一是生产性支出投入不足，难以满足经济和社会发展的需求，导致工业化水平不高，有些国家甚至出现倒退现象，城镇化的动力不足。二是抬高了正规部门劳动力就业的门槛，不能吸纳农村转移劳动力。大量劳动力只能停留在非正规部门，收入水平得不到提高，生活条件得不到改善。

（3）以巴西过度城镇化和印度滞后城镇化为代表，研究发展中国家城镇化模式具有明显的非协调、非均衡特点。工业化与城镇化失调主要表现为发展中国家城镇化缺少工业化基础，大量农业转移人口聚集在非正规部门就业。城市空间布局失衡表现为城市人口过多地向大城市集中，产生严重的就业和居住问题。城乡发展失衡是源于落后的农业生产和不公平的土地制度。市场失灵与政府错位并存，市场失灵主要表现在城镇化过程中市场规则不健全、市场体系不完善，对人口流动采取放任态度，进而导致各种城市问题；政府失效是指发展中国家政府治理能力较弱，未能及时制定或者有效实施公共政策来引导城镇化发展，主要体现在产业政策、人口政策、教育政策、城市政策、公共管理政策等。

第六章

载体视角的我国新型城镇化发展模式

在城镇化的发展过程中，城镇化的载体形态是不同的。改革开放以来，我国城镇化的载体形态经历了"促小""促大""城市群为载体的大中小协调发展"的探索过程。在推进城镇化过程中，市场机制是城镇化模式演化的源动力，政府机制是城镇化模式演化的推动力。在政府与市场的共同作用下，影响和改变着城镇化模式的发展与演变。本章主要分析政府政策因素对城镇化载体的影响。

第一节　载体视角的城镇化模式演化过程

一、小城镇为主要载体的城镇化模式阶段

改革开放以后一直到 20 世纪 90 年代末期，是中国特色城镇化建设的前期探索阶段。改革开放初期，我国百废待兴，城市经济缺乏活力，城

市基础设施比较薄弱，大量返城知青就业困难，这些实际问题导致国家没有能力进行城市建设。而农村实行以家庭联产承包责任制为内容的经济改革，极大地提高农业生产力，出现大量农村剩余劳动力。这些农村剩余劳动力就地从事非农产业，启动了乡镇企业引领下的农村工业化进程。与此同时，国家在城市建设、人口流动、市镇建制等方面进行了一系列制度变革，放开城镇吸纳农业转移人口的各种限制，推动我国城镇化建设的步伐。因此，小城镇为载体的城镇化模式是基于当时经济发展的实际国情而实施的内生性城镇化，是历史发展的必然选择。[①]

（一）人口迁移政策

改革开放前，我国一直沿用 1958 年制定的《中华人民共和国户口登记条例》，严格限制农民迁往城市，农民只能以招工、上大学、当兵等有限且概率极低的途径进入城市。直到 1984 年这一政策才出现重大突破，开启了农民迁入城镇的序幕。这一时期主要通过三个阶段（"试点—推广—完善"）、两个步骤（先变职业后转身份）来逐渐解决农民迁入城镇问题。

1. 迁移政策松动的试点阶段

1984 年 1 月开始试点。《中共中央 1984 年农村工作的通知》中决定，各省、自治区、直辖市可选若干集镇进行试点，允许务工、经商、办服务业的农民自理口粮到集镇落户。

2. 自理口粮入城的推广阶段

仅隔 9 个月，即 1984 年 10 月，国务院发布了《关于农民进入集镇落户问题的通知》。具体规定：凡申请到集镇务工、经商、办服务业的农民和家属，在集镇有固定住所，有经营能力，或在乡镇企事业单位长期务工的，公安部门应准予落常住户口，及时办理入户手续，发给《自理口粮户口簿》，统计为非农业人口。这是我国人口迁移政策和户籍制度的一个重要转变，把横亘在农村和城市之间的高墙打开一个缺口，既推动了城镇化进程，也增加了城镇的数量。但是，1984 年的人口迁移政策是不彻底的，留有一个尾巴，即发给那些进集镇落户者的是《自理口粮户口簿》，意味着他们不能购买平

---

① 这部分内容已经发表，详见石淑华、吕阳：《我国城镇体系等级规模结构演化的制度分析与改革》，载于《福建行政学院学报》2014 年第 6 期，第 10～16 页、第 68 页，部分内容做了修改。

价粮油，仅提供高价粮油。为了彻底解决这个遗留问题，1991年商业部、公安部联合发布《关于自理口粮户口人员"农转非"办理户粮关系有关问题的通知》，规定凡根据《国务院关于农民进入集镇落户问题的通知》进入集镇务工、经商、办服务业的农民及其家属（不含其他自理口粮户口人员），符合国家"农转非"政策，已经有关部门批准"农转非"，需办理户、粮关系的，凭"农转非"批件，由进入集镇前户口迁出地的粮食部门按规定开具农村粮食供应转移证。迁入地公安机关凭其自理口粮户口所在地开出的非农业户口迁移证和"农转非"批件登记市镇非农业户口；迁入地粮食部门凭公安部门的市镇非农业户口登记手续和农村粮食供应转移证，办理市镇粮食供应关系（张学兵，2010）。

3. 户籍制度取消的完善阶段

为了促进农村剩余劳动力就近、有序地向小城镇转移，促进小城镇和农村的全面发展，维护社会稳定，1997年6月国务院批转公安部《小城镇户籍管理制度改革试点方案》和《关于完善农村户籍管理制度的意见》，在全国选择45个小城镇进行户籍管理制度改革，允许在小城镇已有合法稳定的非农职业或者已有稳定的生活来源，而且在有了合法固定的住所后居住已满两年的，可以办理城镇常住户口；与他们共同居住的直系亲属，也可以随迁办理城镇常住户口。2001年5月国务院批转公安部《关于推进小城镇户籍管理制度改革的意见》中规定，小城镇户籍管理制度改革的实施范围是县级市市区、县人民政府驻地镇及其他建制镇。

经过上述渐进式户籍制度改革，绝大多数小城镇都向农民开放了户籍，为人口流动扫除了制度障碍。

（二）市镇建制政策

市镇建制政策主要是民政部先后颁布的两个调整市镇标准的报告。

1. "撤社建镇"，降低建制镇标准

1984年11月，国务院批转了民政部《关于调整建制镇的报告》，重新界定了镇的标准。该报告规定：凡县级地方国家机关所在地，均应设置镇的建制；总人口在2万人以下的乡，乡政府驻地非农业人口超过2000人的，可以建镇；总人口在2万人以上的乡，乡政府驻地非农业人口占全乡人口10%以上的，也可以建镇；少数民族地区、人口稀少的边远地区、山区和小型工矿区、小港口、风景旅游、边境口岸等地，非农业人口虽不足 2000 人，如确有必要，也可设置镇的建制；凡是具备建镇条件的乡，撤乡建镇后，实行镇管村的体制。

2. 整镇设市、整县设市，适当调低了设市标准，同时确立了"市管县"体制

1986 年，国务院批转民政部《关于调整设市标准和市领导县条件的报告》，提出了整镇设市、整县设市的模式，适当调低了设市标准，同时确立了"市管县"体制。

（1）"撤镇设市"，即非农业人口 6 万人以上，年国民生产总值 2 亿元以上，已成为该地经济中心的镇，可以设置市的建制。少数民族地区和边远地区的重要城镇，重要工矿科研基地，著名风景名胜区，交通枢纽，边境口岸，虽然非农业人口不足 6 万人、年国民生产总值不足 2 亿元，如确有必要，也可设置市的建制。

（2）"撤县设市"，即总人口 50 万人以下的县，县人民政府驻地所在镇的非农业人口 10 万人以上、常住人口中农业人口不超过 40%、年国民生产总值 3 亿元以上，可以撤县设市。总人口 50 万人以上的县，县人民政府驻地所在镇的非农业人口一般在 12 万人以上、年国民生产总值 4 亿元以上，可以撤县设市。自治州人民政府或地区（盟）行政公署驻地所在镇，非农业人口虽然不足 10 万人、年国民生产总值不足 3 亿元，如确有必要，也可以撤县设市。

（3）准许"辖县的市"，即市区非农业人口 25 万人以上、年国民生产总值 10 亿元以上的中等城市（即设区的市），已成为该地区政治、经济和科学、文化中心，并对周围各县有较强的辐射力和吸引力，可实行市领导县的体制。

1993 年，国务院批转民政部《关于调整设市标准的报告》，针对 1986 年设市标准在实践中存在的主要问题，如指标统计难度较大，且难以核实；设市时需要考察的重要条件尚未体现；有些指标还不尽科学合理；分类指导的原则在标准中反映不充分；没有规定设置地级市的标准等，进一步完善了设市标准。该报告下发后，国家担心"整县改市""整镇改市"会带来虚假城镇化，于 1997 年暂停审批"县改市"。

（三）城市发展方针

城市发展方针是国家为了实现一定时期的城市发展目标而制定的具体行

为准则，是指导城市健康发展、把握城市发展大局的总体纲领。城市化发展的阶段不同，城市发展的方针也有所不同。总的来看，改革开放之后至21世纪之前的20年里，我国城镇化政策顺应乡镇企业以及农业剩余劳动力流向小城镇的现实，遵循"优先发展小城镇"的思想，注重发挥小城镇的作用，适时引导小城镇的发展，从注重小城镇的规模发展到规模和质量并重（详见表6.1）。

表6.1 1978～2000年我国促进小城镇发展的相关表述

时间	会议文件	相关表述
1978 年	《第三次全国城市会议》	控制大城市规模，多搞小城镇
1980 年	《全国城市规划会议》	控制大城市规模，合理发展中等城市，积极发展小城市
1984 年	《中共中央 1984 年农村工作的通知》	加强集镇建设，即农村工业适当集中于集镇，可以节省能源、交通、仓库、给水、排污等方面的投资，并带动文化教育和其他服务事业的发展，使集镇逐步建设成为农村区域性的经济文化中心
1985 年	《国民经济与社会发展第七个五年计划（1986—1990）》	控制大城市，合理发展中等城市，积极发展小城市
1990 年	《国民经济与社会发展十年规划（1991—2000）和第八个五年（1991—1995）计划纲要》	严格控制大城市规模，合理发展中等城市和小城市
1993 年	《中共中央关于建立社会主义市场经济体制若干问题的决议》	加强规划，引导乡镇企业适当集中，充分利用和改造现有小城镇，建设新的小城镇
1994 年	《关于加强小城镇建设的若干意见》	把小城镇建设作为一件大事来抓，围绕着"做好规划、深化体制改革、提高科技水平、抓好试点"来推动小城镇建设
1995 年	《中国小城镇综合改革试点指导意见》	按照"积极引导，稳步发展，注重实效"的原则，试图通过试点和典型引路，引导小城镇健康发展
1998 年	《中共中央农业和农村工作若干重大问题的决定》	发展小城镇，是带动农村经济和社会发展的一个大战略
2000 年	《中共中央、国务院关于促进小城镇健康发展的意见》	提出发展小城镇的重大战略意义、指导原则和八项举措

资料来源：笔者根据有关资料整理。

在"优先发展小城镇"战略推动下，我国城镇化水平较快提高。1979～1999年，我国城镇化率从19.0%提高到34.8%，城市总数增加了451个。其中，县级市增加了 318 个，城市占比由 50% 提升至 64%。城镇总数从 2856 个增至 19756 个，增长近 7 倍（见表 6.2）。

表 6.2 1979 年和 1999 年城镇化率、城市发展情况

年份	城镇化率（％）	城市数（个）		县级市数（个）		城镇数（个）	
		总数	年均增加数	总数	年均增加数	总数	年均增加数
1979	19.0	216	—	109	—	2856	—
1999	34.8	667	22.5	427	15.9	19756	845

资料来源：《中国统计年鉴（2000）》。

但是，人口迁移政策的调整存在两个问题：一是政策调整滞后于人口迁移。20 世纪 80 年代至 90 年代中期，农业剩余劳动力大规模流入小城镇时，国家人口迁移政策只是有所放松，并没有完全取消；当国家允许流入人口在小城镇落户时，人口开始流入大中城市。所以，21 世纪之初我国全面放开小城镇户籍制度限制时，对农民没有较强的吸引力。二是对进城落户农民的限制并没有完全取消。尽管明确要放开县级市以下城镇农民进城落户的限制，但从实际看，放开的对象仅仅是当地农民，而对于外地农村人口进城落户仍然采取严格的限制措施。

二、大城市为主要载体的城镇化模式阶段

21 世纪中国加入 WTO 后，对外开放进入新阶段，以大型跨国公司为代表的外资企业大规模进入东部沿海地区，农业剩余劳动力也随之流向这些地区的大城市，城镇化建设进入以大城市为载体的阶段。我国大城市快速发展是多种因素综合作用的结果。有的学者从市场选择、政治制度、自然历史等方面进行了分析（刘爱梅，2011）；有的学者从传统发展理念、资源配置偏向、市场极化效应、农民迁移意愿和政府调控失效等方面进行了分析（魏后凯，2014）。作为初始因素，制度因素对大城市优先增长具有决定性作用，这一点并没有引起人们更多的关注。

（一）城市行政等级制度

西方发达国家的城市是独立的自治体，无论规模大小，城市之间在行政上不存在隶属关系，经济管理权限没有多少差异。而我国城市实行的却是严格的等级行政管理制度，即城市按行政区划分为直辖市、地级市、县级市和镇四级，考虑到行政级别和政府驻地的重要性，又细分直辖市、副省级市、省会城市、地级市、县级市、县城和建制镇共7个等级，不同等级的城市在权限设置、资源配置、制度安排等方面是自上而下降序排列，等级较高的城市具有优先发展权。

首先，在资源配置上，城市的行政等级不同，聚集资源的能力差异较大。一般而言，行政等级较高的城市，拥有较高的行政权力和管理权限，具有较强的聚集资源能力，更有利于城市的扩展。就经济资源的聚集而言，在现有财权上收体制下，城市行政等级越高，越是能够接近权力中心和决策中心，越是能够获得更多财力。处于行政等级底层的城市，虽然承担着大量公共事务，但财权和管理权限非常有限。因而，各种大型项目、企业、劳动力就会向行政等级较高的城市集中。就公共资源的聚集而言，政府往往把高等教育、科研院所、金融机构、大型医院、文艺团体等优质的公共服务集中安排在行政等级较高的城市；这些城市也具有较大的财力投入到公共交通、公共绿化、生活垃圾、生活污水等基础设施建设中，使得这些城市更加宜居。受资源配置行政偏向的影响，直辖市、副省级市、省会城市既是政治中心，又是经济中心、交通中心、科教中心、旅游中心，还是商贸中心、金融中心，多功能的叠加导致这些城市的边界不断外扩。

其次，在资源吸纳上，等级较高城市吸纳等级较低城市的资源。全国的资源、企业、项目等各种资源都流向北京、上海等行政级别较高的城市；省内的各种资源都流向省会城市，地区资源流向地级市。另外，中国城市是管理农村的，以城带乡，以城促乡。"市管县"体制的初衷就是想发挥中心城市的带动作用，促进县域经济的发展。但事实上，地级市往往凭借着行政权力吸纳周边县域的资源和财力，拉大城乡差距。

（二）城镇化发展政策

2000年以后，国家虽然没有专门颁布促进大城市发展的政策，却通过发布一系列文件（详见表6.3），明确提出大中小城市协调发展，打破了长期以来"促小"局面，改变了"限大"战略，促进了大城市发展。

表6.3　　　　　　　　　　　2000年以来我国城镇化发展的相关表述

时间	会议文件	相关表述
2000年	中共十五届五中全会《中共中央关于制定国民经济和社会发展第十个五年计划的建议》	在着重发展小城镇的同时，积极发展中小城市，完善区域性中心城市功能，发挥大城市的辐射带动作用，提高各类城市的规划、建设和综合管理水平，走出一条符合我国国情、大中小城市和小城镇协调发展的城镇化道路
2001年	《中华人民共和国国民经济与社会发展第十个五年计划纲要》	推进城镇化要遵循客观规律，与经济发展水平和市场发育程度相适应，循序渐进，走符合我国国情大中小城市和小城镇协调发展的多元化城镇化道路
2002年	中共十六大报告《全面建设小康社会，开创中国特色社会主义事业新局面》	要逐步提高城镇化水平，坚持大中小城市和小城镇协调发展，走中国特色的城镇化道路
2005年	中共十六届五中全会《中共中央关于制定国民经济和社会发展第十一个五年规划的建议》	坚持大中小城市和小城镇协调发展，提高城镇综合承载能力，按照循序渐进、节约土地、集约发展、合理布局的原则，积极稳妥地推进城镇化
2006年	《中华人民共和国国民经济和社会发展第十一五年规划纲要》	坚持大中小城市和小城镇协调发展，提高城镇综合承载能力，按照循序渐进、节约土地、集约发展、合理布局的原则，积极稳妥地推进城镇化，逐步改变城乡二元结构
2007年	中共十七大报告《高举中国特色社会主义伟大旗帜为夺取全面建设小康社会新胜利而奋斗》	走中国特色的城镇化道路，按照统筹城乡、布局合理、节约土地、功能完善、以大带小的原则，促进大中小城市和小城镇协调。以增强综合承载能力为重点，以特大城市为依托，形成辐射作用大的城市群，培育新的经济增长极
2008年	中共十七届三中全会《中共中央关于推进农村改革发展若干重大问题的决定》	坚持走中国特色城镇化道路，发挥好大中城市对农村的辐射带动作用，依法赋予经济发展很快、人口吸纳能力强的小城镇相应行政管理权限，促进大中小城市和小城镇协调发展，形成城镇化和新农村建设互促共进机制
2010年	《政府工作报告》	坚持走中国特色城镇化道路，促进大中小城市和小城镇协调发展，着力提高城镇综合承载能力，发挥城市对农村的辐射带动作用，促进城镇化和新农村建设良性互动
2010年	中共十七届五中全会《中共中央关于制定国民经济和社会发展第十二个五年规划的建议》	按照统筹规划、合理布局、完善功能、以大带小的原则，遵循城市发展客观规律，以大城市为依托，以中小城市为重点，逐步形成辐射作用大的城市群，促进大中小城市和小城镇协调发展

促进大城市发展的重点是促进大城市经济增长，增强其综合承载能力，发挥其辐射带动作用，而不是扩大其规模范围。这一点已经在历次国家规划和政策文件中予以明确。但是，从实际来看，促进大城市发展主要采取两种方式：

其一，"县改区"。1993年国务院批转民政部《关于调整设市标准的报告》，增加了人口规模与密度、经济总量与产值结构、基础设施等指标，进一步完善了设市标准，实际上是提高了设市门槛。但在审批中并没有完全执行，县级市数量仍然快速增长。鉴于新设县级市暴露出的大量问题，1997年，中央悄然停止"县改市"的审批，但"县改区"热潮涌动。我国只有地级及以上规模的城市才设区，其余城市不能设区。因此，"县改区"就成为地级市及以上城市扩大规模的主要行政区划调整方式。1997~2003年，既是我国县级市增长较慢时期，也是市辖区数量增长最快时期，地级市及以上规模城市迅速扩张。

其二，新城新区建设。根据国务院《新区设立审核办法》，2000年以后我国开始大都市新城新区规划建设（除了极少数是20世纪90年代规划建设外），这在一定程度上对大城市发展起到推波助澜的作用。截止到2013年底，我国正式建制城市总数654个，北京、上海、重庆、天津、西安、广州、沈阳、郑州、武汉、成都、南京和汕头等12个大都市共规划和建设了130个新城新区，每座城市平均为10.8个，规划和建设总面积超过了14900平方公里，每座城市平均为1241.75平方公里。这12个大都市除了汕头以外，其余11个都是直辖市、副省级城市、省会城市，它们仅占我国全部城市总量的1.8%，但其规划和建设的新城新区数量占到全国新城新区总数的27.7%，面积占到全国新城新区总面积的33.92%（光明日报城乡调查研究中心，2016），占所在城市面积的比重少则7.2%（沈阳），多则34%（广州）。这些新城新区均为产业、商业、居住、休闲等各种城市功能的综合体，能够吸纳更多的产业和人口，加剧了行政等级较高城市的规模扩张。

三、城市群①为主要载体的城镇化模式阶段

21 世纪初，我国东南沿海相继出现一些城市，或者依托对外开放的地理优势，或者依托交通枢纽优势，或者依托资源优势，打破行政区划的界限组群发展，最为明显的是环渤海湾城市群、长三角城市群、珠三角城市群。目前，在冀中南地区、呼包鄂榆地区、哈长地区、东陇海地区、江淮地区、海峡西岸经济区、中原经济区、长江中游地区、北部湾地区、成渝地区、黔中地区、滇中地区、藏中南地区、关中—天水地区、兰州—西宁地区、宁夏沿黄地区、天山北坡等地相继形成若干区域性城市群。我国城市群的形成与发展，在遵循市场经济发展的内在规律基础上，着眼于经济全球化的深入推进和国民经济的持续发展，根据区域经济发展的实际情况，不失时机地颁布了一系列政策加以推动的必然结果。

2001 年"十五"规划首次提出"城镇密集区"，指出要"实施城镇化战略，引导城镇密集区有序发展，促进城乡共同发展"。同时，进一步贯彻西部大开发战略，构建"两带一区"[西陇海兰新线经济带、长江上游经济带和南（宁）贵（阳）昆（明）经济区]的发展格局，带动西部一批城市群的形成与发展。

2006 年"十一五"规划首次提出"城市群"，把城市群作为推进城镇化的主体形态，逐步形成以沿海及京哈京广线为纵轴，长江及陇海线为横轴，若干城市群为主体，其他城市和小城镇点状分布，永久耕地和生态功能区相间隔，高效协调可持续的城镇化空间格局。对于已形成城市群发展格局的京津冀、长江三角洲和珠江三角洲等区域，要继续发挥带动和辐射作用，加强城市群内各城市的分工协作和优势互补，增强城市群的整体竞争力。具备城

---

① 国际和国内对城市群的认识并不统一。国际表达主要有 town cluster、metropolitan area、megalopolis、urban agglomeration、city-region、world city、desakota。国内表达则有都市连绵区、都市密集区、都市区、都市圈、城镇密集区等。不同的表达蕴含着对城市群的不同理解。有学者认为，在城市群边界性质以及城市群识别方法上存在简单化和较大的随意性。实际上，从应用的角度来看，城市群具有功能属性和政策属性。功能属性是指根据资金、人口、环境等所要实现的功能（如经济联系强度、人口的疏散等）来确定城市群的范围和规模；政策属性则是根据政策目标来确定城市群的范围和规模。因此，城市群完全可以根据应用的目的来界定，并不需要一个先于目的而存在的概念。（国务院发展研究中心课题组：《中国新型城镇化道路、模式和政策》，中国发展出版社 2014 年版，第 269 页。）

市群发展条件的区域，要加强统筹规划，以特大城市和大城市为龙头，发挥中心城市作用，形成若干用地少、就业多、要素集聚能力强、人口分布合理的新城市群。

2007年中共十七大报告指出："以增强综合承载能力为重点，以特大城市为依托，形成辐射作用大的城市群，培育新的经济增长极"。

2010年"十二五"规划提出，以大城市为依托，以中小城市为重点，逐步形成辐射作用大的城市群，促进大中小城市和小城镇协调发展。构建以路桥通道、沿长江通道为两条横轴，以沿海、京哈京广、包昆通道为三条纵轴，以轴线上若干城市群为依托、其他城市化地区和城市为重要组成部分的城市化战略格局。同时，依次对我国西部、东北、中部和东部经济区的空间布局给予详细规划，并对城市群内部每个城市的功能定位和产业发展方向也做了重要说明。

2011年我国出台了《主体功能区规划》，提出对我国环渤海湾地区、长江三角洲地区和珠江三角洲地区实行优化开发，形成三个特大城市群；对冀中南地区、太原城市群、呼包鄂榆地区、哈长地区、东陇海地区、江淮地区、海峡西岸经济区、中原经济区、长江中游地区、北部湾地区、成渝地区、黔中地区、滇中地区、藏中南地区、关中—天水地区、兰州—西宁地区、宁夏沿黄地区、天山北坡等地进行重点开发，形成若干个新的大城市群和区域性城市群。城市群作为我国城镇化发展的重要形态，已经实现了我国区域范围的全覆盖。

2012年中共十八大报告指出，要"科学规划城市群规模和布局，增强中小城市和小城镇产业发展、公共服务、吸纳就业、人口聚集功能"。

2014年《国家新型城镇化规划（2014—2020年）》提出，要建立城市群发展协调机制。首先，要统筹制定实施城市群规划，明确城市群发展目标、空间结构和开发方向，明确各城市的功能定位和分工，统筹交通基础设施和信息网络布局，加快推进城市群一体化进程。其次，要建立跨区域城市发展协调机制。以城市群为主要平台，推动跨区域城市间产业分布、基础设施、环境治理等协调联动。重点探索建立城市群管理协调模式，创新城市群要素市场管理机制；建立城市群成本共担和利益共享机制；加快城市群公共交通"一卡通"服务平台建设，推进跨区域互联互通，促进基础设施和公共服务设施共建共享。

2015 年"十三五"规划对各区域城市群发展提出了具体要求："优化提升东部地区城市群，建设京津冀、长三角、珠三角世界级城市群，提升山东半岛、海峡西岸城市群开放竞争水平。培育中西部地区城市群，发展壮大东北地区、中原地区、长江中游、成渝地区、关中平原城市群，规划引导北部湾、山西中部、呼包鄂榆、黔中、滇中、兰州—西宁、宁夏沿黄、天山北坡城市群发展"。

在上述政策推动下，我国城市群实现了前所未有的发展。京津冀、辽中南、山东半岛、长三角城市群、珠三角城市群、哈长地区、海峡西区、中原经济区、长江中游地区、成渝地区在内的十大城市群，以占全国 15% 的国土面积，聚集了全国 48% 的人口，创造了 72% 的地区生产总值。但不可忽视的是，我国城市群发展水平在空间上呈现出显著差异性。除了东部沿海地区三大城市群发展比较成熟外，其他地区的大部分城市群仍然处于发育成长时期。

从载体视角的我国城镇化模式发展演过程来看，在不同的经济社会发展时期，国家对城镇化的关注点不同。改革开放以后的很长时期，基于当时大中城市综合承载能力薄弱的现实，重点发展小城镇，使其成为聚集农村人口和资源的主要载体，极大地改变了农村落后面貌。进入 20 世纪 90 年代中期，小城市过度分散发展导致的环境污染和低效率问题日益严重，再加上城市土地市场改革、房地产市场改革、城市基础设施投融资体制改革等推动了城市快速发展，中国城镇化开启了大城市发展模式。21 世纪以来，随着我国对城镇化发展规律的深化认识以及国情的准确把握，充分认识到城市区别于农村的最重要特点在于"聚集效应"，这种聚集效应不仅表现在单体城市的自我扩张与聚集，更表现为地理位置相近的众多城市的有序聚集。中国新型城镇化的"新"，在空间布局中就表现为以城市群为主体的国土架构。

第二节　载体视角的城镇化模式问题分析：基于扩大内需的视角

载体视角的城镇化模式，无论是小城镇，还是大城市，都有优势，也都存在一些问题。本节从投资和消费视角来研究城镇化模式的问题。

一、载体视角城镇化模式的投资问题

投资分为投资规模和投资结构，载体视角的城镇化模式的投资问题就分为投资规模问题和投资结构问题。

（一）投资规模问题

我国不同时期实行了不同的城镇化模式，投资规模问题也各不相同。

20世纪80年代以来，中国开始大力兴办乡镇企业，刺激了小城镇的发展，小城镇投资规模经历了由快到慢的过程。下面以国家统计局城市社会经济调查总队所编《中国城市四十年》中给定的74座城市的固定资产投资样本来进行分析（见表6.4）。

表 6.4　　　　20世纪80年代74座城市固定资产投资额及其增长率

城市规模		投资额（亿元）				增长率（%）			
		1978年	1980年	1985年	1988年	1980年/ 1978年	1985年/ 1980年	1988年/ 1985年	1988年/ 1978年
200万 人以上	地区	107	149	394	730	139	264	185	682
	市区	47	52	169	603	110	325	356	1282
100万~ 200万人	地区	44	74	171	342	168	231	200	777
	市区	26	43	121	279	165	281	230	1073
50万~ 100万人	地区	28	39	141	221	139	361	156	789
	市区	22	30	119	183	136	396	153	831
20万~ 50万人	地区	15	26	116	197	173	446	169	1313
	市区	9	15	136	143	166	906	105	1588
20万人 以下	地区	2	3	17	34	150	566	200	1700
	市区	3	3	18	26	100	600	144	866
合计	地区	196	291	839	1524	148	288	181	777
	市区	107	143	563	1234	133	393	219	1153

资料来源：根据国家统计局城市社会经济调查总队所编《中国城市四十年》第266页、第268页资料计算而来。

总的来看，在 20 世纪 80 年代上半期，50 万人口以下的小城市固定资产投资增速不仅高于大中城市，也高于城市的平均投资增速。但是，从 80 年代中期开始，小城市固定资产的投资增速快速降下来。80 年代下半期，20 万～50 万人城市地区的固定资产投资增长率为 169%，比上半期减少了 277%（=446% – 169%）；市区固定资产投资增长率为 105%，比 80 年代上半期减少了 801%（=906% – 105%）。20 万人以下小城市地区的固定资产投资增长率为 200%，比上半期减少了 366%（=566% – 200%）；市区固定资产投资增长率为 144%，比上半期减少了 356%（=600% – 144%）。80 年代中期以后，小城市固定资产投资增长率很快下降，主要原因是我国财政增长能力不足。无论是中央政府还是地方政府投资于小城市固定资产的资金都来自于财政收入，80 年代城市经济和工业经济效益不好，政府投资于小城市固定资产的资金主要来自于农业。然而，80 年代中期之后的农村改革没有得到城市和工业经济足够支持，难以巩固和扩大改革成果，无法维持 80 年代初期小城镇发展的强劲势头。

20 世纪 90 年代以后，特别是进入 21 世纪后的前十年，大城市投资规模和投资增速都高于小城市；之后小城市投资增速快于大城市。具体表现为：

其一，全国城市、小城市（以县城为例）市政公用设施建设固定资产规模不断提高。2017 年分别达到 19327.6 亿元、3634.2 亿元，比 2001 年分别增长了 7 倍、10 倍。2009 以后，城市市政公用设施建设固定资产投资年均增速下降，2014 年、2015 年连续两年降为负值之后才逐渐回升（见表 6.5）。

表 6.5　　　　　全国城市、县城市政公用设施建设固定资产投资

年份	城市		县城	
	投资额（亿元）	比上年增长（%）	投资额（亿元）	比上年增长（%）
2001	2281.4	—	325.6	—
2002	2988.1	30.9	398.5	22.3
2003	4337.9	45.1	538.2	35.0
2004	4661.9	7.4	637.7	18.4
2005	5482.2	17.6	698.7	9.5
2006	5678.0	3.5	718.9	2.8

续表

年份	城市		县城	
	投资额（亿元）	比上年增长（%）	投资额（亿元）	比上年增长（%）
2007	6277.5	10.5	794.5	10.5
2008	7248.6	15.4	1119.7	40.9
2009	10492.9	44.7	1639.3	46.4
2010	13169.5	25.5	2524.0	53.9
2011	13690.4	3.9	2810.3	11.3
2012	15047.2	9.9	3914.9	39.3
2013	16350.0	8.6	3833.6	2.1
2014	16245.0	−0.6	3572.9	−6.8
2015	16204.4	−0.25	3099.8	−13.2
2016	17460.0	7.75	3394.5	9.5
2017	19327.6	10.70	3634.2	7.1

资料来源：根据2014年、2017年《中国城乡建设统计年鉴》的相关数据计算而来。

其二，大城市人均投资额远高于中小城市。2012年，与县级市人均市政公用设施建设投资水平相比，直辖市、副省级城市、省会城市都是县级市的2倍以上，一般地级市也是县级市的1.52倍（见表6.6）。行政等级较高的城市也是规模较大的城市，城市的行政等级与规模等级存在高度相关性。2012年，4个直辖市的人口都在400万人，副省级和一般省会城市的人口都在100万~400万人之间（西藏除外），一般地级市人口都在50万~100万人之间。一般中小城市的人口都在50万人以下。在中国现有的行政管理体制下，资源配置存在严重的行政偏向，公共资源大多集中在大城市。

其三，小城镇人均投资额增速提高非常快。2006~2012年，地级市人均投资额增长了2倍，县级市增长了1.5倍，县城增长了3.1倍，而建制镇增速最慢，只增长了1.1倍（见表6.6）。建制镇投资增速较慢，主要原因在于分税制改革后小城镇创造的收入大部分被上级政府吸取，致使小城镇无力提供公用设施。

表 6.6　　　　中国城市人均市政公用设施建设投资比较

指标	年份	直辖市	副省级城市	一般省会城市	一般地级市	县级市	县城	建制镇
人均投资额（元）	2002	1895.92	1323.55	978.06	554.84	474.60	—	—
	2006	3438.31	2219.30	1615.55	1062.89	815.57	634.78	354.18
	2012	4594.25	5245.60	4204.57	3156.94	2074.21	2605.70	768.59
相对水平（以县级市为1）	2002	3.99	2.79	2.06	1.17	1.00	—	—
	2006	4.22	2.72	1.98	1.30	1.00	0.78	0.43
	2012	2.22	2.53	2.03	1.52	1.00	1.26	0.37

　　资料来源：魏后凯：《中国城市行政等级与规模增长》，载于《城市与环境研究》2014年第1卷第1期，第4~17页。

（二）投资结构问题

　　我国城市建设投资大体分为住宅投资、市政公用设施投资和生产性投资三部分。我国小城镇住宅投资占比不断提高，由2006年的37.8%升至2017年的48.1%，提高了10个百分点；生产投资占比大幅降低，由2006年的42.9%降至2017年的26.7%，减少了16个百分点；而公用设施投资占比小幅上升，2017年达到25.2%（见表6.7）。由此可见，我国小城镇内部投资结构不合理，住宅投资比例过大，几乎占到整个投资的一半，而公用设施投资比例偏小。

表 6.7　　　　2006~2017年我国镇土地建设投入基本情况

年份	投入总额（亿元）	住宅投入		市政公用设施投入		生产性投入	
		总投入（亿元）	占比（%）	总投入（亿元）	占比（%）	总投入（亿元）	占比（%）
2006	3013	1139	37.8	580	19.2	1294	42.9
2007	2950	1061	36.0	614	20.8	1275	43.2
2008	3285	1211	36.9	726	22.1	1348	41.0
2009	3619	1465	40.5	798	22.1	1356	37.5
2010	4356	1828	42.0	1028	23.6	1500	34.4
2011	5018	2106	42.0	1168	23.3	1744	34.8

续表

年份	投入总额（亿元）	住宅投入		市政公用设施投入		生产性投入	
		总投入（亿元）	占比（%）	总投入（亿元）	占比（%）	总投入（亿元）	占比（%）
2012	5751	2469	42.9	1348	23.4	1934	33.6
2013	7148	3561	49.8	1603	22.4	1984	27.8
2014	7172	3550	49.5	1663	23.2	1959	27.3
2015	6781	3373	49.7	1646	24.3	1762	26.0
2016	6825	3327	48.7	1697	24.9	1801	26.4
2017	7410	3565	48.1	1867	25.2	1978	26.7

资料来源：根据 2014 年、2017 年《中国城乡建设统计年鉴》的相关数据计算而来。

由于公用设施投资占比过低，小城镇的公用设施总体水平较低，严重影响了小城镇整体功能的发挥，不能满足城镇发展的需要。在供水和污水处理方面，2017 年，小城镇自来水普及率为 88.1%，比一般城市用水普及率少 10 个百分点；即使是县城的自来水普及率也比城市一般水平要低 6 个百分点。小城镇燃气普及率只有 52.11%，仅为城市燃气普及率的一半，比县城燃气普及率还低将近 30 个百分点。对生活污水进行处理的建制镇只有 8510 个，占全国城镇的 47%。也就是说，一半以上的建制镇没有集中污水处理厂，大量污水未经处理就近排放，造成严重污染。在环境卫生设施方面，大多数小城镇环境卫生设施基础比较薄弱，固体垃圾和建筑垃圾随意堆放，生活垃圾无害化处理率为 51%，低于一般城市生活垃圾无害化处理率 44 个百分点（见表 6.8）。

表 6.8　　　　　　　　2017 年中国城市市政公用设施水平的比较

指标	实际值			相对水平（以市为1）	
	城市平均水平	县城	建制镇	县城	建制镇
人均城市道路面积（平方米）	16.05	16.18	13.81	1.01	0.86
用水普及率（%）	98.3	92.83	88.1	0.94	0.90
燃气普及率（%）	96.26	81.35	52.11	0.85	0.54

续表

指标	实际值			相对水平（以市为1）	
	城市平均水平	县城	建制镇	县城	建制镇
污水处理率（%）	94.54	90.21	49.35	0.95	0.52
生活垃圾无害化处理率（%）	97.74	91.00	51.17	0.93	0.52
人均公园绿地面积（平方米）	14.01	11.86	3.13	0.85	0.22
建成区绿化覆盖率（%）	40.91	34.60	51.97	0.85	1.27
建成区绿地率（%）	37.11	30.74	10.42	0.83	0.28

资料来源：2017 年《中国城乡建设统计年鉴》。

总之，20 世纪 80 年代，在优先发展小城镇战略指导下，小城镇投资增速比较快；90 年代以来，大城市投资规模和投资增速都快于小城镇，尽管 2009 年以后，小城镇投资增速得到快速发展，但小城镇人均市政公用设施建设投资额远低于大城市。

二、载体视角城镇化模式的消费问题

不同规模的城镇化模式对农民工消费的影响，主要是通过收入和定居意愿两个方面表现出来的。换言之，在哪种规模的城市中，农民工定居意愿更强以及获得的收入更高，将直接或者间接扩大消费。

（一）学术界对于不同规模城市的农民工工资收入与定居意愿的争论

1. 学术界对于大城市的农民工能否获得更高的工资看法不一

持肯定观点的学者认为，大城市的农民工工资水平比小城市高，城市规模扩张能提高农民工工资水平，但能提高多少，观点不同。有的认为，农民工工资对城市规模的弹性系数在 4.0% ~ 4.2%（王建国、李实，2015）。有的认为，城市规模每上升 1%，劳动力名义年收入和名义小时收入将分别上升约 0.190% 和 0.189%（高虹，2014）。还有的认为，城市规模每扩大 1%，个人的就业概率平均提高 0.039 ~ 0.041 个百分点（陆铭等，2012）。尽管所有收入水平的劳动力均能从城市规模的增长中受益，但是城市规模扩大的就业效应对于不同劳动者并不相同。有的学者认为，较低技能组别劳动力从城市规模的扩大中受益程度最高，而中等技能水平劳动力的就业概率并没有受到影响（陆铭等，2012）。相反，有的学者却认为，相比于收入处于中、高水平的劳动力来说，收入最低的劳动力受益程度相对较小（田相辉、徐小靓，2015）。还有的学者认为，城市聚集对于劳动力尤其是高技能劳动力的工资水平具有促进作用。在短期内，高技能劳动力组别的增长效应高于低技能劳动力组别（踪家峰、周亮，2015）。大城市农民工之所以能够获得更高的工资，并不是因为他们的技能水平更高，是因为大城市具有聚集效应，使得农民工更有生产力。劳动力在就业密度更高的城市会获得更高的能力，或者说就业密度更高的城市有能力支付给劳动力更高的工资；在控制就业密度的条件下，土地面积较大城市的劳动力工资水平要高于土地面积较小城市的劳动力工资水平，这也是生产要素依然纷纷流向大城市和较发达地区的主要原因——即便这些地区的生产和生活成本比较高（田相辉、徐小靓，2015）。

持否定观点的学者认为，城市规模的工资升水并不大，进一步考虑劳动者的不可观测能力特征和选择偏差问题，大城市劳动者的收入优势不再存在，甚至可能出现收入劣势。大城市的互动效应和学习效应只部分地得到证明（宁光杰，2014）。因而，农业转移劳动力到大城市打工不一定收益更高，就近转移到中小城市就业会获得更好的收益。

2. 学术界对于农民工愿意在哪类城市定居的看法也不一致

由于调查时间、地点、样本以及抽样方法的差异，对农民工城市定居意愿问题缺乏一致意见。有人利用2012年国家卫计委流动人口调查中江苏、浙江与上海三地的数据以及其在2013年对我国7个区域性中心城市（上海、广州、天津、武汉、成都、兰州、哈尔滨）所做的调查数据，认为受理性和文化双重逻辑的影响，农民工城市定居意愿偏好大城市和省内城市，即50.41%的农民工希望定居在大城市，仅有16.67%的农民工希望定居在中小城市，另有32.8%的农民工希望返乡定居。在同等情况下，受情感和文化因素的羁绊，农民工希望留在省内城市（孙中伟，2015）。

近几年，农民工的流向发生重大变化，农民工就近就业定居已成趋势。据此有学者认为，农民工定居中小城市热情极高。例如，在对浙江省温州市以及辽宁省不同层级的5个城市调查表明，60%以上的农民工愿意定居在地级市和县城，而选择大城市的农民工不超过1/3（见表6.9）。

表 6.9　　　　　　　　　**农民工定居城市意愿比较**　　　　　　　单位：%

城市类型	温州	辽宁
中心镇	18.8	1.87
县城	40.8	29.91
地级市	21.6	36.07
省会城市及直辖市	18.8	32.15

资料来源：温州数据来自于夏怡然：《农民工定居地选择意愿及其影响因素分析：基于温州的调查》，载于《中国农村经济》2010 年第 3 期，第 35～44 页。辽宁数据来自于黄庆玲、张广胜：《农民工定居中小城市的优势、意愿及政策选择》，载于《农村经济》2013 年第 8 期，第 102～105 页。

（二）争论的实质

收入是影响农民工消费的重要因素之一，不同规模城市的农民工工资收入有差异，但差异不大。不能因为大城市收入高，就认为大城市农民工的收入也比较高。中国农民工劳动力市场的特殊性决定了大城市的农民工不能获得较高工资。

一些学者认为大城市农民工工资较高，是因为大城市具有规模经济和更多的就业机会，大城市对流动人口的吸引力远远超过中小城市。根据中欧 - 博尔捷薪酬指数数据库公布的信息，2017 年我国薪酬收入排名前 20 位的城市是上海、杭州、宁波、南京、苏州、深圳、广州、佛山、东莞、北京、天津、青岛、大连、长沙、郑州、武汉、重庆、成都、贵阳、西安，这些城市城区人口都超过 100 万人，中小城市无一上榜。高收入的城市对流动人口的确有吸引力，但吸引人口流入的原因除了高收入，还包括优质的公共服务。实际上，由于流入大城市的农民工在劳动力市场上的工资谈判能力较低，绝大多数农民工不能要求大城市的厂商或者投资者对房价和交通成本进行补偿，最终导致农民工在不同规模城市工作的名义工资相差不大。2012 年，国家统计局对近 20 万农民工的调查，农民工在不同规模城市的工资相差不大，在直辖市、省会城市、地级市和县级市工作的农民工月平均工资分别为 2561 元、2277 元、2240 元和 2204 元。

不同规模城市的农民工不仅名义工资差不多，实际工资也没有显著差距。其原因在于不同规模城市农民工的生活消费支出相差不大。2015 年，直辖市和省会城市、地级市、小城镇的农民工人均月生活消费支出分别是

1106 元、1043 元、892 元（见表 6.10）。名义工资减去生活消费支出后，农民工的实际工资基本一致。作为消费大头的居住支出，在不同规模的城市中相差不多。

表 6.10 2013 ~ 2015 年农民工在不同城市类型月均生活消费和居住支出

项目	生活消费支出（元/人）			其中：居住支出（元/人）			居住支出占比（%）		
	2013 年	2014 年	2015 年	2013 年	2014 年	2015 年	2013 年	2014 年	2015 年
合计	892	944	1012	453	445	475	50.7	47.1	46.9
直辖市和省会城市	972	1020	1106	500	489	528	51.4	47.9	47.8
地级市	911	968	1043	432	420	452	47.4	43.4	43.4
小城镇	807	853	892	430	430	444	53.2	50.4	49.8

资料来源：2013 年、2015 年《中国农民工监测调查报告》。

三、载体视角的城镇化困境

目前，我国不同规模城市的投资与消费出现的种种问题，尤其是投资大城市偏向使我国城镇化建设陷入众多困境中，面临一系列难题。

（一）人口流入地与户籍改革地之间的错位

虽然不同规模城市的农民工工资收入没有显著差距，但大城市和特大城市仍然是农民工的主要流入地。2015 年，31.2% 的外出农民工进入直辖市和省会城市，35.1% 的外出农民工进入地级市，33.3% 的农民工流入小城镇。也就是说，2/3 的外出农民工进入了大城市，致使大城市的常住人口屡屡打破其规划目标。大城市基础设施和公共服务是按照户籍人口配置的，涌入大量的非户籍人口导致了严重的"城市病"，北上广深等一线城市尤为严重。为此，不得不采取严格的户籍制度等行政手段来加以控制。

我国众多的中小城市产业结构单一，经济规模较小，基础设施落后，就业难度较大，不是农民工流入的首选之地，却是我国放松户籍制度的重地。《国务院关于进一步推进户籍制度改革的意见》中规定：全面放开建制镇和小城市落户限制、有序放开城区人口 50 万 ~ 100 万人的中等城市落户限制、合理放开城区人口 100 万～300 万人的大城市落户条件、合理确定城区人口 300 万～500 万人大城市落户条件、严格控制特大城市人口规模。这样就形成了农民工"大城市进不去、小城市不愿去",导致户籍制度改革的供求区域错位。

(二) 大城市优质公共服务供给区域与农民工对公共服务需求区域的错位

大城市是公共资源汇集中心,国家各种优质的教育、医疗、文化、科技等集中在北上广等少数区域中心城市。如全国"211"高校共 112 所,其中北京有 26 所、上海有 10 所;河南、河北、山西、江西等省各有 1 所。全国"三甲"医院共 770 家,其中,北京 35 家、上海 28 家、天津 29 家,而安徽只有 10 家 (孙中伟,2015)。这些城市的优质资源主要配置在中心城区,这样不仅能满足中心城区高密度人口的服务需求,同时又增强了中心城区的人口吸纳能力。

然而,外来农民工主要聚集在城乡接合处或者郊区,难以分享到中心城区的公共服务。农民工进入大城市打工的原因之一就是让自己及其孩子能够享受大城市的优质公共服务,而大城市的公共服务是按照户籍人口提供的,把农民工排斥在外,农民工的孩子只好被送到"农民工子弟学校"。这类学校基础设施落后,教学质量比较差,还阻碍了农民工子女与城市学生的交流。公办学校以各种理由拒收农民工子女。有学者对全国 10 个城市农民工子女入学教育调研后发现,农村流动儿童只有 41.1% 读于公办学校,58.8% 的孩子就读于民办学校 (陶虹等,2010)。这种供给方式不利于提升农民工后代的人力资本和未来竞争力,严重影响了农民工后代的内生性市民化。农民工公共服务需求区域与大城市优质公共服务供给区域之间的错位发展,极大地削弱了大城市公共服务资源的配置效率。

(三) 大城市就业吸纳能力与农民工住房支付能力的错位

"住有所居"是衡量农民工市民化的重要标志。我国农民工住房主要分三类:第一类是免费居住,即农民工居住在单位宿舍、工地工棚和生产经营场所。这类农民工占比近年来呈下降趋势,2018 年是 12.9%;第二类是租房居住,与人合租以及独立租赁的农民工占比 2018 年为 61.3%,这部分农民工大多租住在"城中村"或者城郊房屋,环境恶劣,条件简陋,位置偏僻。

第三类是自购房，此类农民工占比不断提高，2018 年达到 19%。农民工自购住房比例之所以非常低，原因之一是大城市房价过高，农民工无力支付。不同规模城市的农民工工资收入相差不大，但商品住宅价格差距非常大。这就意味着，大城市就业吸纳能力强，但居住于此的农民工住房支付能力弱；而中小城市就业吸纳能力弱，但农民工住房支付能力强。原因之二是政府在提供保障性住房时，以户籍为门槛，将农民工排除在外。2018 年，购买保障性住房和租赁公租房的农民工不足 3%。虽然个别城市已经着手改革，逐步向外来农民工开放保障性住房，但是农民工群体与城市居民在享受保障性住房上仍然存在巨大差距。

大城市农民工居住隔离现状，不利于农民工更好地融入城市中。首先是文化隔离。农民工居住边缘化会逐渐形成一种特有的、独立于城市主流文化的农民工文化，使得农民工与城市原住民难以沟通，产生社会排斥。其次是公共服务隔离。住房的空间位置是提供社会地位、工作、教育和其他服务以及构建经济、社会和政治联系的一种重要载体，农民工居住边缘化使得他们远离优质公共服务供给区域，不能提高自身的人力资本。最后是财富积累较难。在快速城镇化发展过程中，居民收入的增加很大程度上取决于财产性收入的增加，而财产性收入往往来自于房屋的市场价格。农民工租住房屋只是短期容身之所，要把有限的收入寄回老家，在家乡购房却又无人居住。这种生产与消费分离的城镇化，不仅没有充分发挥有限收入的消费效应，还严重制约了农民向市民的转变。

第三节　城市群成为城镇化的主要载体

随着经济全球化的深入发展和全国统一大市场的全面形成，我国城镇化正在由点状分散发展转向聚合集中发展，形成以大城市为核心的城市群。为此，要顺应这一发展趋势，结合我国城市以及区域经济发展的实际情况，积极推进以特大城市为依托、以增强综合承载能力为重点，形成综合实力更强、辐射范围更大的城市群，充分发挥城市群对经济增长的拉动作用。

一、城市群成为城镇化主要载体的必然性

城市群成为城镇化的主要载体，是区域经济和城市发展的客观要求，也是农民工市民化的必然要求。

（一）区域经济发展需要推进城市群建设

区域经济发展的实质是产业发展与推进，没有产业结构的变化就没有区域经济发展。产业的发展促进了城市的产生和发展。随着城市规模的不断扩大，产业聚集效应就会逆转为拥挤效应，要求产业结构调整与升级，大城市特别是中心城区的功能要逐渐调整。最有效的解决办法是在充分发挥大城市提供公共服务和创新环境、推动产业走向成熟的同时，引导和支持大规模专业化生产功能向周边中小城市分流。产业转移和分工深化使城市之间的相互联系增强，通过产业间前后向联系，共同打造产业互补、空间利用效率高的区域经济体或者城市群。

城市群中不同规模的城市需要发展不同类型的产业。大城市应该重点发展服务业、非标准化制造业和研发产业，为创新、发明、培育新公司提供良好环境，进而将成熟产业转移出去。中等城市应该重点发展成熟产业而非新兴产业的专业化生产。小城市应该重点发展大型制造业，接收和重新安置大城市转移出来的产业和人口，从而促进城市群内各类城市在异质错位发展中共同提升主导产业支撑能力，将大城市的优势产业、优势企业、优势品牌、优势市场等核心资源与周边中小城市实行板块化业态传导以及价值链共享，通过互补实现优而强。在此基础上，以产业聚集为基础的城市群成为区域经济发展的增长极。

（二）城市发展迫切需要推进城市群建设

不同规模的城市具有不同的功能与定位。大城市是国家或者区域的政治中心、经济中心、文化中心，是国内外经济社会交往的主要平台，经济规模大，经济效益高，基础设施好，就业机会多，是先进生产力最集中、最有活力的地方，具有较强的科技进步能力和经济扩散能力，对周边地区具有较强的带动和辐射作用。中小城市具有一定的经济发展基础和投融资环境，有一

定数量的各类企业，能够在一定程度上克服小城镇聚集效应不足的弊端，作为连接农村和大城市的必要纽带，具有重要地位和作用。

目前，我国城市发展存在两个问题：一是城市结构"二元化"。十多年来，大城市偏向的发展模式导致了我国（特）大城市过度聚集而增长受阻，大城市基础设施建设接近饱和，继续"摊大饼"式圈层建设弊端严重。而中小城市和小城镇缺乏产业支撑，就业机会不多，经济活力不足，进一步降低了对资本、技术、人才等生产要素的吸引力。二是城市等级"行政化"。在行政区域内，城市关系表现为"以大管小"，高级别的城市管辖着低级别的城市。这样，高级别的省会城市、地级城市就将土地、固定资产投资、行政人员配置、公共资源等予以截留，结果是大城市资源过度集中，中小城市和城镇资源供给不足。而在不具有行政隶属关系的城市区域之间存在着严重的"非合作竞争"现象。基于地方利益的考虑，各城市政府在行政区域范围内按照自身的产业结构构筑自我封闭、自我配套的经济发展体系，有意识地限制了生产要素的跨区域流动（石淑华、吕阳，2014）。

为了解决上述城市发展问题，以城市群为主要平台，推动不同规模城市在功能上互补合作，"以大带小"；摒弃城镇自成一体的内部功能和布局的完整性，积极主动地"咬合"到城市群的功能分工中，打破行政区划，在开放的区域内，按照市场作用来推动自身的经济社会发展。世界各地和我国长三角、珠三角、京津冀地区的中小城市发展实践证明，在城市群和大城市周边的中小城市和城镇，可以分担和承接大城市的某些功能，能够实现较快发展；而远离城市群和大城市的中小城市和城镇，尽管也可以聚集一些特色产业，成为某一区域中心，但由于持续创造就业的能力不足，其经济持续发展的进程很慢，甚至出现衰退。因此，城市群是城镇化发展到一定阶段的必然选择。

（三）农村人口流动强烈呼唤推进城市群建设

在人口流动过程中，不同规模的城市在收入水平、消费水平、地理位置、生活环境、服务保障等方面各有优劣：除了城市之间收入差距不大外，大城市在发展属性和生活属性方面占优，小城市在成本、地理和环境等方面占优。哪种类型的城市都不具备绝对优势和绝对劣势，流动人口根据各自的需求和实际情况选择合适的城市类型。然而，我国农业转移人口的流向呈现出"一增一减"现象。

"增"是指进入特大城市的农民工持续增加。在我国 290 多个地级以上城市中，只有 84 个城市是人口净迁入城市，共有户籍人口 36179 万人，常住人口 45451 人，净流入人口 9272 万人。其中，排名前 10 位人口净流入城市分别是上海、北京、深圳、东莞、天津、广州、苏州、佛山、成都、武汉，人口净流入总额为 5282 万人，占 84 个人口迁入城市的人口净流入量的 57%。这 10 个城市中，上海、苏州属于长三角城市群，深圳、东莞、广州、佛山属于珠三角城市群，北京、天津属于京津冀城市群，成都属于成渝城市群，武汉属于长江中游城市群。

"减"是指进入小城镇的农民工持续减少。2013～2015 年的 3 年时间内，进入小城镇的外出农民工减少了 300 万人，所占比重由 35.7% 降低至 33.3%。其中，跨省进入小城镇的农民工锐减 269 万人。省内进入小城镇的农民工占比仍维持在 45% 以上，但近三年降低 2 个百分点，减少 31 万人（见表 6.11）。我国半数以上农民工聚集在大城市中，而大城市高企的房价不利于他们顺利融入城市。中小城市有利于农民工市民化，但就业机会不多留不住人。为破解这一困局，大力发展城市群，有效发挥城市群对人口的整体吸纳能力是一个最佳选择。

表 6.11　　　　　　2013～2015 年外出流动农民工流向地区分布

项目		年度	合计	直辖市	省会城市	地级市	小城镇	其他
外出农民工	绝对量（万人）	2013	16610	1410	3657	5553	5921	69
		2014	16821	1359	3774	5752	5864	72
		2015	16884	1460	3811	5919	5621	73
	相对量（%）	2013	100.0	8.5	22.0	33.4	35.7	0.4
		2014	100.0	8.1	22.4	34.9	34.9	0.4
		2015	100.0	8.6	22.6	35.1	33.3	0.4
跨省流动农民工	绝对量（万人）	2013	7739	1115	1749	3064	1742	69
		2014	7867	1107	1783	3163	1742	72
		2015	7745	1188	1752	3258	1473	73
	相对量（%）	2013	100.0	14.4	22.6	39.6	22.5	0.9
		2014	100.0	14.1	22.7	40.2	22.1	0.9
		2015	100.0	15.3	22.6	42.1	19.0	0.9

续表

项目		年度	合计	直辖市	省会城市	地级市	小城镇	其他
省内流动农民工	绝对量（万人）	2013	8871	295	1908	2489	4179	0
		2014	8954	252	1991	2589	4122	0
		2015	9139	272	2059	2660	4148	0
	相对量（%）	2013	100.0	3.3	21.5	28.1	47.1	0
		2014	100.0	2.8	22.2	28.9	46.1	0.0
		2015	100.0	3.0	22.5	29.1	45.4	0.0

资料来源：2013～2015 年《全国农民工监测调查报告》。

二、城市群发展的路径选择

（一）加强交通基础设施建设，实现城市间互联互通，进一步扩大内需

交通是城市群形成的重要支撑条件，而城市群的打造也拉动了交通发展，二者叠加有力拉动投资和消费。

就投资而言，根据《中长期铁路网规划（2016 年调整）》，我国到 2030 年新建铁路 7.9 万公里，其中，通勤铁路新建 3 万公里，高速铁路新建 2.6 万公里。如果按照通勤铁路 3 亿元/公里、高速铁路 1.5 亿元/公里的造价计算投入，仅这两项投资就高达 13 万亿元。除此以外，高铁建设还能够带动相关产业的发展，具有较好的社会经济效应。依据《中长期铁路网规划（2008 年调整）》中"四纵四横"客运专线网进行测算，我国高速铁路 1.3 万多公里主干线的建设投资额为 1.95 万亿元，可以拉动相关产业近 15 万亿元的投资规模（见表 6.12）。如果按照这一标准计算（不包括物价上涨指数），2030 年"八纵八横"高铁客运专线网至少可以拉动相关产业 30 万亿元的天量投资。

表 6.12　　　　　　　高速铁路建设对相关产业的经济拉动情况　　　　单位：万亿元

排序	1	2	3	4	5	6	7
行业	非金属矿采选业	非金属矿物制品业	金属矿采选业	金属冶炼及压延加工业	石油和天然气开采业	废品废料	金属制品业

续表

排序	1	2	3	4	5	6	7
安全拉动系数	0.622	0.597	0.558	0.486	0.407	0.397	0.377
经济拉动额	1.214	1.165	1.088	0.948	0.793	0.744	0.734
排序	8	9	10	11	12	13	14
行业	石油加工、冶炼及核燃料加工业	木材加工及家具制造业	仪器仪表及文化办公用机械制造业	信息传输、计算机服务和软件业	电力、热力的生产和供应业	电气、机械及器材制造业	交通运输及仓储业
安全拉动系数	0.341	0.332	0.324	0.292	0.262	0.240	0.231
经济拉动额	0.665	0.648	0.632	0.570	0.512	0.469	0.451
排序	15	16	17	18	19	20	21
行业	煤炭开采和洗选业	通用、专用设备制造业	化学工业	租赁和商务服务业	水的生产和供应业	综合技术服务业	金融保险业
安全拉动系数	0.227	0.225	0.220	0.208	0.202	0.184	0.181
经济拉动额	0.443	0.439	0.429	0.405	0.393	0.359	0.354
排序	22	23	24	25	26	—	—
行业	批发和零售业	其他制造业	造纸印刷及文教用品制造业	交通运输设备制造业	通信设备、计算机及其他电子设备制造业	—	—
安全拉动系数	0.175	0.147	0.128	0.128	0.127	—	—
经济拉动额	0.342	0.287	0.250	0.250	0.247	—	—

资料来源：王刚、龚六堂：《浅析高速铁路建设投资的产业经济效应》，载于《宏观经济研究》2013 年第 6 期，第 67~71 页。

就消费而言，基于通勤铁路和高速铁路形成的"1 小时城市群"，可以将特大城市过于集中的、成熟的产业及其人口有序疏导到周边中小城市，可以有效解决农民工的居住问题。这不仅可以有效化解中小城市房地产过剩，还缓解了特大城市住房价格持续上涨的压力。如果农民工的住房需求得到满足，就可以带动建材、汽车、电脑、家电等消费品以及教育、商贸、文化、医疗等服务，产生一系列关联性消费需求，促进农民工向消费者的转变，快速提高我国真实城镇化率。

（二）加快产业迁移步伐，增强各类城市的人口吸纳力，充分发挥城市群对人口的整体吸纳能力

产业是城市群发展的基础。城市群中各类城市根据其城市功能、资源环境承载能力、公共设施容量，实现差异化发展，依靠产业聚集引导人口聚集，实现产业和人口同步发展，经济发展和城市建设有机融合。我国现阶段处于城市经济转型发展的关键时期，要推进大中小各类城市齐头并进、协同发展，无论是过于强调大城市发展还是过于突出中小城市小城镇的作用都是片面，都不符合我国城市发展的实际情况，不利于解决城镇化发展中出现的各种问题。

首先，大力发展城市群中的核心大城市，进一步挖掘容纳外来人口的潜力。

城市群的发展依托核心大城市，如果没有核心大城市的发展，没有建成"以高新技术产业、先进制造业为基础，以现代服务业为支撑的适应现代化中心城市功能"的新型产业体系，特别是现代服务业，就不会提升核心大城市的聚集和辐射作用，中小城市的发展也缺乏带动力，城市群的发展也就缺少领头羊。

然而，核心大城市发展存在两个问题：其一，经济实力有限，经济集中度不足。以北京为例，北京市的面积与东京大都市、纽约大都市基本相同，但总产出水平只相当东京的28%、纽约的36%。东京大都市区的产出占日本国内生产总值近32%，纽约大都市区占美国的近9%，北京却不到3.4%。北京市的人口密度接近东京的50%，略高于纽约，但是每平方公里的产出却是东京的23%、纽约的39%（见表6.13）。其二，人口聚集低于经济聚集，人口就业的作用未得到充分发挥。很多人认为我国核心大城市人口太多，导致了各种严重的城市病。实际上，人口密度分为中心城区的人口密度和市辖区的人口密度两个口径。从中心城区的人口密度来看，核心大城市的人口密度比较高，多数人口集聚在中心城区。然而，从市辖区整个地区的人口密度来看，中国核心大城市的拥挤程度并不高。在全球221个人口超过200万人的城市聚集体中，上海和北京的人口密度分别处于第114位和139位，仅属于中等偏下水平。以北京为例，北京中心城区（八区）面积只占全市总面积的

8%,却承担了北京市几乎全部的市级以上功能,而占全市总面积92%的远郊区县几乎没有承担这些功能;8%的中心城区承载了77%的人口,另外92%的地区面积却只承载23%的人口。也就是说,核心大城市的经济增长是按照宽口径的区域范围计量的,人口却过于集中在中心城区这一狭小的地域范围,而其他区域的人口并不拥挤。北京与面积比它小18%的东京大都市区相比,至少还能容纳1300万人口。由此可见,北京市不是人多,而是人挤。

表6.13　　北京市、东京大都市区、纽约大都市区各项经济数据一览

城市	人口数量 (万人)	大都市区 地区生产 总值 (百万美元)	大都市区地区 生产总值占 当年国内生产 总值的比例 (%)	大都市区 面积 (平方公里)	人口密度 (万人/ 平方公里)	经济密度 (百万美元/ 平方公里)
北京市 (2018年)	2154	458186	3.37	16410	0.1312	27.92
东京大都市区 (一都三县, 2008年)	3499	1599267	31.8	13525	0.2587	118.24
纽约大都市区 (2010年)	1890	1249076	8.6	17405	0.1086	71.77

资料来源:东京和纽约的数据来自于童大焕:《中国大城市化共识》,东方出版社2014年版,第18页。

核心大城市存在上述问题的根源在于:第一,制度创新不足。经济聚集度低,增长乏力,主要是人才聚集力和吸纳力不足。北京是国家科教中心,"985"和"211"高校均居全国首位,在校生人数居全国各省区市第2位。但1999年大学扩招以来,全国在校生人数增加了5.5倍,北京只增长了1.8倍,在校生人数到2013年降至第20位,甚至落后于多个西部省区和二线城市,一流的科教资源没有得到充分利用(汪海,2015)。严格的户籍制度限制了外来人口的流入,不仅导致北京创新力不强,人口的整体素质得不到提高;而且也无法弥补产业结构调整所需的劳动力资源,尤其是不能满足现代服务业和高新技术产业等知识、技术密集产业对人才的大量需求。第二,城市治理体系落后。目前,我国多数大城市的规划还是单中心、"摊大饼"圈层式发展，优质资源过度集中在中心城区，卫星城和郊区产业发展滞后，只是吸引人口居住的睡城，造成职住分离，引发人口在中心城区与居住区之间"钟摆式"移动，加剧了交通拥挤。21世纪以来，北京市常住人口不断增长的同时，人户分离现象日益严重。2010年，北京人户分离人口为345.4万人，其中跨区县的人户分离人口182.8万人，占52.9%。就各区情况来看，丰台区、石景山区、昌平区、大兴区以跨区县的人户分离为主，大多占60%，其中，昌平区更是高达81.4%。可见，北京市新增人口大多工作在中心城区，居住在郊区（刘洁，2013）。

破解这两个问题的关键在于，一是合理确定城市功能，依据功能疏散来引导产业、人口、设施疏散。具体而言，需要"三步走"：第一步是"功能布局调整"带动"产业布局调整"。要科学确定城市的功能定位和发展方向，据此制定合理可行的产业限制的宏观政策以及企业准入的微观政策，引领城市发展和产业布局的全面转型。第二步是"产业布局调整"带动"人口流向调整"，主要包括"引进来、调出去"双向调控。一方面是"以业控人"，通过产业限制政策把不符合城市功能发展的产业（成熟制造业）疏散到郊区和周边城市，人随业走，就业于成熟制造业的劳动力也随之迁出，从而减轻核心大城市的人口压力；另一方面是"以业引人"，通过产业准入政策把契合城市功能的产业"引进来"，进而吸引相关产业的大量外来人口。在产业和人口的双向调控下，核心大城市的产业结构朝着多元化、高级化方向演进，劳动力实现了职住合一。第三步是"人口流向调整"推动"设施投向调整"。随着人口流向周边城市，公共资源就要由行政性配置转向市场性配置，加强对产业和人口流入地的基础设施和公共服务的投资，解决流入地硬件不足这一短板，使迁入人口真正定居下来。基础设施投向的调整，不仅可以使从核心大城市转移出来的临时性迁移人口转为定居于中小城镇的永久性居民，而且可以使留在核心大城市的外来人口永久性居住的可能性大增，总体上推动以人为本的"真实城镇化"建设。

二是大力发展中小城市，提升经济发展的动力，增强外来人口的吸引力。城市群人口与经济的协调发展不能单纯依靠少数核心城市，要充分发挥众多中小城市聚集人口与经济的重要作用。为此，国家提出要引导产业和人口进入中小城市。从导入的可能性来看，可以采用大城市产业空心化（张鑫，2016）来加以说明和阐释。城市的产生和发展源于聚集效应和溢出效应，但城市发展壮大到一定规模后，聚集效应难免会转为拥挤效应，不仅会加大基本公共服务和住房等方面的压力，随之增加的社会成本、环境成本等均会削弱城市可持续增长的动力，阻碍聚集转型与可持续发展。最有效的解决办法是，在充分发挥大城市孕育新知识、提供公共服务和创新环境、推动产业走向成熟等功能的同时，引导和支持制造业企业和人口向周边中小城市分流。而将厂房或工业基地安置在中小城市或者大城市郊区，通过产业内部的交换实现技术和设备的补给，更有利于节省土地租金和拥挤成本。为此，中小城市首先要做好承接大城市产业转移的准备。中小城市要结合本地的资源特色和产业基础，抓住有利时机在纵向的产业链条上找到适合自己的"位置"，从而将本地产业嵌入到大城市的产业链条中，实现中小城市产业城镇化、人口城镇化、土地城镇化三者之间相互促进、协调发展。其次要加强基础设施等硬件和公共服务等软件的建设。产业迁入带动经济发展、提供更多就业机会的同时，中小城市必须更加注重软硬件建设，实行向中小城市倾斜的生产补贴、税收优惠、基础设施配套等政策，引导投资向中小城市布局，扭转中小城市在资源再分配中的劣势，增强其对人口的吸引力。

（三）加速城市群内小城镇建设，推动城镇行政管理体制改革，促进城市群内特大镇向现代中小城市转型

我国人口众多，不可能把所有进入城市的农业剩余劳动力都集中到大城市。近年来，进入小城镇的农民工数量呈下降趋势，但占比仍然维持在30%以上（跨省农民工进入小城镇的占比为19%，本省农民工进入小城镇的占比为40%以上），小城镇仍然是我国城镇化的一个重要渠道。

我国沿海地区的城市群涌现出一大批经济规模较大、城镇化水平较高、人口吸纳力较强的城镇，它们在经济总量、产业结构、人口规模等方面远远超过传统意义上的城镇，具有经济聚集能力强、人口规模大、非户籍人口超过本地人口等特点，成为吸引外出农民工就业定居的重要载体。例如，全国镇区人口规模最大的东莞市虎门镇的常住人口60余万人，其中户籍人口12.8万人，外来人口近50万人；广东省佛山市南海狮山镇的户籍人口16.18万人，外来人口22.3万人。从经济总量、人口数量、城镇规模来看，有的特大镇的体量远远超过小城市，有的甚至达到中等城市的标准。但是，这些镇却存在着政府职能与镇区经济发展要求不适应、公共服务与民众需求不适应、

政府财力与承担事权责任不适应等弊端，出现了"小马拉大车""大人穿小鞋"的怪现象，镇级管理体制严重滞后于城镇化发展进程（向春玲，2015）。这一方面说明了特大镇在城市群中发挥了自身独特的功能与作用，另一方面也表明如果不及时解决这些问题，就可能导致"大城市病"与"小城镇病"并存的格局，从整体上影响"以人为本"的新型城镇化发展。

目前，我国镇域城市化正处于全面提升的新阶段，具有身份、职业、居住三大转型同步推进的特点。根据 2016 年 10 月中央全面深化改革领导小组会议通过的《关于深入推进经济发达镇行政管理体制改革的指导意见》，围绕着"扩大经济社会管理权限、探索建立简约精干的组织框架、务实高效的用编用人制度和适应经济发达镇实际的财政管理体制"这四个方面来深化经济发达镇行政体制改革。通过特大镇行政管理体制机制创新，把小城镇和城市群的发展有机结合起来，建立不同规模城市相互联系、协同发展的机制，促进农业剩余劳动力在各类城市之间合理有序地流动。

第四节　本 章 小 结

载体视角的城镇化模式向来备受学者们的重视，本章针对我国载体视角城镇化模式的演进、原因、问题等进行了研究。

（1）本研究从政府政策因素详细分析了我国城镇化载体形态经历了"促小""促大""城市群"的探索过程。改革开放以后一直到 20 世纪 90 年代末期，国家通过城市建设、人口流动、市镇建制等制度变革，放开城镇吸纳农业转移人口的各种限制，推动了小城镇为载体的城镇化发展。进入 21 世纪，随着中国加入 WTO，对外开放进入新阶段，城镇化建设进入以大城市为载体的阶段，城市行政等级制度以及国家颁布的一系列城镇化发展政策，促进了大城市发展。目前，我国着眼于经济全球化的深入推进和国民经济的持续发展，结合区域经济发展的实际情况，城市群已经成为我国城镇化发展的主要载体。

（2）从投资需求来看，20 世纪 80 年代中期以后，小城镇固定资产投资增长率下降很快，原因在于我国财政增长能力不足。80 年代城市和工业经济效益不好，政府投资于小城镇固定资产的资金主要来自于农业。然而，80 年代中期之后农村改革没有得到城市和工业经济足够支持，难以巩固和扩大改革成果，无法维持 80 年代初期小城镇发展的强劲势头。90 年代以后，资源配置存在严重的行政偏向，大城市投资规模和投资增速都高于小城镇。而小城镇内部投资结构又不合理，住宅投资比例过大，公用设施投资比例过小。

（3）本研究从收入水平和定居意愿两个方面梳理了学术界对于不同规模的城镇化模式对农民工消费的影响研究，指出不同规模城市的农民工工资收入差异不大，不能因为大城市收入高，就认为大城市农民工的收入也比较高。中国农民工劳动力市场的特殊性决定了大城市的农民工不能获得较高工资，进而使我国城镇化建设陷入了众多困境之中。

（4）本研究认为，城市群成为我国城镇化的主要载体，是区域经济和城市发展的客观要求，也是农民工市民化的必然要求。为此，需要加强交通基础设施建设，实现城市之间的互联互通；加快产业迁移步伐，增强各类城市的人口吸纳力，进而发挥城市群对人口的整体容纳能力；加速城市群内小城镇的城市化建设，推动城镇行政管理体制改革，促进城市群内特大镇向现代中小城市转型。

第七章

城乡视角的我国新型城镇化发展模式

在人类历史的发展过程中，城乡关系依次经历城乡依存、城乡分离、城乡一体三个阶段。《国家新型城镇化规划（2014—2020年）》提出，要"坚持工业反哺农业、城市支持农村和多予少取放活方针，加大统筹城乡发展的力度，增强农业发展活力，逐步缩小城乡差距，促进城镇化和新农村建设协调推进"。中共十九大报告中提出："建立健全城乡融合发展体制机制和政策体系，加快推进农业农村现代化"。城镇化过程不能只重视城市发展，忽视农村进步。在经济发展过程中农村人口不断离开农村进入城市，农村村落逐渐衰落是城镇化发展不可逆转的自然过程，也是一个世界性的共同现象。但这并不意味着农村衰落，应该是发达城市和现代化农村并存。本章将通过考察我国城镇化过程中城乡关系的演变，来分析城乡分离的城镇化模式存在的问题，并对城乡一体化的重点与难点进行研究。

第一节 我国城乡关系演变及原因分析

一、我国城乡关系的演化历程

我国城乡关系的演进具有较为深远的历史背景，与特定历史时期的政策安排有密切关系。学术界对城乡关系的演进阶段与主要特点，存在着"两阶段论""三阶段论""四阶段论""五阶段论"等不同观点。

（1）"两阶段论"者是以改革开放为分界线，分为改革开放前的城乡关系和改革开放后的城乡关系。改革开放前的城乡关系又分为三个时期，即开放的城乡结构（1949～1952年）、城乡二元结构初步形成（1953～1957年）、城乡二元结构固化时期（1958～1978年）；改革开放后的城乡关系也分为城乡二元结构开始松动（1979～1984年）、城乡关系剧变（1985～2002年）、统筹城乡协调发展（2003年至今）三个时期（谢志强、姜典航，2011）。为此，有学者认为，从1949年到中共十一届三中全会召开的30年中，我国实行城乡分治的政策，以农补工是这个阶段城乡关系的主要特点，改革开放之后的30年中，城乡关系的主要特点是农村和城市共同发展，城市对农村的辐射带动和农村对城市的支持交替出现（韩长赋，2009）。还有人提出，改革开放前的城乡关系具有工农产品不能平等交换、城乡之间要素不能自由流动、城镇居民与农民权利和发展机会不平等三个特点。改革开放以来城乡关系发生重大变化：工农产品市场化交换程度的提高，推动了城乡关系的合理化；乡镇企业异军突起，城乡经济日趋紧密；农业富余劳动力向城镇的大量转移，密切了城乡联系，对城乡隔离现象造成了巨大冲击；小城镇的大量涌现和迅速发展，弱化了城乡隔离的格局，奠定了城市化发展的基础；强农惠农政策体系不断完善，初步建立了促进城乡经济社会一体化发展的制度框架（韩俊，2009）。

（2）"三阶段论"。有人从城乡均衡关系视角，将新中国成立以来的城乡关系分为三个阶段，即非均衡的城乡联系制度的形成阶段（1949～1957年）、非均衡的城乡联系制度的发展即城乡"隔绝"阶段（1958～1978年）以及改革引起的城乡联系发展的新变化阶段（1979～1993年）（胡必亮、马昂主，1993）。有人从城乡促进关系视角，将我国城乡关系分为改革开放前的强制性"以乡促城"、2000年以前的市场化"以乡促城"、新时期国家战略主导下的"以城带乡"三个阶段（赵群毅，2009）。持有相似的观点有，1949～1978年的城乡关系是农业支持工业、农村支持城市和城乡分割的"二元经济"体制；1979～2003年的城乡关系进入了一个新的历史时期，过去完全由政府控制的城乡关系开始越来越多地通过市场来调节，但农业支持工业、乡村支持城市的趋向并没有改变；2004年以来的城乡关系有了历史性转折，转变为工业反哺农业、城市带动乡村（武力，2007）。有的学者从城乡融合视角，提出城乡关系经历了乡育城市、城乡分离和城乡融合三个阶段，对应于这三个阶段，城乡关系治理也体现出"合→分→合"的特征（郑国、叶裕民，2009）。还有的学者从城乡差距出发，提出了改革开放以来，我国城乡关系经历了一个从"差距趋向缩小→急剧扩大→统筹协调发展"的历程，整个过程分为1979～1984年城乡差距趋向缩小、1985～2002年城乡差距急剧扩大、2003年以来城乡统筹协调发展三个阶段（夏永祥，2008）。

（3）"四阶段论"。这一观点主要是把城乡关系的起点前置1840年。为此，有人提出，近代以来我国城乡经济社会关系的发展大体经历了四个阶段：一是1840～1949年外力（列强侵略）作用下的城乡分离初步形成时期，二是1949～1978年计划经济体制下的城乡分离进一步发展时期，三是1978～2003年市场机制作用下的城乡关系调整与城乡对立扩大时期，四是2003年至今政府引导下的统筹城乡发展时期（吴振磊，2012）。也有人认为，第一阶段（1840～1949年）是国外工业文明和市场经济的冲击导致中国城乡分离加速，第二阶段（1949～1978年）是计划经济体制固化了中国城乡差距，第三阶段（1978～2003年）是前改革时代的"级差式"发展方式和"分离化"改革措施加速了中国的城乡分离和对立，第四阶段（2003年至今）是后改革时代城乡关系出现既统筹又分离趋势（白永秀，2012）。当然，还有学者提出新中国城乡关系分为四个阶段，即1949～1952年的城乡互助互惠阶段、1953～1978年城乡分割制度的形成和固化阶段、1979～2002年城乡分割制度的解构与城乡关系的失衡阶段、2003～2015年城乡统筹与城乡一体化阶段（陈俭，2016）。

（4）"五阶段论"者是把新中国成立以来的城乡关系分为五个阶段，即

1949～1957 年从旧中国城乡关系向新型城乡关系过渡阶段、1958～1978 年城乡关系形成和曲折发展阶段、1979～1985 年城乡关系调整阶段、1986～2003年改革深化阶段、2004 年以来城乡关系的历史性转折阶段（完世伟，2008）。也有学者提出，1949～1952 年实施"四面八方"政策，促进城乡自由流动；1953～1957 年是向社会主义过渡，实现统购包销政策，逐步限制城乡自由流动；1958～1978 年实施城乡二元户籍制度，杜绝城乡自由流动，逐步形成城乡二元体制；1979～2002 年推进市场化取向的城乡改革，促使城乡二元结构逐步松动；2003 年至今统筹城乡发展，促进中国从城乡二元结构向一元结构转化（江俊伟，2010）。

这些富有成效的研究具有两个显著特点：其一，研究起点多样化。大多数学者是把新中国作为研究的起点，少部分学者的研究起点始于鸦片战争之后或者改革开放之后。鸦片战争的爆发标志着世界列强打开了中国大门，也开启了中国城乡差距不断拉大、二元结构形成并不断固化的序幕。任何一种社会经济现象都具有历史延续性，1840～1949 年这段百年城乡关系状况不仅是我国城乡关系演进史的重要组成部分，而且为研究我国城乡关系提供了更加广阔的历史视野，丰富了我国城乡关系演进历程的研究内容。但是，新中国成立后的城乡关系，无论是政策还是体制都迥异于旧中国，始于鸦片战争的这种划分方法过于宽泛。其二，观点多样化。对于我国城乡关系的阶段性演进问题，有的学者是按照体制的不同来划分的，有的学者是按照历史本身的演进来分析，有的学者是按照政策变动来研究的。无论是哪种划分，都体现出我国城乡关系的动态变化，揭示城乡关系演化的外在形式和内在特点。实际上，自新中国成立以来，与世界发达国家的城乡关系发展一样，我国城乡关系也经历了"合→分→合"的过程。新中国成立初期，城乡生产要素是自由流动的，1952 年开始生产要素在城乡之间的流动受到限制，先是计划经济体制下以行政手段和政策固化城乡隔离，后是市场机制下效益差异扩大了城乡差异。21 世纪以来我国城乡关系进入了工业反哺农业、城市带动农村的城乡统筹发展新格局，尤其是中共十九大之后进入了城乡融合发展新阶段。

二、我国城乡分离的原因分析

对于我国城乡分离的原因，理论界有两种主流范式，即"重工业优先发展"范式与"城市偏向政策"范式。

"重工业优先发展"范式是指优先发展资本密集型的重工业及其衍生的一整套政府干预政策，是中国城乡收入差距不断拉大的重要原因（林毅夫，1990；蔡昉、杨涛，2000）。还有的学者利用 1978~2008 年中国 29 个省份的纵列数据样本，进一步分析了重工业优先赶超影响收入差距的机制，提出重工业高资本密集的特征决定了其吸纳就业能力有限，无法带动农村劳动力向城市转移，甚至连城市居民就业都不能保证。同时，重工业企业缺乏自生能力，无法有效带动其他相关产业发展，难以形成产业聚集，进一步阻碍了城市化（陈斌开、林毅夫，2013）。

"城市偏向政策"范式是指中国城乡分离与对立归因于实行了一系列有利于城市发展的政策与制度。有些学者基于 1987~2001 年的省级面板数据进行了估计，从经济开放、就业的所有制结构调整、政府在经济生活中的作用、财政支出结构四个方面来捕捉经济政策的调整。结果显示，地区间人口户籍转换、经济开放、非国有化和政府对经济活动的参与都是拉开城乡收入差距的因素，政府财政支出结构也对城乡收入差距有显著影响。中国持续扩大的城乡收入差距与地方政府实施的带有城市倾向的经济政策有关（陈钊、陆铭，2004）。只要城乡政策仍由城市单方面制定，城乡分割就会不断加剧。要实现城乡融合，就必须改变城市单方面制定有利于自身的政策这一现状（陈钊、陆铭，2008）。还有的学者进一步分析了城市偏向制度对城乡收入差距影响的作用机理，一方面城市偏向制度通过自我强化功能扩大城乡收入差距，另一方面城市偏向制度通过破坏内生城乡收入差距的自我矫正机制，造成经济体内部抑制城乡收入差距的因素无法发挥作用，而城市偏向制度与市场机制结合，又导致城乡收入差距的累积性扩大（任太增，2008）。

其实，这两种范式对中国经验都缺乏足够的解释力，城乡分割源于国家的发展战略。"重工业优先发展"范式只能解释改革开放前的城乡分离，难以说明改革开放之后中国改变了这一发展战略，但城乡差距非但没有缩小反而进一步扩大；"城市偏向政策"范式也难以解释改革开放之前的中国是否存在着城市利益集团。为此，蔡昉和杨涛提出了一种折中的理论范式：1978年，利益集团压力和选民的声音在中国基本上不存在，是与重工业优先发展战略相关的一整套干预政策导致了稳定的城市偏向；改革开放以后，政治控制放松了，城乡差距的周期性变化主要导源于城市利益集团的压力。实际上，任何一种政策和制度都是服务于当时的发展战略，有什么样的发展战略，就会有什么样的政策，一系列政策和制度都内生于发展战略。可以说，发展战略是实施城市偏向型政策的原因，而非历史背景。改革开放之前，我国迫于国内外形势，选择了重工业优先发展战略，然而这种发展战略并不符合我国当时的基本国情。在资金缺乏、技术落后、农业人口占大多数的情况下，我国通过计划经济体制、统购包销、人民公社和户籍管理制度来确保这一战略的推进。事实上却造成了对农民、农业和农村的剥夺与伤害，最终形成了城乡二元体制。改革开放以后，我国放弃了重工业发展战略，转而实施优先发展轻工业的非均衡发展战略。最初这一战略的突破点在农村，相继推出了家庭联产承包责任制、废除人民公社、大力发展乡镇企业等制度，农民、农业、农村获得大发展，城乡二元分割得到一定程度的缓解，城乡差距有所缩小。但是，随着改革重心转向城市以及深化市场经济体制改革，仍然采用"城市发展工业、农村发展农业"的"产业内循环"封闭式的发展战略，各种资源配置逐步向城市倾斜，城乡二元体制基本没有触动，农民无法享受与城市居民同等的发展机遇和改革成果。当外需拉动的城市经济和城市发展遇到困难时，才发现已经到了城市回馈农村、工业促进农业的时候了。通过城乡融合发展、一体推进，才能彻底解决"三农"问题，而提高农民收入、建设新农村、发展现代农业，只会推动城市经济发展，不会成为城市经济发展的阻力。

第二节　城乡分离式城镇化模式问题分析：基于扩大内需的视角

城乡分离式城镇化模式的最大问题是城乡差距比较大。我国城乡差距到底有多大？学术界主要是从国家、居民两个视角来研究的。我国城市既包括市辖区，又包括农村，是反映城乡关系的直观对象。因此，本研究从国家、市域、居民三个尺度来分析城乡差距。

一、国家尺度的城乡差距

在城乡二元体制下，农业、农村、农民为城市、市民和工业化发展做出了巨大贡献,主要表现在城乡生产要素不平等交换和城乡公共服务不均等供给两个方面做出的贡献。

(一) 源于生产要素不平等交换的贡献

1. 工农产品价格"剪刀差"的贡献

工农产品价格"剪刀差"是农业支持工业发展的重要手段,即使在 1986 年改革统购统销制度以后,"剪刀差"依然存在,直到 1997 年才微不足道。1950～1978 年,国家通过农产品价格"剪刀差"为城市工业提供资金 5100 亿元 (农业投入总课题组,1996)。1978～1997 年以工农产品价格"剪刀差"从农村抽出资金 9152 亿元,平均每年 457.6 亿元。从 1993 年起"剪刀差"的相对量逐渐下降,但绝对额仍高达 331 亿元 (孔祥智,2016)。

2. 工资"剪刀差"的贡献

进城农民工主要是在私营单位就业,而城镇居民主要是在非私营单位就业,在同一行业农民工与城镇居民的收入差距很大,从 2013 年的 16812 元扩大到 2018 年的 31467 元 (见表 7.1),且差距持续扩大。根据有关研究,农民工劳动生产率与城市非农产业工人劳动生产率之比是 1∶1.45,农民工年平均工资就等于城镇职工年平均工资除以 1.45。为了保持一致,仍以 10 个月为基础,测算出农民工应得工资;应得工资与实际工资的差额即为每个外出农民工的工资"剪刀差"。2001 年以后,农民工与城镇职工之间的工资"剪刀差"急剧增加,2012 年达到 6500 亿元。改革开放以后,外出农民工由于工资"剪刀差"为经济发展做出 49674 亿元的贡献 (孔祥智,2016)。

表 7.1 **2013～2018 年城乡劳动力行业年工资总量比较** 单位: 元

指标	年份	平均	制造业	建筑业	批发零售业	交通、仓储和邮政业	住宿和餐饮业	居民服务、修理和其他服务业
农民工工资	2013	26090	25370	29650	24320	31330	23660	22970
	2014	28640	28320	32920	25540	33010	25660	25320
	2015	30720	29700	35080	27160	35530	27230	26860
	2016	32750	32330	36870	28390	37750	28720	28510
	2017	34850	34440	39180	30480	40480	30190	30220
	2018	37210	37320	42090	32630	43450	31480	32020

指标	年份	平均	制造业	建筑业	批发零售业	交通、仓储和邮政业	住宿和餐饮业	居民服务、修理和其他服务业
城镇非私营单位职工工资	2013	42902	38693	35060	41923	48328	28370	32024
	2014	46967	42808	38170	46532	52847	31053	34902
	2015	51691	46103	40738	50273	57352	34005	37335
	2016	56307	47058	43402	54218	61375	36152	39648
	2017	61930	53710	46307	59334	66854	38126	42127
	2018	68677	60070	50410	67120	73750	40210	46110
二者的差距	2013	16812	13323	5410	17603	16998	4710	9054
	2014	18327	14488	5250	20992	19837	5393	9582
	2015	20971	16403	5658	23113	21822	6775	10475
	2016	23557	14728	6532	25828	23625	7432	11138
	2017	27080	19270	7127	28854	26374	7936	11907
	2018	31467	22750	8320	34490	30300	8730	14090

资料来源：农民工工资是根据 2013～2018 年《全国农民工监测调查报告》中的月工资乘以 10 个月计算得出年均工资；城市职工工资数据来自 2019 年《中国统计年鉴》中城镇非私营单位就业人员平均工资除以 12 个月乘以 10 个月计算而来。

3. 土地配置"剪刀差"的贡献

我国土地分为农村集体所有制和城市国有制，土地要想成为建设用地，必须由农村集体土地转变为国有制。这样就导致地方政府低价收购集体土地，然后高价转卖成为国有土地，每年通过买卖差价获得的万亿元地价"剪刀差"是农民利益受损的另一种方式。2010～2013 年，地方财政收入的一半以上来自于土地转让收入，而用于补偿农民支出仅占征地和拆迁补偿支出的均值为 4.28%，占土地出让金均值为 1.99%（见表 7.2）。这就意味着，绝大部分土地增值收入被地方政府和开发商占有，农民只得到很少补偿。

表 7.2　　　　　2010～2013 年我国地方财政收入和土地出让金及征地补偿情况

年份	地方财政收入（亿元）	国有土地使用权出让金收入基金累计结余（亿元）	征地和拆迁补偿支出基金累计结余（亿元）	补偿被征地农民支出基金累计结余（亿元）	土地出让金占地方财政收入比重（%）	补偿被征地农民支出占征地和拆迁补偿支出比重（%）	补偿被征地农民支出占土地出让金比重（%）
2010	40613.04	28197.70	10206.96	457.11	69.43	4.48	1.62
2011	52547.11	31140.42	14358.75	689.72	59.26	4.80	2.21
2012	61078.29	26652.40	13828.92	520.75	43.64	3.77	1.95
2013	69011.16	39072.99	20917.69	852.21	56.62	4.07	2.18

资料来源：2011～2014 年《中国财政年鉴》。

4. 资金流动"剪刀差"的贡献

资金流动是市场自发行为，但农村大量资金外流严重影响农业生产和农村发展。农村资金是通过财政和信贷两个渠道外流的。近年来，国家不断加大支农的财政力度，但农业资金通过信贷方式持续流入城市的趋势仍然没有得到根本性改变。2005～2014 年，农户储蓄余额增加了 91498.3 亿元，而农户贷款余额仅增加了 45600.6 亿元，农村资金净流出从 16619.99 亿元增加到 62517.70 亿元（见表 7.3）。农户的大量资金通过银行系统流向城市，导致农业生产和农村发展呈现严重的资金短缺，进一步推高了农业的融资成本。

表 7.3　　　　　　　　2005～2014 年我国农村资金净流出情况　　　　单位：亿元

年份	农户储蓄	农户贷款	农村资金净流出	年份	农户储蓄	农户贷款	农村资金净流出
2005	24606.37	7986.38	16619.99	2010	59080.35	26043.2	33037.15
2006	28805.12	9213.03	19592.09	2011	70672.85	31023	39649.85
2007	33050.26	10677.42	22372.84	2012	54615.64	36195	18420.64
2008	41878.69	11971.73	29906.96	2013	101268.70	45047	56221.70
2009	49277.61	14622.99	34654.62	2014	116104.70	53587	62517.70

资料来源：2006～2015 年《中国金融年鉴》。

（二）源于公共服务不均等供给的贡献

1. 基础教育贡献

城乡之间基础教育的差距反映在教育经费投入上。2004～2013 年，农村小学的生均公共财政预算基本建设支出从 18.31 元增加到 107.11 元，增长了近 5.85 倍；农村中学的生均公共财政预算基本建设支出从 19.84 元增加到 220.71 元，增长了 11 倍。这些年国家不断加大对农村基础教育的投入力度，城乡基础教育公共财政预算投入差距呈阶梯式下降，但 2013 年城乡小学生均公共财政预算基本建设支出比仍为 1.41，城乡初中教育事业费比仍为 1.73。[①]

2. 公共医疗卫生贡献

首先，城乡人均卫生费用差距较大。1996～2014 年，全国人均卫生费用、城市人均卫生费用、农村人均卫生费用都在逐年上涨（2005 年、2006 年两年除外），城市人均卫生费用从 467.43 元提高到 3558.31 元，增长了 6.8 倍；农村人均卫生费用从 134.34 元提高到 1412.21 元，增长了 9.5 倍，但城乡人均卫生费用比仍高达 2.52 : 1。[②] 其次，城乡医疗卫生软硬件差距巨大。从每千人口拥有的卫生技术人员、执业（助理）医师、注册护士、医疗卫生机构床位来看，2010～2018 年，尽管农村各项都增长较快，但是城市卫生技术人员、执业（助理）医师、医疗卫生机构床位基本上都是农村的 2 倍多，注册护士更是农村的 3 倍（见表 7.4）。可见，国家把更多的公共医疗卫生资源配置在城市，城乡公共医疗服务不均衡问题非常严重。

表 7.4　　　　　2010～2018 年我国每千人口城乡卫生软硬件比较

年份	卫生技术人员（人）		执业（助理）医师（人）		注册护士（人）		医疗卫生机构床位（张）	
	城市	农村	城市	农村	城市	农村	城市	农村
2010	7.62	3.04	2.97	1.32	3.09	0.89	5.94	2.60
2011	6.68	2.66	2.62	1.10	2.62	0.79	6.24	2.80

---

① 根据 2005～2014 年《中国统计年鉴》中数据整理计算。

② 国家统计局数据库网站，http://data.stats.gov.cn/easyquery.htm? cn = C01&zb = A0501&sj = 2015。

年份	卫生技术人员（人）		执业（助理）医师（人）		注册护士（人）		医疗卫生机构床位（张）	
	城市	农村	城市	农村	城市	农村	城市	农村
2012	8.54	3.41	3.19	1.40	3.65	1.09	6.88	3.11
2013	9.18	3.64	3.39	1.48	4.00	1.22	7.36	3.35
2014	9.70	3.77	3.54	1.51	4.30	1.31	7.84	3.54
2015	10.20	3.90	3.70	1.60	4.60	1.40	8.27	3.71
2016	10.79	4.04	3.92	1.59	4.91	1.49	8.41	3.91
2017	10.87	4.28	3.97	1.68	5.01	1.62	8.75	4.19
2018	10.91	4.63	4.01	1.82	5.08	1.80	8.70	4.56

资料来源：2019 年《中国统计年鉴》。

3. 基础设施贡献

近年来，我国持续加大农村基础设施的投资力度，但城乡基础设施不均等问题仍然十分突出。2010～2017 年，全社会固定资产投资、城镇固定资产投资增速在降低，而农村固定资产投资增速在 2015～2017 年连续三年为负。只有到了 2018 年，农村固定资产投资总额才超过 1 万亿元，增速转负为正，达到了 5.1%，但也仅占社会投资额的 1.56%（见表 7.5）。截至 2016 年末，全国 68.7% 的行政村有集中供水，20% 的行政村对生活污水进行了处理，65% 的行政村对生活垃圾进行处理。[①] 可见，由于国家把绝大部分投资都集中在城市，农村基础设施比较落后，无法满足农村居民日益增长的基本生活需求。

表 7.5　　　　　　2010～2018 年我国全社会固定资产投资基本概况

年份	全社会固定资产投资		城镇固定资产投资		农村固定资产投资	
	总额（亿元）	增长率（%）	总额（亿元）	增长率（%）	总额（亿元）	增长率（%）
2010	251684	12.1	243798	25.7	7886	−74.3
2011	311485	23.8	302396	24.0	9089	15.3

---

① 《2016 年城乡建设统计公报》，https：//sanwen8.cn/p/25b7Fr3.html。

续表

年份	全社会固定资产投资		城镇固定资产投资		农村固定资产投资	
	总额（亿元）	增长率（%）	总额（亿元）	增长率（%）	总额（亿元）	增长率（%）
2012	374695	20.3	364854	20.7	9841	8.3
2013	446294	19.1	435747	19.4	10547	7.2
2014	512020	14.7	501265	15.0	10756	2.0
2015	561200	9.8	551590	10.0	10410	−3.2
2016	606466	8.1	596500	8.1	9966	−4.3
2017	641238	5.7	631684	5.9	9554	−4.1
2018	645678	0.7	635636	0.6	10042	5.1

资料来源：国家统计局数据库网，http：//data. stats. gov. cn/easyquery. htm？cn = C01&zb = A0501&sj = 2015。

二、全域尺度的城乡差距

中国的城市不仅包括市中心的空间区域，还包括市辖区以及下辖的中小城市、建制镇和农村。因此，中国的城市是行政区，全域尺度的城乡关系最直观地反映了我国的城乡关系。理想的全域城乡关系应该是城乡居民收入差距合理、城乡公共服务均等、城乡基础设施一体、城市化和工业化相适应。基于中国社科院城市与竞争力数据库，按照全域城市的指标体系（见表7.6）对全国287个地级及以上城市的城乡二元结构现状进行总体分析。

表7.6　　　　　　　全域城市城乡一体化的指标体系

指标名称	指标含义	指标衡量方法
居民收入	城乡人均收入比	城镇居民人均可支配收入/农村居民人均纯收入
公共服务	人均教育支出比（全市/市辖区）	全市人均教育支出/市辖区人均教育支出
	每百人公共图书馆藏书量比（全市/市辖区）	全市每百人公共图书馆藏书量/市辖区每百人公共图书馆藏书量
	每万人拥有医生数比（全市/市辖区）	全市每万人拥有医生数/市辖区每万人拥有医生数

指标名称	指标含义	指标衡量方法
公共设施	每千人国际互联网用户数比（全市/市辖区）	全市每千人国际互联网用户数/市辖区每千人国际互联网用户数
结构转换	城市化与工业化适应性	非农人口比重与非农产值占 GDP 比重的差别

1. 城市的全域城乡一体发展呈金字塔型分布

半数以上城市的全域城乡一体低于全国均值，全域城市发展呈金字塔型分布。2015 年中国城乡一体的全域城市竞争力指数均值为 0.2680，与 0.5 差距太大。在 287 个地级以上城市中，大多数城市的全域城市发展水平较低。从城市等级角度看，其中，5 个一线城市（包括了香港）得分均值为 0.7963、31 个二线城市得分均值为 0.4700、57 个三线城市得分均值为 0.3252、194 个四线城市得分均值为 0.1978，中国城市城乡一体的全域城市发展呈金字塔型分布。

2. 城市之间的全域城乡一体差异较大

2015 年，城乡一体的全域城市竞争力综合排名前 10 的城市为香港、澳门、深圳、北京、东莞、上海、苏州、广州、杭州、南京，它们的全域城市化竞争力指数均值为 0.7669；而排名后 10 位的城市全域城市化竞争力得分均值仅为 0.0353，前者是后者的 21 倍。从一、二、三线城市来看，一线城市位于 0.5 以上，二、三、四线城市均值都低于 0.5。

3. 全域城市发展水平呈阶梯式分布

城乡一体的全域城市得分呈东、中、西和南北梯度分布。东南地区城市的城乡一体全域城市竞争力指数均值最高，西南地区最低。在排名前 50 位的城市中，东南地区占据 25 席；在 287 个内陆城市中，排名 200 位之后的城市东南地区只有 1 个（见表 7.7）。这说明，东南沿海城市率先突破城乡二元结构瓶颈，在城乡一体的全域城市化方面走在全国前列。

表 7.7　　　　2014 年中国城市城乡一体的全域城市竞争力区域比较

地区（城市数，个）	1~50 名（个）	51~100 名（个）	101~150 名（个）	151~200 名（个）	201~250 名（个）	251~289 名（个）	全域城市竞争力指数均值
东北（34）	3	14	10	4	2	1	0.2914
环渤海（30）	8	7	5	8	2	0	0.3280

地区 （城市数，个）	1～50名 （个）	51～100 名（个）	101～150 名（个）	151～200 名（个）	201～250 名（个）	251～289 名（个）	全域城市竞争 力指数均值
西北（39）	7	5	5	2	13	7	0.2415
中部（80）	4	11	13	21	20	11	0.2093
西南（49）	1	5	5	6	12	20	0.1515
东南（55）	25	8	12	9	1	0	0.4021
全国（287）	48	50	50	50	50	39	0.2629

资料来源：中国社会科学院城市与竞争力指数数据库。

4. 城乡收入差距仍然较大

2012～2014 年我国城市的城乡收入比在波动中下降，但仍然保持在高位（见表 7.8）。2013 年有 11 座城市的城乡收入比在 4 以上，2014 年减少到 6 座城市。但从收入落差来看，2012～2014 年全国城市的城乡收入比仍维持在 3 以上。2014 年仅宜春一座城市的城乡收入比在 1.5 以下，城乡收入比最大的 10 座城市均值为 4.0857，有 51 座城市的城乡收入比高于全国均值 3.10。

表 7.8　　　　　　　　2012～2014 年中国城市城乡收入比变动情况

城市	1～50 名	51～100 名	101～150 名	151～200 名	201～250 名
2012 年均值	3.9752	2.9231	2.7009	2.4703	2.1654
2013 年均值	3.9534	3.0255	2.6816	2.4314	1.6729
2014 年均值	3.8349	2.9061	2.5889	2.3700	1.6301

资料来源：中国社会科学院城市与竞争力指数数据库。

从城乡收入差距的绝对值来看，城乡收入差距最大的 10 座城市 2012～2014 年城乡收入差距绝对值全部呈现扩大趋势（见表 7.9）。这些城市多为经济强市，但其城乡收入比均在全国均值以下。这表明，这些城市的农村居民纯收入并不低（平均为 13686 元/年），不过是城镇居民人均可支配收入较高。

表 7.9　　　　　　　　　2012～2014 年城乡收入差距绝对值最大的 10 座城市　　　　　单位：元

年份	项目	城市及城乡收入差距值									
2012	城市	厦门	上海	广州	包头	鄂尔多斯	南京	呼和浩特	杭州	温州	济南
	城乡收入差距	21637	20586	19620	19569	19236	19092	18839	18820	18506	18480
2013	城市	温州	厦门	包头	鄂尔多斯	泉州	上海	广州	南京	台州	杭州
	城乡收入差距	22188	21637	20996	20655	20629	20586	19620	19092	19019	18820
2014	城市	上海	厦门	包头	鄂尔多斯	呼和浩特	广州	济南	泉州	南京	温州
	城乡收入差距	24643	24121	22067	21724	21285	21266	20784	20368	20306	20101

资料来源：中国社会科学院城市与竞争力指数数据库。

三、居民尺度的城乡差距

城乡居民之间的差距主要体现在收入和消费上。

（一）收入差距

首先，城镇居民收入增速快于农村居民收入增速。1978～2018 年，城镇居民人均可支配收入从 343.7 元提高到 39250.8 元，提高了约 114 倍；农村居民纯收入从 133.6 元提高到 14617.0 元，约提高了 109 倍。

其次，城乡居民收入差距经历"缩小→扩大→再缩小"的发展过程。1978～1984 年，农村实行家庭生产承包责任制改革，农民收入大幅度提高，城乡收入比由 2.6∶1 缩减为 1.8∶1。1985～2009 年，城市各类改革促使城镇居民收入大幅度提高，城乡收入比持续扩大，2009 年达到 3.33∶1。2010 年以来，由于取消农业税以及各项支农政策的持续发力，农民增收进入快车道，城乡收入比开始下降，2014 年进入"2"时代。但是，城乡居民的绝对收入差距除了 1981～1983 年之间逐年递减，其余年份都是逐年递增，由 1978 年 209.8 元扩大到 2018 年 24633.8 元，提高百倍（见表 7.10）。

表 7.10　　　　　　　　　我国城乡居民收入水平比较　　　　　　单位：元

年份	城镇居民人均可支配收入	农村居民人均纯收入	城乡居民收入比	城乡居民绝对差距	年份	城镇居民人均可支配收入	农村居民家庭人均纯收入	城乡居民收入比	城乡居民绝对差距
1978	343.4	133.6	2.6	209.8	2009	17174.7	5153.2	3.3	12021.5
1980	477.6	191.3	2.5	286.3	2010	19109.4	5919	3.2	13190.4
1985	739.1	397.6	1.9	341.5	2011	21809.8	6977.3	3.1	14832.5
1990	1510.2	686.3	2.2	823.9	2012	24564.7	7916.6	3.1	16648.1
1995	4283.0	1577.7	2.7	2705.3	2013	26955.1	8895.9	3.0	18059.2
2000	6280	2253.4	2.8	4026.6	2014	29381.0	9892.0	2.9	19489.0
2005	10493	3254.9	3.2	7238.1	2015	31790.3	10772.0	2.9	21018.3
2006	11759.5	3587	3.3	8172.5	2016	33616.2	12363.4	2.7	21252.8
2007	13785.8	4140.4	3.3	9645.4	2017	36396.2	13432.4	2.7	22963.8
2008	15780.8	4760.6	3.3	11020.2	2018	39250.8	14617.0	2.7	24633.8

资料来源：2013 年、2019 年《中国统计年鉴》。

最后，各类收入差距变动较大。近年来，农村居民的工资性收入增速加快，城乡居民的工资性收入差距在缩小。然而，农民的财产性收入和经营性收入增速远低于城市居民，特别是在 2010～2018 年，城镇居民人均财产性收入、经营性收入分别为增长 7.7 倍和 2.6 倍，而农村居民则分别为 1.7 倍和 1.1 倍（见表 7.11）。可见，财产性收入和经营性收入的差距是拉大城乡居民收入差距的主要原因。

表 7.11　　　　　　　城乡居民人均各类收入平均增长率对比　　　　　单位：%

项目	居民类别	2000～2004 年	2005～2009 年	2010～2018 年
总收入	城镇居民	10.0	12.7	105
	农村居民	6.1	11.7	146.9
工资性收入	城镇居民	11.9	11.8	173.6
	农村居民	8.4	15.1	246.7
经营性收入	城镇居民	20.1	25.0	259.3
	农村居民	4.5	7.4	108.5

续表

项目	居民类别	2000～2004 年	2005～2009 年	2010～2018 年
财产性收入	城镇居民	5.1	24.8	774.1
	农村居民	14.0	17.8	169.1
转移性收入	城镇居民	12.2	14.1	137.2
	农村居民	9.3	34.0	532.2

(二) 消费差距

从消费水平来看，2018 年，人口占比为 59.6% 的城镇居民消费支出占全国居民消费支出的比重为 78.6% ，而人口占比为 40.4% 的农村居民消费总支出占全国居民消费总支出的比重仅为 21.4% ，农村居民的消费水平仅为城镇居民的 27% 。

从消费结构来看，农村居民的消费结构有了很大改善，其恩格尔系数由 1978 年的 67.7% 降为 2018 年的 30% 。但与城镇居民相比，仍高出 2.3 个百分点 (见表 7.12) 。根据联合国粮农组织提出的标准①，我国农村居民生活已经达到小康水平。但是，农村居民消费支出仍然以生存型为主，交通通信、文教娱乐、医疗保健等服务性消费支出占比偏低，仅占 1/3。2018 年，我国农村居民每百户拥有空调、热水器、微波炉与同期城镇居民的拥有量相差很大。即使在收入水平大抵相同的情况下 (2017 年农村居民人均收入水平与 2007 年城镇居民人均收入水平基本相等) ，农村居民的消费也远远低于城镇居民 (见表 7.13) 。

表 7.12　　　　　　　　　我国城乡居民恩格尔系数比较　　　　　　单位: %

年份	城镇居民	农村居民	年份	城镇居民	农村居民
1978	57.5	67.7	1990	54.2	58.8
1980	56.9	61.8	1995	50.1	58.6
1985	53.3	57.8	2000	39.4	49.1

---

① 联合国粮农组织提出的标准是，恩格尔系数在 30% 以下是最富裕，30%～40% 是富裕，40%～50% 是小康，50%～59% 是温饱，59%～69% 是贫困，70% 以上是饥寒。

续表

年份	城镇居民	农村居民	年份	城镇居民	农村居民
2005	36.7	45.5	2016	29.3	32.2
2010	35.7	41.1	2017	28.6	31.2
2015	29.7	33.0	2018	27.7	30.0

资料来源：2012 年以前恩格尔系数来自 2013 年《中国统计年鉴》，2012 年以后的数据根据相应年份的《中国统计年鉴》数据计算而来。

表 7.13   我国城乡居民每百户主要耐用消费品拥有量比较

指标	2007 年城镇居民	2018 年城镇居民	2018 年农村居民
家用汽车（辆）	6.06	40.0	22.3
洗衣机拥有量（台）	96.77	97.7	88.5
电冰箱拥有量（台）	95.03	100.9	95.9
彩色电视机拥有量（台）	137.79	121.3	116.6
空调拥有量（台）	95.08	142.2	65.2
热水器拥有量（台）	79.52	97.2	68.7
微波炉拥有量（台）	53.39	55.2	17.7

资料来源：2008 年、2019 年《中国统计年鉴》。

总之，城乡分离式城镇化模式带来的城乡差距是多方面、多层次的，如果不采取有效措施解决"城市像欧洲、农村像非洲"的问题，不仅违反了城镇化内在的发展规律，也背离了社会主义本质。

第三节　推动城乡一体融合发展

随着我国工业化、城镇化发展进入新阶段，城乡一体融合发展进入关键期。为此，要正确面对城乡一体融合发展的难点，建立健全城乡一体融合发展的体制机制。

一、我国进入到城乡一体融合发展的关键时期

目前之所以是我国推动城乡一体化发展的重要时期，主要是基于经济发展阶段、一系列政策的持续推出以及试点工作的地方经验积累做出的基本判断。

（一）经济发展进入新阶段

目前，农民家庭经营收入增速放缓，依靠农业自身来发展农业和提高农民收入的空间有限；工资性收入增速放缓，依靠转移就业促进农民收入增长的空间收窄。再加上我国农产品价格已经超过国际市场价格，农产品价格提升空间较为有限。当前最有效的途径是统筹城乡发展让农民平等地分享发展成果，通过城镇化和现代农业来解决。

另外，我国工业化、城镇化和农业现代化发展所处的阶段也为城乡一体化发展提供了条件和支撑。我国进入到工业化后期，工业和服务业依靠自身的积累可以实现自我发展和壮大外，还有条件和能力实行以工补农、以工代农，推动城乡关系出现逆转。我国正处在城镇化中后期，城镇化速度继续加快的同时出现逆城镇化，资源由原来的农村向城市转移的单一流向转变为城乡之间的互动。我国农业现代化进入成长阶段，农业发展的重点是加大科技和资金投入，提高人力资本质量，扩大规模经营。尤其是目前我国农业发展面临着农产品供求结构性失衡日益凸显，优质化、多样化、专用化农产品发展相对滞后；农业发展方式粗放越来越严重，农业竞争力不强。这些问题倒逼着各种资源和生产要素在城乡之间流动和配置，推动城乡融合发展。

（二）城乡一体化发展的政策不断完善

早在20世纪80年代初期，一些研究苏南经济发展的学者就开始使用城乡一体化的概念，而比较系统地提出城乡一体化发展是在1983年7月在广州召开的改革开放以来第一次城乡发展的学术研讨会。会议中许多学者提出，以"城乡结合""城乡一体"来改变城乡分割、城乡分离、城乡对立的状况；应该把大城市地区的城乡看成一个整体，建立城乡一体化的网络经济（张

强，2013）。随着理论界研究的不断深入，中央逐渐形成了城乡发展一体化战略。该战略的提出大致经历了"统筹城乡经济社会发展→统筹城乡发展→城乡经济社会发展一体化→城乡发展一体化→城乡融合发展"的演进历程（白永秀、王颂吉，2014），具体提出过程见表7.14。总之，城乡一体化发展战略是基于中国经济社会发展状况提出的，是全面建成小康社会的内在要求和必然选择，为构建中国新型城乡关系指明了方向。

表 7.14　　　　　21 世纪以来我国城乡一体化发展的政策演进

时间	会议及文件	内容与措施
2002 年 11 月	中共十六大报告	统筹城乡经济社会发展，建设现代农业，发展农村经济，增加农民收入，是全面建设小康社会的重大任务
2003 年 10 月	中共十六届三中全会《中共中央关于完善社会主义市场经济体制若干问题的决议》	提出"五个统筹"思想，把"统筹城乡发展"列为五个统筹之首
2004 年 9 月	中共十六届四中全会	提出"两个趋向"重要论断："纵观一些工业化国家发展的历程，在工业化初始阶段，农业支持工业，为工业提供积累是带有普遍性的趋向；但在工业化达到相当程度以后，工业反哺农业、城市支持农村，实现工业与农业、城市与农村协调发展，也是带有普遍性的趋向"
2007 年 10 月	中共十七大报告	建立以工促农、以城带乡长效机制，形成城乡经济社会发展一体化新格局
2008 年 10 月	中共十七届三中全会通过《中共中央关于推进农村改革发展若干重大问题的决定》	我国总体上已进入以工促农、以城带乡的发展阶段，进入加快改造传统农业、走中国特色农业现代化道路的关键时刻，进入着力破除城乡二元结构、形成城乡经济社会发展一体化新格局的重要时期，并对统筹城乡发展的制度建设和工作举措做出全面部署
2010 年 10 月	中共十七届五中全会通过《中共中央关于制定国民经济和社会发展第十二个五年规划的建议》	必须坚持把解决好农业、农村、农民问题作为全党工作重中之重，统筹城乡发展，坚持工业反哺农业、城市支持农村和多予少取放活方针，加大强农惠农力度，夯实农业农村发展基础，提高农业现代化水平和农民生活水平，建设农民幸福生活的美好家园
2012 年 11 月	中共十八大报告	解决好农业农村农民问题是全党工作重中之重，城乡发展一体化是解决"三农"问题的根本途径，加快完善城乡发展一体化体制机制，着力在城乡规划、基础设施、公共服务等方面推进一体化，促进城乡要素平等交换和公共资源均衡配置，形成以工促农、以城带乡、工农互惠、城乡一体的新型工农、城乡关系

续表

时间	会议及文件	内容与措施
2013 年 11 月	中共十八届三中全会通过的《中共中央关于全面深化改革若干重大问题的决定》	城乡二元结构是制约城乡发展一体化的主要障碍。必须健全体制机制，形成以工促农、以城带乡、工农互惠、城乡一体的新型工农城乡关系，让广大农民平等参与现代化进程、共同分享现代化成果
2015 年 10 月	中共十八届五中全会通过的《中共中央关于制定国民经济和社会发展第十三个五年规划的建议》	推动城乡协调发展。坚持工业反哺农业、城市支持农村，健全城乡发展一体化体制机制，推进城乡要素平等交换、合理配置和基本公共服务均等化
2017 年 10 月	中共十九大报告	提出乡村振兴战略：要坚持农业农村优先发展，按照产业兴旺、生态宜居、乡风文明、治理有效、生活富裕的总要求，建立健全城乡融合发展体制机制和政策体系，加快推进农业农村现代化
2018 年 2 月	中央一号文件即《中共中央、国务院关于实施乡村振兴战略的意见》	提出了乡村振兴战略的基本思想、目标任务和基本原则
2019 年 4 月	《中共中央、国务院关于建立健全城乡融合发展体制机制和政策体系的意见》	提出了城乡融合发展的总体要求、基本原则、主要目标和体制机制建立与完善问题

资料来源：笔者根据相关文件整理而来。

（三）试点工作的经验积累

在城乡发展一体化的理论和政策引导下，城乡一体化发展的试点工作全面展开。2007 年成都和重庆正式批准为西部城乡发展一体化试点地区，2014年苏州被正式批复为东部地区城乡发展一体化综合改革试点。试点工作推动了全国各地城乡一体化发展，出现了诸多模式。

有的学者根据城乡之间发展水平的高低分为三种模式：以重庆为例的"强城市—弱农村"模式、以成都为例的"强城市—强农村"模式、以河南为例的"弱城市—弱农村"模式（冯奎，2013）。有的学者归纳为五种模式："以乡镇企业带动"的苏南模式、"工农协作、城乡结合"的北京模式、"城乡统筹规划"的上海模式、"以城带乡"的珠江三角洲模式、"以城带乡、城乡互动"的成都模式（余燕、袁培，2016）。有的学者将我国东中部城乡一体化发展模式归纳为辽宁盘锦"三化三集中"模式、北京"大城市带小郊区"模式、山东诸城"社区建设"模式、江苏苏州"4 个三"模式、浙江嘉兴"'三化'解'三农'"模式、河南新乡"三位一体"模式、湖北武汉"城市圈"模式、安徽"乡村旅游拉动"模式、江西新余"中心镇试点"模式。从发展基础、区位条件、资源禀赋与产业结构城乡一体化贡献的角度，将我国西部城乡发展一体化模式概括为六种类型：大城市拉动型模式、现代农业拉动型模式、资源产业拉动型模式、特色产业拉动型模式、综合优势拉动型模式、生态旅游拉动型模式。近年来，西部地区积极开展统筹城乡发展试点，在城乡产业发展、制度改革、社会管理、公共服务供给等领域涌现出一些具有创新价值的城乡发展一体化模式雏形，主要有四川成都"三个集中"模式、重庆"综合户改"模式、贵州遵义"四在农家"模式、广西恭城"生态产业建设"模式、甘肃嘉峪关"社会管理创新"模式、青海海西"医疗体制改革"模式、新疆玛纳斯"民生工程建设"模式、内蒙古五家尧"农村就地城镇化"模式、陕西石泉"杨柳新区"模式、陕西洛川"富民产业拉动"模式、陕西吴起"金马社区"模式（白永秀等，2013）。

这些试点模式研究的视角不同，有的是从省与直辖市入手，有的是从市域、县域等尺度来进行探索；划分的标准不同，有的是从城乡发展的内在因素贡献来划分，有的是从城乡发展水平来划分。总之，这些试点对推进城乡一体化发展提供了思路和方法，具有很强的借鉴意义。

二、我国城乡一体融合发展的难点

21 世纪以来，特别是中共十八大以来我国出台了一系列新政策纠正城乡关系失衡问题，但城乡一体化发展不仅要受制以往发展中存在的种种惯性，还受限于各种基础性条件。

（一）发展惯性的制约

制约城乡一体化发展的最大惯性是对城乡关系的传统认识及其引发的城市偏向经济行为。长期以来形成的重城轻乡、重工轻农思想成为经济社会发展的主导思想，并在此基础上形成了各种城市偏向的行政行为和经济行为，这些问题难以在短时间内得以改变和破除。城乡关系作为中国最大的公共物品，关系到整个中华民族的福祉，不仅要从解决好"三农"问题的视角强调城乡一体化发展，还要从释放国民经济增长潜力的视角推动城乡一体化发展，更加需要深刻把握城乡一体化发展的内在经济逻辑（叶兴庆、徐小青，2014），这种新观念的形成是一个渐进过程。如果各级政府不能与时俱进地更新观念，不能从根本上矫正城市偏向的经济行为，城乡一体化发展就是纸上谈兵，举步维艰。

另外，利益固化导致利益协调比较困难。城乡一体化发展本质上就是协调城乡利益关系的过程。新中国成立以来，城市优先发展不仅造成城乡利益间的不均衡和城市倾向，还形成了庞大的城市利益集团。其中，大城市优于中小城市、中小城市优于小城镇，小城镇优于农村。城乡一体化改革就是通过"以工促农、以城带乡、工农互促"的方式，促使利益向农村、小城镇、中小城市倾斜。但这种利益转移会改变原有的利益分配方式，使得既得利益集团的利益受损，会遭受到利益集团的抵制，进而使得新政策难以实施，城乡一体化发展困难重重。

（二）基础条件供给不足

城乡一体化发展是一个庞大的系统工程，涉及产业、基础设施、公共服务等多个方面。就产业而言，要构建与城乡一体化发展相适应，且符合乡村、小城镇、中小城市产业基础和产业条件的产业体系，关键之钥就是完善县域经济。县域经济上接城市，下带农村，是城乡经济发展的连接环节和重要纽带。在承接大中城市转移过来的产业时，需要完善产业条件和调整产业政策。就基础设施和公共服务而言，近年来国家和地方政府加大对农村基础设施和公共服务的投入力度，但城乡差距仍然巨大。要按照提高水平、完善机制、逐步并轨的要求，加快实现农村基础设施和公共服务的有效供给，改变政府单一的资金供给方式，改革融资机制，拓宽融资渠道，做到这些需要一个过程。

（三）体制机制瓶颈尚未突破

近年来城乡一体化发展改革进程加快，但关键性的体制机制瓶颈问题并没有得到突破和根本解决。首先，块块制约，郊区和县域经济发展活力不足，放权不够（王振，2015）。发达的市域经济在一定程度上依赖于发达的县域经济，后者不仅有力地支持了城市经济，也有效地带动了农村经济。这就要求城市对县域经济要放权扩权让利，给予相应的体制机制保障。然而，长期以来实施确保中心城区的思维定式以及相应的"两级政府、三级管理"的行政体制，中心城区聚集了大量的优质资源、优质项目和基础设施，而郊区和市县发展处于边缘化。其次，条条分割，部门各自为政。城乡一体化发展需要各个部门统筹协调，形成合力。然而，长期存在的部门分割、各自为政的局面导致了城乡规划分割、资源配置分割、环境整治分割等问题。如果在新一轮发展过程中不能有效解决这些条条块块问题，城乡一体化发展的战略目标就很难实现。毫无疑问，解决这些体制机制问题需要一个过渡时期。

三、城乡一体融合发展的举措

我国城乡一体融合发展除了要克服传统思想观念束缚、加快基础设施建设、突破体制机制瓶颈外，还要推动城乡之间生产要素的自由流动，构建城乡融合发展的产业动力，实施城乡基本公共服务均等化，大力发展县域经济。我国城乡一体化发展的主要做法，见图7.1。

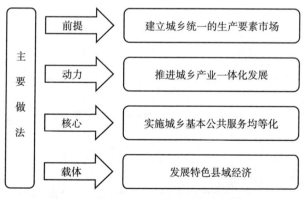

图 7.1　我国城乡一体化发展的主要做法

（一）尽快形成城乡统一的要素市场

目前，我国城乡产品不公平交换问题基本得到解决，但由于农村耕地补偿不合理、农村金融缺失、农村劳动力价格低廉等原因，大量的生产要素流向城市。要素公平交换是城乡一体化发展的前提和条件。因此，迫切需要建立城乡生产要素平等交换机制，让生产要素在城乡之间双向互动，引导更多要素流向农村。

1. 推动农村土地制度改革纵深发展

土地是农民最重要的财产，但农民财产性收入增长缓慢。2000~2018年，农民财产性收入提高7倍多，占比仅仅提高了0.3个百分点，特别是2013年以来明显下降（见表7.15）。而同期城市居民财产性收入却增长了31倍，占比从2.0%提高到10.3%。农民收入水平低的重要因素在于土地资产的价值没有得到充分实现，当下亟待解决的问题是要尽快消除集体土地与国有土地权能上的制度差异，保障农民能够公平分享土地增值带来的财产性收益。为此，一是要完善土地承包经营权制度，建成土地承包经营权抵押市场，引导土地经营权规范有序流转。二是积极探索农村集体建设用地入市制度，完善农村集体建设用地的出让、租赁、入股等，实行与国有土地同等入市、同权同价。三是重构合理的征地程序和征地补偿机制，建立以市场价值为补偿基础的土地发展权补偿制度，让被征地农民按土地要素的贡献分享土地发展权增值带来的收益。四是盘活宅基地市场，允许其使用权合理转让、抵押和出租。

表 7.15　　　　　　　　　我国农民人均纯收入的总量及其构成

年份	总量（元）	工资性收入		家庭经营收入		财产性收入		转移性收入	
		绝对数（元）	占比（%）	绝对数（元）	占比（%）	绝对数（元）	占比（%）	绝对数（元）	占比（%）
2000	2253.4	702.3	31.2	1427.3	63.3	45.0	2.0	78.8	3.5
2005	3254.9	1174.5	36.1	1844.5	56.7	88.5	2.7	147.4	4.5
2010	5919.0	2431.1	41.1	2832.8	47.9	202.3	3.4	452.9	7.7
2011	6977.3	2963.4	42.5	3222.0	46.2	228.6	3.3	563.3	8.1
2012	7916.6	3447.5	43.5	3533.4	44.6	249.1	3.1	686.7	8.7
2013	9429.6	3652.5	38.7	3934.9	41.7	194.7	2.1	1647.5	17.5
2014	10488.9	4152.2	39.6	4237.4	40.4	222.1	2.1	1877.2	17.9
2015	11421.7	4600.3	40.3	4503.6	39.4	251.5	2.2	2066.3	18.1

续表

年份	总量（元）	工资性收入		家庭经营收入		财产性收入		转移性收入	
		绝对数（元）	占比（%）	绝对数（元）	占比（%）	绝对数（元）	占比（%）	绝对数（元）	占比（%）
2016	12363.4	5021.8	40.6	4741.3	38.3	272.1	2.2	2328.2	18.8
2017	13432.4	5498.4	40.9	5027.8	37.4	303.0	2.3	2603.2	19.4
2018	14617.0	5996.1	41.0	5358.4	36.7	342.1	2.3	2920.5	20.0

资料来源：历年《中国统计年鉴》。

2. 建立城乡统一的劳动力就业市场

首先，建立城乡平等的就业准入机制。降低农业转移人口进城就业的门槛，实行城乡统一的劳动力市场登记制度。其次，建立城乡平等的就业权利机制，实现同工同权、同工同酬。在城市就业市场上赋予农民工均等的福利待遇，建立农民工工资增长同城镇单位就业职工工资增长挂钩机制，逐步缩小二者之间的工资差距。再次，建立城乡平等的就业投入机制。根据属地原则，将城乡劳动力纳入统一的就业发展规划中，确保农村劳动力有足够的资金和项目支持。最后，建立城乡平等的就业培训机制，将农民职业教育纳入总体教育规划中，确保农村劳动力与城市劳动力享有平等的培训机会和权利，尤其是要大力发展适应现代农业需要的职业教育（从茂昆、张明斗，2016）。

3. 建立城乡统一的普惠金融体系

构建城乡统一的普惠金融体系，既是城乡发展一体化的内容，也是实现城乡发展一体化的重要手段（王曙光，2013）。首先，构建农村金融剩余留存农村的金融体系。通过健全农村金融服务体系、加大农村金融的政策支持力度等措施，扭转农村金融成为农村资金外流的"抽水机"局面。其次，引导城市金融反哺农村。以财政贴息的方式鼓励城市金融向农业贷款，并以国家信用兜底为城市金融发放的农业贷款提供担保（郭熙保、崔文俊，2016）。最后，充分利用互联网金融的作用。国家鼓励金融企业服务"三农"的政策可能存在时滞性，实际进展不大。互联网金融具有跨地区、跨时域运营特点，能够提供存取款、支付、理财等传统金融服务的同时，又具有收费低、效率高、操作简便等优势，可以有效地弥补农村金融短板，在农业农村发展中发挥重要作用。

（二）快速推动城乡产业一体化

从历史发展的逻辑来看，社会分工是城乡差别产生的原因，城乡差别是分工的结果。因此，工农业的分离既是城乡分离的表现，又是加剧城乡对立的重要原因。产业融合发展将是城乡由对立走向融合的源动力或是突破口（费利群、藤翠华，2010）。

首先，大力发展农村经济，做好农业科技创新、产业结构调整、经营方式变革、土地制度变革等工作，推进农业现代化，为农村工业和服务业发展提供支撑。

其次，在尊重城乡异质性基础上，充分发挥城乡的比较优势资源，形成城乡产业之间错位协调发展的新格局。城市工业是属于重工业为主体的资本密集型和技术密集型产业，农村工业则以轻工业为主体的劳动密集型。21 世纪以来，农民工资性收入水平持续提高，但工资性收入占比自 2012 年达到峰值 43.5% 后开始走低，2018 年降为 41.0%（见表 7.15）。若要大幅度地缩小城乡收入差距，农村劳动力必须更快地流向非农产业，提高工资性收入。在实践中，增加农民工资性收入除了异地迁入城镇这种异地城镇化道路之外，还可以在当地大力发展非农产业，实现就地城镇化。可见，城乡产业一体化是城镇化的加速器和有力杠杆。

（三）加速推进城乡公共服务均等化

基本公共服务均等化是城乡一体化发展的灵魂，应该围绕着标准化、均等化、制度化来健全国家基本公共服务制度，完善基本公共服务体系。

一是加快制定法律制度，为城乡基本公共服务均等化提供法律支撑（刘志平，2016）。首先应该把城乡基本公共服务均等化纳入宪法中，提高基本公共服务均等化的立法层次；然后再制定专门的法律来详细规定城乡基本公共服务供给机制、运行机制、绩效评价、考核体系等，从而改变基本公共服务相关法律碎片化的局面。

二是确立基本公共服务的国家标准，建立基本公共服务清单，允许有合理的区域差别。国家标准是基本标准，不同区域可以按照"低标准、广覆盖"原则来制定本区域标准。

三是加快推进城乡区域间基本公共服务的制度衔接和并轨。目前城乡居民养老保险制度已经并轨，今后应该在基本医疗、义务教育、失业救济等方面推动城乡之间的相互衔接和并轨，实质性促进城乡之间服务项目和标准的有机衔接。

四是完善公共财政体制，把农村公共服务建设全部纳入公共财政预算，加大对农村基本公共服务的投入。明确中央和省级政府在基本公共服务方面的事权和支出责任，各级政府建立基本公共服务投入的稳定增长机制，提高公共服务支出在整个财政支出中的比重。

五是培育多元主体的供给机制，满足农村居民对公共服务的多样化需求。根据基本公共服务的特点和性质，能由政府购买服务提供的，政府不再直接承办；能由政府和社会资本合作提供的，广泛吸引社会资本参与，充分发挥和调动政府、企业、社会组织、公民等各方面的积极性，提高农村基本公共服务的供给效率。

（四）大力发展县域特色经济

县域经济是统筹城乡发展的桥梁，要充分发挥县域经济的连带作用，就要解决好县域经济和小城镇的发展壮大问题。

一要加快改革"市管县"体制，扩大县域发展自主权。在事权方面，各地要按照实际发展需要和应放尽放的原则，把经济社会管理权限直接下放给省直管县单位。在财权方面，实行省直管县的财政体制，加强省级财政对县级财政的统筹，增加中央和省级财政对县级财政的一般性转移支付，提高政策性资金用于县域的比例。在机构设置和人员配备，可以参照中小城市甚至区县的机构框架予以设置，同时把"镇管社区"做实。

二要加快小城镇建设，发挥小城镇作用。小城镇分为中心镇和一般镇，县城所在地一般为中心镇，加快中心镇建设是城乡一体化发展的重要抓手和战略支点。为此，要加快小城镇的产业发展。首先，小镇产业要有特色。特色产业是小镇发展的生命线，这是基于小镇的传统资源优势、地理区位优势、人文优势、传统工艺优势等多方面独特资源形成的经济特色，缺少特色产业支撑的小城镇发展是不可持续的。其次，小镇产业承接模式要创新，大力发展"千企千镇融合工程"。2016年初，中国城镇化促进会提出了实施"千企千镇融合工程"，根本宗旨是实现优质企业和优质资源的有机结合和深度融合，形成产城融合的新经济增长点。这种模式不仅可以把优势企业和优质资源逐步转移到小城镇，延伸优势企业的发展空间；还可以通过产业转移带动小城镇的产业发展，使之嵌入区域产业链和生产网络中。

四、城乡融合发展中需要处理好几个基本关系

城乡一体化发展战略关系到国家全局和长远发展，是建设社会主义现代化强国的必由之路。为此，要正确处理好城乡一体化发展的普遍性与特殊性、政府与市场、乡村振兴与新型城镇化等关系。

（一）城乡一体化发展的普遍性与特殊性的关系

世界各国由于资源禀赋、文化传统、发展机遇等各不相同，形成了各具特色的城乡一体化发展道路，却也存在着如下共性，即城乡一体化是城乡经济社会发展到一定阶段的产物；工业化与城市化同步发展；工业化与农业现代化、城市与乡村协调发展；城乡关系由不平衡走向平衡（姚小飞，2016）。

我国推进城乡一体化是为了解决中国的发展问题，要"坚持从国情出发，从我国城乡发展不平衡不协调和二元结构的现实出发，从我国的资源禀赋、历史文化传统、制度体制出发，既要遵循普遍规律、又不能墨守成规，既要借鉴国际先进经验、又不能照抄照搬"。我国城乡一体化的具体国情主要体现为：

其一，我国处于社会主义初级阶段。这一国情有两层含义：一是我国是社会主义国家，坚持公有制有利于生产力的发展，为城乡一体化提供物质条件。同时，坚持党的领导、发挥社会主义制度集中力量办大事的优势，为城乡一体化发展指明了正确方向。二是我国处于初级阶段，生产力水平还不高、不充分、不平衡，刚刚越过工业化中期阶段；城镇化率接近60%，但城镇化质量不高；农业现代化刚刚起步，国际标准的贫困人口还很多。这就决定我国城乡一体化必须与我国经济社会发展阶段相适应，既不能超前，也不能滞后。

其二，人多地少的资源禀赋。我国人口超过了14亿，即使城镇化率达到70%以上，还有4亿多人口居住在农村，人均耕地也不过5亩。规模经济是农业生产的必然选择，但是中国不可能像美国、欧洲等国家那样走大规模农业发展之路，只能是适度规模经营。另外，为了解决人口过度聚集在大城市而出现严重的"城市病"，我国2万多个建制镇的平均人口只有1万多，其

中，876 个建制镇的人口刚刚超过 5 万人。因此，我国农村剩余人口的转移方向要走大中小城市和小城镇相结合的道路。同时，为了避免快速城镇化过程中出现贫民窟和城市新二元结构现象，坚持尊重农民自愿并留有退路的中国特色，切实维护进城农民的土地承包权、宅基地使用权、集体收益分配权。

其三，固化的城乡二元结构。我国城乡结构不仅具有发展中国家所具有的二元经济结构，还通过一系列体制机制来分割城乡关系进而加以固化。改革开放以来，特别是进入 21 世纪，城乡二元体制改革进退交错，不能满足农村居民的多样化需求，严重影响了社会公平。今后必须加快推进城乡二元体制改革，建立城乡融合的体制机制和政策体系，逐步实现城乡之间基本权益平等化、公共服务均等化、收入水平均衡化、要素配置合理化、产业发展融合化。

其四，较大的区域发展差异。我国各区域经济社会发展不均衡，城乡的区域差异巨大。在推进城乡一体化发展过程中，各区域要结合各自城乡发展的阶段性、资源环境以及社会条件，采取差别化推进策略：对处于城乡分离阶段的区域，发展的重点是做大做强城市经济，充分发挥城市带动农村的能力；对处于城乡互动阶段的区域，发展的重点是促进农村三产融合和农业现代化；对处于城乡统筹阶段的区域，发展的重点是制定和实施乡村优先发展的制度体系；对处于城乡一体化阶段的区域，发展的重点是有效实施一体化的城乡经济社会管理制度（蔡书凯、李婧，2016）。

中国城乡一体化建设过程中，既要遵循世界城乡一体化发展的一般规律，又要立足中国国情来探索中国特色的城乡一体化发展模式，推进世界城乡一体化理论的发展与创新。

（二）政府与市场的关系

市场机制与政府调控是城乡一体化发展的双轮驱动力，二者缺一不可。

首先，政府与市场合力互动是城乡一体化发展的原动力。市场机制和政府调控是经济发展的两大手段，二者各具优势和局限性，要相互配合，协力发展。城乡一体化发展面临着农业剩余人口转移、农业产业化、空间结构优化、产业结构调整等诸多问题，单纯依靠市场力量是不能得到很好的解决。政府力量的加入不仅可以推进城乡一体化进程，还能为市场作用的有效发挥提供制度基础。二者要互补互促，共同促进城乡融合发展。

其次，要充分发挥市场在城乡要素配置中的决定性作用和政府在公共资源均衡配置中的主导作用。城乡一体化发展最需要解决的问题是城乡之间生产要素的自由流动和公共资源的均衡配置，前者主要是充分利用市场机制加快建立城乡统一的劳动力、土地、金融等市场体系，完善价格形成机制；后者需要政府在破除城乡二元体制壁垒、推进城乡行政体制改革、制定城乡统一发展规划、推进基础设施、公共服务和社会治理的平等覆盖等方面的政策优化、政策整合、政策创新上更好地发挥主导作用。

最后，政府与市场的职能应该根据城乡一体化发展的不同阶段进行动态调整（朱熹群，2015）。在初期阶段，工作重点应该是大力促进农村经济社会发展，这不能仅仅依靠市场的力量，而要突出政府的作用来加强对农村基础设施和公共服务的供给，为发挥市场机制的作用奠定物质基础。在中期阶段，农村经济有了较好的发展基础，此时政府的作用应该转移到培育和扩大市场的力量以及消除市场运行的制度约束，为发挥市场机制的作用扫除制度障碍。在高级阶段，市场机制应该成为推动发展的主要力量，政府的作用主要体现在为市场运行提供支持和协调各种关系。

（三）乡村振兴与新型城镇化的关系

新型城镇化与乡村振兴之间的关系，如图7.2所示。

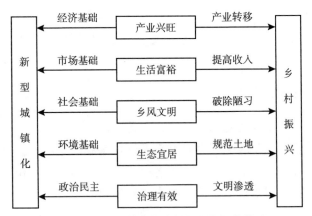

图7.2　新型城镇化与乡村振兴之间的关系

乡村振兴与新型城镇化是实现城乡一体化发展的两翼，要一手抓新型城镇化建设，一手抓乡村振兴，以新型城镇化建设助推乡村振兴，以乡村振兴促进新型城镇化发展，二者相互联系、相互促进（见图7.2）。为此，习近平总书记指出："我们既要工业化、信息化、城镇化，也要有农业现代化和新农村建设，两个方面要同步发展。要破除城乡二元结构，推进城乡发展一体化，把广大农村建设成农民幸福生活的美好家园"。具体表现为：

首先，乡村振兴是实现新型城镇化的现实基础。在乡村振兴中，农村产业兴旺是新型城镇化发展的经济基础，农村生活富裕是新型城镇化发展的市场基础，乡风文明是新型城镇化发展的社会基础，生态宜居是新型城镇化发展的空间和环境基础，治理有效是新型城镇化建设的政治基础。

其次，新型城镇化建设是乡村振兴的推动力。在新型城镇化建设过程中，产业转移促进农村"产业兴旺"，农业转移人口收入增长促进乡村"生活富裕"，农村陋习的改变形成乡村"乡风文明"，土地资源重新规划与调整实现乡村"生态宜居"，城市文明的扩散和渗透加速了乡村的民主进程（曾福生等，2010）。

第四节　本章小结

在城镇化过程中，农村人口不断离开农村进入城市、农村村落逐渐衰落是不可逆转的自然过程，也是一个世界性现象。但这并不意味着城镇化中农村必然要衰落，而应该是发达城市和现代化农村并存。本研究梳理了学界对我国城乡关系演变的探索，分析城乡分离的城镇化模式存在的问题，并对城乡一体融合发展的重点与难点进行研究。

（1）本研究梳理总结了学术界对于我国城乡关系演变的研究，提出我国城乡关系经历了"合—分—合"的过程。新中国成立初期，城乡生产要素自由流动，1952年开始生产要素在城乡之间流动受到限制，先是计划经济体制下以行政手段和政策固化城乡隔离，后是市场机制下效益差异扩大了城乡差距。21世纪以来我国进入了工业反哺农业、城市带动农村的城乡统筹发展新格局。尤其是中共十九大之后进入了城乡一体融合发展的新阶段。

（2）本研究比较了我国城乡分离与对立的两种原因即"重工业优先发展

说"和"城市偏向政策说",指出任何一种政策和制度都是服务于当时的发展战略。有什么样的发展战略,就会有什么样的政策,一系列政策和制度都内生于发展战略,发展战略是实施城市偏向型政策的原因。

（3）本研究认为城乡分离式城镇化模式的最大问题是城乡差距比较大,并且从国家、市域、居民三个尺度进行了详细分析。国家尺度的城乡差距主要表现为城乡生产要素不平等交换和公共服务不均等;市域尺度的城乡差距表现为城市区域内城乡居民收入、公共服务、基础设施等方面的差距;居民尺度的城乡差距主要体现在居民收入和消费上。

（4）本研究基于我国经济所处的发展阶段、系列政策的持续推出以及试点工作的地方经验积累等三个方面的考量,提出目前我国进入到城乡一体融合发展的关键时期。我国进入到工业化后期、城镇化中后期以及农业现代化的成长期,面临的种种问题倒逼各种资源和生产要素在城乡之间流动和配置,推动城乡融合发展。随着理论界研究的不断深入,中央遵循"统筹城乡经济社会发展→统筹城乡发展→城乡经济社会发展一体化→城乡发展一体化→城乡融合发展"的演化次序持续推出相应政策,为构建中国新型城乡关系指明了方向。自2007年成都和重庆正式批准为西部城乡发展一体化试点地区以来,试点工作在全国展开,出现了诸多模式,这些试点对推进城乡一体化发展提供了思路,积累了经验。

（5）本研究认为我国城乡一体发展受制于以往发展中存在的种种惯性,一是对城乡关系的传统认识及其引发的城市偏向经济行为,二是利益固化导致利益协调比较困难。另外,基础性条件供给不足和体制机制瓶颈尚未突破也严重影响着我国城乡一体发展。因此,我国城乡一体发展除了要克服传统思想观念束缚、加快基础设施建设、突破体制机制瓶颈外,还要推动城乡生产要素的自由流动,构建城乡一体发展的产业动力,推动城乡基本公共服务均等化,大力发展县域经济。同时,也要处理好城乡一体化发展的普遍性与特殊性、政府与市场、乡村振兴与新型城镇化等之间的关系。

第八章

产业视角的我国新型城镇化发展模式

城镇化是产业发展的结果，产业发展是城镇化的动力。有什么样的产业，就有什么样的经济条件，也就形成相应的城镇化发展模式。当传统产业逐渐不适应经济发展时，就要加快产业转型，建立符合市场需要的产业，推进城镇化的持续发展。因此，推进城镇化发展模式的转型，就要着眼于产业结构的调整与优化。

第一节　城镇化模式与产业发展的关系

城镇化模式与产业发展之间是相互促进、相互影响、互为因果的关系。一方面，产业发展是城镇化模式的支撑、立足点和主要途径。离开产业发展来空谈城镇化模式，只能是一种有形无实的城镇化，是基础薄弱的城镇化，是渐趋衰落的城镇化。另一方面，城镇化模式是产业发展的载体和平台，产业发展依托于城镇化，城镇化发展为产业发展提供聚集经济效益。

一、城镇化模式与产业发展的一般互动关系

产业发展是指一个国家或地区在一定历史时期内，根据国际和国内经济、科学技术等发展现状和趋势，通过特定产业、财政、金融等政策措施推动产业演进的过程，它包括产业升级、产业转移、产业转变、产城融合等（黄勤、杨爽，2014）内容。

（一）产业发展是城镇化模式的基础

产业发展是城镇化模式的基础，主要基于以下几个因素：其一，产业分工是城市产生与发展的推动作用。1994年，杨小凯建立的新兴古典城市化的一般均衡模式显示，城市是分工演进的结果（杨小凯、张永生，2008）。产业分工的发展意味着一个国家或者地区在以农业为主的经济向以工业和服务业为主的经济转变过程中，人口和其他生产要素开始从农业部门向非农部门转移，进而推动城市的形成与发展。其二，产业发展水平的高低决定了城镇化发展的质量（孟习贞、韩学丽，2013）。高度发达的产业分工体系能吸纳大量劳动力，为农业转移人口提供充分的就业机会，城镇就会持续健康发展。当城镇化发展到一定阶段，生产要素的价格就会不断提高，产业升级就成为支撑城镇化发展的必然。其三，产业转型的速度决定了城镇化发展的速度。如果产业结构长时间固化，城镇化就陷入停滞状态；如果产业调整步伐加快，城镇化发展的速度就会提高。其四，不同产业对城镇化的作用是不同的。一般而言，第一产业对城镇化的作用是递减的，二者是负相关关系；第二产业、第三产业对城镇化的作用是递增的，是正相关关系。在城镇化的不同阶段，不同产业的作用也是不同的。在城镇化的初期，第二和第三产业对城镇化的贡献保持同步增长；当进入城镇化的中期以后，第三产业迅速发展成为城镇化的主导力量。其五，产业发展影响城市的空间格局。产业转型通常都是从劳动密集型向资本密集型、技术密集型转变，以现代服务业为代表的资本密集型和技术密集型产业将会主要集中在城市中心区，吸取高级劳动力资源；而劳动密集型产业则会向城市周边和中小城市转移。劳动力在大中小城市之间转移与流动，促进了大城市的再城市化和中小城镇的城市化。可见，产业发展促进了城市的形成与发展，推动了城市的可持续发展，提升了城市的整

体竞争力，带动了城市群的产生与发展。产业演进与发展是城市化由无到有、由外延拓展到内涵完善的根本动力。

（二）城镇化模式是产业发展的重要支撑和保障力量

城镇化模式是产业发展的重要支撑，首先是因为城镇化聚集的人力资源和土地资源，满足了产业发展对生产要素的需求，直接促进了产业发展。其次，城镇化因人口聚集和空间拓展带来了服务业发展，尤其是现代服务业的崛起，为产业发展提供配套服务。最后，城镇化因人口增多促进了消费水平和消费结构的变化，扩大了市场规模，为产业发展奠定了基础（见图8.1）。

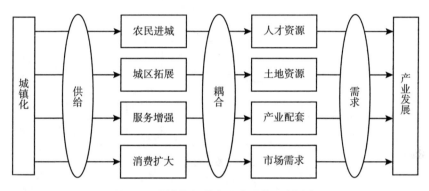

图8.1　城镇化促进产业发展的一般路径

资料来源：潘锦云、姜凌、丁羊林：《城镇化制约了工业化升级发展吗？——基于产业和城镇融合发展的视角》，载于《经济学家》2014年第9期，第41~49页。

二、城镇化模式与三次产业发展的具体关系

城镇化模式与产业发展的关系细化为城镇化模式与三次产业的具体关系。

（一）城镇化与农业发展的关系

一方面，农业发展是城镇化发展的初始动力。1961年，美国经济学家乔根森提出了一个不同于刘易斯、拉尼斯、费景汉的二元经济发展模式。他认为，农业剩余的出现促进了农业劳动力向城市工业部门的转移。农业剩余越多，劳动力转移规模也越大。农业剩余的增加在于采用先进技术，提高农业

生产率。农业技术进步主要表现为：一是农业机械的广泛使用提高了农业机械化水平，解放了大量农业劳动力，大大缩短了劳动时间；二是化肥、农药、种子的改良提高了农业产量（巴曙松、杨现领，2013）。我国农业发展的实践证明，制度变革也会提高农业生产率。在技术进步和制度改革双重作用下推动的农业发展，成为城镇化的最初动力，提供城镇化所需的大量劳动力、稳定的农产品、大量资金和广阔市场（见图8.2）。

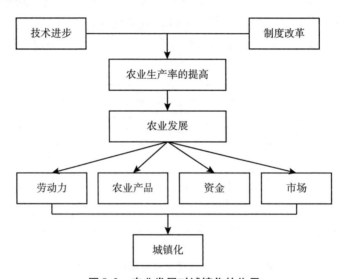

图8.2 农业发展对城镇化的作用

另一方面，城镇化有力地推动农业现代化发展。具体表现为四个方面：一是城镇化发展形成巨大的农产品消费市场，刺激农产品需求，有利于农业生产能力的不断提升；二是城镇化有利于农民收入的持续提高；三是城镇发展促使农业从"生产农业"转变为"多功能农业"，有利于农村的全面发展；四是城镇化能诱导农业结构的调整与升级，促进农业的良性发展（高环，2004）。

（二）城镇化与工业发展的关系

城镇化与工业发展的关系就是城镇化与工业化的关系，二者互为因果、相互促进。国际经验表明，城镇化与工业化呈现明显的正相关性。测算分析也显示，1820～1950年，发达国家二者的相关系数平均达到了＋0.997。其中，1841~1931 年英格兰和威尔士相关系数为 +0.985；1866~1946 年法国的相关系数是 +0.970；1870~1946 年瑞典的相关系数为 +0.976。

一方面，工业化是城镇化发展的核心动力，是城镇化发展的加速器。无论是工业化初期发展劳动密集型产业，还是工业化中期发展资本密集型产业，通过较高劳动生产率释放农业劳动力、高收入水平吸引农业剩余劳动力、聚集效应吸收腹地资源、产业发展助推其他产业等方式，导致生产集中、人口集中、消费集中、财富集中、政治集中，这些聚集效应是城镇形成与发展的必要条件，也是城镇化发展的主要动力，促进城市规模扩大，城市数量增加（见图 8.3）。

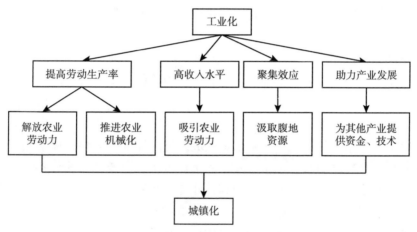

图 8.3　工业化发展对城镇化的作用

另一方面，城镇化对工业化具有促进作用，推动工业化纵深发展。城镇化为工业发展提供载体和平台，为工业发展提供基础设施等硬件条件和政策、公共服务等软件条件；城镇化因技术人员、知识等生产要素聚集形成的聚集效应和外溢效应，有利于企业创新；城镇化拉动了城市人口的增加，引起城市消费扩张，产生对工业品多样化需求，推动产业结构的调整与优化；城镇化推动产业布局合理化，有利于疏散中心城区产业，优化土地空间利用。

（三）城镇化与第三产业发展的关系

如果说工业化与城镇化的关系呈倒 U 形曲线，即随着分工的细化和劳动生产率水平的提高，工业尤其是制造业对劳动力的吸纳能力逐渐减弱。

那么，第三产业与城镇化的关系是拉长的 S 形曲线。在城镇化初期，第三产业缓慢发展；到了城镇化中期，第三产业发展速度较快；而在城镇化的后期，第三产业又进入缓慢发展阶段。城镇化与第三产业的关系，具体表现为两个方面：

一方面，第三产业是城镇化发展的后续动力。这种后续动力主要表现在为工业生产提供配套性服务以及为聚集人口提供生活消费性服务。如果说工业化中期之前制造业发展带来的是城市规模的扩展和城市数量的增加，即城镇化"量"的扩张。那么，工业化中期之后第三产业发展带来的是城市设施的完善和城市功能的提升，即城镇化"质"的改善。首先，第三产业发展是实现城市聚集效应的保障。随着工业化和专业化分工的深化，它对产前、产中、产后的各种服务提出全方位要求，为生产性服务发展提供了广阔的空间，从而带动金融、保险、信息、运输、通信、法律、咨询、广告等生产性服务业迅速发展。同时，高度聚集的人口及其较高的收入水平对医疗、教育、卫生、文化体育等生活性服务提出更高要求，这些促使城市产业更加齐全、生产生活更加便利，为工业化后期的城市发展提供了产业依托。其次，第三产业发展是激发城市外部效应的源泉。城市经济的外部效应很大程度上来自于第三产业，如较高的教育水平、发达的市场体系、功能完备的公共服务、先进的通信技术。现代服务业比重越高，外部经济效应越大，城市的聚集效应也就越高。最后，第三产业发展是实现城市扩散效应的重要条件。要充分发挥中心城市对周边地区的带动和扩散作用，前提条件是要有发达的交通通信网络、健全的要素市场。这些条件越完善，城市扩散范围就越广，城市影响力就越大（王克忠，2012）。

另一方面，城镇化是第三产业的基础。第三产业提供的服务具有聚集性，只有当企业、生产要素、劳动力聚集到相当规模，对生产生活服务提出强烈的市场需求时，才会促进第三产业的发展。而大量农村剩余劳动力进入城市，放大了城市的聚集效应，为第三产业的大发展提供了条件。

三、我国城镇化模式与产业发展的关系

城镇化离不开产业支撑。从某种意义上讲，城镇化就是产业演进与发展的过程。反过来，产业演进与发展又促进了人口集中，提高城镇化水平。

（一）全国尺度

改革开放以来，我国伴随着经济发展、城镇化水平提高，产业结构不断调整，二者基本保持同步。具体表现为：伴随着第一产业占比持续下降，第二产业占比稳中有降，第三产业占比不断提高。特别是1996年城镇化率超过30%，第一产业占比大幅度下降，年均降幅为0.6个百分点；第三产业年均增幅0.9个百分点。至2018年，第一产业产值占比为7.2%，不到1978年的1/3。伴随着第一产业比重的下降，大量农业剩余劳动力流入城市，城镇化水平快速提高。第二产业产值占比波动中下降，从最高点1980年的48.1%降到2018年的40.7%。第三产业产值占比持续提高，由1978年的24.6%提高到2018年的52.2%。我国产业结构经历了"二一三→二三一→三二一"的转变过程。2018年，我国人均GDP已经达到1万美元，城镇化率为59.6%，三次产业产值比重为7.2：40.7：52.2（见表8.1），中国已经迈入工业化中后期。

表8.1   **中国城镇化与产业发展的统计数据**

年份	人均GDP（元）	城镇化率（%）	产业结构（%）			就业结构（%）		
			第一产业	第二产业	第三产业	第一产业	第二产业	第三产业
1978	385	17.9	27.7	47.7	24.6	70.5	17.3	12.2
1980	468	19.4	29.6	48.1	22.3	68.7	18.2	13.1
1985	866	23.7	27.9	42.7	29.4	62.4	20.8	16.8
1990	1663	26.4	26.6	41.0	32.4	60.1	21.4	18.5
1995	5091	29.0	19.6	46.8	33.7	52.2	23.0	24.8
2000	7942	36.2	14.7	45.5	39.8	50.0	22.5	27.5
2005	14368	43.0	11.6	47.0	41.3	44.8	23.8	31.4
2010	30876	50.0	9.5	46.4	44.1	36.7	28.7	34.6
2011	36403	51.3	9.4	46.4	44.2	34.8	29.5	35.7
2012	40007	52.6	9.4	45.3	45.3	33.6	30.3	36.1
2013	43852	53.7	9.3	44.0	46.7	31.4	30.1	38.5
2014	47203	54.8	9.1	43.1	47.8	29.5	29.9	40.6

续表

年份	人均GDP（元）	城镇化率（%）	产业结构（%）			就业结构（%）		
			第一产业	第二产业	第三产业	第一产业	第二产业	第三产业
2015	49992	56.1	8.9	40.9	50.2	28.3	29.3	42.4
2016	53935	57.4	8.6	39.9	51.6	27.7	28.8	43.5
2017	59660	58.5	7.9	40.5	51.6	27.0	28.1	44.9
2018	64644	59.6	7.2	40.7	52.2	26.1	27.6	46.3

资料来源：2019年《中国统计年鉴》。

（二）区域尺度

由于区位条件、资源禀赋、经济基础、对外开放次序等因素作用下，我国不同区域的经济发展水平、产业结构、城镇化水平差异很大。2018年，我国东部地区 GDP 总量高达 526663.70 亿元，占全国比重的 57.6%；中部欠发达地区 GDP 总量为 241383.36 亿元，占全国比重的 26.4%，仅占东部地区 GDP 总量的 45.8%；西部落后地区 GDP 总量为 146660.40 亿元，占全国比重的 16%，分别是东部和中部地区的 27.8% 和 60.8%（见表 8.2）。

从三次产业发展状况来看，区域产业结构并不是东、中、西部依次递减，而是东部地区（5.1:40.7:54.1）优于西部地区（10.6:40.7:48.6），西部地区优于中部地区（9.1:42.2:48.5）。2018年，东部地区第一产业产值比重仅为 5.1%，远低于中、西部；中、西部第一产业产值比重差别不大，分别为 9.1%、10.6%。东部地区第二、第三产业产值占比分别为 40.7% 和 54.1%，说明该地区工业化水平较高，服务业发展也较快；中部地区第二、第三产业产值占比分别为 42.2% 和 48.5%，说明该地区第三产业落后于东部地区；西部地区第三产业产值占比超过了第二产业，也超过了中部地区，说明该地区生态优势转化为经济优势，服务业发展迅速，但是第二产业比较落后（见表 8.2）。

表 8.2　2018 年我国东、中、西部地区的经济发展、产业结构统计数据

项目		东部	中部	西部
地区生产总值	总量（亿元）	526663.70	241383.36	146660.40
	人均（万元）	83548	52335	48091

续表

项目		东部	中部	西部
第一产业	产值总量（亿元）	27057.06	22091.99	15585.11
	产值占比（%）	5.1	9.1	10.6
第二产业	产值总量（亿元）	214547.52	102007.90	59765.30
	产值占比（%）	40.7	42.2	40.7
第三产业	产值总量（亿元）	285059.12	117283.47	71309.99
	产值占比（%）	54.1	48.5	48.6

注：按照国家统计局网站上的划分标准，将我国划分为东、中、西三大区域（统计数据不包含港澳台地区）。其中，东部地区包括北京、天津、河北、辽宁、上海、江苏、浙江、福建、山东、广东、广西、海南 12 个省、直辖市；中部地区包括山西、内蒙古、吉林、黑龙江、安徽、江西、河南、湖北、湖南 9 个省、自治区；西部地区包括重庆、四川、贵州、云南、西藏、陕西、甘肃、宁夏、青海、新疆 10 个省、自治区。

资料来源：根据 2019 年《中国统计年鉴》整理而来。

城镇化作为地区经济社会发展水平的综合体现，在我国不同区域差异显著，呈现出自东向西的梯次递减趋势。2007 ~ 2018 年，东部地区的城镇化率从 58.7% 提高到 68.9%，中部地区城镇化率从 44.3% 提高到 57.5%，西部地区城镇化率从 36.1% 提高到 51.4%。2018 年，东部地区城镇化率分别比中部、西部地区高出 11.4%、17.5%（见表 8.3）。

表 8.3　　　　　　2007 ~ 2018 年我国东中西三大区域城镇化率　　　　单位：%

年份	东部	中部	西部	年份	东部	中部	西部
2007	58.7	44.3	36.1	2013	65.0	51.8	44.2
2008	59.6	45.6	37.3	2014	65.8	52.8	45.7
2009	60.4	46.7	38.3	2015	66.5	54.0	47.2
2010	62.2	47.9	40.2	2016	67.5	54.5	49.8
2011	63.1	49.4	41.5	2017	68.2	55.7	51.3
2012	64.2	50.7	43.0	2018	68.9	57.5	51.4

资料来源：根据 2016 年、2018 年、2019 年《中国统计年鉴》整理而来。

从人均 GDP、产业结构、城镇化率来看，目前东部地区处于工业化后期阶段。但中西部地区却不一致：从产业结构和人均 GDP 来看，处于工业化中后期阶段；但从城镇化水平来看，处于工业化中期。相对于产业演进的阶段性特征而言，我国中、西部地区的城镇化水平比较滞后。这一点也可以从城镇化与工业化的比值来衡量。2018 年，我国东部地区城镇化率与工业化率的比值为 1.7，而中、西部地区则分别为 1.3、1.2。

第二节　我国产业不合理城镇化模式的问题与原因分析

一、我国产业不合理城镇化模式存在的问题

在我国城镇化过程中，产业发展出现了结构不合理、发展方式粗放、分布不平衡、效益低下等问题，严重影响了城镇化的质量和效益。

（一）产业结构不合理弱化了对城镇化的拉动作用

改革开放以来，我国产业结构不合理问题得到有效扭转，但就业与产值的偏差问题一直没有很好地解决。2018 年，我国三次产业产值结构为 7.2∶40.7∶52.2，而就业结构为 26.1∶27.6∶46.3，二者之间的偏差很大（见表8.4）。下面通过这一偏差指标来分析城镇化的动力。

表8.4　　　　　　　我国三次产业偏离度（Z）的变化情况　　　　单位：%

年份	第一产业 (Z_1)	第二产业 (Z_2)	第三产业 (Z_3)	年份	第一产业 (Z_1)	第二产业 (Z_2)	第三产业 (Z_3)
1978	42.8	−30.4	−12.4	2007	30.5	−20.1	−10.5
1980	39.1	−29.9	−9.2	2008	29.3	−19.7	−9.6
1985	34.5	−21.9	−12.6	2009	28.3	−18.1	−10.2
1990	33.5	−19.6	−13.9	2010	27.2	−17.7	−9.5
1995	32.6	−23.8	−8.9	2011	25.4	−16.9	−8.5
2000	35.3	−23.0	−12.3	2012	24.2	−15.0	−9.2
2005	33.2	−23.2	−9.9	2013	22.1	−13.9	−8.2
2006	32.0	−22.4	−9.6	2014	20.4	−13.2	−7.2

续表

年份	第一产业 (Z_1)	第二产业 (Z_2)	第三产业 (Z_3)	年份	第一产业 (Z_1)	第二产业 (Z_2)	第三产业 (Z_3)
2015	19.4	−11.6	−7.8	2017	19.1	−12.4	−6.7
2016	19.1	−11.1	−8.1	2018	18.9	−13.1	−5.9

注：结构偏离度指标是衡量产业的就业结构与产值结构之间的偏差，即用产业的就业占比减去其产值占比。当 $Z=0$ 时，说明该产业的产业结构与就业结构平衡，二者结构均合理。当 $Z>0$ 时，即该产业的就业占比大于产值占比，表明该产业劳动生产率较低，尚有部分剩余劳动力需要转移出去。当 $Z<0$ 时，即该产业的产值占比大于就业占比，表明该产业劳动生产率较高，存在吸纳更多劳动力就业的空间。（参见曹宗平、吴思思：《中国产业结构演进与城市化进程内在关联性研究》，载于《上海行政学院学报》2015 年第 1 期。）

从第一产业来看，2018 年产值占比降到 7.2%，而劳动力占比高达 26.1%，二者偏差接近 19 个百分点。如果按照 10% 的就业比重来估算，农村劳动力还有近 1 亿多人需要转移到非农产业。农村大量人口留在农村，农业规模经营难以发展，农民收入难以提高，农业现代化进程难以加快，在一定程度上迟滞了城镇化进程。

从第二产业来看，结构偏离度一直为负，即就业比重小于产值比重，说明该产业还存在容纳更多劳动力的空间和潜力，但是第二产业结构偏离度逐渐缩小，从 1978 年的 −30.4% 提高到 2018 年的 −13.1%，意味着该产业吸纳就业的空间在逐渐压缩。实际上，近几年，我国工业开始排斥就业。2013 ～ 2018 年，工业从业人员数量共减少了 1851 万人，一半以上是来自于制造业（见表 8.5）。

表 8.5　　　　　　　　　　　我国工业从业人员数量变化　　　　　　　　单位：万人

年份	工业		采掘业		制造业	
	总量	净增量	总量	净增量	总量	净增量
2012	23241	697	631.0	19.4	4262.2	173.9
2013	23170	−71	636.6	5.6	5257.9	995.7
2014	23099	−71	596.5	−40.1	5243.1	−14.8
2015	22693	−406	545.8	−50.7	5068.7	−174.4
2016	22350	−343	490.9	−54.9	4893.8	−174.9

续表

年份	工业		采掘业		制造业	
	总量	净增量	总量	净增量	总量	净增量
2017	21824	−526	455.4	−35.5	4635.5	−258.3
2018	21390	−434	414.4	−41	4178.3	−457.2
2013～2018年减少总量	1851		222.2		1079.6	

注：采掘业和制造业的数据是城镇非私营单位就业人数。
资料来源：2019年《中国统计年鉴》。

从第三产业来看，产业偏离度一直是负值，表明多年来第三产业并没有吸纳足够的劳动力。但偏离度稳中有降，说明第三产业在安置劳动力尤其农村剩余劳动力方面有所增加，但还有待于进一步挖掘。这一点也可以从农业转移人口的就业分布得到证明。2008年以来，制造业、建筑业的农民工就业占比持续下降，但仍然高达46%以上；第三产业就业的农民工占比总体上稳中有升，但提升幅度并不高，有些产业如交通运输仓储、批发零售业的农民工占比甚至有所下降（见表8.6）。

表8.6 农民工就业的行业分布 单位：%

年份	制造业	建筑业	交通、仓储和邮政业	批发和零售业	住宿和餐饮业	居民服务、修理和其他服务业
2008	37.2	13.8	6.4	9.0	5.5	12.2
2009	36.1	15.2	6.8	10.0	6.0	12.7
2010	36.7	16.1	6.9	10.0	6.0	12.7
2011	36.0	17.7	6.6	10.1	5.3	12.2
2012	35.7	18.4	6.6	11.3	5.9	9.4
2013	31.4	22.2	6.3	11.3	5.9	9.4
2014	31.3	22.3	6.5	11.4	6.0	10.2
2015	31.1	21.1	6.4	11.9	5.8	10.6
2016	30.5	19.7	6.4	12.3	5.9	11.1
2017	29.9	18.9	6.6	12.3	6.2	11.3
2018	27.9	18.6	6.6	12.1	6.7	12.2

资料来源：国家统计局发布的各年《我国农民工调查监测报告》。

2013 年以来，第三产业快速发展，成为第一大产业。2018 年，第三产业占比达到 52.2%，但它的发展速度慢于城镇化水平。1978～2018 年，我国城镇化率增加了 41.66 个百分点，年均增加 1.04 个百分点；而同期第三产业占 GDP 比重仅提高了 27.6 个百分点，年均只增加 0.69 个百分点。我国东部地区城镇化水平达到了 68.9%，但第三产业产值占比仅为 54.1%（见图 8.4）。尤其是天津、福建二者相差超过了 20 个百分点，上海、江苏、广东、辽宁、山东也都超过了 15 个百分点（见图 8.5）。

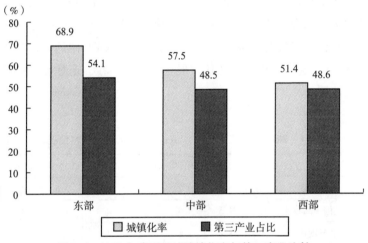

图 8.4 2018 年我国区域城镇化率与第三产业比较

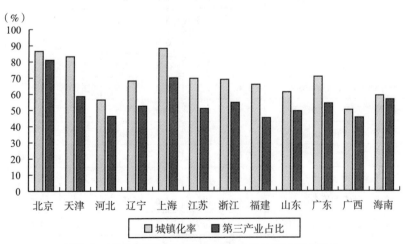

图 8.5 2017 年我国东部地区城镇化率与第三产业对比

随着城镇化发展进入中后期阶段，第三产业也进入到结构调整的关键时期，生产性服务业和社会性服务业快速发展。特别是随着大量人口迁入城市，服务于居民的生活性服务业和社会服务业得到快速发展，增加值和就业比重逐步提高，成为提升城市生活水平和发展质量的重要指标。从近几年第三产业发展情况来看，结构调整步伐依然缓慢。首先，批发和零售业以及交通、仓储和邮政业等流通性服务业主导地位没有改变，在 GDP 中的占比保持稳定。其次，金融业、房地产业、科学研究和技术服务业、租赁和商务服务等生产性服务业增长速度较快，但在国民经济中的占比依然较低。最后，教育、卫生和社会工作以及文化、体育和娱乐业等事关居民和社会服务的（不包括水利、环境和公共设施管理业）产业发展缓慢，在 GDP 中的占比处于停滞状态（见表 8.7），这与城镇化的快速发展不相适应，在一定程度上影响了城市生活质量的改善。

表 8.7　　　　2011～2017 年第三产业增加值占 GDP 比重的基本情况　　　单位：%

第三产业	2011 年	2012 年	2013 年	2014 年	2015 年	2016 年	2017 年
批发和零售业	8.9	9.2	9.5	9.7	9.6	10.3	9.5
交通、仓储和邮政业	4.5	4.4	4.4	4.4	4.4	4.8	4.5
住宿和餐饮业	1.8	1.8	1.7	1.7	1.8	1.9	1.8
信息传输、软件和信息技术服务业	2.1	2.2	2.3	2.5	2.7	3.2	3.2
金融业	6.3	6.5	6.9	7.2	8.4	8.9	8.0
房地产业	5.8	5.8	6.0	5.9	6.1	7.0	6.6
租赁和商务服务	1.9	2.1	2.2	2.4	2.5	2.8	2.7
科学研究和技术服务业	1.6	1.7	1.8	1.9	2.0	2.1	2.0
水利、环境和公共设施管理业	0.4	0.5	0.5	0.5	0.6	0.6	0.6
居民服务、修理和其他服务业	1.5	1.5	1.4	1.5	1.6	1.9	1.8
教育	3.0	3.1	3.2	3.2	3.5	3.9	3.6
卫生和社会工作	1.5	1.7	1.9	2.0	2.2	2.5	2.3
文化、体育和娱乐业	0.6	0.7	0.6	0.7	0.7	0.8	0.8
公共管理、社会保障和社会组织	3.8	3.7	3.6	3.7	3.9	4.4	4.1

资料来源：根据 2019 年《中国统计年鉴》整理而来。

（二）产业发展方式粗放导致城镇化粗放外延型发展

我国产业结构问题不仅表现为产业之间比例不合理，还表现为产业发展方式粗放和发展质量低下引发的高投入、高排放、高消耗等问题，直接导致城市环境污染严重。

就能耗而言，在世界能源消耗的平均水平中，工业、交通、建筑的能耗占比分别为37.7%、29.5%、32.9%，而我国这三类能耗占比分别为64%、10%、26%。2000年以来，我国能耗持续下降，2012年降到1.95吨标准油/万美元，但仍然比世界平均水平高45%，比中等收入国家水平高34%，比巴西还高一倍（见表8.8）。

表8.8 每万美元国内生产总值能耗的国际比较 单位：吨标准油/万美元

国家或地区	2000年	2005年	2009年	2010年	2011年	2012年
世界	1.56	1.48	1.38	1.38	1.36	1.34
高收入国家	1.50	1.39	1.29	1.30	1.26	1.24
中等收入国家	1.66	1.61	1.48	1.47	1.46	1.45
中国	2.50	2.40	2.01	2.00	1.99	1.95
印度	1.72	1.47	1.40	1.32	1.29	1.28
日本	1.27	1.20	1.12	1.13	1.05	1.01
韩国	1.93	1.71	1.62	1.66	1.67	1.65
加拿大	2.19	2.08	1.86	1.81	1.77	1.73
美国	1.75	1.58	1.45	1.45	1.41	1.35
巴西	0.94	0.93	0.90	0.93	0.91	0.93
土耳其	0.92	0.82	0.89	0.88	0.86	0.87
英国	1.16	1.01	0.88	0.89	0.81	0.83

资料来源：2015年《中国环境统计年鉴》。

就排放而言，按照国际能源署发布的数据，2009年中国二氧化碳排放量已占世界总量的23.6%，中国人均二氧化碳排放量只略高于世界平均水平，仅相当于经济合作与发展组织国家的 52.2%，但单位 GDP 二氧化碳排放强度却是世界平均水平的 3.19 倍，是经济合作与发展组织国家的 5.68 倍。长期以来，以煤炭为主的能源消耗对全国环境尤其是城镇产生严重影响，其主要表现是二氧化硫、氮氧化物、烟（粉）尘的大量排放。工业高排放直接导致城市空气质量的恶化。2018 年，全国 338 个地级及以上城市中，121 个城市环境空气质量达标，占全部城市数的 35.8%；217 个城市环境空气质量超标，占 64.2%。从环境空气质量基本比例来看，优秀占 25.7%，良好占 53.6%，轻度污染占 14.9%，中度污染占 3.6%，重度污染占 1.5%，严重污染占 0.7%。[①] 近几年，我国工业固体废物排放总量持续下降，但是工业固体废物综合利用率只有 60%。这些难以利用的工业废物在局部地区形成严重污染，与生活垃圾一起危害城镇周边环境，造成全国 2/3 的城镇变成"垃圾围城"，1/4 的城市没有合适场所堆放垃圾。

（三）产业空间布局不平衡导致城镇化格局不协调

产业布局不平衡、不合理既反映在区域之间、城乡之间，也体现在城市之间、城市内部，由此造成城镇空间格局和规模结构不合理、不协调。

从区域布局来看，我国产业过度集中在东部地区。2018 年，制造业占比达到 65%，轻工业占比超过 60%，劳动密集型制造业占比更是超过 70%。产业布局的东部偏向必然导致城镇化布局的东部偏向，东部地区城镇过多、过密、规模过大，三个成熟的城市群全部坐落在东部，而中、西部地区城镇数量较少、分布稀疏、规模较小，缺乏具有带动作用的城市群。

从城乡布局来看，改革开放之初至 20 世纪 90 年代中期，乡镇企业异军突起，农业人口离土不离乡，就地城镇化成为城镇化的主要模式，中小城市和小城镇得到快速发展，城乡关系比较密切，城镇化的空间格局比较均衡。但是，21 世纪以来，随着市场化、全球化、工业化进程加快，外向型经济迅速发展，中、西部地区农业剩余劳动力开始向东部沿海地区流动，长三角、珠三角、京津冀城市群成为吸纳人口的主要阵地，大城市、特大城市迅猛发展，中小城市、小城镇处于停滞状态，城乡关系进一步分离，城镇化的空间格局出现失衡。

---

① 2018 年《中国环境状况公报》。

从城市内部布局来看，我国一些特大城市的产业和人口过于集中中心城区，带来了资源过度消耗、土地价格上涨过快、交通运输过度拥挤、生态环境明显恶化、生活质量急剧下降等"城市病"现象。而城市周边的新城、卫星城缺少产业支撑，只具有居住功能，是"睡城""卧城"，无法承接中心城区转移过来的产业。

（四）产业功能低效导致城市效益低下

长期以来，我国产业发展处于价值链的中低端，主要集中在生产和加工制造环节，研发设计、供应链管理、品牌营销、物流等高附加值环节则发展滞后，这种产业发展模式被概括为"代工—出口—微利化—品牌、销售终端渠道与自主创新能力缺失—价值链攀升能力缺失"的非意愿恶性循环发展的"路径依赖"（刘志彪、于明超，2009）。这种低成本投入的外生性产业发展模式促使城市"摊大饼"式外延发展，不仅耗费了大量土地和资源，导致城市运行成本过高，效率低下；而且由于产业发展效率低下减少了城市财政收入，直接影响了城市公用设施和公共服务的投入，弱化了城市对产业发展的支撑作用。

二、原因分析

我国城镇化、工业化发展过程中出现的上述这些问题，既有发展战略因素，也有体制机制改革滞后和创新能力不足等原因。

（一）长期以来工业化重型化趋势明显，产业就业吸纳能力持续下降

自新中国成立以来我国就实行重工业优先发展战略，尽管改革开放以来大力发展轻工业，但重工业发展仍然占据重要地位，重工业企业销售产值在工业产值中的占比一直高达70%以上。过重的产业结构因资本有机构成较高，单位资本吸纳劳动力的能力持续降低。2013～2018年，工业就减少了1851万个就业岗位，其中一半以上来自于制造业。快速推进的重型工业化将会对我国农村剩余劳动力转移、第三产业发展产生不利影响。

（二）体制机制改革滞后，片面强调劳动力的生产要素性质，忽视了人的全面发展

城镇化的本质是人的城镇化，应该把人的需求放在首位。在工业化引领城镇化过程中，不仅要重视劳动力投入带来的经济增长和城镇扩张，还要加大人力资本投资和改善公共服务水平，提高人的素质，立足于劳动力的现实能力来挖掘其未来的发展潜力，立足于存量劳动力的需求来拓展增量劳动力的需求，多方面多产业促进经济增长，实现经济社会协同发展。国外地区经济发展和人口聚集的良性循环过程可以概括为"产业增长→就业机会增长→服务需求增加→人口迁入→消费潜力增加→产业增长"（见图8.6）。但是，在我国经济增长过程中，户籍制度、就业制度、政绩考核制度、行政管理制度等改革滞后，只是强调劳动力生产要素性质，忽视了人的需求改善与素质提升，越过"就业机会增长—服务需求增加—人口迁入"过程，直接进入消费潜力增加，造成经济增长没有促进人口福利的改善，人口增加没有带动当地的经济增长。

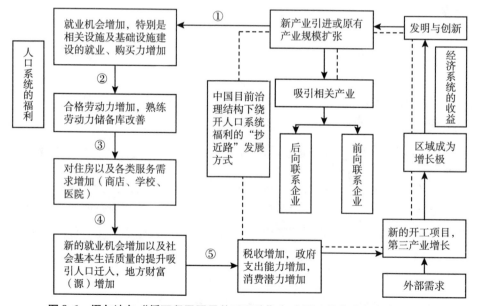

图8.6 缪尔达尔"循环积累因果关系理论"与中国工业化进程中人口吸纳

注：图中虚线代表我国绕开人口福利系统"抄近路"的发展方式，而实线则代表发达国家人口与经济系统中的良性循环；圈码数字代表发达国家经济发展和人口集聚的具体过程。

（三）产业的科技创新能力不足

产业创新不仅体现在产业技术创新，也包括产业管理与模式创新；不仅体现在新产业重大技术突破，也包括传统产业技术创新。我国产业长期处于价值链中低端，自主创新能力不足。与发达国家相比，我国产业创新能力还有很大差距。

（1）研发经费投入不足。2018年，我国研发经费支出在GDP中占比2.19%，与世界平均水平持平，略低于高收入国家。科技研究中的基础研究、前沿研究是提升一个国家原始创新能力的关键，我国这方面的投入占全社会研发投入的比例大约在5.5%左右，而发达国家一般都在15%~20%。

（2）科技创新能力区域差距明显。东部地区在研发人员、经费投入、研究项目、研究成果等方面都显著优于中、西部地区之和，在全国占比高达70%以上。如果从各省的规模以上工业企业的研发经费投入来看，2018年投入最大的三个省份分别是东部地区的广东省（2107亿元）、江苏省（2024亿元）、山东省（1418亿元），而排在末位的三个省份分别是西部地区的西藏、青海和宁夏。[①]

（3）就业人口素质与产业发展不相适应。产业发展需要大量技能型的产业工人、创新精神的高素质研发人员、创业活力的企业家。总的来看，我国就业人员素质低下。虽然大专、本科及研究生以上学历的就业人口占比增速较快，但是具有高中及以上学历的就业人员占比不到30%，特别是作为我国产业工人主体的农民工具有高中及以上学历的仅占26.4%。[②]

第三节　促进产业合理城镇化模式发展的政策建议

城镇化初级阶段是工业化带动型城镇化模式，它推动了城市规模扩张和城市数量增加。但是，城镇化中期阶段以后，工业化与城镇化互相促进、同步发展的新型城镇化模式，为工业化发展提供新的动力，而产业发展又为城

---

① 《中国统计年鉴（2019）》。
② 《2018年全国农民工监测调查报告》。

镇化提供重要支撑。一方面，新型城镇化拉动产业发展，以城镇化这一平台和载体来带动产业和人口聚集，为战略性新兴产业提供研发服务环境、技术能力环境、设计品牌等网络服务环境、政策环境（刘志彪，2010）；另一方面，加快产业转型发展，优化产业布局，推进产城融合，完善产业政策，进而提升城市功能，提高城市发展质量。因此，必须坚持以人为本，围绕着人的身份转换来加快体制机制改革；坚持生态文明理念，走可持续发展之路；协调推进城镇化、工业化、农业现代化同步发展。

一、深化体制机制改革，充分释放产业发展的潜能

在促进产业发展、为城镇化提供有力支撑中，要正确处理好政府与市场的关系，政府的角色与作用是不干预产业发展，通过改革和完善体制机制，为产业发展提供良好的发展环境。

（1）以统筹城乡就业政策为重点，加快劳动就业制度改革。推进户籍制度改革，消除农民进城落户的门槛，取消严格限制农民工就业范围的各种歧视性政策。保障农民工的劳动权益，将就业培训和就业指导覆盖农民工，实现农民工与市民同工同酬、同工同时、同工同权，建立城乡统一的劳动力市场。

（2）以提升城市公共服务均等化水平为核心，深化财税体制改革。农民工市民化主要包括住房、公共服务和社会保障三方面内容。按照财权与事权相匹配的原则，在合理确定事权基础上，进一步理顺各级政府之间财政分配关系，切实推行有利于保障农民工享有均等化公共服务、推动农民工社会保障转型、在城市安居的财税政策。

（3）牢固树立以人为本的城镇化发展理念，改革政府考核制度。引导各级城市政府从追求经济高速度增长转变为经济高质量发展，建立与经济高质量发展密切相关的考核机制，以人为核心来推动社会各项事业发展，实现人、产业、城镇化协调推进。

（4）以扩权让利为基础，加快我国城市行政管理体制改革。我国实行直辖市、副省级、地市级、县级、镇级五级城市行政管理体制，出现大城市对中小城市资源的截留与掠夺，导致各类城市资源配置不均衡。随着大量流动人口进入发达地区的小城镇，出现了社会公共服务日益增长、社会管理问题

日益突出与传统的城市行政机构与人员编制之间矛盾。因此，要探索城市管理体制改革，由行政主导转变为经济主导，把有条件的镇升格为市，把经济强镇升格为中等城市；提升大城市作为区域经济中心城市的功能，增强其对周边地区经济社会发展的服务、辐射和带动功能；促进城市群发展，完善跨区域的城市群协调机制。

二、加快产业转型升级，增强对城镇化的带动作用

抓住我国处于工业化中期向后期过渡出现的产业更替、产业转移、动能转换的历史机遇，适应产业绿色化、信息化、网络化、服务化等新趋势，坚持创新驱动，为提升城镇化质量奠定坚实的产业基础。

（1）强化创新驱动，实现产业价值链攀升。新型城镇化依赖于内生型产业发展模式，而内生型产业发展就是通过创新，实现产业价值链从单纯的生产、组装等低端环节向研发设计、营销、品牌培育、技术服务、供应链管理、专门化分工等高端环节攀升，最终提高产业核心竞争力，增强城镇化发展的内生动力。当务之急是要突破制约自主创新能力提升的制度障碍。首先要进一步健全创新激励机制，使企业真正成为技术创新的主体；深化科技体制改革，包括健全技术创新市场导向机制，建立产学研协同创新机制，形成由市场决定技术创新项目和经费分配、评价成果的机制；创新商业模式，创造有利于高技术产业、创新型企业发展的体制环境（黄勤、杨爽，2014）。同时，要加强城市创新能力建设，重视大学、科研机构、教育机构的支撑作用，大力弘扬创新文化，营造创新氛围，将创新活动渗透在城市生产生活中的各个领域。

（2）推动战略性新兴产业的发展，加快传统产业转型升级的步伐。目前，在发达国家大力发展新兴产业和实施"再工业化"战略的背景下，我国也要大力发展信息技术、生物、高端装备制造业、新能源、新材料、新能源汽车等战略性新兴产业，在世界新兴产业发展格局中占有重要一席。同时，要运用新技术改造传统产业。传统劳动密集型产业关系到我国庞大劳动力的就业问题，不能简单地予以关停并转，而是围绕着产品质量、节能降耗、生态环保、安全生产等内容，采用新技术、新工艺，提升传统产业创新发展能力，实现传统产业发展的新型化，促进城镇发展的绿色化。

（3）发展多层次服务业，优化产业结构和就业结构。服务业既能吸收城市劳动力，又可以吸引农村转移劳动力，要大力拓展服务业吸引劳动力就业的空间。一方面，要规范发展生活性服务业，满足城镇人口的现实服务需求。随着消费需求升级和城镇人口的不断增多，对各种生活性服务需求持续增加，应该大力发展就业容量较大的城镇社区服务、养老服务、家庭服务等劳动密集型服务业，提高城镇居民生活质量。另一方面，大力发展生产性服务业，提高城镇的产业竞争力。生产性服务业主要包括现代物流、信息、金融、科技、商务、商贸流通等为制造业服务的部门，大力发展这些部门能够提升产品的科技含量，降低企业的资源消耗，提高企业的创新能力，提高产品的附加值。因此，要大力发展生产性服务业，做大服务规模，提高服务水平，促进制造业与服务业的融合发展。再者，大力发展公共服务业，提升城市治理水平。公共服务业主要包括卫生、体育、教育、社会保障、科学研究、环境保护等。通过培育社会组织，大力发展公共服务业，提高城市治理水平。总之，要深入改革服务业体制，解决制约服务业发展的主要矛盾和突出问题，做大做强服务业企业，建设服务业聚集区。

（4）转变农业发展方式，推进农业现代化。农业现代化不仅是产业结构演进的重要内容，也是新型城镇化的应有之意。农业现代化就是用现代科技、现代装备、现代经营管理方式等先进生产要素武装农业，不断提高劳动生产率、土地产出率和资源利用率，促进农业速度质量效益、生产生活生态等全面协调可持续发展的过程（李二超、韩洁，2013）。因此，一是要加快农业科技创新，促进农业技术集成化、劳动过程机械化、生产经营信息化，提高农业物质技术装备水平（宋洪远、赵海，2012）；二是要推进农业经营体制机制创新，加快转变农业经营方式。在坚持依法自愿有偿原则下，引导农村土地承包经营权有序流转，鼓励和支持承包土地向专业大户、家庭农场、农业合作社流转，在此基础上促进农业生产经营专业化、标准化、规模化、集约化；三是深入推进农业结构战略性调整，完善现代农业产业体系。

（5）加快产业区域转移，推进区域城镇化。目前我国产业正在从东部地区向中、西部地区转移，有助于形成更有效的分工与协作的产业链结构，带动城镇化转型发展。东部地区随着劳动密集型产业转移，应该推动资本和技术密集型制造业升级，促进生产性服务性发展，以此提高城镇化质量。中、西部地区应该在承接产业转移过程中，立足于当地资源禀赋、产业基础、劳动力优势，因地制宜，大力发展劳动密集型产业以吸纳本地农村劳动力"就地转移"和农民工"返乡就业"。在此基础上，中、西部地区要充分发挥产业聚集效应，促进企业走集群化道路，带动人口聚集和城镇发展。

三、优化产业布局，形成新型城镇化格局

近年来，"三新"（即新技术、新业态、新产业）经济蓬勃发展，成为我国经济新增长点。各地生产力水平差异较大，为我国城市产业错位发展提供了新机遇。不同规模的城市应该根据其功能来确定产业定位，增强城市创新性，体现城市发展个性。

（1）引导特大城市和大城市发展高端服务业和高端制造业。超大城市和大城市是国内经济发展的引领者和国际经济竞争的合作者，大力发展平台经济和总部经济，充分发挥人才、资金、技术、信息等要素聚集的优势，大力发展高端服务业，努力建成全球经济的控制中心、决策中心、信息中心、金融中心，成为产业技术创新的策源地。大城市作为区域经济发展的中心，通过自主创新建立先进的产业技术支撑体系，加强高新技术对传统产业的改造，加快战略性新兴产业的培育，促进二、三产业融合发展。

（2）鼓励中小城市发展优势产业。中小城市依托其产业基础和资源条件，培育发展特色产业，拓展产业链条，以产业聚集推动城镇化集约集聚发展。同时，引导中小城市主动接轨大城市、特大城市的功能分流与产业辐射，承接大城市、特大城市的先进制造业、生产性服务业和高新技术产业转移，加快战略性新兴产业的培育，以工业化推进城镇化。

（3）支持小城镇发展特色产业。有条件、有基础的小城镇根据各地实际情况，采取集中生产、集中开发的模式，通过自主开发和外部转入两种途径，重点发展农副产品加工业、休闲旅游业、养老产业，发展特色产业集群，提高小城镇工业化水平，带动农村劳动力转移。

四、强化产城融合，提高城镇化质量

"产城分离"是传统工业化发展的要求。传统工业化走的是高污染高排

放的发展道路，为了使城市居民免受工业污染，需要把生产区和生活区分开。面对城市规模不断扩大带来的较高工作和生活成本以及工业化进入"去污染"发展阶段，"产城融合"成为必然选择。这就要求通过工业化与城镇化的良性互动，在产业发展中推动城市发展，实现产业发展与城市发展有机融合，推动产业层次与城镇承载能力同步提升、产业辐射力和城市竞争力协调统一、产业特色与城镇特色内在结合。

（1）以产业园区为载体，加快产业园区城区化。以各类开发区、工业园区、服务业聚集区等产业园区为载体，以产业聚集带动人口聚集。一方面，依托园区的骨干企业带动中小企业发展，形成基于产业链的分工合理、协作配套的产业一体化、集群化。另一方面，完善园区内生活设施和公共服务设施，提高园区的综合承载能力。这就要求城市新区建设与产业园区建设结合起来，城市新区规划服务产业园区，在产业园区营造便捷的交通、良好的环境、便利的公共服务，使得劳动力不仅作为生产要素留下来，同时也作为居民住下来。

（2）城市功能与产业类型有机衔接，避免"产城功能"错配。超大城市、特大城市是创新中心、金融中心、科教中心，应加快发展现代服务业和战略性新兴产业。通过提升产业层次和优化产业结构，有效控制人口规模和提高人口素质，促进资源集约利用，保护生态环境，破解城市承载力制约瓶颈。中小城市依托资源环境、交通区位、历史文化等特色，合理布局重大产业项目和重大基础设施建设，引导各类城市塑造各自特色、走差异化产业发展道路，避免产业同质化和重复建设；依托特色产业打造城镇品牌形象，积累和提高品牌、信誉、标准、专利、技术等无形资产价值，把产业优势转换为城镇核心竞争力，实现城市功能与产业布局有机衔接，有效解决有城无产、有产无城的问题。

（3）产业发展空间与城镇发展空间相契合，严格控制缺乏产业支撑的城镇空间扩展。政府应该建立完善的监督体系和审批制度来严格限制没有产业支撑的城镇规模扩展，将产业规划纳入城镇总体规划中，并使之在城镇规划中处于核心地位。为此，积极构建吸纳劳动力就业较强的现代产业体系，通过产业聚集促进人口聚集。同时，完善城市服务功能为产业集群和人口聚集提供保障。

五、加大人力资本投入，为新型城镇化发展提供高素质的人力资源支撑

人力资本是推动工业化、城镇化的核心环节和重要支撑，应该加大对人力资本的投入，构建层次合理、素质良好的人力资源储备库。

（1）加大对农民工的培训。农民工是我国现代产业工人的主力，强化对农民工的培训，构建农民工培训的长效机制。首先，实现农民工培训的法制化和制度化。针对当前农民工培训中存在的管理体制不顺、经费不足、师资力量薄弱等问题，制定相关的法律法规为农民工培训的可持续发展提供法律保障。其次，构建多层次、多形式、有侧重的培训体系框架。根据农民工的职业特点、教育程度、工作性质，建立与其相适应的培训体系，推进能力与学历同步提升、线上与线下融合互补、工作与学习紧密结合的教育培训模式（何爱霞、刘雅婷，2017）。

（2）进一步完善人才激励政策。健全企业自主创新和科技成果转化的激励分配机制，改变企业"重设备轻人才"的不合理研发管理体制，让资金更多地向激励人才创新的方向倾斜，从而扭转劳动者初次分配收入占比较低的倾向。

第四节 本章小结

本章从产业视角来研究我国城镇化模式，主要包括：

（1）进一步研究了城镇化模式与产业发展的关系。从一般层面来看，城镇化模式与产业发展之间相互促进、相互影响、互为因果。一方面，产业发展是城镇化模式的支撑、立足点和主要途径；另一方面，城镇化模式是产业发展的载体和平台，为产业发展提供外部经济效益和聚集经济效益。从具体层面来看，农业发展是城镇化发展的初始动力，城镇化推动了农业现代化；工业化是城镇化发展的核心动力，城镇化发展促使工业化纵深推进；第三产业是城镇化发展的后续动力，城镇化是第三产业的基础。

（2）本章研究了产业不合理城镇化模式存在的问题，主要包括结构不合

理、发展方式粗放、分布不平衡等问题。产业结构不合理弱化了对城镇化的拉动作用，产业发展方式粗放导致城镇化粗放外延型发展，产业空间布局不平衡导致城镇化格局不协调。这些问题的形成既有发展战略因素，也源于体制机制改革滞后和创新能力不足。

（3）从产业层面提出发展新型城镇化就要深化体制机制改革，充分释放产业发展的潜能；加快产业转型升级，增强对城镇化的带动作用；优化产业布局，形成新型城镇化格局；强化产城融合，提高城镇化质量。

第九章

新型城镇化与户籍制度改革

城镇化发展不仅是农村人口进入城市的过程，也是农村人口享有城市公共服务的过程。2018年，我国常住人口城镇化率为 58.58%，而户籍人口城镇化率仅占 43.37%，二者相差 15.21 个百分点。这意味着 2 亿多生活在城镇的农村人口没有城市户籍，无法与城市居民享受同等的社会福利与待遇。这一状况与我国城乡二元户籍制度具有直接关系。中共十八大报告明确提出："要加快改革户籍制度，有序推进农业转移人口市民化，努力实现城镇基本公共服务覆盖常住人口，为人们自由迁徙、安居乐业创造公平的制度环境"。因此，深化户籍制度改革是推进新型城镇化模式的制度保障。

第一节　我国户籍制度及其演变

户籍制度是国家有关机关依法对其所辖范围内的公民户口进行调查、登记、申报，并按一定的原则进行立户、分类和编制的社会管理制度，主要包括人口统计和身份证明以及为社会管理提供决策依据两方面内容（张静，2009）。纵观古今中外，人口管理制度普遍存在，只是表现形式不一，内容不同。我国在工业化、城镇化刚刚启动之时，出于社会主义理念和优先发展重工业的发展战略，确立了传统的户籍管理制度。改革开放以后，随着经济发展和社会进步，逐渐形成了以户籍制度为基础包括粮食统购统销供给制度、劳动就业制度、社会保障制度等在内的"城乡二元户籍制度体系"。与此相适应，户籍制度的功能由最初的人口信息统计的自有功能拓展为人口流动限制、社会福利分配等非自有功能，且自有功能逐渐弱化，非自有功能日益凸显。

一、当代中国户籍制度的形成

新中国成立初期，为了肃清国民党反动势力、巩固新政权、维护公共秩序、恢复生产，需要准确和完整的人口资料。为此，国家建立了城乡分立的户口登记制度。在城市，为了维护城市社会治安，解决城市失业问题，1950 年公安部制订了《关于特种人口管理的暂行办法（草案）》；同年 11 月份，政府又出台了《城市户口管理暂行条例》，统一规范了城市的户口登记和管理。而农村户籍管理制度的建设晚于城市。为了配合农村田地改革和便于"一届"人大的选举工作，1953 年出台了《全国人口调查登记办法》，在农村建立了简易的人口登记制度。为了更准确地掌握农村人口和进一步做好农村人口统计工作，1954 年发布了《内政部、公安部和国家统计局联合通告》，建立了农村户口登记制度。1955 年国家通过了《关于建立经常户口登记制度的指示》，规定在全国范围内建立人口统计制度，着力解决农村户口的登记管理问题，规定乡和未设派出所的集镇的户口登记和管理部门是乡镇人民委员会，1956 年移至公安部门。至此，全国城乡户籍的登记和管理工作以及相关部门实现了统一。

可见，新中国成立初期，我国户籍制度虽有城乡户口之别，但没有限制公民居住和流动的权益，没有附着明显的经济利益和社会福利，只是强化社会管理的一种手段。

二、我国户籍制度体系的构成与演变

经过三年经济恢复时期，1953 年开始了第一个五年计划。"一五"计划期间，在经济发展创造了很多就业机会的拉力和农产品"剪刀差"人为降低农民生产积极性的推力作用下，大量农村人口进入城市寻找工作。1958 年春夏之交的"大跃进"导致大量的农村人口进入城市从事钢铁生产。随着"大跃进"以及 1959~1961 年三年困难时期，城市陷入人口过度超载和资源极度短缺的困境。为此，政府出台了阻止农业人口盲目进入城市和农产品统购统销这两个政策，并且将这些制度嵌入在户籍制度之中，将单一的户籍管理制度扩展为户籍管理、限制农村劳动力流动、农产品统购统销、城乡不同的就业和社会保障等在内的一整套城乡二元户籍制度体系。

（一）户籍管理政策：从城乡分立到城乡统一

1958 年国务院颁布的《中华人民共和国户口登记条例》，第一次以法规形式将我国城乡居民分为"农业户口"和"非农户口"，确立了我国城乡户口分立登记制度，开启了长达 20 多年禁止人口流动的封闭式户籍管理制度。

直到 20 世纪 80 年代，乡镇企业对劳动力的大量需求引发了大规模农村劳动力流动，我国户籍管理制度开始呈现松动。1984 年，国务院发布《关于农民进入集镇落户问题的通知》，规定农民在自理口粮的前提下，到集镇务工、经商、办服务业，在集镇有固定住所、有经营能力，或在集镇企事业单位长期务工的，公安部门应准予落常住户口。进入 90 年代，为了缓解大批进城农民落户需求与落户指标限制的矛盾，1992 年公安部发布《关于实行当地有效城镇居民户口的通知》，在小城镇、经济特区和开发区实行当地有效城镇户口制度，一些地方城市实行投资入户、购房入户以及"蓝印户口"政策，城乡禁锢的户籍制度进一步松动。但由于入户门槛过高，大多数农民工还是不能成为市民。于是在 1998 年国务院转批公安部《关于解决当前户口管理工作中几个突出问题的意见》，提出要着重推进四项重大改革，这是我国改革开放以来户籍迁移管理制度开的最大一个口子。遗憾的是，很多大中城市考虑到自身承受能力并没有完全执行。这样，2001 年公安部提请国务院转批《关于推进小城镇户籍管理制度改革的意见》，提出不再对小城镇落户实行计划指标限制。尽管这 20 年户籍管理制度不断放松，建立了常住户口、暂住户口、寄住户口三种管理形式为基础的登记制度，但都是在城乡两大框架下进行"二元户籍"改革。

2006 年是户籍管理制度改革的第二个转折点，确立了户籍制度改革新目标，拟取消农业、非农业户口的界限，探索建立城乡统一的户口登记管理制度。2010 年提出逐步在全国范围内实行居住证制度。至此，户籍制度进入"一元户籍"改革时期。各个阶段的户籍制度改革政策详见表 9.1。

表 9.1 　　　　　　　　　1958 年以来我国户籍制度的发展变化过程

阶段	年份	法规	内容
分割期	1958	《中华人民共和国户口登记条例》	第一次将城乡居民区分为"农业户口"和"非农业户口"，且把限制农民迁入城市的规定法律化
	1962	《关于加强户口管理工作的意见》	农村迁往城市的，严格控制；城市迁往农村的，一律准予落户。但中小城市迁往大城市的，要适当控制
	1964	公安部《关于处理户口迁移的规定（草案）》	对农村迁往城市和集镇的要严加控制；对集镇迁往城市的要严加控制
	1977	公安部《关于处理户口迁移的规定》	将各市镇每年批准迁入该市镇并转为非农业户口的人数限制在该市现有非农业人口数的 1.5‰，对"农转非"实行了政策和指标的双重控制
	1979	国务院批转公安部、粮食部《关于严格控制农业人口转为非农业人口的报告》	要求各级公安机关切实加强对农业人口迁入城镇的控制工作，粮食部门要坚决制止不按政策规定把集体所有制单位的农业人口就地转为非农业人口
	1981	国务院《关于严格控制农村劳动力进城做工和农村人口转为非农村人口的通知》	要求加强户口和粮食管理，责令粮食部门按照政策规定，严格控制农业人口转为非农业人口，对不符合规定的不供应商品粮
松动期	1984	《关于农民进入集镇落户问题的通知》	到集镇务工、经商、办服务业的农民和家属，有固定住所、有经营能力、长期务工的，可以自理口粮入户
	1985	《关于城镇暂住人口的暂行规定》《中华人民共和国居民身份证条例》	建立了居民身份证制度证明公民个人的身份，携带方便，与证明一家人的身份及其关系的户口簿不同，居民身份证制度是户籍制度的重大变革之一
	1992	公安部《关于实行当地有效城镇居民户口的通知》	在小城镇、经济特区和开发区实行当地有效城镇户口制度，城乡禁锢的户籍制度进一步松动
	1995	公安部《暂住证申领办法》	建立流动人口暂住证管理办法
	1997	国务院转批公安部《小城镇户籍管理制度改革试点方案和关于完善农村户籍管理制度意见的通知》	从农村到小城镇务工或者兴办第二、第三产业的人员，小城镇的机关、团体、企业和事业单位聘用的管理人员、专业技术人员，在小城镇购买了商品房或者有合法自建房的居民，以及其共同居住的直系亲属，可以办理城镇常住户口

续表

阶段	年份	法规	内容
松动期	1998	国务院转批公安部《关于解决当前户口管理工作中几个突出问题的意见》	提出四项重大改革：婴儿落户随父随母自愿；放宽夫妻分居问题的户籍政策；60 岁以上老人可以到子女所在的城市落户；在城市投资、办实业、购买商品房的居民以及其直系亲属，凡在城市有固定住所、稳定职业或者生活来源、居住有一定年限的，符合当地政府规定系可准予在该城市落户
	2001	《关于推进小城镇户籍管理制度改革的意见》	对办理小城镇常住户口的人员，不再实行计划指标管理，小城镇的户口全面向拥有固定住所和合法收入的外来人口放开
	2003	国务院公布 30 项便民利民措施	新生婴儿的常住户口登记随父随母自愿选择；到西部地区的各类人才可以不迁户口；户口迁入西部地区的，如果今后返回原迁出地工作和生活，也可以将户口迁回原地
统一期	2006	国务院下发《关于解决农民工问题的若干意见》	要深化户籍管理制度改革，中小城市和小城镇要适当放宽农民工落户条件，大城市要积极稳妥地解决符合条件的农民工户籍问题，对农民工中有突出贡献者应优先准予落户
		公安部《关于进一步改革户籍管理制度的意见（送审稿）》	拟取消农业、非农业户口的界限，探索建立城乡统一的户口登记管理制度；同时，以具有合法固定住所作为落户的基本条件，逐步放宽大中城市户口迁移的限制
	2014	国务院《关于进一步推进户籍制度改革的意见》	统一城乡户口登记制度，全面实施居住证制度，加快建设和共享国家人口基础信息库，稳步推进城镇基本公共服务覆盖全部常住人口。到 2020 年努力实现 1 亿左右农业转移人口和其他常住人口在城镇落户
	2015	《居住证暂行条例》	制定领取居住证的条件和居住证持证人享有的权益
	2016	国务院办公厅《关于印发推动 1 亿非户籍人口在城市落户方案的通知》	全面放开放宽重点群体落户限制，超大、特大城市实行分类落户政策，城区常住人口 300 万以下的城市不得采取积分落户方式
	2017	《加快推进新型城镇化建设行动方案》	全面放宽重点群体落户限制、全面实施居住证制度、全面落实支持农业转移人口市民化财政政策、全面落实人地挂钩政策、建立进城落户农民农村"三权"维护和自愿有偿退出机制、推进教育、医疗等城镇基本公共服务覆盖常住人口
	2018	《国家发展改革委关于实施 2018 年推进新型城镇化建设重点任务的通知》	中小城市和建制镇要全面放开落户限制。Ⅱ型大城市不得实行积分落户；Ⅰ型大城市中实行积分落户的要大幅提高社保和居住年限的权重，鼓励取消年度落户数量限制

资料来源：根据孙凯文：《中国的户籍制度现状、改革阻力与对策》，载于《劳动经济研究》2017 年第 3 期；李超、万海远：《新型城镇化与人口迁移》，南方出版社 2014 年版，第 38~40 页以及相关内容整理而来。

（二）农村劳动力流动政策：从限制流动到有序流动

最初户籍管理制度并没有限制农业人口的流动。1953 年和 1957 年先后颁布的《关于劝阻农民盲目流入城市的指示》和《关于制止农村人口盲目外流的指示和通知》，只是为了预防和制止因少数农民自发盲目流动可能带来的影响城市经济社会发展及稳定问题的一种临时性应急措施，它并不是国家对人口进行管理、限制人口流动的制度性规定（刘国新、刘瑜，2014）。

真正把限制人口流动纳入户籍管理制度是始于 1958 年《中华人民共和国户口登记条例》。该条例第 10 条规定，公民由农村迁往城市的，必须持有城市劳动部门的录用证明、学校的录取证明或者城市户口登记机关的准予迁入的证明，向常住地户口登记机关申请办理迁出手续。1962 年公安部通过的《关于加强户口管理工作的意见》，对城乡之间劳动力的流动又做了细化规定。此后，国家相继发布了《公安部关于处理户口迁移的规定》（1977 年）、《国务院批转公安部、粮食部关于严格控制农业人口转为非农业人口的报告》（1979 年）、《国务院关于严格控制农村劳动力进城做工和农村人口转为非农村人口的通知》（1981 年），严格限制人口流动。

20 世纪 80 年代初，政府实施新的经济发展战略，优先发展劳动密集型产业，增加对劳动力的需求，吸引大量农村劳动力进入城镇。1983 年政府开始允许农民从事长期贩运和自销，第一次给予农民异地经营以合法化。1984 年国务院发布了《关于农民进入集镇落户问题的通知》，进一步放松了对劳动力流动的限制。

1989～1991 年间，由于严重的通货膨胀，国家对宏观经济进行治理整顿；又因大量农村人口涌入城市，政府并没有做好充分准备去采取有效措施来引导和管理流动人口，迁移政策出现了一定程度的逆转。1989 年 3 月，国务院发布《关于严格控制民工外出的紧急通知》，正式拉开了我国限制农村人口流动的序幕。一个月后，民政部、公安部出台《关于进一步做好控制民工盲目外流的通知》。1991 年 2 月，国务院办公厅发布《关于劝阻民工盲目去广东的通知》，提出"对于大量南下在途的民工，有关地区各级政府要组织力量，切实采取措施，就地进行劝阻，并及时通报广东省人民政府"（向春玲等，2014）。

1992 年以后，人口流动政策转变为鼓励和引导劳动力有序流动。进入 21

世纪，在允许和引导农业人口就近、有序向小城镇转移的基础上允许跨区域流动。同时，对流动人口的管理理念由管制为主转为管理与服务并重，加快流动人口的社会融合。

（三）粮食统购统销政策：从户粮挂钩到户粮脱钩

将户籍制度与粮食生产与消费问题联系在一起是始于 1953 年。新中国成立初期，迫于国际政治经济环境和工业化积累方式的制约，为了满足城市建设和社会主义工业化发展所需的大量粮食，国家实施了粮食统购统销制度。1953 年，在中共中央做出的《关于粮食统购统销的决议》中规定，"粮食的所有收购量和供应量，收购标准和供应标准，收购价格和供应价格等，都必须由中央统一规定或经中央批准"。随后，中央先后发布了《关于在全国实行计划收购油料的决定》《关于实行棉花计划收购和计划供应的命令》，对粮、棉、油等重要农产品实行国家统购统销。为了确保粮食供应，国家从供给和消费两端同时采取对策：供给方面，在农村限制农业户口迁移，把农民留在农村确保足够的劳动力进行粮食生产；消费方面，在城市范围内凭借城市户口实现粮食定量供应。因此，1955 年国务院通过了《市镇粮食定量供应办法》，国家原则上只是负责城镇居民的粮油供应，农村居民的粮油供应自理。至此，户籍制度开始与粮食生产和分配的经济利益联系起来，户口正式成为享受不同经济利益的依据，城乡居民相应地分为吃"商品粮"和吃"农业粮"两个完全不同的阶层。这一点在 1979 年国务院批转公安部、粮食部《关于严格控制农业人口转为非农业人口的报告》中得到直观验证。该报告要求：各级公安机关切实加强对农业人口迁入城镇的控制工作，粮食部门要坚决制止不按政策规定把集体所有制单位的农业人口就地转为非农业人口。

20 世纪 80 年代初，伴随着乡镇企业的发展和东南沿海地区的开放，1984 年国家颁布了《关于农民进入集镇落户问题的通知》，允许到集镇务工、经商、办服务业的农民自理口粮办理入户手续。这只是解决了农民就近流动的粮食供应问题，没有解决农民远距离流动（即到东南沿海打工）的粮食供应。在我国农村经过五年多经济改革缓解了主要农产品供应紧缺的背景下，1985 年 1 月 1 日中共中央、国务院通过了《关于进一步活跃农村经济的十项政策》，指出从 1985 年起，除个别品种外，国家不再向农民下达农产品统购派购任务,按照不同情况,分别实行合同定购和市场收购。这是改革开放后我国首次对粮食流通体制进行改革,它标志着中国农产品购销体制由统购统销走向"双轨制",打开了农民远距离流动的方便之门。农民能够从市场上购买到议价粮,自然可以长时间留在城市。1993 年国务院发布《关于加快粮食流通体制改革的通知》中指出,"取消国家食油收购计划和食油定量供应政策""在二三年内全部放开粮食价格"。2001 年国家明令取消《市镇居民粮食供应转移证明》,终结了延续 40 多年的"户粮挂钩"政策(王海光,2009)。

"户粮脱钩"不仅意味着国家把农产品的生产和销售权益交给了农民,农民成为独立自主的市场主体,更重要的是国家放松了对农民的地域管制,农民可以根据自己的意愿在城乡间流动和到城市打工(吴业苗,2016)。至此,粮食供应问题作为政府户籍控制政策的主要制约因素退出了历史舞台。

(四)劳动力就业政策:从城乡二元到城市二元

我国新中国成立初期就形成了城乡分离的劳动力就业格局,城市关闭了农民进城就业的大门。1957 年 12 月,国务院公布了《关于各单位从农村中招用临时工的暂行规定》中指出,"不得私自介绍农民到城市和工矿区找工作"。1959 年 1 月,中共中央发布《关于立即停止招收新职工和固定临时工的通知》,要求"各企事业单位立即停止招收新的职工和继续雇用临时工","如果某些单位确实需要增加职工,首先应该从本地区内其他单位的多余职工中进行调剂"。

改革开放以来,城市发展需要大量劳动力,各地城市政府相继取消原有的排斥外来农民工的就业政策,但仍然存在基于户籍的限制农民工就业的歧视性规定,形成了泾渭分明的城市二元劳动力市场,即以城市居民为主的正规劳动力市场和以农民工为主的非正规劳动力市场。在就业门槛方面,各地政府采用总量、职业、工种等条件限制农民工就业。北京市至今仍然在公交车、出租车司机等行业明确规定必须聘用本地户籍居民。目前,尽管很多城市政府降低就业户籍门槛,但当地户籍人口优先的条件仍然屡见不鲜,农民工就业基本限制在低端行业。在工资待遇方面,同工不同酬现象比较严重。同时,恶性克扣、随意拖欠农民工工资的现象屡禁不止。2017 年,被拖欠工资的农民工有 236.9 万人,人均拖欠 11433 元,比上年增加 1645 元;被拖欠的工资总额为 270.9 亿元，比上年增加 0.9 亿元。[①] 在工作时间方面，农民工大多在劳动密集型产业工作，劳动时间长，强度大。尽管农民工超时劳动情况有所改善，但年从业时间平均为 10 个月，月从业时间平均为 24.9 天，日从业时间平均为 8.5 个小时。日从业时间超过 8 小时的农民工占 64.4%，周从业时间超过 44 小时的农民工占 78.4%。其中，外出农民工日工作超过 8 小时和周工作超过 44 小时的比重分别为 37.3%、84.4%（见表 9.2）。

表 9.2 外出农民工从业时间和强度

项目	2015 年	2016 年
全年外出从业时间（月）	10.1	10.0
平均每月工作时间（天）	25.2	25.2
平均每天工作时间（小时）	8.7	8.7
日工作超过 8 小时的比重（%）	39.1	37.3
周工作超过 44 小时的比重（%）	85.0	84.4

资料来源：《2016 年全国农民工监测调查报告》。

（五）社会保障政策：从城乡二元到城乡统筹

新中国成立初期我国就形成了城乡截然不同的社会保障体系。1951 年，政务院发布的《中华人民共和国劳动保险条例》中规定，城市国有企业职工享有包括医疗、养老、生育、工伤、最低生活保障各种社会保障待遇；同时还可以从本单位就近获得教育和公有住房。而农村社会保障几乎不存在，直到 20 世纪 60 年代才初步建立起由集体和个人出资的农村合作医疗保障制度（张占斌，2014）。

改革开放以后，我国社会保障事业取得长足进步，初步建立城乡统筹、全面覆盖、综合配套、统一管理的社会保障体系。然而，各地社会保障大多是由地方财政支持，均以服务当地居民为主，农民工的实际参保情况并不乐观。城镇"五险一金"费用是由雇主和职工共同承担，由于社保缴费率较

---

① 《2016 年农民工监测调查报告》，http：//www.stats.gov.cn/tjsj/zxfb/201704/t20170428_1489334.html。

高，再加上企业不严格遵守劳动法规，农民工本身缴费积极性不高。尽管每年农民工的各类参保率都有所提高，但整体水平仍然较低。根据《2014年全国农民工监测调查报告》的数据，农民工在城镇参加城镇职工"五险一金"的参保率分别为工伤保险26.2%、医疗保险17.6%、养老保险16.7%、失业保险10.5%、生育保险7.8%、住房公积金5.5%。从外出农民工从事的主要行业来看，制造业、批发和零售业以及交通运输、仓储和邮政业的参保情况较好，而工伤风险较高的建筑业雇主或单位为农民工缴纳"五险一金"费用的比例最低，工伤保险14.9%、医疗保险5.4%、养老保险3.9%、失业保险2.1%、生育保险1.3%、住房公积金0.9%（见表9.3）。这表明70%以上的农民工没有参加工伤保险，一旦出现工伤事故或患上严重的职业病，农民只能通过私了和自认倒霉等方式来解决；一旦失业，90%的农民工不能获得失业救济金和相关的再就业服务。对于那些没有参加城镇居民医疗保险而是参加户籍地新农合的农民工，异地报销不便利；养老保险的异地接续问题难度较大。另外，城镇的社会救助项目基本上没有向农民工开放。

表9.3　　　　　　　**2014年分行业农民工参加"五险一金"的比例**　　　单位：%

行业	工伤保险	医疗保险	养老保险	失业保险	生育保险	住房公积金
制造业	34.2	22.1	21.4	13.1	9.3	5.3
建筑业	14.9	5.4	3.9	2.1	1.3	0.9
批发和零售业	19.2	15.0	14.4	9.9	7.8	3.5
交通运输、仓储和邮政业	27.8	19.2	17.6	12.8	9.2	8.0
住宿和餐饮业	17.2	10.8	10.0	5.4	4.0	2.6
居民服务、修理和其他服务业	16.3	12.1	11.8	6.6	5.2	3.1

资料来源：《2014年全国农民工监测调查报告》。

可见，我国户籍制度不断演变，由单一的人口信息登记管理制度发展为集户籍管理、粮食流通、人口迁移、城乡就业与社会保障等多种制度于一体的户籍制度体系。随着粮油价格全面放开，户粮关系已脱钩，但是户籍制度仍然与人口迁移、社会保障、子女教育、住房保障等直接挂钩，承载着人口

登记的管理、人口流动的控制、社会福利的分配①等多种功能。其中，控制
人口流动和分配社会福利的非自有功能日益彰显，其自有功能逐渐弱化。这
种"自弱非强"的户籍制度体系具有等级差异性、流动限制性和利益黏附性
三大特点，它们之间相互作用，相互影响。从差异性和等级性来看，农村人
口和城市人口拥有完全不同等级的社会身份，在社会地位、社会资源和社会
机会上，农业人口都是次等公民；农村不但呈现出东、中、西的区域差异，
而且出现城中村、城镇郊区、偏远地区的空间差距；城市则出现大、中、小
城市的差异以及东、中、西的区域城市差异（张国胜、陈瑛，2014）。从人
口流动的限制性来看，户籍制度体系就像一座城墙横亘在城乡之间、区域之
间，把农村人口牢牢束缚在农村，即使农民进入城市，也不能公平享有城市
福利。

三、我国户籍制度体系形成的原因

我国人口迁移、社会福利与户口挂钩的户籍制度体系的最终形成，既有
深刻的历史根源，也有特定的社会背景。

（一）历史渊源

我国农村户口与城镇户口之分，源于传统的人口分类治理思想（宋才
发、向林生，2015）。汉朝时期，统治者就采用了"编户齐民"的户籍政策，
目的有三：一是通过户籍登记对各阶层民众的身份与权利进行确认。二是通
过户籍形式强迫农民为国家缴纳税赋。这种王朝纳税体制延续到清朝实行
"摊丁入亩"制度后，改变了以人口数量征税的方式，大大提高了人口的增
长速度（李超、万海远，2014）。三是严格限制人口流动。为了保障土地税

---

① 关于户籍制度承载的功能，有的学者提出户籍制度承载人口管理和人口服务两大基本功能，
并在不同时期有所侧重（周仲高：《户籍制度改革关键是提供均等化服务》，载于《中国社会科学报》
2013年7月26日，A—08）。有的学者提出，一种是"附属功能"，即各种与户口相关的额外社会福
利或补贴；另一种是"限制功能"，即政府对农村到城市的流动限制（李超、万海远：《新型城镇化
与人口迁移》，广东经济出版社2014年版，第30页）。还有的学者认为，户籍制度功能包括公民基本
情况登记管理的"本位功能"和就业安置、福利分配、义务教育、公费医疗、工伤管理、养老保险、
城镇居民低保等的"特殊功能"（王道勇：《中国农民工的未来》，云南出版集团公司、云南教育出版
社2013年版，第50页）。

赋和徭役制度的顺利实施，严格限制农民流动，将农民最大限度地束缚在土地上①。

新中国成立以后，利用户籍来奴役农民的制度废除了，但依然利用户籍制度将农民束缚在农业和农村。同时，分类治理的管理思想仍然存在。1958年颁布的《人口登记条例》，实际上就为全国人口"分类而治"提供法律依据。可见，我国传统户籍制度具有的信息统计、限制迁移功能内生于几千年的封建社会历史中。

（二）社会背景

新中国成立初期，我国面临着粮食生产能力不足、城市公共基础设施建设落后、城镇就业难以及西方国家的包围和挤压等种种问题，使得我国城市生产资料、生活资料极为匮乏，城镇吸纳人口能力不足。加之受到苏联工业化发展模式的严重影响，我国制定了重工业优先发展战略。在内忧外患夹击之下，只能积极推进对农业、手工业和资本主义工商业的"三大改造"。这一举措带来了两个问题：一是激发了经济社会发展的活力，曾经放开户籍制度以鼓励生产要素在城乡之间自由流动，大量农村人口涌入城市，出现了过度城市化。二是大量农业人口进入城市后，削弱了工业发展所需的原始积累。当时工业发展所需原始积累的现实途径只能是以工农业产品价格"剪刀差"的形式，最大限度地将农业剩余转为工业积累，这就要求有充足的劳动力从事农业生产。为了遏制城市人口过度膨胀，保障农业稳定供给，控制农业人口过快流入城市，国务院实施了严格的户籍管理制度。

（三）现实基础

如果计划经济体制下限制人口流动的户籍制度归因于重工业优先发展战略，那么市场经济条件下大量农业人口涌入城市的背景下，福利权益与户口挂钩的户籍制度又是怎样形成的？近年来，社会保障制度改革已经突破了城乡分割，在很大程度上实现了城乡一体化，问题的关键如何打破区域分割。

---

① 有学者认为，我国传统的户籍制度并没有在农村和城市之间产生严格的制度壁垒，在城市里长期生活的人，无论是官还是经商，多数人还是选择告老还乡。实际上，我国传统户籍制度限制流动的功能是限制大多数农民向城市流动，而不是限制城市人向农村流动。更何况告老还乡之人是极少数的。

如果说城乡分割影响的是省内（主要是县域、市域）流动人口的福利，那么区域分割影响的是跨省流动人口的福利。而造成社会保障制度区域分割的主要原因在于我国福利筹资的地方化。虽然中央政府和地方政府共同承担财政支出责任，但二者之间并没有形成稳定的分担机制。长期以来，省级及以下政府支出占大头，而且越是发达地区和大城市，地方分担比例越高，有的甚至是完全自筹。2010年以来，教育、社会保障与就业、医疗卫生、住房保障等公共服务领域的地方政府支出占国家总支出的比重一直保持在90%以上，且逐年提高（见表9.4）。

表9.4　教育、社会保障与就业、医疗卫生、住房保障占地方财政支出占比　单位：%

项目	2010年	2011年	2012年	2013年	2014年	2015年	2016年	2017年	2018年
教育	94.3	93.9	94.8	95.0	94.6	94.8	94.8	94.8	94.6
社会保障与就业	95.1	95.5	95.3	95.6	95.6	96.2	95.9	95.9	95.6
医疗卫生	98.5	98.9	99.0	99.1	99.1	99.3	99.3	99.3	98.6
住房保障	83.7	91.4	90.8	91.0	92.0	93.1	93.5	93.6	92.5

资料来源：根据各年《中国统计年鉴》计算而来。

我国多功能的户籍制度体系是计划经济体制下经济社会发展的必然选择，在改革开放后的一段时期内为城市经济发展提供了大量廉价劳动力，是中国成为制造业大国的重要原因。时至今日，如果户籍制度不及时进行全面改革，就会严重影响新型城镇化建设和新时代中国经济社会发展。

第二节　我国户籍制度对城镇化模式的影响

城镇化模式可以用坐标的纵轴与横轴来表示：纵轴表示农民流向城市成为农民工，这是规模城镇化；横轴表示农民工在城市定居成为市民，这是质量城镇化。当前，我国与社会福利粘连的户籍制度影响了劳动力在城乡、区域之间的流动，严重阻碍了城镇化进程，降低了城镇化质量，扭曲了城市结构，割裂了城乡关系，破坏了生态环境。总之，户籍制度严重影响了城镇化的"量"与"质"。

一、户籍制度阻碍了劳动力流动，延缓了城镇化进程

（一）户籍制度导致城镇化滞后

2018 年，我国非农就业人口占比为 73.9%，而城镇化率为 59.58%，城镇化滞后于非农化 14.3 个百分点。同时，我国城镇化率也低于同等经济发展水平的其他国家。户籍制度在限制劳动力流动的功能逐渐减弱，但并没有丧失，大城市甚至是少数东部中等城市还以各种方式限制农村劳动力流入。社会福利与户籍挂钩造成了城乡人口、户籍与非户籍人口之间的不平等，无法为进城农民工提供规避市场风险的保障，降低了农民工定居城市的意愿，从而延缓了我国城镇化进程。

（二）户籍制度影响了城市规模和结构

城市要发挥聚集效益，必须达到一定的规模。根据最优城市规模理论，城市边际收益等于边际成本时，城市规模最优。一些学者根据这一理论预测，中国城市的最优规模在 100 万～400 万人。随着城市产业结构的发展，最优人口规模还将进一步提升。改革开放之前，国家严格控制农业人口进入城市，即使是改革开放特别是 20 世纪 90 年代以前，国家鼓励农村人口就近城镇化。虽然以后国家鼓励农业人口进入大城市务工，但国家鼓励小城镇、严格控制大城市规模的政策导向直到 21 世纪才有所调整。限制人口迁移的户籍制度导致了我国城市人口规模较小，大城市偏少。

20 世纪 90 年代以来，我国农民工快速流向大城市的主要原因在其经济社会发展水平较高，户籍福利高于小城市户籍福利。只要是在大城市，无论是户籍居民还是非户籍居民，他们获得的非户籍福利都显著高于小城市，即使是大城市的非户籍居民所能获得的福利也要高于小城市的户籍居民（邹一南，2014）。因此，在追求城市福利最大化的驱使下，大量农民和中小城市居民不断地迁往大城市。

二、户籍制度阻碍了农民工市民化，降低了城镇化质量

农民工市民化是农民工获得城市户籍，享有与城市居民同等的社会福利，并且融入城市的过程，分为三个层面：一是经济市民化，包括经济收入来源转变、职业转变以及消费观念转变；二是社会市民化，是指农民工身份转变为市民，享有市民同等待遇；三是心理市民化，表现为生活方式积累城市性，并最终完全融入城市生活中（冯奎，2013）。我国户籍制度与社会福利挂钩，农民工在实现职业转变的同时，并没有同步推进身份转变，绝大多数处于"半城市化"状态，2亿多进入城市的农民工没有市民化。

（一）对经济发展的影响

户籍制度对经济发展的影响，表现为农民工与城市居民的收入差异不利于扩大需求，也不利于产业转型。

其一，户籍制度抑制了消费需求。由于农民工人户分离、劳动人口与赡养人口分离，农民工获得的收入除了满足自身基本生活需求外，大部分都寄回户籍所在地，用于家庭其他成员的生活消费。如果让这些农民工拥有城市户口，我国国内消费就会增加很多。2015年，城镇居民年均消费支出21382元，而同期外出农民工人均消费支出12144元，后者只是前者的57%。如果1.68亿外出农民工中有2/3（即60%以上的外出农民工有配偶）的消费达到城镇居民的消费水平，我国居民消费将提高4.3%，消费占GDP的比重将由51.6%提高到53.8%以上。

其二，户籍制度抑制了投资需求。如果农民工市民化，将在医疗卫生、教育、住房等社会公共服务方面衍生出巨大的需求，极大地增加对公共基础设施和住房等方面的投资需求。以住房为例，高企的房价使得农民工在城市买不起住房，而地方政府提供的补贴性住房没有把农民工纳入考虑范围。大多数农民工要么蜗居在单位或者雇主提供的宿舍，要么租住在城乡接合部的农民房屋，要么"群租"在城市的地下室。根据2018年农民工监测调查报告，购房农民工占比为19%，进城农民工人均住房面积为20.2平方米。随着家庭化迁移的农民工越来越多，购房比重将大大提高。以2.88亿农民工计算，在现有购房占比20.2%的基础上翻一倍，还有大约5000

万的农民工需要购房，加上家眷将超过 1 亿人口定居城市。由于他们大多是在小城镇买房，按照每平方米 1000 元计算，则会带来 2 万亿元的住房需求，将拉动上下游共 4 万亿元的投资，并创造 1200 万~1800 万个就业机会（迟福林，2013）。

其三，户籍制度不利于产业优化与升级。首先，户籍制度不利于城市产业结构的优化。服务业的发展需要最低人口规模。根据美国调查，加油站、食品店、饭店、教堂、酒店、小学的最低人口规模是 200 人；医生、地产代理、汽车零件商的最低人口规模是 300~400 人；保险代理、牙医、旅馆、五金店、汽车修理店、燃料商、药房、美容师、汽车零件商等的最低人口规模是 400~500 人；动物饲料、律师等的最低人口规模是 500 人以上。户籍制度使得农民工在流入地时常处于流动状态，影响服务业的规划与发展。其次，户籍制度使得农民工不能分享大城市优质的高等教育资源，不能满足工业发展对高技能劳动力的需求，影响我国工业升级。占我国城市就业人口 2/3 的农民工是我国产业工人的主体。随着产业不断升级，高技术资本品的投入只有高技术工人才能匹配。如果低技能劳动者不能提升人力资本，产业升级就很难实现（陈钊、路铭，2016），而接受过技能培训的农民工比重在下降。2017 年，接受过技能培训的农民工占比为 32.9%，比 2015 年下降 0.2%。其中，接受非农职业技能培训的占 30.6%，比上年有所降低（见表 9.5）。尤其是新生代农民工接受技能培训的比重还不到 40%。如果政府不及时调整农民工接受教育培训的政策和改变教育培训的模式，不仅关系到农民工在城市的发展，还影响着产业升级。

表 9.5　　　　　　　　　接受过技能培训的农民工比重　　　　　　单位：%

年份	接受农业技能培训			接受非农职业技能培训			接受技能培训		
	合计	本地	外出	合计	本地	外出	合计	本地	外出
2015	8.7	10.2	7.2	30.7	27.7	33.8	33.1	30.8	35.4
2016	8.7	10.0	7.4	30.7	27.8	33.8	32.9	30.4	35.6
2017	9.5	10.9	8.0	30.6	27.6	33.7	32.9	30.6	35.5

资料来源：2016 年、2017 年农民工监测调查报告。

（二）对社会发展的影响

户籍制度对农村和城市的影响，学术界一致认同"人户分离""一人多户"等现象，产生了大量留守儿童、留守妇女、留守老人等农村社会问题以及外来人口的流动性所带来的统计、规划、民政、税收等城市管理难题。然而，对农民工社会融合的关注并不多。农民工市民化要求农民工在城市里要进得来和留得下，更要融进去。社会融合是一个逐步同化和减少排斥的过程，是对城市未来的主观期望和城市的客观接纳相统一的过程，是本地人口和外来移民相互作用和构建相互关系的过程（任远，2012）。户籍制度使农民工与城市居民之间处于一种分隔状态，如果不及时加以解决，会引发一系列社会问题：其一是社会安全问题。新时代农民工在渴望进入城市过上体面生活的同时，自身抗压力、耐受力较弱，犯罪率较高。其二是社会阶层固化，制约社会流动，不利于社会融合发展。根据国家统计局调查，进城农民工对所在城市的归属感不强，只有38%的农民工认为自己是所居住城镇的"本地人"。城市规模越大，农民工的归属感越低。在500万人以上大城市中，该比例仅为16.8%。导致这一问题的主要原因是由于农民工的社会交往范围比较窄，六成以上农民工业余时间的人际交往仅限于在老乡和当地朋友之间。只有26.5%的进城农民工参加过所在社区组织的活动，其中，3.5%经常参加，23.0%表示偶尔参加。这就意味着，在工作和生活中遇到困难时，70%以上的进城农民工想到的是找家人、亲戚帮忙。户籍制度把农民工阻隔在城市之外，不仅会进一步拉大当代人生存和发展机会的差距，而且会影响到后代人的受教育机会和人力资本水平，使贫困代际相传（郑思齐等，2011）。

（三）对生态环境的影响

农民工不能在城市定居，年纪大了要回到农村，这直接导致他们在城市和农村两头都占地，造成资源浪费。城市建成区面积增长速度远远超过城市人口增长速度，导致了城市人口低密度和分散化。同时，我国耕地面积并没有随着农村人口的减少而增加，相反是持续减少，从2009年的13538.46万公顷降至2017年的13488.1万公顷，共减少了50.36万公顷。特别是粮食的耕种面积从2015年的11896万公顷减至2018年的11703万公顷，三年之内共减少了 1.6%。相应地粮食产量连续三年下降，由 2015 年的 66060.3 万吨降至 2018 年的 65789.2 万吨，共减少了 271 万吨。

可见，户籍制度对城镇化的影响是多方面的，既影响着城镇化规模，又影响着城镇化质量；既有经济社会方面影响，又有生态方面影响。

第三节　新型城镇化背景下户籍制度改革新进展

中共十八大明确提出："加快改革户籍制度，有序推动农业转移人口市民化，努力实现城镇基本公共服务常住人口全覆盖"。2014 年《国家新型城镇化规划（2014—2020 年)》提出了农业转移人口落户的新标准和差别化落户政策，这为新一轮户籍制度改革指明了方向。为了进一步促进有能力在城镇稳定就业和生活的常住人口有序实现市民化，2014 年国务院颁布了《关于进一步推进户籍制度改革的意见》，开启了以"农民工市民化"为核心的新一轮户籍制度改革。新一轮户籍制度改革是中央政府引导下的"自上而下"改革与地方政府积极响应的"自下而上"改革相结合的互动促进过程，中央政府和地方政府都进行了积极探索。

一、国家层面的户籍制度改革

国家层面的户籍制度改革主要体现在两个方面：一是密集出台一系列户改政策，二是改革基本公共服务供给制度。

（一）出台一系列关于户籍制度改革的政策

2014 年国务院颁布的《关于进一步推进户籍制度改革的意见》，是新时期我国户籍制度改革的纲领性文件。在此基础上，国家又陆续推出了一系列相关政策，详见表 9.1，在此不再进行详细回顾和解读。

从这些政策和文件来看，中央户改的重点一是逐步降低落户门槛，放宽农业转移人口落户城镇的标准；二是从政策联动性来看，"人财地"相挂钩，推进用地政策、财政拨款指标与农民工市民化相联系。

（二）改革基本公共服务的供给制度

2018 年 2 月发布了《基本公共服务领域中央与地方共同财政事权和支出责任划分改革方案》，首次界定了中央与地方权责，确定基本公共服务领域共同财政事权范围，制定基本公共服务保障国家基础标准，规范中央与地方支出责任分担方式（见表 9.6）。目的是力争到 2020 年，逐步建立起权责清晰、财力协调、标准合理、保障有力的基本公共服务制度体系和保障机制。据此可以清晰核算农民工市民化成本，扫除户籍制度改革的制度障碍。

表 9.6   **基本公共服务领域中央与地方共同财政事权清单及基础标准、支出责任划分情况表**

共同财政事权事项		基础标准	支出责任及分担方式
义务教育	1. 公用经费保障	中央统一制定基准定额	中央与地方按比例分担。第一档为 8：2，第二档为 6：4，其他为 5：5
	2. 免费提供教科书	中央制定免费提供国家规定课程教科书和免费为小学一年级新生提供正版学生字典补助标准，地方制定免费提供地方课程教科书补助标准	免费提供国家规定课程教科书和免费为小学一年级新生提供正版学生字典所需经费，由中央财政承担；免费提供地方课程教科书所需经费，由地方财政承担
	3. 家庭经济困难学生生活补助	中央制定家庭经济困难寄宿生和人口较少民族寄宿生生活补助国家基础标准	中央与地方按比例分担，各地区均为 5：5，对人口较少民族寄宿生增加安排生活补助所需经费，由中央财政承担
	4. 贫困地区学生营养膳食补助	中央统一制定膳食补助国家基础标准	国家试点所需经费，由中央财政承担；地方试点所需经费，由地方财政统筹安排，中央财政给予生均定额奖补
学生资助	5. 中等职业教育国家助学金	中央制定资助标准	中央与地方分档按比例分担：第一档分担比例统一为 8：2；第二档，生源地为第一档地区的，分担比例为 8：2，生源地为其他地区的，分担比例为 6：4；第三档、第四档、第五档，生源地为第一档地区的，分担比例为 8：2，生源地为第二档地区的，分担比例为 6：4，生源地为其他地区的，与就读地区分担比例一致，分别为 5：5、3：7、1：9

续表

共同财政事权事项		基础标准	支出责任及分担方式
学生资助	6. 中等职业教育免学费补助	中央制定测算补助标准，地方可以结合实际确定具体补助标准	中央与地方分档按比例分担：第一档分担比例统一为8：2；第二档，生源地为第一档地区的，分担比例为8：2，生源地为其他地区的，分担比例为6：4；第三档、第四档、第五档，生源地为第一档地区的，分担比例为8：2，生源地为第二档地区的，分担比例为6：4，生源地为其他地区的，与就读地区分担比例一致，分别为5：5、3：7、1：9
	7. 普通高中教育国家助学金	中央制定平均资助标准，地方按规定结合实际确定分档资助标准	中央与地方分档按比例分担：第一档为8：2，第二档为6：4，第三档为5：5，第四档为3：7，第五档为1：9
	8. 普通高中教育免学杂费补助	中央逐省核定补助标准，地方可以结合实际确定具体补助标准	中央与地方分档按比例分担：第一档为8：2，第二档为6：4，第三档为5：5，第四档为3：7，第五档为1：9
基本就业服务	9. 基本公共就业服务	由地方结合实际制定标准	主要依据地方财力状况、保障对象数量等因素确定
基本养老保险	10. 城乡居民基本养老保险补助	由中央制定基础标准	中央确定的基础养老金标准部分，中央与地方按比例分担。中央对第一档和第二档承担全部支出责任，其他为5：5
基本医疗保障	11. 城乡居民基本医疗保险补助	由中央制定指导性补助标准，地方结合实际确定具体补助标准	中央与地方分档按比例分担：第一档为8：2，第二档为6：4，第三档为5：5，第四档为3：7，第五档为1：9
	12. 医疗救助	由地方制定标准	主要依据地方财力状况、保障对象数量等因素确定
基本卫生计生	13. 基本公共卫生服务	由中央制定基础标准	中央与地方分档按比例分担：第一档为8：2，第二档为6：4，第三档为5：5，第四档为3：7，第五档为1：9
	14. 计划生育扶助保障	由中央制定基础标准	中央与地方分档按比例分担：第一档为8：2，第二档为6：4，第三档为5：5，第四档为3：7，第五档为1：9
基本生活救助	15. 困难群众救助	由地方结合实际制定标准	依据地方财政困难程度、保障对象数量等因素确定
	16. 受灾人员救助	中央制定补助标准，地方可以结合实际确定具体救助标准	对遭受重特大自然灾害的省份，中央财政按规定的补助标准给予适当补助，灾害救助所需其余资金由地方财政承担

续表

共同财政事权事项		基础标准	支出责任及分担方式
基本生活救助	17. 残疾人服务	由地方制定标准	依据地方财力状况、保障对象数量等因素确定
基本住房保障	18. 城乡保障性安居工程	由地方结合实际制定标准	依据地方财力状况、年度任务量等因素确定

其一，将八大类18项基本公共服务纳入中央与地方共同财政事权范围，即义务教育4项、学生资助4项、基本就业服务1项、基本养老保险1项、基本医疗保障2项、基本卫生计生2项、基本生活救助3项、基本住房保障1项。

其二，制定了9项基本公共服务的国家基础标准，主要包括义务教育公用经费保障、免费提供教科书、家庭经济困难学生生活补助、贫困地区学生营养膳食补助、中等职业教育国家助学金、城乡居民基本养老保险补助、城乡居民基本医疗保险补助、基本公共卫生服务、计划生育扶助保障。

其三，规范基本公共服务领域中央与地方共同财政事权的支出责任分担方式。根据地区经济社会发展总体格局、各项基本公共服务的不同属性以及财力实际状况，实行中央与地方按比例分担，并保持基本稳定。

二、地方层面的户籍制度改革

目前，全国各省区市根据本地实际情况相继制定了本地区的《关于进一步推进户籍制度改革的实施意见》（以下简称《实施意见》）。这些《实施意见》进一步细化了国务院《关于进一步推进户籍制度改革的意见》，遵循了国家户改的基本原则，体现了国家户改的发展目标。但是，在具体落实国家户改政策的进度、侧重点上差异较大，影响了国家户改政策效应的充分释放。各地按照国家对户改的"分类改革"和"优先解决存量"基本要求，进一步调整不同规模城市人口的户口迁移政策，重点解决两类流动人口的落户问题，即一类是进城时间长、就业能力强、可以适应城镇产业转型升级和市场竞争环境的人员落户问题；另一类是不断提高高校毕业生、技术工人、职业院校毕业生、留学回国人员等常住人口的城镇落户率。

（一）国家政策的落实情况

就国家政策的整体落实情况而言，地方政府在优先解决特大城市农业转移人口的存量上出现了偏差。从建制镇和小城市、中等城市、大城市三类城市户改来看，除了北京、天津、上海、重庆四个直辖市没有直接规定外，其他地区都按照国家要求提出具体措施。从特大城市户改来看，11个省区市（包括北京、天津、辽宁、上海、浙江、河南、湖北、广东、重庆、四川、陕西）提出了具体要求；4个省（包括江苏、安徽、江西、山东）只是简单地转述了国家规定，并没有提出具体举措；其余16个省区没有呼应国家规定。从解决户口迁移中的重点问题来看，只有辽宁和云南2个省提出具体措施；10个省区（包括山西、江苏、浙江、安徽、江西、河南、广西、湖南、海南、西藏）只是转述国家要求，并没有提出具体解决办法；剩下19个省区市只是选择性解决存量常住B人员（即高校毕业生、技术工人、职业院校毕业生、留学回国人员等）的户籍。而对于需要重点解决的存量常住A人员（即进城时间长、就业能力强、可以适应城镇产业转型升级和市场竞争环境的常住人员）的户籍问题，16个省区市（即北京、天津、河北、吉林、黑龙江、上海、福建、山东、广东、重庆、四川、贵州、陕西、青海、宁夏、新疆）没有提及；12个省区（即山西、内蒙古、江苏、浙江、安徽、江西、河南、湖南、广西、海南、甘肃、西藏）只是转述国家政策，没有提出具体建议；只有3个省（即辽宁、湖北、云南）提出具体举措（见表9.7）。

表9.7 各地落实国家《关于进一步推进户籍制度改革的意见》情况比较

地区	全面放开建制镇和小城市落户限制	有序放开中等城市落户限制	合理确定大城市落户条件	严格控制特大城市人口规模	有效解决户口迁移中的重点问题	
					存量常住A	存量常住B
北京	×	×	×	●	×	●
天津	×	×	×	●	×	●
河北	●	●	●	×	×	○
山西	●	●	●	×	○	○
内蒙古	●	●	●	×	○	●
辽宁	●	●	●	×	●	●
吉林	●	●	●	×	×	●

续表

地区	全面放开建制镇和小城市落户限制	有序放开中等城市落户限制	合理确定大城市落户条件	严格控制特大城市人口规模	有效解决户口迁移中的重点问题	
					存量常住 A	存量常住 B
黑龙江	●	●	●	×	×	×
上海	×	×	×	●	×	●
江苏	●	●	●	○	○	○
浙江	●	●	●	●	○	○
安徽	●	●	●	○	○	○
福建	●	●	●	×	×	×
江西	●	●	●	○	○	○
山东	●	●	●	○	×	●
河南	●	●	●	○	○	○
湖北	●	●	●	●	●	○
湖南	●	●	●	×	○	●
广东	●	●	●	●	×	×
广西	●	●	●	×	○	○
海南	●	●	●	×	○	○
重庆	×	×	×	●	×	×
四川	●	●	●	●	×	×
贵州	●	●	●	×	●	●
云南	●	●	●	×	●	●
陕西	●	●	●	●	×	×
甘肃	●	●	●	×	○	●
青海	●	×	●	×	×	●
宁夏	●	×	●	×	×	×
新疆	●	●	●	×	×	×
西藏	●	●	×	×	○	○

注：1. 存量常住 A 是指进城时间长、就业能力强、可以适应城镇产业转型升级和市场竞争环境的常住人员；存量常住 B 是指高校毕业生、技术工人、职业院校毕业生、留学回国人员等。

2. 符号●表示地方政策对国家政策有所响应，并做出具体规定；符号○表示地方政策对国家政策有所响应，但没有做出具体规定；符号×表示地方政策未对国家政策有所响应。

资料来源：除了北京、西藏外，其他地区的比较均来自王阳：《户籍制度改革对人口流动的影响研究》，载于《劳动经济评论》2017 年第 2 期，第 102 ~ 124 页。

（二）落户门槛的区域差异

各地区的特大城市都严格控制人口规模，基本上按照"合法稳定就业＋合法稳定住所＋社保＋连续居住年限"等内容设置准入条件。这说明，我国特大城市户籍制度改革同质化，并未因区域差异而有所松动。但是，100万人以下城市的落户条件，东部地区城市明显高于中西部地区。例如，广东省100万人以下城市的落户条件（即"合法稳定就业＋合法住所＋社保同时满3年"）相当于湖南省省会城市的落户条件（即"合法稳定就业达到一定年限＋合法稳定住所（含租赁）＋社保不少于3年"）。而且，中西部地区100万人口以下的城市落户门槛进一步降低，大部分此类城市只要有合法居住即可落户。尤其是西部地区100万人口以上的城市，只要有合法居住即可落户（详见表9.8）。这表明，中西部地区大城市户籍制度改革步伐较大。2019年新型城镇化建设重点任务中提出，城区常住人口100万～300万人的Ⅱ型大城市要全面取消落户限制；城区常住人口300万～500万人的Ⅰ型大城市要全面放开放宽落户条件，并全面取消重点群体落户限制。但实际落实情况并不乐观。

表9.8 我国各地区的各类城市落户条件

地区	城区人口100万人以下的城市	城区人口100万人以上的城市	省会城市或计划单列市
上海	—	—	严格控制人口规模，按照"具有合法稳定就业＋合法稳定住所＋城镇社会保险年限＋连续居住年限等"确定积分，重点向优秀高层次人才倾斜
广东	有序放开，"合法稳定就业＋合法住所＋社保同时满3年"	珠海、佛山、东莞、中山市适当控制，"合法稳定就业＋合法住所＋社保同时满5年"	广州、深圳严格控制人口规模，按照"合法稳定就业＋合法住所＋社保"积分，优先吸纳专业人才
浙江	按"就业＋住所＋社保"积分，优先吸纳专业和投资人才	按"就业＋住所＋社保"积分，优先吸纳专业和投资人才	杭州市、宁波市、温州市城区按照"合法稳定住所＋合法稳定就业＋参加城镇社会保险年限＋连续居住年限等"积分，优先吸纳专业人才和投资人才
江苏	有序放开；"合法稳定就业＋合法住所＋社保不小于3年"	按照"合法稳定就业＋合法住所＋社保不小于5年"落户	按照"合法稳定就业＋合法住所＋社保不小于5年"落户

续表

地区	城区人口 100 万人以下的城市	城区人口 100 万人以上的城市	省会城市或计划单列市
湖北	有序放开；"合法稳定就业＋合法住所＋社保小于 2 年"	有序放开；"合法稳定就业＋合法住所＋社保小于 2 年"	科学控制，按照"合法稳定就业＋合法稳定住所（含租赁）＋参加城镇社会保险年限＋连续居住年限＋文化程度＋专业职称（职业技能）＋个人诚信记录等"来积分
湖南	全面有序放开，"合法稳定就业＋合法住所＋社保"	合理确定落户条件，"合法稳定就业达到一定年限＋合法稳定住所（含租赁）＋社保达到一定年限"	合理确定落户条件，"合法稳定就业达到一定年限＋合法稳定住所（含租赁）＋社保不少于 3 年"
安徽	进一步放开，"合法稳定就业＋合法稳定住所（含租赁）＋社保达到一定年限"	有序放开，"合法稳定就业达到一定年限＋合法稳定住所（含租赁）＋城镇社会保险达到一定年限"	严格控制，鼓励投资和人才
河南	进一步放开，"合法稳定就业＋合法稳定住所（含租赁）＋社保"	有序放开，"合法稳定就业＋合法稳定住所（含租赁）＋社保不小于 2 年"	合理确定人口规模，按照"合法稳定就业＋合法稳定住所（含租赁）＋参加城镇社会保险年限＋连续居住年限等"积分
河北	全面放开，合法稳定住所即可落户	合理确定人口规模，具体"合法固定住所，或者合法稳定职业"	优化人员结构，"合法稳定职业＋合法稳定住所＋基本养老保险＋依法纳税＋办理居住证的时限"
四川	有序放开，合法稳定居住	有序放开，合法稳定居住	严格控制人口，积分落户
广西	有序放开，合法稳定居住	有序放开，"合法稳定就业＋合法稳定住所（含租赁）＋社保不小于 2 年"	合理确定人口规模，"合法稳定就业＋合法稳定住所＋社保同时达到一定年限（不小于 3 年）"
陕西	放宽落户条件，"产权住所，或者合法稳定住所（含租赁、租借、寄住）连住 1 年以上，或者合法稳定就业＋基本养老保险"	有序放开，"产权住所，或者合法稳定住所（含租赁、租借、寄住）并连住 1 年以上，或者合法稳定就业＋基本养老保险"	合理确定人口规模，"合法稳定就业＋合法稳定住所（含租赁）＋社保年限＋连续居住年限＋文化程度＋专业职称（职业技能）＋个人诚信记录等"进行积分
贵州	全面放开，合法稳定住所即可落户	全面放开，合法稳定住所即可落户	合理确定人口规模，"合法稳定就业＋合法稳定住所（大于 3 年）＋社保（大于 5 年）"

资料来源：张国胜、陈明明：《我国新一轮户籍制度改革的价值取向、政策评估与顶层设计》，载于《经济学家》2016 年第 7 期，第 58～65 页。

积分制是国家针对（特）大城市过多的外来人口落户问题提出的管理方法，它以一系列指标体系加总的积分值作为依据，来判定应享受的城市基本公共服务种类以及能否申请当地常住户口。根据国家目前的规定，只有在城区人口 500 万人以上的特大城市和超大城市建立和完善积分落户制度，指标主要是由"合法稳定就业 + 合法稳定住所（含租赁）+ 社保年限 + 连续居住年限"构成。2019 年国家提出要精简积分项目，确保社保缴纳年限和居住年限分数占主要比例。然而，一些地方积分指标复杂，与学历、技术职称、投资额、商品购房等条件挂钩（见表 9.9），向少部分拥有资金、专业技术、高学历的人群倾斜，把大量进城农民工排除在外，背离了"以人为本"新型城镇化的初衷和目标。

表 9.9　　　　　　　　　　　**我国各大城市积分计算方法**

城市	积分计算方法
北京	合法稳定就业 + 合法稳定住所 + 教育背景 + 职住区域 + 创新创业 + 纳税 + 年龄 + 荣誉表彰 + 守法记录
上海	基础指标（年龄、教育背景、专业技术职称和技能等级、在上海市工作及缴纳职工社会保险年限）+ 加分指标（紧缺急需专业、投资纳税或带动本地就业、缴纳职工社会保险费基数、特定的公共服务领域、远郊重点区域、全日制应届毕业生、表彰奖励、配偶为上海市户籍人员）+ 减分指标（提供虚假材料、行政拘留记录和一般刑事犯罪记录）
广州	文化程度 + 技术能力 + 急需工种或职业资格 + 社会服务 + 纳税 + 创新创业 + 职住区域
深圳	基本要求 + 个人素质 + 居住情况 + 参保情况 + 奖励加分 + 减分指标
杭州	基础分（年龄、文化程度、专业技术职称或者技能水平、就业及参加社保情况、住所及居住年限）+ 加分（奖项荣誉、社会服务、投资纳税、科技创新）+ 减分（守法诚信情况）
宁波	基础条件（持证年限、工作年限、社保、居住、年龄、信用记录）+ 技术创新 + 职业资格 + 职务 + 素质提升 + 荣誉称号 + 社会公益 + 企业认可
南京	基础指标（缴纳社会保险、合法稳定住所、连续居住年限）+ 加分指标（年龄状况、文化程度、技术技能水平、落户地区、纳税、社会服务、表彰奖励、带动就业、科技成果）+ 减分指标（违法行为、不良信用、刑事犯罪）
青岛	基本分（年龄、文化程度、技能水平、参保情况、住宅情况）+ 导向分（紧缺工种、落户地区）+ 附加分（投资纳税、表彰奖励、社会服务）+ 负向分（违法失信）

资料来源：根据各城市积分落户制度整理而来。

（三）大城市基本公共服务的群体差异

居住证是城市管理外来人口的制度创新。外来人口在城市居住半年，可在当地申请居住证，成为居住证持有人。居住证持有人符合一定的条件，可以申请常住人口。这样，在城市内部就形成了本地户籍居民、居住证持有人、其他外来人口三类群体，他们分别享受不同的公共服务。以上海为例，居住证持有者可以获得当地户籍居民绝大多数的公共服务，但是不能享受低保、经适房和廉租房、父母投靠、意外伤残赔偿等多项特殊待遇；他们随迁子女的职业教育限制较多，接受中职教育必须是应届初中毕业生，而且只有在上海完成全日制中职教育学习后，方能参加上海高职学校的自主招生考试。而那些处于流动状态的其他外来人员享有的公共服务最少，既不能参加当地社会保险，也不能让子女接受当地教育，更无法享有住房保障（见表9.10）。

表 9.10　　　　　　　上海市三类常住居民享有的公共服务比较

公共服务内容	户籍居民	居住证居民	其他外来人口
社会保障	1. 当地常住职工社会保险或城镇居民基本养老保险 2. 最低生活保障	当地城镇居民社会保险	无
子女教育	义务教育、高中教育、在沪参加高考	义务教育、高中阶段教育；获得高中毕业文凭可在沪参加高考	无
就业服务 （如培训、就业援助、资格评定、考试和鉴定等）	1. 再就业培训等多项免费的职业技能培训 2. 向一些企业单位求职有优先性 3. 就业困难群体享受协保等公益性岗位安置政策	1. 通过短期项目聘用形式在行政机关任职 2. 以技术入股或投资等方式创办企业 3. 专业技术职务任职资格评定、考试和职业资格鉴定	1. 职业介绍和指导 2. 就业信息发布
住房保障	1. 申请公共租赁住房 2. 享有住房公积金和住房补贴 3. 享有经济适用房和廉租房	1. 申请公共租赁住房 2. 缴存和使用住房公积金	无
其他福利和公共服务	享有父母投靠、意外伤残赔偿和住房拆迁补偿安置等特殊待遇	1. 机动车驾驶证、普通护照等证照办理 2. 免费享受基本项目的计生技术服务 3. 参加评选表彰 4. 办理因私出境或出国	免费享受基本项目的计划生育技术服务

资料来源：王阳：《户籍制度改革对人口流动的影响研究》，载于《劳动经济评论》2017 年第 2 期，第 102～124 页。

三、新一轮户籍制度改革的特点与效果

（一）新一轮户籍制度改革的特点

1. 以人为核心

改革开放以来，我国城乡二元户籍管理制度改革的焦点在于，放松农业剩余劳动力进城务工的约束限制，加强对农民工的规范管理，以此带动城镇化规模不断扩大，尤其是土地城镇化快于人口城镇化。由于忽视农民工的市民化，带来了众多的社会问题。中共十八大以来，户籍制度改革的重点转移到有序推进农业转移人口市民化，改变了以往户籍制度改革只强调落户而没有系统考虑基本公共服务保障的做法，充分体现了新型城镇化战略中逐步实现农业转移人口享有基本公共服务这一重要内容。

2. 采用渐进推进、梯度分类改革方法

近五年来，国家与地方基本上都采用了渐进式、分类化、梯度化的改革方法。

从全国来看，无论是 2014 年公布的《国家新型城镇化规划（2014—2020年)》，还是《关于进一步推进户籍制度改革的意见》，按照城市规模等级对建制镇和小城市、中等城市、大城市、特大城市分别采取全面放开、有序放开、合理放开、严格控制等改革对策。2016 年发布《关于深入推进新型城镇化建设的若干意见》提出，加快调整完善超大城市和特大城市落户政策，根据城市综合承载能力和功能定位，区分主城区、郊区、新区等区域，分类制定落户政策；规定居住证持有人享有 6 项基本公共服务，鼓励地方根据本地承载能力不断扩大居住证持有人享有的公共服务范围并提高服务标准，缩小与户籍人口的差距。在优先解决存量外地人口落户上，突出重点人群。

从各地户籍制度改革实践来看，大多也是采取了渐进式、梯度化改革举措。在城乡户籍一元化方面，各地都是首先取消城乡户口之分，统一登记为居民户口。在此基础上缩小城乡居民的社会福利，逐步建立与城乡统一户籍登记制度相适应的公共服务管理制度。在大城市人口落户上，实行分区域布局。主城区较为严格，远郊区较为宽松，促进人口在主城区、郊区、县城合理分布。比如：南京市规定，申请落户江宁区、六合区、浦口区加 30 分，申

请落户溧水区、高淳区加 40 分。北京市规定，申请人居住地由城六区（东城区、西城区、朝阳区、海淀区、丰台区、石景山区）转移到本市其他行政区域的，每满 1 年加 2 分，最高加 6 分；申请人就业地和居住地均由城六区转移到本市其他行政区域的，每满 1 年加 4 分，最高加 12 分。在优先解决存量外地人口落户上，各地都确定了重点解决群体。天津市首先要解决的是留学归国人员，完善人才落户政策，优化引进人才"绿卡"制度；其次是技能型人才、高校毕业生、技术工人、职业院校毕业生等常住人口的城镇落户问题；再次是来津时间长、就业能力强、可以适应城镇产业转型升级和市场竞争环境的人员落户。重庆市重点解决两类七种重点群体的户籍问题：第一类是有条件的农民工及新生代，包括在主城区务工经商 5 年以上，在远郊区县务工经商 3 年以上的农民工、农村籍的大中专学生、农村退役士兵 3 个群体；第二类是历史遗留问题，包括已用地未转非人员、大中型水利水电工程建设失地未转非人员、城中村未转非人员、农村集中供养五保对象等四大群体。

3. 完善城乡统一的户口登记制度

目前，全国各省区市都取消了户籍性质区分，建立了城乡统一的户籍登记制度。为了解决城乡户口统一后存在的福利待遇差异，各地纷纷开展相关配套制度改革，完善农村产权制度，整体推动户籍制度、农村土地制度、社会保障制度三项改革，逐步建立与城乡统一的户籍制度相适应的城乡统一基本公共服务管理制度。例如，天津市提出，要完善城乡教育一体化均衡发展机制，将本市农业转移人口纳入市和区县的教育发展规划和财政保障范畴；建立健全城乡统一的人力资源市场，逐步建立城乡统一的人力资源市场信息系统和完善的就业创业管理体系；完善城乡统一的医疗卫生服务制度，将农业转移人口及其他常住人口纳入社区卫生和计划生育服务体系；完善城乡统一的基本医疗和养老保险制度，把进城落户农民完全纳入城镇社会保障体系，完善并落实医疗保险关系转移接续办法和异地就医结算办法；建立城乡统一的养老服务和社会救助保障制度，加快实施统一的城乡医疗救助制度，实现城乡社会救助统筹发展；加快实施城乡统一的住房保障制度，把进城落户农民按照住房保障政策规定纳入城镇住房保障体系，采取多种方式保障农业转移人口基本住房需求。

4. 全面实施流动人口居住证制度

居住证制度是一些大城市加强管理外来人口的办法。大城市是外来人口的聚集地，有限的公共服务供给无法覆盖全部外来人口，不能实现一步到位的户籍制度改革；而将其排除在公共服务之外，又违背社会公平与正义。为了缓解公共服务的有限性与人口不断增长之间的矛盾，居住证制度应运而生。

居住证源于暂住证，但具有两个特点：其一，居住证与公共服务挂钩，是外来人口享有公共服务的依据。居住证持有者根据其居住年限可与当地户籍人口享有同等的免费义务教育、平等劳动就业、基本公共卫生服务和计划生育服务、公共文化体育服务、法律援助和其他法律服务等 6 项基本公共服务和 7 项便利，具有"分期赋权"的特点。其二，居住证与当地户籍挂钩，是外来人口申请入户的渠道。居住证持有者具有一定条件，就可以积分落户。例如，上海居转户的条件是持《上海市居住证》满 7 年、持证期间按规定参加上海市城镇社会保险满 7 年、持证期间依法在上海市缴纳所得税、被聘任为中级及以上专业技术职务或者具有技师（国家二级以上职业资格证书）以上职业资格且专业及工种对应、无违反国家及上海市计划生育政策规定行为、治安管理处罚以上违法犯罪记录及其他方面的不良行为记录。

5. 放宽城市落户条件

国家规定落户的基本条件是"合法稳定就业 + 合法稳定住所 + 参加城镇社会保险年限 + 连续居住年限"等。全国各地根据本地区的实际情况，采取多样化、低门槛的落户政策。在落户方式上，有投资纳税入户、亲属投靠（包括夫妻投靠、父母投靠子女、子女投靠父母）入户、各类人才入户、购房入户、工作入户、大中专毕业生入户、积分入户等。在落户限制方面，除了北上广深等超一线城市仍然采用人口总量限制外，多数地区都采取条件准入制度，只要符合条件即可入户，没有人口数量的限制。在落户门槛上，各地都普遍降低了各种入户的门槛。从人才入户来看，2017 年以来我国大城市相继推出本科及以上学历零门槛落户政策外，还享有优厚的租房补贴、购房补贴、创业补贴（见表 9.11）。从合法固定住所的限制来看，许多地方原来规定的是必须具备产权房，现降为含有租赁住房在内的固定住所，探索租赁房屋的常住人口在城市公共户口落户，解决有落户意愿但无产权房人群的落户问题。四川省泸州市在外来人口居住地设立公共户口，已落户 7 万人；云南省曲靖市在所有社区居委会设立集体户口，已落户 0.5 万人。

表 9.11   2017 年以来我国主要大城市人才落户政策

城市	相关规定	落户对象、落户条件、其他补贴
上虞市	《促进高校毕业生就业创业实施办法》	1. 本科及以上学历的应届毕业生来上虞落户，申领 1000 元/月补贴 2. 1 月 1 日后毕业或首次新引进到上虞区企业工作博士将获得 50 万元房屋补贴，硕士将有 30 万元，本科有 10 万~20 万元
天津	"海河英才" 行动计划	对于学历型、资格型、技能型、创业型等人才，不用缴社保，不用居住证，无房没单位也可落户
郑州	《河南省 "名校英才入豫" 计划工作方案》	1. 对新引进落户的全日制博士、35 岁以下的硕士、本科毕业生，三年内按每人 1500 元/月、1000 元/月、500 元/月的标准发放生活补贴；落户后暂未就业或创业的，按上述标准发放 6 个月的生活补贴 2. 对符合上述条件的博士、硕士和 "双一流" 建设高校的本科毕业生，在郑首次购房分别给予 10 万元、5 万元、2 万元购房补贴
武汉	《关于支持百万大学生留汉创业就业若干政策措施》	大学生 "零门槛" 落户；推行社区公共户、人才住房券；最低年薪标准：专科生 4 万元、本科生 5 万元、硕士 6 万元、博士 8 万元
长沙	"长沙人才新政 22 条"	1. 新落户并在长沙工作的博士、硕士及本科毕业生（不含机关事业单位人员），两年内分别发放 1.5 万元/年、1 万元/年、0.6 万元/年租房和生活补贴 2. 博硕毕业生在长沙工作并首次购房的分别给予 6 万元、3 万元购房补贴 3. 新进企业博士后工作站的博士后科研人员，给予 10 万元生活补贴
沈阳	《沈阳市建设创新创业人才高地的若干政策措施》	全日制博士、硕士和本科毕业生零门槛 1. 对新落户并在沈工作的全日制博士、硕士和本科毕业生，在沈首次购买商品住房的，分别给予 6 万元、3 万元和 1 万元购房补贴 2. 原籍非沈阳的全日制高校毕业生首次来沈就业创业，可享受博士 800 元/月、硕士 400 元/月、学士 200 元/月、不超过三年的租房补贴
成都	"人才新政 12 条"	1. 普通全日制大学本科及以上毕业生凭毕业证即可落户 2. 在本市同一用人单位工作 2 年及以上的技能人才，可凭单位推荐、部门认定办理落户手续
西安	户籍新政	1. 对在校大学生落户开辟绿色通道，开学季、毕业季均可落户 2. 放宽单位、社区集体户的家属随迁限制，本人通过学历、人才、投资纳税落户，同时可同步完成举家迁入

续表

城市	相关规定	落户对象、落户条件、其他补贴
东莞	户籍新政	实施"参加城镇社保满5年且办理居住证满5年"。具体而言： 1. 高校、职校毕业生、技术工人和留学归国人员全面放开落户限制 2. 对新生代农民工、举家迁徙的农业转移人口、农村学生在东莞市大中专院校就读将户口迁入学校的人口等五类群体放宽入户限制
广东	《关于加快新时代博士和博士后人才创新发展的若干意见》	博士毕业可直接评正高，上车牌不用摇号。35岁以下博士、40岁以下博士后，给予不少于10万元/人、20万元/人的生活补贴。如果到粤东西北和惠州、肇庆、江门工作，年龄放宽5岁，补贴分别提高10万元以上，海外人才再增加10万元，对引进博士和博士后创新创业团队最高给予2000万元资助
石家庄	《关于实施现代产业人才集聚工程的若干措施》	新引进的博士、"双一流"建设高校和世界排名前500名国（境）外院校的硕士、一流大学和一流学科及世界排名前500名国（境）外院校全日制学士，自到石家庄市工作之日起5年内分别享受2000元/月、1500元/月、1000元/月的房租补助；在市域内购买首套自用商品住房，市财政分别给予博士15万元、硕士10万元、学士5万元的一次性购房补贴；对普通高校毕业生在毕业5年内自主创办企业，初次领取营业执照并稳定经营6个月以上的，给予每人1万元的一次性创业补助
太原	《关于深化人才发展体制机制改革加快推进创新驱动转型升级实施意见》	世界排名前200名的世界一流大学（不含境内）和"双一流"高校的全日制博士、硕士、紧缺专业的本科生，签订不少于5年服务合同的，每月分别给予5000元、3000元、1500元的生活补助
哈尔滨	《关于印发进一步吸引培养人才支持重点产业发展的若干政策的通知》	重点产业和重点项目企业引进的，毕业5年内的全日制硕士研究生可申报安家费3万元，本科生可申报生活补贴每人每月500元
南京	《关于大学本科及以上学历人才和技术技能人才来宁落户实施办法（试行）》	研究生以上学历及40岁以下的本科学历人才；技术、技能型人才 1. 租房补贴：大学生租房补贴的期限延长至3年，学士和高级工领取600元/月，硕士领取800元/月，博士领取1000元/月；通过企业申请租赁补贴的，享受政策期限最长5年 2. 创业补贴：首次创业者给予一次性2000元的创业补贴

资料来源：笔者根据相关资料整理。

（二）新一轮户籍制度改革的效果

在《关于进一步推进户籍制度改革的意见》中明确提出，此轮户籍制度改革目标是统一城乡户口登记制度，全面实施居住证制度，到2020年，努力实现1亿左右农业转移人口和其他常住人口在城镇落户。总的来看，地方落户政策要比国家政策宽松，落户进程有加快趋势，中小城市落户门槛已经取消，大城市落户门槛逐渐降低。但是，改革并没有完全达到预期效果。

1. 农民工进城落户效果不大

此次改革的重点首先需要解决的是长期在城市工作和生活的农民工落户问题，其次才是高校毕业生、技术工人、职业院校毕业生、留学回国人员，从而缩小户籍人口城镇化率与常住人口城镇化率之间的差距。根据《国家新型城镇化规划（2014—2020年）》要求，2020年户籍人口城镇化率将达到45%左右，年均需提高1.5个百分点。从目前各地落户的具体情况来看，都把高校毕业生、技术工人、职业院校毕业生、留学回国人员作为户籍制度改革的重点，而对农民工落户问题关注不够。2016年，湖南省株洲市新落户22万人，农村职业人口仅有8000多人，其余均为乡转镇、县转区实现的。2017年，武汉户籍人口总数853.65万，比2016年的833.84万户籍人口增加了近20万人。其中，大学生在汉新落户14.2万人，占新增户籍人口的71%，而农民工落户的占比不到30%。总的看来，户籍人口城镇化率的增速并不快于常住人口城镇化率的增速，二者的差距不减反增。

2. 中小城市落户效果不大

这一轮户籍制度改革的目标之一是通过全面放开中小城市户籍，吸引更多人口到中小城市落户，以缓解大量外来人口在大城市的过度集中。然而，由于中小城市产业发展不足，就业机会少；教育、医疗等公共资源有限且质量不高，对农民落户缺少吸引力。全国近50%的农民工聚集在我国前十大城市，其中有20%聚集在前四大城市。因此，全面放开中小城市户籍来解决农民工市民化效果不明显。

3. 居住证与积分落户成为城市排挤农民工的新手段

国家规定申领居住证的条件是"公民离开常住户口所在地到其他设区的市及以上城市居住半年以上"，但是在各地出台的《居住证暂行条例》都规定要具备"合法稳定就业、合法稳定住所、连续就读"之一。领证门槛看似较低，但对于广大流动人口而言，实则标准高、操作复杂。从高标准来看，合法稳定就业是指签订劳动合同或者具有营业执照的正规就业，这就要缴纳"五险一金"，而达到这一标准的农民工实际上很少。从复杂的操作程序来看，合法稳定住所虽然包括租赁房屋，但一般要出具登记备案的出租证明，且要连续出租。如果出租人不愿意配合或者无法出具连续租赁的证明，就不能申请居住证。其实，即使不设立任何登记门槛，有些流动人口也不一定愿意去登记。以上海为例，2015年上海外来人口接近1000万人，共有110万人申请了居住证，仅占外来人口的11%（李世美、沈丽，2018）。

积分落户制是大城市有序解决外来人口落户的一条通道。从各大城市积分指标设置来看，偏向于有高学历、高贡献、高技能的人群，最低学历降至大专水平。尽管近年来高中及以上文化程度的农民工占比不断提高，2018年只有27.5%，其中大专及以上的农民工占比仅为10.6%，绝大部分农民工是不能通过积分来落户的。2015年，上海积分达到120分的农民工达到30万，占外来农民工的3%；积分达到落户的农民工只有2.6万，占外来农民工的比重仅为0.26%（李世美、沈丽，2018）。可见，外来人口申请居住证的比例较低，居住证持有者积分落户的比例更低，居住证以及积分制度成为大城市排挤农民工的新手段。

第四节　新一轮户籍制度改革存在的问题、原因与政策建议

农业转移人口是户改的对象，地方政府是户改的实施者。对于户籍制度改革中存在的问题，现有研究要么从农业转移人口的角度进行研究，要么从地方政府的角度进行解释。实际上，作为户籍制度改革的两个主体，以农民工为主体的农业转移人口和地方政府都会将其是否具有户籍改革的意愿和能力作为考量依据。基于此，下面将从农业转移人口和地方政府户改的意愿和能力来分析新一轮户籍制度改革存在的问题与原因，进而提出下一步户籍制度改革的具体举措。

一、新一轮户籍制度改革存在的问题与原因

（一）农民工落户城市意愿不强与能力不足

农民工是否愿意进城、是否有能力在城市定居，是户籍制度改革的关键。目前，我国农民工进城定居的能力存在很大问题，且不同类型的农民工进城落户的意愿各不相同。

1. 农民工进城落户的意愿不强

从农民工的流向来看，大量农民工集中在东部沿海地区的大城市，自然希望在这些地区的城市落户，但是较高的落户门槛和高企的生活支出把农民工阻挡在大城市之外。而大量的中小城市由于产业发展不足和公共服务能力有限，对农民工缺乏吸引力，从而形成农民工"大城市进不去、小城市不愿去"的尴尬境地。

（1）集中在大城市的农民工落户难。从区域分布来看，尽管中西部农民工的数量在增加，但是东部地区仍然是农民工流入的集中区域。2018 年，在东部地区就业的农民工 15808 万人，占农民工总量的 54.8%；在中部地区就业的农民工 6051 万人，占农民工总量的 21.0%；在西部地区就业的农民工 5993 万人，占农民工总量的 20.8%；在东北地区就业的农民工 905 万人，占农民工总量的 3.1%。其中，在京津冀地区就业的农民工 2188 万人，占农民工总量的 7.6%；在长三角地区就业的农民工 5452 万人，占农民工总量的 18.9%；在珠三角地区就业的农民工 4536 万人，占农民工总量的 15.8%。如此众多的农民工进入大城市，除了得天独厚的地理环境和快速发展的经济优势外，还在于大城市的福利水平远远高于中小城市。大城市福利不仅包含与户籍挂钩的户籍福利，例如就业保护、义务教育、住房、社会保障等公共服务和社会资源的排他性获取、社会认同和社会接纳，还包括与城市经济社会发展水平相关的非户籍福利，例如非正式就业机会、信息获得、基础设施、生活环境等（邹一南，2014）。大量的外来人口涌入城市，一方面带来了交通拥挤、环境污染、房价高企等严重的"城市病"，另一方面导致有限的教育、医疗卫生、社会保障等公共服务供给难以满足日益增长的公共服务需求，这就使得大城市户籍制度改革进程缓慢，农民工市民化难度较大。

（2）农民工因土地权利问题而不愿落户。绝大多数农民工不愿意落户城市，主要原因在于：一是农村户口"含金量"不断提高。目前，农村社会保障、教育、医疗卫生等公共服务形成了较为稳定的供给体制，较好地改善公共服务供给；农村"三权"（宅基地使用权、承包地经营权、村集体经济收益权）以及各项惠农补贴等多种政策叠加，使得农民当期收入不断提高。另外，国家相继推出城乡一体化、特色小镇、美丽乡村、乡村振兴等战略，农村发展前景看好，农民的预期收入大增。二是对进城落户后土地权属问题的政策存在顾虑。虽然在 2016 年国务院发布了《关于印发推动 1 亿非户籍人口在城市落户方案的通知》中指出，不得强行要求进城农民转让其在农村的"三权"作为落户条件。但我国《土地法》却规定，全家迁入设区的市转为非农业户口的，应将承包地交回。换言之，政策与法律出现了不一致，前者只是解决了农民工落户之前的"三权"问题，而落户之后的"三权"问题却没有明确。土地是农民最重要的财产，他们从长远考虑是不会轻易放弃土地的。

当然，对于那些长期在外务工的农民工、新生代农民工以及举家迁移的农民工群体而言，城市户口吸引力非常大。长期进城务工的农民工具有合法稳定住所和合法稳定工作，且长期参加社会保险，已经融入城市生活，成为事实上的"新居民"。国务院发展研究中心课题组的调查表明，目前农民工在城镇就业时间平均为 5.3 年，超过 5 年的占到 42%，超过 10 年的占到18%（国务院发展研究中心课题组，2011）。按照这一比例计算，2017 年，外出务工 5 年以上的农民工为 1.2 亿人，10 年以上的农民工多达 5157 万人。1980 年及以后出生的新生代农民工逐渐成为农民工主体，占全国农民工总量的 51% 以上，即全国约有 1.5 亿的新生代农民工，他们不具备农业生产的基本经验和技能，土地情结淡化，非农生产技能有了较大提高，转户意愿非常强烈。近年来，举家迁移的农民工人数不断增多，2017 年达到 3725 万人，占农民工总量的 13%。一般而言，举家迁移农民工基本上都是长期外出农民工，外出务工超过十年的农民工配偶随迁比例高达 91%（杜雯，2013），这部分群体落户意愿比较明显。保守估计，长期在外务工的农民工、新生代农民工以及举家迁移的农民工总量达到 1 亿人，约占我国农民工的 35%，这些群体具有较强的城市落户愿望。

2. 农民工进城定居能力不足

国家土地权利问题的基本解决扫除了农民工进城定居的后顾之忧，但能否真正在城市里安家落户，还取决于农民工的定居能力，即农民工的收入水平。农民工进城定居能力不足，一是农民工收入水平较低。2018年，农民工平均月收入为3721元，而城镇职工平均月收入为6867元，农民工收入仅为城镇就业人员的54%。二是农民工收入稳定性较差。随着整个社会对农民工欠薪问题的高度重视，农民工欠薪问题得到极大改善，但合同签约率持续降低，从2012年的43.9%降至2016年的35.1%，减少了近9个百分点。这表明农民工收入的稳定性和预期偏低。三是农民工收入保障性较弱。因职业培训、社会保障、住房等问题，使得农民工收入缺乏保障。农民工接受职业培训的比重自2014年达到34.8%以后就开始下降，尤其是接受非农职业技能培训的农民工占比由2014年的32%降到2017年的30.6%，这在很大程度上影响农民工收入增长。近年来农民工参加社会保险的人数不断增加，但参保率仍然较低，尤其是一旦遇到工伤和重大疾病等问题，较低收入使其无力承担。另外，农民工居住成本较高，居住支出占生活消费支出的47%。与城镇职工相比，农民工就业渠道、收入水平、收入稳定性和保障性等方面都不足以支撑他们在城市安家落户。

（二）地方政府户改意愿不强与能力不足

作为户籍制度改革的实施主体，地方政府是否愿意和有能力推动改革，是基于成本与收益的比较做出的选择。

其一，地方政府不愿意承担农民工进城定居落户所需的庞大公共服务支出。户籍制度改革不仅仅是改革城乡户籍登记和管理制度，还原户籍登记功能，更重要的是外来人员要享有同等的基本公共服务。然而，公共服务投入的本地化和属地化原则使得地方政府不愿意承担这笔数额庞大的公共服务支出。根据中国社科院的初步估计，从2017年到2020年每年需要安排1000万农业转移人口及随迁子女落户，需要各级财政支出的公共成本总额约3.9万亿元，其中上海、广东、北京、浙江、江苏、福建、天津、山东、四川等9个省份的落户成本都超过千亿元；每个农业转移人口进城落户平均成本为13万元，东、中、西部地区的落户成本分别为17.6万元、10.4万元、10.6万元。

实际上，地方政府是否接纳农业转移人口，不应该只考虑财政支出，而要从农业转移人口对城市发展的贡献与财政支出进行综合比较。按照国家发展改革委八种基本公共服务的口径衡量，即便是外来人口占比和基本公共服务标准都较高的上海，对外来人口实现基本公共服务均等化的财政支出占GDP的比重比现在增加6.6%，其他城市一般也就是2%~3%，多数中小城市基本不存在太大压力（任远，2014）。因此，地方政府不是没有能力而是不愿意增加基本公共服务支出，主要是由于不合理的财税体制。分税制改革在保障中央政府财权的同时，并没有承担更多的事权。我国基本公共服务支出主要由省级及以下政府承担。近年来地方政府支出占比下降，但也占到70%以上。而且越是发达地区和大城市，地方分担基本公共服务支出比例就越高。因此，在较大财政支出压力下，地方政府优先保障户籍人口的基本公共服务供给。另外，地方发展型政府推行的是发展型户籍制度改革抑或兼顾型户籍制度改革。地方政府为了在短期内促进经济发展，倾向于将更多的财政资源投入到生产性支出上，降低公共福利服务支出的比重，进而扭曲了公共支出结构。这种扭曲的公共支出结构，一方面城市经济建设支出的增加，创造了更多的就业机会，吸引大量流动人口聚集在城市；另一方面，过多的财政资源集中投入到经济建设中，挤占公共福利支出，导致原本就短缺的基本公共服务在大量人口流入情况下更加短缺（李英东、刘涛，2017），无法满足不断增加的农业转移人口对基本公共服务的需求。在户籍制度改革之初，通过选择性降低户籍门槛来吸引高端劳动力和排斥低端劳动力。近年来，地方政府迫于社会公平压力而实施了兼顾型户籍制度改革，逐步降低户籍门槛，剥离户籍福利，实现城乡居民福利一体化，但经济发展仍然置于社会公平之上，城市居民利益优先于外来人口利益。

其二，地方政府没有能力来协调农民工进城落户的政策支持。城乡二元户籍制度是以户籍管理制度为基础而构建的户籍管理、就业、教育、医疗卫生、社会保障、住房、土地等一整套制度体系，在这套相互决定、相互影响的极为复杂制度体系中，单纯改革某一方面或者某一制度，都难以取得实质性突破。因此，户籍制度改革必须坚持系统性，整体推进。户籍制度改革能否成功，并不取决于户籍管理制度改革，而是由相关制度改革的效果决定的。

当前的户改实行的是"中央顶层设计、地方分类实施"的策略，地方政府具有较大自主权来实施反映本地区实际情况的户籍新政，而户籍改革中涉及的教育、医疗卫生、社会保障、住房、土地等问题需要中央政府集中力量进行统筹协调和政策设计。为此，国务院批准由国家发展改革委牵头联合中央编办、教育部、公安部、民政部、财政部、人力资源社会保障部、国土资源部、环境保护部、住建部、交通运输部、农业部、卫生计生委、人民银行、统计局等15个部门建立的推进新型城镇化工作的部际联席会议制度①，任务之一是协调推进户籍制度与其他领域的改革问题，但政策协调效果并不理想。例如，2016年9月，国土资源部等五部门联合发布《关于建立城镇建设用地增加规模同吸纳农业转移人口落户数量挂钩机制的实施意见》，核心思想是实施人地挂钩机制，但文件仅仅停留在书面，相关部门没有配套政策，地方政府更没有落实。正是由于相关配套制度改革滞后，户籍制度改革步履维艰。土地制度改革滞后，土地产权不清，流转不畅，保护不力，增加了农民工进城定居的后顾之忧，大量农民工不愿转户。财税体制改革滞后，使得地方政府户改积极性不高，即使进行了户改，要么仍然沿用户籍与各种社会福利捆绑的举措，继续强化户籍的工具性价值功能，维持户籍人口与外来人口的福利差异，没有真正触及户改的核心，即剥离户籍与社会福利的粘连关系；要么户籍改革只是做表面文章，赋予外来人口几项不痛不痒的权益，而核心权益却抓住不放，户籍制度难有突破性变革。基本公共服务供给体制改革滞后，没有从根本上推进这些制度"去户籍化"进程，而是继续将这些福利与户籍捆绑在一起，使得城乡之间、区域之间的社会保障与公共服务，特别是教育资源、住房保障、养老医疗等方面的差距进一步拉大，进一步凸显东部地区尤其是东部大城市户籍的重要性，加大户籍制度改革的难度。此外，尽管全国各地都建立了城乡统一的户口登记制度，但基于户籍性质的教育、医疗、养老、卫生、低保、住房保障等政策改革滞后，这与城乡一元的户籍管理制度还相差很远。

二、深入推进新一轮户籍制度改革的政策建议

新一轮户籍制度在域内实行城乡一体化的户口管理制度，对于外来农民工采取居住证制度，在此基础上通过积分制来落户，这一改革方向是正确的。

---

① 2019年7月，国务院建立由国家发展改革委牵头的城镇化工作暨城乡融合发展工作部际联席会议制度，不再保留推进新型城镇化工作部际联席会议制度。

创新、协调、绿色、开放、共享的新发展理念意味着户籍制度改革并不只是户籍登记与管理的改变，而是要实现外来农民工与城市居民享有同等的公共服务和社会福利。因此，应该从农民工和地方政府两个利益主体的落户意愿和能力出发，进一步明确户籍制度改革的基本方向；分类推进，集中力量解决重点地区和重点人群的落户问题；从地方政府主导变为中央主导，统筹规划，合理划分公共服务的成本分担机制；健全城乡与区域一体化发展的体制机制，促进公共服务均等化发展。

（一）进一步明确户籍制度改革的基本方向和目标

户籍制度改革的方向与目标就是户籍管理与社会福利要脱钩，不仅要剥离户籍中内含的社会福利，还户籍管理制度以人口登记和信息管理的本来功能；还要剥离社会福利依附的户籍条件，建立新的社会公共服务获取机制。因此，户籍制度改革要做到两手抓，两手都要硬：一是户籍"去福利化"，但要体现权利平等；二是社会福利"去户籍化"，但要体现贡献差异。这是一枚硬币的两面，二者相互促进，相互影响，缺少任何一个方面改革，或者任何一个方面改革滞后，都会影响整个户籍制度改革的进程与成效。

1. 户籍"去福利化"，但要体现权利平等

对于域内城乡居民取消二元户口管理而言，要做到统一制度和统一标准相结合。它要求在打破城乡分割，建立城乡统一的户口登记管理制度，城乡居民要享有均等的基本公共服务。城乡统一户口登记制度是户改的"标"，城乡居民基本公共服务全覆盖是"本"，户籍制度改革要标本兼治，长短结合。目前，全国城乡居民户籍管理一元化任务已经完成，消除城乡居民权益和基本公共服务的差异化还需要一个过程。为此，通过制定一系列规章制度有计划、分步骤来统一域内范围城乡居民社会保障制度、医疗保险和养老保险制度、住房保障制度、义务教育制度、就业制度等。比如，重庆在2010年户改中提出"335"规划框架①，同时出台了土地、社保、教育、卫生等方面的政策，逐渐实现城乡政策一体化。

---

① "335"规划框架是指"3年过渡期"，即对农村居民转户后承包地、宅基地的处置设定了"3年过渡期"；"3项保留"，即规定期内保留农民林地的使用权、计划生育政策、农村各项补贴；"5项纳入"，即农村居民转户后，与城镇居民享有同等的就业、社保、住房、教育、医疗等5项政策。

对于外来人员申领居住证来享有均等的基本公共服务而言，公共服务的属地化改革要从"打包式、高门槛、一次性"逐渐转变为"分类式、低门槛、渐进性"。具体来说，根据公共服务的性质进行供给排序，在大城市持有居住证若干年可以通过积分来落户。然而，居住证人口与户籍人口享有公共服务方面存在明显差异，即使农民工获得户籍也不能享有均等的福利待遇。比如，贵州省贵阳市的外来农民工获得了户籍，其子女也不能像当地户籍孩子一样参加高考，还必须满足以下条件：考生和父亲（或母亲）在贵阳市有常住户籍，考生高中阶段在贵阳市连续就读 3 年，有该市高中阶段 3 年完整学籍；或者考生本人户籍迁入贵阳市 6 年以上，有贵州省初中阶段 3 年完整学籍，贵阳市高中阶段 3 年完整学籍（宋才发、向林生，2015）。因此，在户籍"去福利化"过程中，力争每一项均等化的权利都要落实到位、落实彻底，避免留尾巴或者附加其他条件。

2. 福利"去户籍化"，但要体现贡献差异

长期以来，我国基本公共服务基本上都是按照户籍进行分配，在当时的历史背景下有其合理性。然而，在强调社会公平发展的现阶段，要变户籍配置为贡献配置。这实际上也是在削弱户籍制度背后的利益，直接推进户籍制度改革。首先，禁止各地新出台各种与户籍挂钩的社会政策，应该制定普惠性标准。其次，清理现有与户籍挂钩的各种政策，能脱钩的尽量脱钩，近期不能脱钩的要尽快制定脱钩路线图和时间表。最后，制定以居住年限、收入水平、社保状况、就业现状等为标准的新公共服务供给机制，从而改变只能依靠落户来获取公共服务这一渠道。

（二）集中力量解决重点地区和重点人群的落户问题

为了破解我国目前人口流向、户籍改革与农民工转户意愿之间的矛盾，即大城市人口集中，户籍控制严格，农民工进不去，而小城市人口少，户籍放开，农民工不愿去，需要转变以往"建制镇、小城市、中等城市、大城市、特大城市"这样的城市等级规模为标准推行户籍制度改革的思路，应该顺应农业人口流向和定居意愿来分类解决重点地区和重点人群的户改。

1. 根据农民工省内转移数量持续增加的趋势，将省内农民工定居落户和基本公共服务均等化作为重点

随着区域经济发展均衡化的推进，农业转移人口流动方向和就业布局发

生重大变化，中西部地区就业比重不断提高。从全国来看，2013～2018 年，省内转移就业的外出农民工数量从 8871 万人增加到 9672 万人，五年共增加 801 万人；省内就业的外出农民工占比从 53.4% 提高到 56%，比跨省就业的外出农民工占比整整多出 12 个百分点。从分地区来看，东部地区外出农民工就业、省内就业、跨省就业都呈下降趋势，中部、西部两地省内流动人数分别增加了 122 万人、365 万人，尤其是东北地区省内流动农民工占比高达 73.6%（见表 9.12）。随着中西部地区经济的快速发展，越来越多的农民工在省内就近转移，其中大部分农民工集中在省会城市。因此，以省为基本单位来解决域内农民工定居落户和公共服务均等化，省级以下地方政府不宜再作为基本单位来制定户改的具体措施和方案。这样，省内农业转移人口不仅统一了户口管理制度，还基本上实现了公共服务和社会福利均等化，省级之间可以存在差异，为进一步深入推进全国户籍制度改革奠定基础和提供经验。

表 9.12　　　　　　　　　我国外出农民工省内外分布基本情况

项目		2013 年			2018 年		
		外出农民工	跨省流动	省内流动	外出农民工	跨省流动	省内流动
总量（万人）	合计	16610	7739	8871	17266	7594	9672
	东部地区	4936	882	4054	4718	812	3906
	中部地区	6424	4017	2407	6418	3889	2529
	西部地区	5250	2840	2410	5502	2727	2775
	东北地区	—	—	—	628	166	462
占比（%）	合计	100.0	46.6	53.4	100.0	44.0	56.0
	东部地区	100.0	17.9	82.1	100.0	17.2	82.8
	中部地区	100.0	62.5	37.5	100.0	60.6	39.4
	西部地区	100.0	54.1	45.9	100.0	49.6	50.4
	东北地区	—	—	—	100.0	26.4	73.6

资料来源：2013～2018 年《全国农民工监测调查报告》。

2. 重点解决农业转移人口聚集区（主要是直辖市、省会城市、副省级城市、中心城市）的定居转户问题

其一，解决重点人群。对于在城市长期就业居住、举家迁移以及新生代

农民工，要采取差异性政策让他们有序定居转户。这些人已经融入城市生活，有相对稳定的收入来源，为城市发展做出了重大贡献。解决他们的户籍问题，不仅不会给城市发展和公共服务支出带来压力，还可以避免进一步固化城市内部的新二元结构。国家应该出台一个政策规定：只要在城市居住和就业达到 10 年或者 15 年后，就要一次性解决户籍问题。举家迁移农民工和新生代农民工户改的重点不在于是否转户（很多人不愿意转户），而在于能否享受均等的公共服务，重点解决稳定就业、基本住房、子女教育三个问题，增强这些农民工常住城市的能力，实现"常住市民化"而非"户籍市民化"。

其二，拓展落户空间。为了解决过多的外来人口聚集市区所带来的交通拥挤、房价上涨、环境污染等城市问题，大城市采取两种方式来疏解人口：一是在城市不同区域实行差异化落户条件，尽量引导人口向市辖区、郊区转移，以优化空间布局来提高人口容量，减轻中心城区人口压力。二是顺应生产分工发展趋势来均衡人口分布。全球化背景下的竞争主要体现为城市群竞争，生产要素向大城市核心区聚集，而生产环节则向大城市外围扩散。通过高速便捷交通网络，构建大城市与周边中小城市之间的产品双向流动机制，利用大城市的辐射作用有效带动周边中小城市发展，以农民工为主体的生产企业外迁是破解大城市户籍制度改革困境的重要抓手。

其三，完善户籍制度改革政策。目前，居住证成为大城市人口结构精英化的选择性工具，成为筛选人才、阻碍农民工落户的重要手段。大城市的发展固然不能缺少高层次人才，但也离不开低端劳动者。高层次人才进城后，需要更多的服务人口。因此，大城市落户政策应该向农民工倾斜，积分标准中要提高居住年限、就业状况、社会保障等指标的权重和分数。为了调动大城市吸纳农业转移人口的积极性，推出了"人地钱"挂钩政策，根据农业转移人口的数量来分配用地指标和财政资金。但在具体执行中，是按照农业转移人口实际进城落户数量来配置资源的。实际上，当大城市向农民工敞开大门时，公共服务成本就已然全部支出。因此，为了调动大城市积极性，要调整"人地钱"挂钩政策中的人的统计口径，按照常住人口进行资源配置。

（三）强化中央政府顶层设计

这一轮户改是中央政府主导、地方政府共同参与，实际上赋予地方政府极大的自主权去探索和试验，体现了"地强央弱"特点。时至今日，地方政府推进的户籍制度改革存在着改革的选择性与户籍制度的一致性和系统性之间的矛盾、改革难以深入推进以及各自为政的改革政策可能增加以后进行制度性统一的难度等问题（魏后凯、盛光耀，2015），致使地方政府改革意愿不强和能力不足，户籍制度改革并没有达到预期效果。因此，为了协调城乡之间、地区之间、不同规模城市之间的户籍利益，为了增强农业转移人口在城市的政治地位、自组织能力与谈判能力，需要中央政府进行制度层面的顶层设计。

1. 设置与调整改革机构

为了推进户籍制度改革，国务院已经成立了由国家发展改革委牵头包括15 个部门参与的部际联席会议，为户籍制度改革提供顶层设计以及协调其他领域的配套改革。从目前来看，顶层设计的一些政策出现了矛盾，相关领域改革不及时、不配套，地区与部门之间缺少协调性。因此，需要提高户籍制度改革负责机构的地位和影响力。建议在中央全面深化改革领导小组之下设置专门机构负责户籍制度改革工作，由该机构安排并督促各部门及时调整出台相关政策，打破部门和地方利益壁垒，确保改革顺利推进。

2. 制定户籍制度改革的路线图和时间表

目前，户籍制度改革存在两大难点：一是如何实现域内城乡居民基本公共服务的均等化甚至等值化，二是如何深度实现大城市农业转移人口享有均等的城市基本公共服务，应该围绕着这两大难点来分阶段制定改革的目标、任务和具体措施。有学者提出了大城市"两步走"的户改方案：第一步是针对大城市的容纳能力等约束性条件，设置户籍制度改革的过渡期；第二步是在过渡期之后，所有大城市的户籍制度改革都必须突出产业对流动人口的依赖程度这个标准，即只要是城市产业发展所需的外来劳动力，政府均有义务提供均等化的基本公共服务（张国胜、陈瑛，2014）。还有的学者立足于"户福分离"提出近期、中期、远期改革方案与目标：近期（到 2015 年）是分类剥离现有户籍制度中内含的各种福利，在全国推行居住证制度，对城镇常住外来人口统一发放居住证；中期（到 2020 年）是通过强化综合配套改革，完全剥离户籍内含的各种权利和福利，逐步建立城乡统一的户籍登记管理制度，基本实现基本公共服务城乡常住人口全覆盖；远期（到 2025 年）是进一步深化综合配套改革，形成全国统一的基本公共服务制度，在全国范围内实现社会保障一体化和基本公共服务常住人口全覆盖（魏后凯、盛光耀，2015）。中央专门机构应该以《国务院关于进一步推进户籍制度改革的意见》为基础，结合每年发布的关于户籍制度改革的相关通知，制定新时代进一步推进户籍制度改革的短期（2020 年）、中长期（2025 年）规划路线图和时间表，在各个部委之间进一步分解户籍利益协调和重组的任务与措施，督促并协同各省按照中央政府的统一部署制定本省的户籍制度改革方案。

3. 合理确定户籍制度改革的成本分担机制

户籍制度改革的关键是让农民转移人口与户籍人口享有均等的基本公共服务和社会福利，但这需要支付巨额的改革成本，要求在中央政府、地方政府、企业、社会、农民工之间构建合理的成本分担机制。对于央地之间的成本分担而言，2018 年 1 月国务院发布《基本公共服务领域中央与地方共同财政事权和支出责任划分改革方案》，科学界定中央与地方权责，确定基本公共服务领域共同财政事权范围，制定基本公共服务保障国家基础标准，规范中央与地方支出责任分担方式（详见本章第三节内容），理顺了农民工市民化成本在央地之间的分担问题，扫除了户籍制度改革的制度障碍。接下来，各省根据这个改革方案制定符合本省的基本公共服务地区基础标准和省内跨市县农民工市民化应承担的支出责任。对于企业来讲，政府应当督促企业切实履行《劳动合同法》等相关法律明确规定的企业雇佣劳动力应履行的责任，确保农民工与户籍人员同工同酬，依法为农民工缴纳"五险一金"，强化对农民工的职业培训，分摊公共服务中的就业与社会保障成本。对于农民工而言，应该结合自身条件积极参保，在消除养老保险的户籍限制实现跨省接续的基础上，依法按照城市的标准缴纳保险费用。同时，通过亲朋好友介绍等各种非正规途径积极开辟就业渠道，参加有针对性、实用性的职业培训，提升职业技能，增强市民化能力。

4. 协调推进相关制度改革

户籍制度改革应该与公共服务、土地制度、社会保障等相关制度改革协同推进，建立健全农民工"离得开""住得下""过得好"的政策支持体系。围绕"离得开"来深化农村土地改革。在确权颁证基础上，加快土地流转制度改革，特别是运用市场力量解决农民土地退出问题；在坚持农村土地集体所有制和对农地严格保护的基础上，以不损害农民利益为前提，允许农村集体成员的动态化调整（谭崇台、马绵远，2016）；完善包括强制卖出、农业发展权征购、农业发展权转移、农业税收评估（文贯中，2014）等在内的多元化农地补偿机制。围绕"住得下"来深化城乡建设用地改革，建立城乡统一的土地市场。这就要求地方政府限期退出土地市场，取消国家低价征收公益性用地政策，放开政府控制的一级土地市场，培育多元市场交易主体，允许农村集体建设用地经批准后进入一级市场（马晓河，2018）。同时，落实"人地挂钩机制"，根据常住人口来合理确定城镇新增建设用地规模；积极探索建设用地跨区域配置，特别是在城市群的外围城市与农民工流出地政府之间构建建设用地指标的"占补平衡"体系。围绕"过得好"来加快推进基本公共服务普惠制改革，重点做好农业转移人口子女的异地高考、完善社会保障关系的转移接续、将农民工纳入城镇住房保障体系三项工作，提升农业转移人口的生活质量。

第五节　本 章 小 结

户籍制度是影响我国城镇化发展的特有制度安排，本章围绕着户籍制度做了如下研究：

（1）我国传统的户籍制度并不是单一的户籍管理制度，而是包括户籍管理、限制农村劳动力流动、农产品统购统销、城乡不同的就业和社会保障制度在内的一整套城乡二元户籍制度体系。这种户迁挂钩、户福结合的户籍制度影响了劳动力在城乡、区域之间的流动，严重阻碍了城镇化进程，降低了城镇化质量。因此，户籍制度改革包括了户籍管理从城乡分立到城乡统一、农业劳动力从限制流动到有序流动、粮食销售从户粮挂钩到户粮脱钩、劳动力就业和社会保障从城乡二元到城乡统筹等内容众多的复杂改革过程。

（2）新一轮户籍制度改革是一场中央政府引导下的"自上而下"改革与地方政府积极响应的"自下而上"改革相结合的互动过程，中央政府和地方政府都进行了积极探索。从地方层面来看，对特大城市农业转移人口落户的政策响应不足，优先解决了高校毕业生、技术工人、职业院校毕业生、留学回国人员的户籍，而对于那些需要重点解决的进城时间长、就业能力强、可以适应城镇产业转型升级和市场竞争环境的常住农民工的户籍并没有提出具体建议。各地区的特大城市都严格控制人口规模，并未因区域差异而有所松动。100万人口以下城市的落户条件，东部地区明显高于中西部地区，而中西部地区只要有合法居住即可落户。

（3）新一轮户籍制度改革充分体现了以人为核心，逐步实现农业转移人口市民化，采取了渐进式、梯度化改革方法。但是，从整体来看，改革并没有达到预期效果，农民工进城落户并不理想，中小城市落户效果不大，居住证与积分落户成为城市排挤农民工的新手段。主要原因在于农民工进城落户的意愿不强和能力不足。另外，不合理的财税体制使地方政府不愿意承担农民工进城定居落户所需的庞大公共服务支出，同时也没有能力来协调农民工进城落户所需的政策支持。

（4）新一轮户籍制度改革的方向与目标就是户籍管理与社会福利要脱钩，不仅要剥离户籍中内含的社会福利，还户籍管理制度以人口登记和信息管理的本来功能；还要剥离社会福利依附的户籍条件，建立新的社会公共服务获取机制。因此，户籍制度改革既要体现权利平等的户籍"去福利化"，还要体现贡献差异的社会福利"去户籍化"，二者相互促进，相互影响，缺一不可。

（5）为了破解农民工"大城市进不去、小城市不愿去"的困境，应该顺应农业转移人口的流向和定居意愿进行分类解决。对于省内转移的农民工而言，将定居落户和基本公共服务均等化作为重点。对于农业转移人口聚集区（主要是直辖市、省会城市、副省级城市、中心城市）的农民工而言，采取差异性政策让在城市长期就业居住、举家迁移以及新生代农民工有序定居转户；将居住在大城市中心区的外来人口通过产业转移向市辖区、郊区转移。

（6）中央政府要加强制度层面的顶层设计，在中央全面深化改革领导小组之下设置专门机构负责户籍制度改革工作，由该机构督促各部门适时出台相关政策；制定户籍制度改革的路线图和时间表，在各个部委之间进一步分解户籍利益协调和重组的任务与措施，协同各省按照中央政府的统一部署制定本省的户籍制度改革的具体措施；在中央政府、地方政府、企业、农民工之间构建合理的成本分担机制；协同推进户籍制度改革与公共服务、土地制度、社会保障等相关制度改革，建立健全农民工"离得开""住得下""过得好"的政策支持体系。

第十章

新型城镇化与土地制度改革

土地是城镇化的物质基础和空间载体，土地利用状况标志着城镇化的发展速度、所处阶段和推行模式。土地制度是国家根本制度之一，关系到政治稳定、经济发展、社会和谐、文化进步和生态文明，是促进和引导城镇化发展的关键制度。某种程度上说，土地制度安排与城镇化发展模式息息相关。目前，我国要改革土地制度，实现土地资源集约利用和高效配置，促进城镇化高质量发展。

第一节　我国城镇化进程中土地制度的演化

改革开放以来，我国土地制度的变迁和演化大致经历了以下四个阶段。

一、土地使用权放开而启动城镇化阶段（1980~1994 年）

新中国成立以后，我国土地实行的是农村集

体所有制和城市国有制。与此相适应，在计划经济体制下，土地主要采用划拨、征地、不准转让等行政手段进行无偿、无期限使用。但是，20 世纪 80 年代以后，土地使用制度发生了重大变化。

（一）下放农村集体土地"农转用"审批权

农村集体土地的主要功能是种植粮食，提供低价生产资料。家庭联产承包制改革将农村集体土地使用权转让给农民，提高农业生产率的同时也释放了大量农业剩余劳动力。由于城市户籍制度的限制和城市国有工业的低效，农民只能在乡镇找出路，农转用审批权的下放为此打开方便之门。1987 年 1 月国家颁布的《土地管理法》规定，县级政府有权审批征用 3 亩以下耕地、10 亩以下非农用地用于建设，使用农用地以外用地则只需乡政府批准。这样，县、乡两级政府均拥有不同程度的农转用审批权。随着农转用审批权的下放，农村集体土地转为经营性用地，带动了农村非农就业和乡镇企业发展。乡镇企业发展带来的税收和乡镇企业在小城镇的聚集支持了小城镇的基础设施建设，启动了乡村城镇化。1981～1994 年，乡企人数从 2969.58 万人增加到 11329.97 万人，提高了 2.8 倍；乡企总产值从 736.65 亿元增加到 42588.51 亿元，提高了 56.8 倍；城镇数量由 2678 个增加到 16702 个，提高了 5 倍多（见表 10.1）。

表 10.1　　　　　1981～1994 年乡镇企业和小城镇发展情况

年份	企业人数（万人）	企业总产值（亿元）	镇的数量（个）
1981	2969.58	736.65	2678
1982	3112.91	846.26	—
1983	3234.64	1007.87	2968
1984	5208.11	1697.78	7186
1985	6959.03	2755.04	9140
1986	7937.14	3583.28	10718
1987	8805.18	4947.72	11103
1988	9545.46	7017.76	11481
1989	9366.78	8401.82	11873
1990	9264.80	9581.11	12084

年份	企业人数（万人）	企业总产值（亿元）	镇的数量（个）
1991	9609.10	11621.69	12455
1992	10624.60	17659.69	14539
1993	12345.31	31540.68	15805
1994	11329.97	42588.51	16702

资料来源：乡镇企业人数和总产值来自于历年《中国乡镇企业年鉴》；城镇的数量来自于《中国社会统计年鉴》（2014年）。

（二）放开城市国有土地使用权

20世纪70年代末，解决"三资企业"的用地问题成为城市国有土地制度改革的最初动因。这一时期的土地制度改革主要体现在两个方面：一是国有土地所有权和使用权分离，市县政府行使国有土地所有权，用地者按照不同用途获得年限不等的土地使用权。早在1979年颁布实施的《中外合资经营企业法》规定，可以出租批租土地给外商使用。1982年出台的《国家建设征用土地条例》明确规定了土地所有权和使用权分离。二是允许土地有偿使用和依法转让。1986年出台《土地法》明确提出，实行国有土地有偿使用制度。1987年深圳开创了国有建设用地有偿出让的"第一拍"，随后这种制度创新在全国主要城市推广。据统计，从1987年下半年至1989年底，全国已有深圳、上海、天津、珠海、汕头、广州、惠州、海口、福州、厦门、泉州、漳州、杭州、青岛、大连等近20个城市先后进行试点。到1989年底，城市国有土地使用权有偿出让250起，出让土地面积共103.103公顷，成交总地价接近9亿元（周黎安，2007）。为了解决实践探索中存在的问题，1988年4月修改了《宪法》，删除了土地不得出租的规定，增加了"土地使用权可以依照法律的规定转让"内容。随后《土地管理法》也做了相应修改，为国有土地使用权有偿出让和转让提供了法律依据。1990年5月国务院颁布了《中华人民共和国城镇国有土地使用权出让和转让暂行条例》，明确规定国家按照所有权和使用权分离的原则，实行城镇国有土地使用权出让、转让制度；土地使用权可以采取协议、招标、拍卖方式，并对各类用途的土地使用权出让的最高年限做了具体规定（见图10.1）。在当时社会背景下，这两项制度安排在政治上排除了意识形态和所有制性质的困扰，在经济上完善了国有土地产权，保护了用地者的物质利益，极大地解放生产力，为土地要素的流动、土地资本属性的显化以及城镇化的快速启动奠定了制度基础。

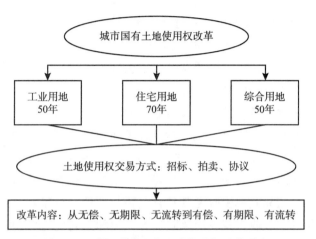

图 10.1　我国城市国有土地使用权改革示意

改革开放初期，我国之所以下放农村集体用地审核权和放开城市国有土地使用权，与这一时期的财税包干制度密切相关。20 世纪 80 年代中期以后，为了调动地方和企业的积极性，国家实行了"划分税种、核定收支、分级包干"的财税包干制度，上缴定额之后的剩余全部留给地方。超出越多，地方留成就越多。在财政包干体制下，增值税是流转税的主体和所有税收的主要部分。无论企业是否盈利和所有制性质如何，只要企业规模越大、投资越多、雇工越多，地方政府收入就越多。这就极大地激起了地方政府兴办企业的积极性。地方政府不仅允许农民在集体土地兴办企业，还通过园区建设以各种优惠政策招商引资。

二、"土地经营"的城镇化阶段（1994～2002 年）

1994～2002 年是我国城镇化发展速度最快的时期，城镇化率从 29% 提高到 39% 以上，年均增速为 1.4%。城镇化之所以快速发展，是由于这一时期的经济发展方式发生重大变化。如果说前一阶段是"双轮"（即乡镇企业和园区工业）启动城镇化，那么这一阶段主要是园区工业化主导下的城镇化。始于 20 世纪 80 年代中期的开发区，到 90 年代在全国各地快速发展。1991~1996 年，全国共设立各级各类开发区 4210 个，其中省级以上的仅有 1128 个，其余都是市、县、甚至乡镇自行设立的。2005 年，各类开发区 6866 个，规划用地面积 3.86 万平方公里，超过当时全国城镇建设用地 3.15 万平方公里的总面积。经过整顿，2006 年底全国各类开发区减至 1568 个，每个县原则上只保留一个开发区，小城镇开发区几乎全部被撤销。园区工业化与城镇化发展主要是源于以下三项制度创新：

其一，分税制改革扭转了中央与地方的利益分配格局，深刻影响着地方经济增长方式的转变。1994 年的分税制改革将增值税划分为共享税，中央和地方分别按照 75% 和 25% 共享；中央税还包括所有企业的消费税。这一税制改革使得地方政府寻找到新的生财之路：一是扩大税基，从原来重视企业发展的增值税转为依靠其他税收尤其是营业税。增值税分享后，地方政府从兴办企业中获得的税收收入减少而风险加大，再加上它完全由国税系统进行征收，使得地方政府为保护地方企业而制定的各种优惠政策失去意义，兴办乡镇企业的积极性锐减[①]。于是，地方政府将增收的重点放在营业税，而建筑业是营业税的第一大户。这样，地方政府将发展工业的重点转为以园区建设为核心的招商引资，大力发展以建筑业为主的制造业。这些企业不仅规模更大、税收能力更强，而且以地招商还可以获得一笔土地出让收入。二是拓展税收来源，从原来想方设法增加预算内收入转变为积极增加非预算收入。分税制使得上级政府加强对预算资金的管理，而对于包括土地出让收入在内的非预算资金却一直没有妥善的管理办法，增加非预算收入尤其是土地出让收入就开始成为地方政府增加财政收入的主要方式。这一时期全国土地出让收入并不大，土地出让金占政府财政收入比重只是小幅上升，从 1993 年的 9.7% 提高到 2002 年的 12.8%，占地方财政收入的比重从 12.4% 提高到 28.4%，多

---

① 对于 20 世纪 90 年代乡镇企业退出市场，多数学者从产权结构、内部管理、生产效率等方面进行解释。本书采用的是孙秀林、周飞舟的"财税体制变化观点"（详见孙秀林、周飞舟：《土地财政与分税制：一个实证解释》，《中国社会科学》，2013 年第 4 期）。另外，李铁从农转用审批权上收视角来解释乡镇企业发展空间转移，即 1998 年修订出台的《土地法》规定，市县政府无权批准征地或者农用地转为建设用地，随着乡镇企业改制，其中大部分企业消失或者转为民营企业而进入工业园区（见李铁：《新型城镇化路径选择》，中国发展出版社 2016 年版，第 38 页）。

数地方并没有形成对土地出让收入的过度依赖（见表10.2）。因此，分税制改革为地方政府以地引资增税和房地产建设提供了较强的收入激励。

表 10.2 　　　　　　　　我国土地出让金收入、政府财政收入及地价

年份	土地出让面积（公顷）	土地出让金收入（亿元）	政府财政收入（亿元）	地方财政收入（亿元）	土地出让金收入占政府财政收入比重（%）	土地出让金收入占地方财政收入比重（%）	平均出让地价（万元/平方米）
1993	57338	420.78	4349	3391.44	9.7	12.4	73.4
1994	49432	637.95	5218.10	2311.60	12.2	27.6	129.1
1995	43092	387.52	6242.10	2985.58	6.2	13.0	89.9
1996	34048	348.89	7407.99	3746.92	4.7	9.3	102.5
1997	—	—	8651.14	4424.22	—	—	—
1998	62058	507.69	9875.95	4983.95	5.1	10.2	81.8
1999	45391	514.33	11444.08	5594.87	4.5	9.2	113.3
2000	48633	595.58	13395.23	6406.06	4.4	9.3	122.5
2001	90394	1295.89	16386.04	7803.30	7.9	16.6	143.4
2002	124230	2416.79	18903.64	8515.00	12.8	28.4	194.5
2003	193604	5421.31	21715.25	9849.98	25.0	55.0	280.0
2004	181510	6512.18	26396.47	11893.37	24.9	54.8	353.3
2005	163200	5883.82	31649.29	15100.76	18.6	39.0	360.5
2006	232500	8077.64	38760.20	18303.68	20.8	44.1	347.4
2007	234961	12216.72	51321.78	23572.62	23.8	51.8	519.9
2008	165860	10259.8	61330.35	28649.79	16.7	35.8	618.6
2009	209000	15910.2	68518.30	32602.59	23.2	48.8	761.3
2010	291500	30108.93	83101.51	40613.04	36.2	74.1	1032.9
2011	339000	33477.0	103874.43	52547.11	32.2	63.7	987.5
2012	322800	28886.31	117253.52	61078.29	24.6	47.3	894.9
2013	367000	39073	129209.64	69011.16	30.2	56.6	1064.7
2014	271800	42940.3	140370.03	75876.58	30.6	56.6	1579.9

续表

年份	土地出让面积（公顷）	土地出让金收入（亿元）	政府财政收入（亿元）	地方财政收入（亿元）	土地出让金收入占政府财政收入比重（%）	土地出让金收入占地方财政收入比重（%）	平均出让地价（万元/平方米）
2015	221400	32547	152269.23	83002.04	21.4	39.2	1470.0
2016	208200	37457	159604.97	87239.35	23.5	42.9	1799.1
2017	225400	52059	172567	91448	30.2	56.9	2309.6

注：政府财政收入是中央与地方财政收入的总和。平均出让地价 = 年土地出让金收入/土地出让面积。

资料来源：2010 年及以后的土地出让金收入数据来自财政部网站财政收支情况统计，2010 年及以后的土地出让面积来自 2010 年以后各年《中国国土资源公报》，其他数据均来自《中国统计年鉴》。

其二，土地管理制度发生重大变化。首先，地方政府成为土地经营的垄断者。1999 年新《土地管理法》对土地征用制度做出重大修改："国家征用土地的，依照法定程序批准后，由县级以上地方人民政府予以公告并组织实施。"这就明确规定，土地征用从协议征地变成公告征地，地方政府从土地征用的审核批准机构变为直接实施者，成为辖区内国有土地的唯一供给者和定价者，它割裂了用地供求双方直接协商议价。其次，这一阶段的城市土地已经有偿出让，但各地仍然以协议出让为主。协议征地是由用地供需双方协商土地征用，征地费用由用地单位直接支付给被征地单位，但政府对于用地对象和价格具有绝对控制权。1993～1999 年，年均协议出让宗数占有偿出让宗数的 88.5%，招标为 2.4%，拍卖为 9.1%（王媛、杨广亮，2016）。再次，中央与地方政府之间对于土地有偿出让收入分成比例的改革。中央政府希望通过调整土地有偿出让收入的分成比例来加强土地管理，1989～1998 年先后出台政策对土地有偿出让收入的分成比例共调整了七次，持续时间最短的不到 2 个月，最长的不超过 4 年。从表 10.3 可以看到，地方政府分成比重不断提高，从 1989 年的 60% 提高到 1993 年的 100%。考虑到地方政府在经济利益驱使下大量占用耕地，1997 年中央政府收回了全部土地有偿出让收入。但是，1998 年 8 月对《土地管理法修订草案》进行终审时，中央政府做出让步，只保留了30%①。土地制度改革增加了地方财政收入，为城市发展提供了资金支持。

表10.3 土地有偿出让收入的央地分成比例政策变迁

时间	相关政策	分成比例
1989 年 5 月	国务院《关于加强国有土地使用权有偿出让收入管理的通知》	中央 40% 左右，地方 60% 左右
1989 年 7 月	财政部《国有土地使用权有偿出让收入管理暂行实施办法》	中央 32% 左右，地方 68% 左右
1990 年 9 月	财政部《关于国有土地使用权有偿出让收入上缴中央部分有关问题的通知》	中央 10% 左右，地方 90% 左右
1992 年 9 月	财政部《关于国有土地使用权有偿使用收入征收管理的暂行办法》	中央 5% 左右，地方 95% 左右
1993 年 12 月	国务院《关于实行分税制管理体制的决定》	中央 0，地方 100%
1997 年 4 月	中共中央、国务院《关于进一步加强土地管理切实保护耕地的通知》	中央 100%，地方 0%
1998 年 8 月	第九届全国人大《中华人民共和国土地管理法》	中央 30%，地方 70%

资料来源：根据徐智颖等：《土地出让相关收入央地分成政策变迁与耕地资源流失的关系》，载于《资源科学》2016 年第 1 期；巴曙松、杨现领：《城镇化大转型的金融视角》，厦门大学出版社 2013 年版，第 250 页整理而来。

其三，城市住房制度改革。1994 年国务院通过了《城市房地产管理法》，对城市住宅用房使用权出让和转让做出了明确规定。1998 年城市住宅用地市场化改革全面推开，包括出售存量和增量住宅两个方面。先是进行城市存量住宅用地市场化改革，城市居民用较低价格购买城市住宅及其住宅用地，获得 70 年的土地使用权和财产权。随后，城市增量住房采取商品房出售模式，告别了福利分房。这一改革使得房地产成为城市住宅供给的主要渠道，房地产投资占比迅速提高，住宅消费成为城市居民最主要的支出。1997～2002年，城镇住宅新开工面积年均增速 25.9%，房地产开发投资占城镇固定资产投资的比重从 16.07% 提高到 21.95%，住宅销售面积年均增速 24.7%。住房

① 实际上，在 1997 年 8 月至 1998 年 8 月为期 1 年的《土地管理法》修改过程中，土地有偿收入分成比例变动三次，这是最后一次，在此之前还有两次：一是 1997 年 8 月在《修改草案（送审稿）》阶段，提出土地有偿使用收入 100% 上缴中央财政；二是 1998 年 6 月出台的《修订草案》中，提出央地四六分成。

市场化为城市发展提供了房地产、建筑业等相关土地税收收入。

在分税制、土地制度和城市住宅制度三项改革的共同作用，土地经营收入大幅度提高，土地财政开始登上历史舞台。

三、"土地财政"的城镇化阶段（2002～2008年）

2002年以后，我国城镇化进程继续加快，呈现两个明显特点：一是土地城镇化快于人口城镇化，二是常住人口城镇化快于户籍人口城镇化。这些新变化主要是源于土地制度市场化改革深入推进。

第一阶段改革的重点是城市商住类经营性建设用地的市场化。2001年4月至2004年8月，国家连续发布了三个文件，尤其是2004年3月国土资源部和监察部联合发布《关于继续开展经营性土地使用权招标拍卖挂牌出让情况执法监察工作的通知》（即"17号令"），要求商住类经营性用地完全执行"招拍挂"出让方式；各地要在2004年8月31日前将历史遗留问题处理完毕，否则国家土地管理部门有权收回土地，史称"8·31大限"。至此，商住类经营性用地协议出让方式锐减，"招拍挂"方式广泛推广。从表10.4可以看出，协议出让商住经营性用地面积在总协议出让面积的占比由2004年的28%降至2005年的14%，减少了一半，此后一直下降。而招拍挂商住用地面积在总出让商住用地的占比却由2004年的56.5%提升到2005年的77.7%，此后一直提高，2008年接近90%。

表10.4　　　　　　　全国工业、商住用地面积占两种出让方式比重

年份	协议出让		"招拍挂"出让		协议出让工业用地占总出让工业用地比重	"招拍挂"商住用地占总出让商住用地比重
	工业用地	商住用地	工业用地	商住用地		
2003	0.68	0.27	0.086	0.83	0.953	0.548
2004	0.66	0.28	0.085	0.89	0.951	0.565
2005	0.80	0.14	0.075	0.91	0.952	0.777
2006	0.86	0.09	0.066	0.92	0.968	0.811
2007	0.85	0.11	0.30	0.69	0.740	0.863
2008	0.56	0.28	0.51	0.47	0.173	0.897

资料来源：雷潇雨、龚六堂：《基于土地出让的工业化与城镇化》，载于《管理世界》2014年第9期，第29～41页。

第二阶段改革的重点转为工业用地市场化。从 2006 年 8 月到 2007 年 9 月，用短短一年多的时间就完成了这一改革，要求全部国有土地采用"招拍挂"出让方式，规定城市工业用地出让的最低价格标准，出让底价和成交价格均不得低于所在地土地等级相对应的最低标准，使土地价格基本上反映了土地市场供需情况。2007～2008 年，协议出让工业用地面积在总出让工业用地面积的占比由 74% 锐减至 17.3%，而"招拍挂"出让工业用地面积在总"招拍挂"出让面积的占比由 30% 升至 51%（见表 10.4）。

至此，城市建设用地市场化格局基本形成。从改革效果来看：首先，"招拍挂"出让方式成为主流。受工业用地市场化的影响，2008 年我国城市建设用地招拍挂面积、价款占比分别跃升为 81.9%、92.9%，此后一直维持在 92% 以上（见表 10.5）。其次，城市土地实现了竞争性定价，地价出现持续快速上涨。2001 年商住用地市场化改革政策推出后，2002 年全国土地出让均价就由 143.4 万元/平方米提高到 194.5 万元/平方米，价格上涨了 35.6%。2006 年推出工业用地市场化改革后，2007 年全国土地出让均价就由 347.4 万元/平方米提高到 519.9 万元/平方米，价格上涨了 49.7%（见表 10.2）。最后，土地财政收入剧增，成为地方政府财政预算外收入的主要来源。2002 年开始土地市场化改革以来，土地价格持续攀升，地方政府获得了巨额的土地出让收入。2002～2007 年，土地出让收入增长了 4 倍，占政府财政收入的比重由 12.8% 提高到 23.8%，占地方财政收入的比重由 28.4% 提高到 51.8%，占据了地方财政收入的半壁江山，土地出让收入成为地方政府实实在在的"第二财政"。

表 10.5　　　　　　2001～2015 年土地出让及"招拍挂"出让

年份	国有土地出让		"招拍挂"出让			
	面积（万公顷）	价款（亿元）	面积（万公顷）	面积占比（%）	价款（亿元）	价款占比（%）
2001	9.04	—	0.66	7.30	492	—
2002	12.05	—	1.81	15	969.24	—
2003	18.68	2937.76	5.19	27.78	—	—
2004	17.87	5894.14	5.21	29.16	3253.68	55.2
2005	16.32	5505.15	5.72	35.05	3920.09	71.21

年份	国有土地出让		"招拍挂"出让			
	面积 (万公顷)	价款 (亿元)	面积 (万公顷)	面积占比 (%)	价款 (亿元)	价款占比 (%)
2006	23.25	7676.89	6.65	28.60	5492.09	71.54
2007	22.65	12216.72	11.53	50.91	10074.86	82.47
2008	16.31	10259.8	13.36	81.91	9528.74	92.87
2009	22.08	15910.2	18.83	85.30	15098.5	94.90
2010	29.15	27100	25.73	88.27	26000	95.94
2011	33.39	31500	30.47	91.25	30200	95.87
2012	32.28	26900	29.3	90.77	25500	94.80
2013	36.7	42000	33.88	92.32	40400	96.19
2014	27.18	33400	25.15	92.53	31800	95.21
2015	22.14	29800	20.44	75.20	28600	85.63

资料来源：根据历年《中国国土资源公报》整理。

四、"土地融资"的城镇化阶段（2008～2017年）

2008年以后，各类城市空间规模扩张速度加快，第三产业占比超过第二产业，与这一时期推行土地融资制度有关。土地融资是指各地方纷纷成立融资平台，依托该平台将储备土地以入股、担保、租赁、抵押等方式直接获得金融机构信贷。它主要分为两类：一类是以土地为抵押获得银行贷款；另一类是以土地收入为担保发行"城投债"。二者都是以土地收益做抵押或者担保，一旦土地收益因经济下滑或者其他原因出现骤降，地方政府的偿债能力就会受到影响。这一时期地方政府纷纷实行"土地融资"，主要有两个原因：

（1）土地征收成本上升，净收益下降。2009～2015年，国有土地使用权出让收入增长了2.4倍，而征地拆迁补偿支出却增长了3.3倍，占成本性支出的比重2010年达到77.4%，此后下降，但2015年仍高达66.8%（见表10.6）。在土地出让净收益不断下滑情况下，地方政府为了维持城市建设，只好转向土地抵押贷款。

表 10.6　　　　　　　　　　2009～2015 年征地拆迁成本、收益状况

年度	国有土地使用权出让收入（亿元）	成本性支出（亿元）	其中：征地拆迁补偿支出（亿元）	土地出让净收益（亿元）	征地拆迁补偿占成本性支出的比重（％）
2009	14253.80	8057.9	5388.5	8865.3	66.9
2010	29397.98	13959.53	10797.78	18600.2	77.4
2011	33477.0	24743.48	15947.52	17529.48	64.5
2012	28892.3	22881.84	14936.59	13955.71	65.3
2013	41638.36	31435.33	22612.62	19025.74	71.9
2014	42949.61	33952.37	21216.03	21733.58	62.5
2015	33657.73	26844.59	17935.82	15721.91	66.8

资料来源：财政部网站 2009～2015 年全国土地出让收支情况。

（2）中央政府推行了"先松后紧"的土地融资抵押政策。受 2008 年金融危机影响，中央政府出台 4 万亿元投资刺激计划，地方政府配套支出 2.82 万亿元。地方政府为了解决配套资金的不足，在国家放松土地抵押融资政策的限制下，通过地方融资平台，以土地作为抵押在资金市场取得贷款，发挥其杠杆作用。2009 年，中央银行、中国银监会联合发布《关于进一步加强信贷结构调整促进国民经济平稳较快发展的指导意见》指出："支持有条件的地方政府组建投融资平台，发行企业债、中期票据等融资工具"。随后，各级政府纷纷成立融资平台公司。根据央行《2010 年中国区域金融运行报告》，截至 2010 年，全国地方融资平台公司共约 1 万余家，比 2008 年年末增长25% 以上，其中县级（含县级市）平台占 70%。然而，接下来中央政府对地方债采取从紧的监管政策。2010 年国务院颁布《关于加强地方政府融资平台公司管理有关问题的通知》强调，要防范融资平台债务迅速膨胀引发的金融风险。2013 年中国银监会发布《关于加强 2013 年地方政府融资平台贷款风险监管的指导意见》提出，要"严格控制对地方融资平台的信贷行为"。2014 年国务院发布了《关于加强地方政府性债务管理的意见》明确指出，"地方政府举债采取政府债券方式"。根据银监会地方投融资平台名单显示，截至 2018 年 3 月 31 日成立的各级政府投融资平台为 11734 家。2009～2015 年，84 个重点城市土地抵押面积从 21.7 万公顷增加到 49.08 万公顷，年均增加

3.9 万公顷；土地抵押贷款总额从 2.59 万亿元增加到 11.33 万亿元，年均增幅
56.2%（见表 10.7）。天量的土地贷款极大地促进了房地产和基础设施建设。

表 10.7 　　　　　2009 年以来 84 个重点城市土地抵押基本情况

年份	面积（万公顷）	贷款总额（万亿元）	平均价格（万元/公顷）
2009	21.70	2.59	1193.5
2010	25.82	3.53	1367.2
2011	30.08	4.80	1595.7
2012	34.87	5.95	1706.3
2013	40.39	7.76	1921.3
2014	45.1	9.51	2108.6
2015	49.08	11.33	2308.5

资料来源：2009~2015 年《中国国土资源公报》。

　　总之，改革开放 40 多年来，经济高速增长和城镇化快速推进与我国土地
制度安排与变迁具有密切的联系。无论是最初将土地使用权进行转让、土地
作为资源去经营，还是 21 世纪以来土地作为资产带来收入、作为资本进行融
资，其目的都是通过土地资源配置的市场化改革来解决经济发展和城市建设
的资金问题。可以说，有什么样的土地制度安排，就有什么样的城镇化发展
模式，土地制度与城镇化二者之间相互促进、相互制约。一方面，土地制度
对城镇化有积极推动作用。地方政府凭借行政权力从农民手中低价征地，然
后通过招拍挂等方式高价出让，在扩大城市规模的同时，利用土地出让收入
来建设城市。另一方面，城镇化需要土地资源和资金的大量投入，这就促使
土地财政、土地融资快速发展。然而，随着经济发展进入新阶段和城镇化转
型发展，原有的土地制度安排存在众多问题，土地制度效应在减弱，影响了
城镇化高质量发展。

第二节　土地制度对城镇化的影响分析

　　在我国土地制度与城镇化相互促进、相互影响的 40 多年发展历程中，土

地制度解决了城镇化发展的资源、资金、空间、动力等需求问题，对城镇化具有重大的推动作用。然而，土地制度改革也带来了城镇蔓延、"要地不要人"；土地利用粗放、效益不高；高度依赖土地的经济风险、金融风险、社会风险以及不可持续性等诸多问题。

一、土地制度对城镇化的影响

（一）"土地城镇化"快于"人口城镇化"，土地利用效率不高，耕地数量和质量"双降"

城镇化既是人口由农村进入城市的人口扩张过程，也是土地由农村形态转化为城市形态的空间扩张过程，人口增多、密度加大、土地扩张都是城镇化水平的具体指标，但任何一个都不能准确反映城镇化的发展水平。总体来看，中国土地城镇化的速度远高于人口城镇化的速度，城市空间扩张速度快，常住人口增长速度相对较慢。2000～2018 年间，全国城市建成区面积由22439 平方公里增加到58456 平方公里，扩大了 2.4 倍。即使土地扩张的速度在逐年下降，但年均增速仍高达 8.9%，远高于同期城镇人口年均 4.5% 的增速和城镇化年均 1.3% 的增长率（见表 10.8）。即使是 2013 年以来经济增速放缓，土地扩张速度仍然高于人口增长速度（见图 10.2）。21 世纪以来，多数年份城市用地增长规模弹性系数都超过了世界公认的合理限度 1.12。伴随着城镇土地扩张速度快于城市常住人口的增长速度，城市人口密度从 20458人/平方公里下降到 14222 人/平方公里，年均降速 1.7%。

表 10.8   **2000 年以来我国建成区面积和人口密度变化情况**

年份	建成区面积（平方公里）	城镇常住人口（万人）	城镇化率（%）	建成区人口密度（人/平方公里）	城市用地规模增长弹性系数
2000	22439	45906	36.22	20458	0.86
2001	24027	48064	37.66	20004	1.51
2002	25973	50212	39.09	19332	1.81
2003	28308	52376	40.53	18502	2.09
2004	30406	54283	41.76	17853	2.04

续表

年份	建成区面积（平方公里）	城镇常住人口（万人）	城镇化率（%）	建成区人口密度（人/平方公里）	城市用地规模增长弹性系数
2005	32521	56212	42.99	17285	1.96
2006	33660	58288	44.34	17317	0.95
2007	35470	60633	45.89	17094	1.34
2008	36295	62403	46.99	17193	0.80
2009	38105	64512	48.34	16930	1.48
2010	40058	66978	49.95	16720	1.34
2011	43603	69079	51.27	15843	2.82
2012	45566	71182	52.57	15622	1.48
2013	47855	73111	53.73	15278	1.85
2014	49733	74916	54.77	15064	1.59
2015	52102	77116	56.10	14950	1.27
2016	54331	79298	57.35	15030	0.81
2017	56225	81347	58.52	14468	1.35
2018	58456	83137	59.59	14222	1.80

注：建成区人口密度＝城镇常住人口/建成区面积；城市用地规模增长弹性系数＝城市建成区增长率/人口增长率。

资料来源：各年《中国统计年鉴》。

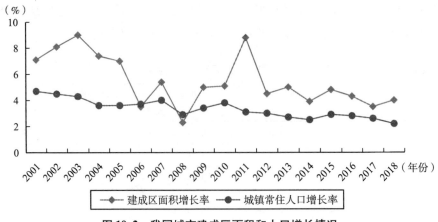

图 10.2　我国城市建成区面积和人口增长情况

城市土地快速扩张带来的后果之一是耕地数量锐减与质量下降。2009 ~ 2017 年，建设占用耕地面积 501.78 万公顷，且都是质量较好的土地；耕地面积净减少 317.76 万公顷，减少幅度为 2.3%。国家采取城乡建设用地增减挂钩政策，保住了 18 亿亩耕地红线的总量控制，但耕地质量堪忧。2016 年全国耕地平均质量等别为 9.96 等①，与 2009 年相比没有多大变化，都处于较低等别。虽然高等地占比微升，但面积减少了 6.65 万公顷；中等地"双降"，即占比降低了 0.18%，面积减少了 51.83 万公顷；低等地"双增"，即占比增加了 0.09%，面积增加了 8.94 万公顷（见表 10.9）。可见，我国耕地质量总体上并没有得到改善，"饭碗"尚未牢牢捧在自己手里。

表 10.9　　　　　　　　　　全国耕地质量对比情况

耕地质量	面积（万公顷）		占比（%）	
	2009	2016	2009	2016
优等地	385.24	389.91	2.9	2.9
高等地	3586.22	3579.57	26.5	26.59
中等地	7149.32	7097.49	52.9	52.72
低等地	2386.47	2395.41	17.7	17.79

注：2009 年数据是第二次全国土地调查数据。第二次全国土地调查始于 2007 年，2009 年完成，故该数据可用于 2009 年。

资料来源：2014 年、2017 年《中国国土资源公报》。

后果之二是城市用地比较粗放，效益低下。城市工业用地占比很高，长期低价供应，用地效率较低。一是土地容积率不高。全国工业项目用地容积率仅为 0.3 ~ 0.6，而发达国家和地区一般在 1 以上。同时，我国地均 GDP 明显低于国外大城市。即使土地集约度较高的上海，其建成区地均 GDP 只占纽约辖区地均 GDP 的 35%，北京建成区地均 GDP 只有纽约辖区地均 GDP 的 27%（见表 10.10）。二是城市新城新区建设过量占地。在已公布的 193 个地级城市新城新区规划中，建设用地总量达 11654 平方公里，平均每个新城新区规划建设用地面积 60.4 平方公里，超过地级市建成区面积的一半。三是非

① 全国耕地质量评定为 15 个等别，1 等耕地质量最好，15 等耕地质量最差，1 ~ 4 等、5 ~ 8 等、9 ~ 12 等、13 ~ 15 等耕地分别划为优等地、高等地、中等地、低等地。

市场化配置的城市用地导致城市视觉化。地方政府为了招商引资和发展房地产，兴建大广场、大马路、大景观，加大了城市运营成本，降低了城市包容性，抬高了农民进城的门槛。

表 10.10　　　　　　　国际大城市土地效率比较

年份	国际城市	地均 GDP（亿美元/平方公里）
2007	纽约	11.48
2005	东京	4.02
2008	新加坡	1.75
2007	中国香港	1.72
2007	巴黎	0.43
2018	上海建成区	3.99
2018	北京建成区	3.12

资料来源：上海、北京数据是根据 2019 年《中国统计年鉴》整理而来，其余数据转引自田丽：《处于十字路口的中国土地城镇化——土地使用权建立以来的历程回顾及转型展望》，载于《城市规划》2013 年第 5 期，第 22～28 页。

（二）城市用地结构不合理，房价猛涨，不利于农民工市民化

与我国以往城市工业用地"宽供应、低价格"相比，2013 年以后呈现"少供应、低价格"的特点。2013～2017 年，工矿用地规模全面下降，面积从 21 万公顷减至 12.28 万公顷，年均减少 10.4%；占比由 28.8% 减至 20.4%，但仍然高于国外 15% 的水平。而工矿用地的价格仍然保持低位，变化幅度在 4% 以内，只相当于商服用地价格的 11%（见表 10.11）。这恰好说明，在我国经济转型发展阶段，通过高价出售商服和住宅用地来补贴工业用地低价出让的低成本经济发展和外延式城市扩张的模式已经走到尽头。

表 10.11　　　　　　全国 105 个主要城市各类地价　　　　　　单位：元/平方米

年份	综合地价	商服	住宅	工业
2010	2881	5181	4244	629
2011	3049	5654	4518	652

续表

年份	综合地价	商服	住宅	工业
2012	3129	5843	4620	670
2013	3349	6306	5033	700
2014	3522	6552	5277	742
2015	3633	6729	5484	760
2016	3826	6937	5918	782
2017	4083	7251	6522	803

资料来源：地价来自各年《中国资源统计公报》。

近年来，工业用地占比达到了国家规定的不得超过25%这一指标，但居住用地占比长期低于国家规定的不得超过32%这一标准。从国际来看，国外通行工业用地面积与居住用地面积之比一般为1：2，而中国二者之比恰好是反过来。这种限量供应商服、住宅用地进而推高其价格的土地供给政策，严重影响城镇化转型，大大降低了农民工市民化的能力。2017年，住宅用地面积减至8.43万公顷，占比减至14%，但是地价却以年均7.4%的速度在增长，助推房价疯涨，全国住宅商品房均价高达7614元/平方米。然而，全国只有不到18%的进城农民工购买商品房，大量农民工进城只能工作不能安居。另一方面，商服用地面积减至3.09万公顷，占比减至5.1%，商服用地价格年均增幅3.7%，商业用房的市场价格每平方米超过1万元。如此昂贵的商业用房以及外延性的城市扩张带来的人口密度下降，使得我国服务业发展严重滞后，难以适应进城农民工的就业转型。

（三）土地制度改革存在系统性社会风险、经济风险和金融风险，不利于城镇化可持续发展

土地推动的城镇化引发越来越多的用地冲突和各种纠纷。2006年，违法用地案件为13.1万件，达到最高值；涉及土地面积于2007年达到最高值，为9.9万公顷。之后二者开始下降，2012年降至最低值后又开始涨落。2017年，违法用地案件为7.5万件，涉及土地面积2.9万公顷（见表10.12）。

表 10.12 　　　　　　　　　2006～2017 年我国违法用地案件查处情况

年度	本期发现违法			本期立案		
	件数（件）	涉及土地 面积（公顷）	涉及耕地 面积（公顷）	件数（件）	涉及土地 面积（公顷）	涉及耕地 面积（公顷）
2006	131077	92237.4	43407.6	96133	84082.3	38680.1
2007	123343	99069.0	43738.5	95937	89846.8	39382.3
2008	100266	57659.9	21518.0	60399	46672.4	17578.7
2009	72940	37972.6	17039.4	41623	31085.5	13868.2
2010	66373	45124.3	18029.9	40795	39278.7	15833.1
2011	70212	50074	17596	41806	43756	14935
2012	61821	32026	10765	36928	27419	9010
2013	83450	41051	12314	58247	10566	56403
2014	81420	40916	13378	58834	36295	11719
2015	89373	34442	11472	62515	29762	9852
2016	74055	26942	8775	47069	21688	6882
2017	75241	29824	10622	48089	23625	8309

资料来源：2010 年、2013 年、2017 年《中国国土资源公报》。

　　高度依赖土地存在债务风险。根据审计署的报告，2010 年底，地方政府负有偿还责任的债务余额中，承诺用土地出让收入作为偿债来源的债务余额为 2.5 万亿元，占地方政府负有偿还债务余额的 81.2%。截至 2012 年底，11 个省级、316 个市级、1396 个县级政府承诺以土地出让收入偿还的债务余额 34865.24 亿元，占省、市、县三级政府负有偿还责任债务余额的 37.23%。从区域分布来看，2012 年东部、中部、西部地区的区域地方政府以土地出让收入为偿债来源的债务余额分别为 20083.02 亿元、7899.83 亿元、9527.78 亿元，占各区域地方政府负有偿债总额的比例分别高达 43.34%、34.52%、37.52%（杨林、刘春仙，2014）。近年来，各地土地出让收入下滑，以此作为最重要的偿债来源，显然会增加地方政府的债务风险。

　　此外，更需要高度重视土地抵押融资的金融风险。2013 年 6 月，融资平台举债 40755.54 亿元，占地方政府债务总额的 37.11%（审计署，2013）。2014 年 12 月，融资平台公司举债就增至 60060 亿元，占地方政府债务总额的

39%（全国人大预工委，2016）。2016 年，在不同口径下的我国地方政府隐性债务规模中，融资平台债务占比少则 48%，高则 91%（见表 10.13）。这些融资平台资金 70% 以上投向与土地城镇化有关的市政建设、土地储备、交通运输等支出，而与人口城镇化有关的教科文卫、保障性住房等支出仅为 10% 左右。融资平台公司最重要的抵押品就是各类储备用地，一旦土地市场发生较大波动，就会影响土地抵押价值，各类银行金融风险就会快速积累。

表 10.13　　　2016 年不同口径下的地方政府隐性债务及其构成

口径	内涵	地方政府债务总额（万亿元）	构成	占比（%）
之一	融资平台贷款 + 融资平台存量债券 + 融资平台非标 + 政府付费型 PPP 投资落地 + 抵押补充贷款余额 − 纳入直接政府性债务的部分	27.14	抵押补充贷款	7
			政府付费型 PPP	5
			融资平台存量债券	16
			融资平台非标	24
			融资平台贷款	48
之二	融资平台有息债务 + PPP 相关 + 抵押补充贷款余额 − 纳入直接政府性债务的部分	30.45	抵押补充贷款	7
			政府付费型 PPP	2
			融资平台有息债务	91
之三	纯平台有息债务 + 准平台其他应收款 + 支付付费型 PPP 投资落地额 + 递延补充贷款余额 − 纳入政府性债务的部分	21.01	抵押补充贷款	8
			政府付费型 PPP	3
			准平台其他应收款	10
			纯平台有息债务	79

资料来源：根据毛振华、袁海霞：《当前我国地方政府债务风险与融资平台转型分析》，载于《财经科学》2018 年第 5 期，第 24~43 页的相关内容整理。

二、土地制度影响城镇化的机理分析

广义的土地制度是包括土地产权制度、用途管制制度、土地规划制度、土地保护制度、土地征用制度、土地管理制度、增值收益分配制度等复杂的制度体系，其中，产权制度、征用制度、收益分配制度是土地制度的核心。本书主要从这三个方面来探究土地制度影响城镇化的内在机理。

（一）城乡二元土地制度

土地按照用途分为农用地和建设用地，按照所有制分为国有土地和集体土地。我国《宪法》第十条规定："城市土地属于国家所有。农村和城市郊区的土地，除由法律规定属于国家所有的以外，属于集体所有"，即我国现存的土地制度是城市国有土地所有权和农村集体土地所有权并存的两种产权结构体系。城乡二元土地制度存在着农村集体土地产权主体不明、权能不完整、实现方式单一等问题，严重制约着城镇化发展。

农村集体土地所有权存在的问题之一是农村集体土地产权主体模糊。如果根据《民法通则》第七十四条规定："集体所有的土地依照法律属于农民集体所有，由村农业生产合作社等农业集体经济组织或者村民委员会经营、管理。已经属于乡（镇）农民集体经济组织所有的，可以属于乡（镇）农民集体所有。"所有权代表既可以是农业集体经济组织，也可以是村民委员会，或是乡（镇）农民集体所有。如果根据《土地管理法》第十条规定："农民集体所有的土地依法属于村农民集体所有的，由村集体经济组织或者村民委员会经营、管理，已经分别属于村内两个以上农村集体经济组织的农民集体所有的，由村内各该农村集体经济组织或者村民小组经营、管理，已经属于乡（镇）农民集体所有的，由乡（镇）农村集体经济组织经营、管理。"所有权主体可以是村民委员会，也可以是村民小组和乡（镇）农村集体经济组织。然而，在我国农村的司法实践中，这些所有权主体存在如下问题：一是大部分农村地区没有专门的集体经济组织，只有村委会和村民小组；二是集体经济组织的内涵不明确，有的认为是经济合作社，还有的认为是农工商公司或者其他村办、乡镇企业；三是村委会、村民小组作为基层自治组织代表集体行使土地所有权的方式、程序等没有明确的法律规定；四是乡（镇）政府代表行使集体土地所有权，虽然解决了乡（镇）农民集体土地所有权主体缺位问题，却违背了"政经分开、政事分开"的原则（王世元，2014）。更有甚者，我国法律对集体土地所有权主体的规定与中央深改组的意见不一致。从《物权法》的角度看，集体土地所有权的主体主要包括村集体经济组织、村民委员会、村内集体经济组织、乡镇集体经济组织等诸多主体。然而，2015年中央深改革组第七次会议审议的《关于农村土地征收、集体经营性建设用地入市、宅基地制度改革试点工作的意见》中规定，集体土地所有权主体明确归属为乡、村、小组三类集体产权主体。

问题之二是农村集体土地产权权能不全。土地产权分为原始产权和派生产权，原始产权就是所有权，派生产权包括占有权、使用权、收益权和处分权。派生产权能够从原始产权中分离出来，形成独立的产权束。我国农村集体土地产权权能不完整主要表现为：在使用权上，集体建设用地除了农民宅基地、兴办乡镇企业等与集体密切相关的经营性建设以及集体公共设施和公益事业建设外，不能用于房地产开发建设，丧失了巨大经济来源。在处置权上，当农村集体建设用地被征为国有，所有人只能被动接受。在收益权上，基本上只有土地承包费、征地补偿费等几个方面，况且还存在着补偿不合理、标准偏低等问题，丧失了未来土地增值收益分享权。

城乡二元土地制度严重影响了城镇化高质量发展：一是我国土地城镇化与人口城镇化不匹配，集体建设用地合法市场通道基本关闭、农村发展空间压缩，农民土地权益受损、社会不稳定增加（刘守英，2014）。二是国有土地与集体土地权利、责任"双重不对等"产生了一系列矛盾，如"二元"产权结构体系使土地利益协调和农民权益保护的难度大大增加、集体土地产权主体虚置与土地流转相关的扭曲、作弊问题；"公有二元"产权结构加大了政府管控与市场自主调节土地资源间的矛盾；"二元"产权结构与城镇化发展之间的成本上升与风险压力日趋明显等矛盾（贾康、梁季，2015）。实际上，这些矛盾与问题归结为一点，就是损害农民利益，不利于农民进城，进城也不能安居。

（二）土地征用制度

土地制度的二元性在土地管理上将城市土地与农村集体土地截然分开。根据1998年修订的《中华人民共和国土地管理法》第二条规定："国家为了公共利益需要，可以依法对集体所有的土地实行征用。"同时，该法第四十三条规定："任何单位和个人进行建设，需要使用土地的，必须依法申请使用国有土地"。这样，就形成了包括出让条件和出让主体在内的土地出让制度。

1. 土地征收条件——"公共利益"

对于征地中的"公共利益"，我国法律一直没有明确界定。最初将服务于国家的经济建设和社会发展的需要等同于公共利益，只要保证国家建设所需就是征地的条件和原则。这种广义的"公共利益"界定，在经济发展初期，可以保障政府征地的制度成本最小化，极大促进了工业化和城镇化的快速发展。然而，随着城镇化和工业化的发展，这种借公共利益之名更多地行商业开发之实的制度设计，导致政府征地权的滥用和过度使用。

2011年正式实施的《国有土地上房屋征收与补偿条例》，对国有土地房屋拆迁中的"公共利益"进行了明确界定，主要包括：（1）国防和外交的需要；（2）由政府组织实施的能源、交通、水利等基础设施建设的需要；（3）由政府组织实施的科技、教育、文化、卫生、体育、环境和资源保护、防灾减灾、文物保护、社会福利、市政公用等公共事业的需要；（4）由政府组织实施的保障性安居工程建设的需要；（5）由政府依照城乡规划法有关规定组织实施的对危房集中、基础设施落后等地段进行旧城区改建的需要；（6）法律、行政法规规定的其他公共利益的需要。显然，这六个方面国有土地征收的"公共利益"界定不适合农村，无法保护农民土地的权益和利益。

2. 土地征收主体——地方政府

《中华人民共和国城镇国有土地使用权出让和转让暂行条例》明确规定："土地使用权出让是指国家以土地所有者的身份将土地使用权在一定年限内让与土地使用者，并由土地使用者向国家支付土地使用权出让金的行为"，"土地使用权的出让，由市、县人民政府负责，有计划、有步骤地进行"。《国有土地上房屋征收与补偿条例》第四条规定："市、县级人民政府负责本行政区域的房屋征收与补偿工作。"由上可知，土地征收的主体是市、县级地方政府，这两级政府负责审查批准国有土地的用地申请，制定土地出让方案（包括空间范围、用途、年限、出让方式、时间），同时还负责组织实施征地和管理土地储备。所以，这套土地管理制度概括为：中央和省级政府管"批"，市县政府管"供"。

地方政府获得了城市土地一级市场的垄断权，它们围绕着土地的出让规模、出让结构、出让布局进行"三维"竞争（李永乐等，2018），助推了土地城镇化。从上下维度来看，分税制实施后，为了扭转财权与事权不匹配而形成的越来越大的财政缺口，市县级政府把土地出让纳入收入视野。为了获得更多的土地出让收入，地方政府不断扩大土地出让规模，形成了土地财政依赖症。从左右维度来看，同级不同地的政府官员在政治锦标赛激励下，为了获得更快的经济增长，在土地出让时采取低价出让工业用地、高价出让商住用地的土地出让结构策略。这一策略使得地方政府征地需求不断膨胀。从前后维度来看，同地不同届政府为了寻找新的经济增长点，就会转变城市发展的重点区域，进而改变土地供应和出让的重点区域。这一策略使得土地利用效率低下甚至闲置（见图 10.3）。

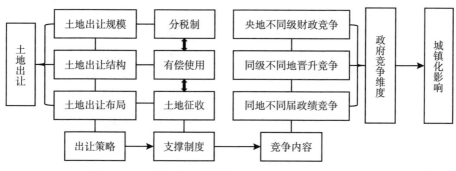

图 10.3 土地出让、政府竞争与城镇化之间的逻辑关系

（三）土地增值收益分配制度

土地增值收益分配分为两个环节：一是地方政府收取土地出让金以补偿被征地农民，另一个是土地出让金的支出方向是用于社会建设和经济发展。这两个分配环节都存在很大问题。

1. 被征地农民的补偿

该分配环节经历了补偿过低到补偿过高的转变过程。2008 年之前，对失地农民的补偿过低。根据 1998 年修改后的《土地管理法》，土地征收是按照土地原用途的"产值倍数法"予以补偿，标准由土地补偿费（以前三年平均年产值的 6 ~ 10 倍补偿）、安置补偿费（每一个农业人口的安置补偿标准为前三年平均产值的 4 ~ 6 倍，所有农业人口的补偿不得高于 15 倍）、地上附着物、青苗补偿（刚播种的农作物，按季产值 1/3 补偿工本费；成长期的农作物，最高按一季度产值补偿；对于粮食、油料和蔬菜青苗，能得到收获的，不予补偿）等构成，但土地补偿费和安置补助费的总和不得超过土地被征收前三年平均年产值的 30 倍。从这一环节补偿的最终结果来看，如果征地成本价为 100%，地方政府得到 20% ~ 30%，村级组织得到 25% ~ 30%，开发企业得到 40% ~ 50%，农民只获得 5% ~ 10%（宋敏，2006）。从现金补偿来看，每亩地平均补偿费是 1.8739 万元，而政府卖地的平均价格则为每亩

77.8万元。其中，64.7%的失地农民得到了一次性现金补偿，12.8%获得了分期支付的补偿，9.8%得到了补偿承诺但钱还没有到位，12.7%没有得到任何补偿（蔡乐渭，2017）。可见，过低的土地征收补偿削弱了农民市民化的能力。

随着城镇化快速发展，土地价值大幅上升，农民权利意识不断提高，土地征收补偿标准不断提升。早在2004年，国务院颁布《关于深化改革严格土地管理的决定》中强调：要"使被征地农民生活水平不因征地而降低"，"土地补偿费和安置补助费的总和达到法定上限（即土地补偿费和安置补助费的总和达到土地被征收前三年平均年产值的30倍），尚不足以使被征地农民保持生活水平的，当地人民政府可以用国有土地有偿使用收入予以补贴"。据此规定，2008年以后，被征地农民得到的补偿费用显著提高。尤其是在2011年实施《国有土地上房屋征收与补偿条例》以来，各地征地和拆迁补偿费用大幅提高，拆迁费用占土地出让收入的比重最高达70%以上，这种情形在城镇化发展较快的地区变得尤为突出。过高的补偿费用抬高了城镇化成本，如何确定合理的土地征收补偿方法和标准是今后推进城镇化的关键。

2. 土地出让收入的支出

国家非常重视土地出让收益的管理，加大对农业、教育、住房保障的投入力度，逐步拓宽支出范围。对于农业土地开发支出，2004年国务院颁发《关于将部分土地出让金用于农业开发有关问题的通知》中提出，按不低于土地出让收益的15%计提。2006年国务院办公厅发布《关于规范土地使用权出让收支管理的通知》，强调要逐步提高农业土地开发和农村基础设施建设的比例。对于农田水利建设支出，2011年中央一号文件《中共中央、国务院关于加快水利改革发展的决定》中规定，要从土地出让收益中提取10%用于农田水利建设。对于农村教育支出，从2011年开始按土地收益的10%计提。对于城镇廉租房住房保障支出，2007年国务院发布《关于解决城市低收入家庭住房困难的若干意见》中提出，土地出让净收益用于廉租住房保障资金的比例不得低于10%；各地根据实际情况进一步提高比例。目前，已经有45%的土地净收益被中央明确规定了具体用途。然而，从实际执行情况来看，落实情况并不理想。2009～2015年间，农业土地开发支出除了2012年达到了17.88%外，其他各年都没有超过15%。农田水利建设支出、农村教育支出都没有达到10%的标准（见表10.14）。

表 10.14   **土地出让收入的支出构成**

项目		2009 年	2010 年	2011 年	2012 年	2013 年	2014 年	2015 年
出让收入总额（亿元）		14253.80	29397.98	33477.0	28892.3	41638.36	42949.61	33657.73
成本性支出总额（亿元）		8057.9	13959.53	24743.48	22881.84	31435.33	33952.37	26844.59
其中：征地补偿	规模（亿元）	5388.5	10797.78	15947.52	14936.59	22612.62	21216.03	17935.82
	占比（%）	66.87	77.35	64.45	65.28	71.93	62.49	66.81
先期土地开发（1）	规模（亿元）	1291.10	2634.23	5509.98	5287.79	8583.67	9206.38	6533.90
	占比（%）	16.02	18.87	22.27	23.11	27.31	27.12	24.34
收益性支出总额（亿元）		6195.9	15438.45	8733.52	6010.46	10203.03	8997.24	6813.14
其中：城市建设（2）	规模（亿元）	3355.42	7531.67	5564.88	3049.2	3775.14	4063.02	3531.53
	占比（%）	54.16	48.79	63.72	50.73	37.00	45.16	51.83
安居保障性支出	规模（亿元）	189.69	463.62	662.35	594.2	391.81	412.58	823.49
	占比（%）	3.06	3.00	7.58	9.89	3.84	4.59	12.09
农村教育	规模（亿元）	—	—	232.66	291.41	—	377.07	436.69
	占比（%）	—	—	2.66	4.85	—	4.19	6.41
农村基础设施	规模（亿元）	453.78	1076.53	760.45	486.19	516.5	428.90	—
	占比（%）	7.32	6.97	8.71	8.08	5.06	4.77	—
土地开发建设与保护支出	规模（亿元）	618.12	774.35	1067.59	1074.56	1111.34	1146.72	—
	占比（%）	9.98	5.02	12.22	17.88	10.89	12.75	—
农田水利建设	规模（亿元）	—	—	140.75	231.06	312.48	482.80	—
	占比（%）	—	—	1.61	3.84	3.06	5.37	—
城建资金总额（3）=（1）+（2）	总量（亿元）	4646.52	10165.9	11074.86	8336.99	12358.81	13269.4	10065.43
	占比（%）	32.60	34.58	33.08	28.86	29.63	30.90	29.91

注：1. 城市建设资金总额（3）包括两部分：一是土地出让成本中先期土地开发支出，二是收益性支出中城市建设支出。占比＝（1）＋（2）/土地出让收入总额。

2. 土地出让收入与支出的统计口径分为财政、预算、决算三个口径，参考汤林闽（2016）的观点，以财政口径为主，财政没有涉及的以决算为主，最后以预算作为补缺。

资料来源：《2009—2015 年全国土地出让收支情况》，财政部网站。

对于城市建设支出，国家没有做出明确规定。不过，从具体数据来看，城市建设支出占比很高。在目前土地支出结构中，城市建设资金分两部分：一部分是土地出让成本性支出中前期土地开发投入，另一部分是土地出让收益中城市建设支出。2009～2015年，先期土地开发支出占成本性支出的比重从2009年的16.02%提高到2014年的27.12%，2015年降至24.34%，总趋势是不断上升。而城市建设支出占比由54.16%降至51.83%，呈下降趋势。如果把二者合起来作为城市建设总投入占土地出让收入的比重来考察，尽管呈现下降趋势，但占比仍然接近30%。这就说明，土地出让收入支出侧重于城市基础设施建设，忽视民生改善和发展。因为，经济性支出能够通过环境改善吸引外资，在短期内促进经济增长和增加税收。

第三节　新时期土地制度改革面临的挑战与对策分析

2012年以来，我国经济进入高质量发展阶段，正处于转变发展方式、优化经济结构、转换增长动力的关键期。新的发展阶段对土地功能与利用提出了新的要求，需要对原有土地制度安排进行修改和完善。

一、高质量经济发展对土地制度改革的新要求

（一）经济发展新阶段降低了对土地的依赖性

库兹涅茨曲线假说揭示了一个国家的经济发展与环境污染之间的倒U形关系。当一个国家处于工业化起飞阶段，不可避免地出现一定程度的环境污染；当人均收入达到一定水平时，环境污染逐渐降低，经济发展有利于环境质量的改善和提高。土地作为资源系统的一个组成部分，经济发展所处的阶段不同，建设用地规模一般也经历着"缓慢增长→加速增长→低速增长→基本稳定"的倒U形趋势（见表10.15）。目前，我国总体上已经进入工业化中后期，未来建设用地规模将进入"低速增长"阶段，而东部发达地区则处于后工业化时期，建设用地规模处于"减量化"阶段。土地宽供应保增长的时代宣告结束，必须正视如何提高土地配置效率以促进经济高质量发展这一问题。

表 10. 15　　　　　　　　不同经济发展阶段城市建设用地规模的变化特征

发展阶段	基本特征	城市建设用地规模的变化
工业化与城市化初级阶段	小规模轻工业为主导，城镇化推进缓慢，建设用地需求增长缓慢	缓慢增长
工业化和城镇化中期阶段	重工业加速扩张，城镇化快速推进，建设用地需求快速扩张	加速扩张
工业化和城镇化后期	服务经济占主导，工业用地萎缩，三产用地增加，地价高涨导致需求减少	低速增长
后工业化和信息化时期	调整和优化存量建设用地，增加商务、休闲、公共设施用地	基本稳定

（二）产业转型升级弱化了土地低成本支撑的产业竞争力

产业转型升级具有两大特点：一是淘汰电力、煤炭、钢铁、有色金属、纺织等行业的落后过剩产能，关闭破坏环境、污染严重、安全系数不高的企业，大力发展新能源、新医药、新材料、环保、信息等新兴产业。二是打破原有一、二、三产业顺次发展的格局，产业融合发展、协调促进、服务化趋势越来越明显，促进整个产业重新分工与专业化、由低水平均衡转为高水平均衡。这就需要重新认识和评估过去那种靠大规模低成本土地投入换取工业发展、压缩生产性服务业来保住世界工厂的模式，需要调整产业用地方式、用地结构和用地布局，以用地结构调整来优化产业结构，为产业转型升级保驾护航。

（三）新型城镇化建设要求土地制度改革服务于人口城镇化和城乡一体化

我国新型城镇化建设发生两大转变：一是从"化地不化人"的传统城镇化模式转向"以人为本"。通过户籍制度、就业制度、教育制度、社会保障制度等一系列制度改革，推动进城农民工向市民化转变，使其在就业、社保、住房、教育、医疗等方面与城市居民享有同等待遇。在土地城镇化时期，地方政府为了追求短期经济增长，低价出让土地来大规模招商引资，而用于解决居住保障的住宅用地占比非常少，造成城市房价居高不下，绝大多数农民工居无定所。通过调整用地结构以解决进城一亿农民工的市民化问题，是新型城镇化对土地制度改革的必然要求。二是由"乡土中国"进入"城乡中国"的城乡融合时期。在城镇化进程中，我国社会形态并不是从"乡土社会"直接进入"城市社会"，人口等资源并非一直保持从农村到城市的单向流动，在农业剩余劳动力大量流入城市的同时，也出现了大量农民工的回流现象。中西部农民工回乡创业并不是回到农村，而是回到乡镇。2000 年以来，我国镇地区人口在城镇人口中的占比稳步上升。2000 年城镇人口中"城"与"镇"的构成比例为 1.76∶1，2010 年该比值为 1.52∶1，2015 年全国 1% 人口抽样调查数据则显示这一指标已经达到 1.40∶1。2000～2015年，城市人口比重由 63.79% 降至 58.24%，减少了 5.6 个百分点；而镇地区人口占比却由 36.21% 升至 41.76%，提高了 5.6 个百分点（王红霞，2018）。中共十九大报告明确提出："农业农村农民问题是关系到国计民生的根本性问题，必须始终把解决好'三农'问题作为全党工作重中之重"，并且提出了"乡村振兴战略"。乡村振兴战略是国家在深刻认识我国城乡关系变化趋势和城乡发展规律的基础上提出的重大战略，是促进农村繁荣、农业发展、农民增收的治本之策，应该按照产业兴旺、生态宜居、乡风文明、治理有效、生活富裕的总要求，建立健全城乡融合发展的体制机制和政策体系，其中包括农村土地制度的完善。城乡互动、融合发展背景下的土地制度既不同于乡土中国，也有别于快速城镇化阶段，应及时推动以城乡中国阶段为背景的土地制度改革，明确城乡中国阶段的土地功能定位，实施城乡互动的土地配置制度改革（刘守英，2018）。

二、改革与完善土地制度的总体思路

从城乡融合、"人口城镇化"出发，改变以往对农业、农村、农民不公平的土地制度，消除城乡二元体制性障碍，让城乡有均等的发展机会，实现城乡土地产权的平等，保障农村和农民权益。城乡融合发展、"人口城镇化"视角下的土地产权制度改革的总体方向是：扭转快速城镇化过程中"重土地、轻人口"的偏向，解决城市化过程中"人地脱钩"问题，在坚持农村集体土地所有制的前提下，强化和完善集体土地使用权物权属性，调整和优化用地结构，合理分配土地增值收益。

（一）坚持农村土地集体所有制

土地集体所有制是社会主义公有制在农村的具体制度安排，早在20世纪80年代有些学者就对土地集体所有制提出私有化、国有制、继续坚持等多种不同的改革建议。"坚持论"者认为，集体所有制不会出现土地被少数人兼并和贫富两极分化现象，对传统小农经济转变为现代农业经济具有一定的积极意义。同时，大规模农田水利等基础设施建设和农民的集体行动也需要一个形式上的正式代表，废除集体所有制弊大于利。"私有化"者认为，私有化能够解决集体土地产权虚置、保护农民土地利益、防治村组织以权谋私等问题。土地归农，农民自然会以最符合自己利益的方式去使用和处置。这是最彻底保护农民和尊重农民的制度安排，也是为大多数国家所采纳的制度。"国有化论"者提出，农村土地私有化思路的社会成本较高，经济风险和社会风险较大，可能产生种种难以预期的后果，不具备现实可行性。而坚持土地的集体所有制，容易陷于矛盾积累过程，不利于长期稳定发展。长久之计是争取创造条件，把土地集体所有制转为产权清晰、无纠结状态的国有制（贾康、梁季，2015）。

对于上述这些观点，有的学者认为，从形式上看，它们似乎是完全对立的，但从实质上看，它们在主张确权、强化和尊重农民家庭的土地财产权方面并无大的差异，只是出于不同角度或者基于策略上的考虑提出了不同的土地所有制形式，但基础都是给农户确权、保障农户实质性的土地占有权利，本质上大同小异。我想并不尽然。我国土地制度改革中保留土地私有的历史时机已经失去，实行土地国有的时机还未到来，最好的选择是完善农村土地集体所有制。更重要的是因为在我国当前的社会、经济发展环境下，集体所有可能更加适合并且有效，是我国当前政治、经济、文化环境下的必然选择。

长期以来，我国农村集体土地缺乏明确的人格化代表，不仅产权主体缺位的老问题没有得到解决，还出现了新的集体产权问题。其中，集体经营性建设用地入市的产权问题尤为突出。集体土地所有权的多层主体架构造成了一定程度的权属混乱，增加了交易对方的识别成本和冲突成本，出现集体所有权主体"虚化"与"争夺"现象，导致集体土地自由权与使用权关系被人为复杂化，集体土地成员的撤销权增加了交易方的履约风险（肖顺武，2018）。根据我国《物权法》《土地管理法》的相关规定，成员集体所有是土地集体所有制的应有之意，它以成员资格作为享有权利承担义务的基本依据，而成员权多是以户籍以及是否拥有承包地作为依据。对集体财产，所有成员享有共同的支配权、平等的民主管理权和共同的收益权，应该从以下几个方面加以发展和完善（刘守英，2014）：第一，明确以成员权为核心的集体所有制结构，改革现实中集体所有沦为少数基层干部所有的状况，明确农民集体组织成员权利。第二，推行集体资产经营的股份合作制，将每个成员的资产按股份量化入股，按股份合作制原则进行集体资产的使用、管理与利益分配。第三，对集体资产股份充分赋权，不仅要赋予占有权、收益权，更要赋予集体资产股份抵押权和担保权。第四，打破集体资产所有权的封闭性，重点解决原有农民的退出问题。在农业转移人口市民化背景下，兼业农民的存在具有过渡性和暂时性，而大量的兼业农民要成为市民，必须妥善处置农村集体土地及其他集体财产中的个人部分。为此，必须明确集体土地所有权主体、客体，制定较为健全的退出权规则和程序、对退出农民给予适当的经济补偿、建立退出扶持基金等在内的一整套退出机制。

（二）改革集体建设用地流转制度

改革现行的土地流转制度，主要包括三方面内容，即城乡建设用地增减挂钩、严格限制政府征地范围、农村集体土地直接入市。

城乡建设用地增减挂钩，是在建设用地总量不变情况下，调整城乡建设用地结构，其目的是在保护耕地、控制建设用地总量不变的条件下解决城市建设用地指标的不足问题。这一制度创新打破了过去城乡建设用地隔绝状况，使得过去不能流转的、闲置的农村集体建设用地通过指标转换为城市建设用地，为城乡统一的建设用地市场搭建了平台和桥梁。但遗憾的是，这一政策并没有服务于农业转移人口城市化，本质上是给地方政府开口子搞发展的土地权力，而不是给外出农民工在就业地安置的民生权力（华生，2013）。即使是在城郊，也只是解决了本地户籍农民的市民化，并未将节余的土地指标用于外地农民工的市民化。要从根本上改变"只要土地指标、不要人口指标"的增减挂钩体制，就要从总体上实行建设用地指标与外来人口市民化挂钩的新体制。首先要把各级政府建设用地指标的分配方法由"行政级别配置"转变为"吸纳外来人口的多少来配置"。行政级别相同的地区，东部城市是外来人口聚集区，而中西部和东北部地区是人口流出区，但建设用地指标没有差别，这是导致土地资源配置人地脱钩的关键。因此，必须打破行政级别的限制，依照实际吸纳的外来人口在生产生活方面产生的用地需求，公平合理地进行区域间城市建设用地指标分配。在遵循国家提出的"实行城镇建设用地增加规模与吸纳农业转移人口落户数量挂钩"的改革思路下，不断细化和完善建设用地指标与农业转移人口之间的挂钩机制。

我国以往土地征用制度的突出问题是没有严格区分公益性用地与经营性用地。地方政府往往打着公益用地的名义，从农民手中低价购地，然后再高价转卖给开发商，从中获得高额土地出让收入。因此，要严格界定公益性和经营性建设用地，逐步缩小征地范围。如何界定农村集体土地的公益性用地？方法之一是能否以《国有土地上房屋征收与补偿条例》中对国有土地房屋拆迁中"公共利益"的六种界定作为参考呢？国有土地房屋拆迁中的公益用地与集体土地征用中的公益用地有交叉，也有区别。采取这种简单类比的做法，既不可取也不合适，更不科学。方法之二是能否在详细的公益性用地目录没有出来之前，列出一个负面清单，制定征地的否定性目录呢？只要是营利性用地，就不得征地。这种观点却无意识地把"经营性开发"与"公共利益"截然对立起来。设置"公共利益"标准的制度功能，不只是防止征收权的滥用，更主要的是为了满足社会发展的需要。"公共利益需要"本身就是一个只能用抽象方式描述的标准，一旦让它具体到没有弹性空间，也就失去了科学性。任何过分强化"公共利益"标准作用，使其承担无法承受之重的功能作用，都会使它的研究走入误区（刘禹涵，2017）。方法之三是目前较为公认的"程序界定"法，就是为征收设置相对较为复杂的听证程序。听证程序作为经济民主的重要体现，能够有效吸纳社会各种意见和声音，能够使得征收一方和被征收一方获得一个交流的平台和机制，最大限度地缓解社会矛盾。这一点在中共十八届三中全会通过的《中共中央关于全面深化改革若干重大问题的决定》中已经指出："缩小征地范围，规范征地程序，完善对被征地农民合理、规范、多元保障机制。"可见，完善集体土地征收制度的关键节点在于，利用程序特别是听证程序来控制以公共利益之名而进行的集体土地征收，以经济民主的名义提升"公共利益需要"的准入门槛，真正体现了民众呼声与诉求（肖顺武，2018）。

我国征地制度改革除了城乡建设用地增减挂钩、严格限制征地范围外，最重要的就是允许集体建设用地直接入市，建立城乡统一的建设用地市场。

我国集体建设用地包括三类：第一类是农民集体兴办企业或者与其他单位、个人以土地使用权入股、联营等形式办企业用地，第二类是农村公益性建设用地，第三类是农民宅基地。显然，第一类集体建设用地才属于集体经营性建设用地，能够直接入市的应该是集体经营性建设用地。在城乡一体化尤其是实施乡村振兴战略背景下，强调集体经营性建设用地直接入市的重要原因在于，原有的国家垄断一级土地市场、旨在保障城市建设用地供应的征地制度，在促进劳动、资本、土地等生产要素单向流往城市的同时，导致农民利用集体土地从事非农建设权利被剥夺，大多数乡村地区非农经济活动萎缩，农村产业单一，农民在乡村地区的发展机会受阻，造成乡村的凋敝和城乡差距的拉大。如果乡村不能获得平等的建设用地权利，乡村空间就无法实现与城市空间平等的发展权，乡村产业受阻，人口和劳动力就不可能持久地向乡村流动，乡村振兴战略就找不到有效的实施路径。只有改革土地配置制度，实现集体建设用地与国有建设用地权利平等，才有乡村产业和发展空间的复兴（刘守英、熊雪峰，2018）。集体建设用地直接入市包括三方面内容：第一，同地同权，即集体经营性建设用地与国有土地一样出让、租赁、入股，打破了集体建设用地不许出租的限制。第二，同等入市，即集体经营性建设用地可以和国有建设用地在同一个平台上合法入市交易，改变了国有建设用地独家交易的格局。第三，供求决定价格，即多个集体经济组织以集体经营性建设用地主体入市进而形成的供求决定价格机制，改变政府独家出让土地、价格高企的局面。

（三）完善土地增值收益分配制度

土地增值收益分配制度包括直接分配和间接分配。

直接分配是指被征地农民的补偿。改革的基本方向是：扭转目前土地出让增值收益被政府获得、未来增值收益被开发商获得、农民在土地增值收入中无份的状况，提高农民在土地增值收益中的分配份额，建立"兼顾国家、集体、个人的土地增值收益分配机制"；严格区分"涨价归公"与"涨价归政府"，防治"归公"的土地增值收益纳入地方政府的口袋，乃至成为部分地方政府官员的体制外收入，保证"涨价归公"的土地增值回馈社会。改革的基本原则是"保证被征地人原有生活水平不降低、长远生计有保障"，这就需要考虑农村土地的基本功能。对于农民而言，土地没有被征收之前，是集"三种功能于一身"（见图10.4）。土地被征收之后，相应地就要解决农民的就业、社保与财产三个问题，仅解决其中一个或者两个，都不足以保障农民的长远生活。因此，在补偿标准方面，要明确以市场价值为基础的土地征收补偿标准，即直接参考耕地用途转换后的市场价格进行补偿。尽管修正案提出"以片区综合地价为参考，制定农地征收的补偿费和安置补助费"。这种做法比原来单纯的产值倍数法有进步，但仍然沿用原产值为基础的方法，只是维持了农民的生活底线，不能分享土地增值收益，治标不治本。

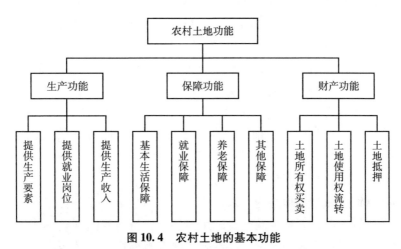

图10.4　农村土地的基本功能

资料来源：傅晨、任辉：《农业转移人口市民化背景下农村土地制度创新的机理：一个分析框架》，载于《经济学家》2014年第3期，第74~83页。

间接分配是指土地出让金的支出方向。具体方案有两个：其一，在不改变现有中央政府与地方政府之间的土地出让金分成比率的基础上，严格贯彻和落实国家对土地出让收入的具体支出方向，重点保障农业转移人口的社会保障性支出，主要包括教育、廉租房建设、医疗等。其二，提高中央政府在土地出让金中的分成率，将更多的土地增值收益纳入中央统一预算，成立农业转移人口市民化基金，专门解决农业转移人口市民化问题。

（四）调整建设用地结构

首先，积极推动建设用地总量控制和减量化战略。随着我国经济高质量发展以及城镇化进入中后期阶段，土地需求开始减少。从全国来看，2013年全国土地供应量达到最大值 73.05 万公顷后开始减少，2016 年降至 51.08 万公顷，每年以 10 个百分点的速度在减少（2017 年有所提高，升至 60.31 万公顷）。① 从区域来看，东部地区超大城市和特大城市经济结构转型升级要求相应地调整用地方式和用地结构，实施建设用地总量控制和减量化战略，高效利用存量建设用地来减少对新增建设用地的需求。

其次，改革对城市工业用地和商业用地的差异性利用，建立城市统一的产业用地政策。在工业化、城镇化快速发展时期，城市政府为了推动经济发展，对工业用地和商业用地实施了差异化政策设计。工业用地出让时间长（最长不超过 50 年），出让价格低②，一般不超过商业用地价格的 12%；而商业用地出让时间短（一般不超过 40 年），出让价格市场化。这种差异性用地政策不仅导致工业用地配置效率低下，对工业过度依赖，工业经济转型困难；而且严重影响了服务业发展，限制了产业更新。目前在产业转型升级的迫切要求下，需要将大量的工业用地转为服务用地，却面临着土地制度的僵化。所以，应该尽快调整服务用地的出让方式和出让期限，逐步采取分期出让、动态调整的城市产业用地政策（左学金、王红霞，2016）。同时，提高工业用地价格，尽量缩小不同种类用地的差价。

再次，调整城市用地结构。以优化用地结构来推动经济转型，是当下急需解决的问题。一是要减少基础设施用地供应。目前我国基础设施的框架结构已经搭成，投资高峰期已过，以基础设施大规模投资拉动经济增长的模式宣告结束。如果继续加大基础设施建设，必然造成结构扭曲。然而，自 2014 年以来，全国 105 个主要城市的基础设施和公共用地占比超过一半，2017 年超过 60%，这不仅占用大量资金造成资源浪费，还挤占其他用地而影响经济转型和民生建设。二是要继续减少工业用地。自 2010 年以来，工业用地占比逐渐下降，但仍然较高。随着经济结构优化和制造业转型升级，工业用地需求及其占比还会下降。三是提高商业服务用地供给及其占比。2013 年以来，商服用地供给量及其占比"双降"，用地面积减少 50%，占比减少了 3.8%

---

① 数据来自 2013~2017 年《中国资源统计公报》。

② 我国在 2006 年就要求工业用地采取"招拍挂"市场化出让方式，但在实际运作中却实行"预申请"制度，出让条件"量身定做"，"招拍挂"出让多以底价成交，公示效应显著，竞争效应不足，工业用地价格明显偏低（转引自：贾康、梁季：《市场化、城镇化联袂演绎的"土地财政"与土地制度变革》，载于《改革》2015 年第 5 期）。

（见表 10.16），这显然与经济发展的阶段性不相适应，急需提高商业服务用地的供应量及其占比。四是增加住宅用地的供应及其占比。为了满足进城农业转移人口的住房需求，实行差异化住宅用地供给政策。投资性住宅采用"招拍挂"供地方式，价格由市场决定；居住用地由政府配给，落实房住不炒；在城乡接合部放开集体建设用地，允许农民集体建设用地建设租赁住房，实现农民工和低收入者居者有其屋（刘守英，2017）。

表 10.16　　　　　2010～2017 年全国 105 个主要城市用地结构情况

年度	全国土地供应总量（万公顷）	面积（万公顷）				占比（%）			
		工矿	商服	住宅	基础设施	工矿	商服	住宅	基础设施
2010	42.82	15.27	3.87	11.44	12.24	35.7	9.0	26.7	28.6
2011	58.77	19.27	1.61	15.11	22.78	32.8	2.7	25.7	38.8
2012	69.04	20.35	4.94	11.08	32.66	29.5	7.2	16.1	47.3
2013	73.05	21.00	6.51	13.81	31.73	28.8	8.9	18.9	43.4
2014	60.99	14.73	4.93	10.21	31.12	24.2	8.1	16.7	51.0
2015	53.37	12.48	3.71	8.26	28.91	23.4	7.0	15.5	54.1
2016	51.80	12.08	3.46	7.29	28.97	23.3	6.7	14.1	55.9
2017	60.31	12.28	3.09	8.43	36.52	20.4	5.1	14.0	60.5

资料来源：根据各年《中国资源统计公报》整理而来。

总之，城镇化建设离不开土地，城镇化发展战略对土地制度有着深刻影响。新型城镇化道路落实在土地上，就是通过改革和完善土地政策，推动土地资源高效节约利用，保障城镇合理用地需求。

第四节　本 章 小 结

本章研究了城镇化与土地制度改革之间的关系，主要做了如下工作：

（1）梳理了城镇化进程中土地制度变迁与演化过程。20 世纪 80 年代，农村下放集体用地审核权，城市依托开发园区放开城市国有土地使用权，促进了乡镇企业和园区工业发展，开启了城镇化进程。进入 90 年代，城镇化快速发展阶段，推动城镇化的经济发展方式由"双轮"（即乡镇企业和园区工业）驱动转变为园区工业化驱动，土地经营收入大幅度提高，土地财政开始登上历史舞台。21 世纪以来，围绕着城市商住用地和工业用地来深化土地制度市场化改革，土地出让收入成为地方政府实实在在的"第二财政"，导致土地城镇化快于人口城镇化，常住人口城镇化快于户籍人口城镇化。2008 年以后，城镇化进程继续加快，各类城市空间范围急速扩展，与土地融资制度有关。可见，有什么样的土地制度安排，就有什么样的城镇化发展模式。

（2）分析了土地制度对城镇化的影响。在我国土地制度与城镇化相互促进、相互作用的 40 年发展历程中，土地制度解决了城镇化建设需要的资源、资金、空间、动力等问题，对城镇化具有重大的推动作用。然而，土地制度改革也带来了城镇蔓延、"要地不要人"；土地利用粗放、效益不高；高度依赖土地的经济风险、金融风险、社会风险以及不可持续性等问题。这些问题的成因在于城乡二元土地制度不利于农民进城；地方政府围绕着土地出让规模、出让结构和出让布局进行"三维"竞争，影响着城镇化质量；土地增值收益分配补偿过低以及支出结构不合理，降低了农业转移人口市民化能力。

（3）研究了高质量经济发展对土地制度改革的新要求，主要包括经济发展的阶段性转换降低了对土地的依赖、产业转型升级弱化了土地低成本支撑的产业竞争力、新型城镇化要求土地制度改革服务于人口城镇化和城乡一体化。在此基础上提出要坚持农村土地集体所有制、改革集体建设用地流转制度、完善土地增值收益分配制度、调整建设用地结构等政策建议。

第十一章

新型城镇化与城镇行政
管理体制改革

自从中共十八大提出走中国特色新型城镇化道路以来，新型城镇化建设出现一些新问题，如农民工市民化的进展受阻的同时出现了大量农民工返乡创业就业，在凸显地级以上城市竞争力的同时忽视了中小城市和小城镇的重要作用，在关注城市的同时忽视了农村发展。究其原因，是城镇行政管理体制改革滞后。

2014 年以来，我国城市行政管理体制改革步伐加快。公开资料显示，目前在民政部"排队"申请"县改市"的县超过了 200 个，这股热潮就像一口"不断升温的高压锅"，汹涌而来，这反映出新一轮的国家战略安排。中共十八大报告提出："优化行政层级行政区划设置"。中共十八届三中全会报告进一步指出："优化行政区划设置，有条件的地方探索省直接管理县（市）体制改革"。《国家新型城镇化规划（2014—2020 年）》也提出："完善设市标准，严格审批程序，对具备行政区划调整条件的县可有序改市，把有条件的县城和重点镇发展成为中小城市"，"严格新城新区设立条件，防止城市边界无序蔓延"。2016年3月，"十三五"规划中明确提出："以提升质量、增加数量为方向，加快发展中小城市。加快拓展特大镇功能，赋予镇区人口10万人以上的特大镇部分县级管理权限，完善设市设区标准，符合条件的县和特大镇可有序改市，将培育形成一批功能完善、特色鲜明的新生中小城市作为新型城镇化建设重大工程之一"。2017年《政府工作报告》中提出，要"支持中小城市和特色小城镇发展，推动一批具备条件的县和特大镇有序设市，发挥城市群辐射带动作用"。2018年3月，国家发展改革委发布《关于实施2018年推进新型城镇化建设重点任务的通知》中提出，要"稳妥有序增设一批中小城市，继续开展撤县设市、撤地设市，推动城市群及国家新型城镇化综合试点地区范围内符合条件的县和非县级政府驻地特大镇率先设市"。可见，深化城镇行政管理体制改革已经成为推动城镇化的迫切要求。

第一节　城镇行政管理体制改革对城镇化的影响与机制分析

城镇行政管理体制改革是指以扩大经济社会管理权限、完善基层政府职能为重点，以探索建立简约精干的组织架构、务实高效的用编用人制度和适应城镇实际的财政管理模式为保障，构建符合基层政权定位、适应城镇化发展需求的新型行政管理体制，进一步激发城镇发展内生动力，充分发挥其对周边辐射带动作用，为推进基层治理体系和治理能力现代化、提高新型城镇化的质量水平和加快实现城乡统筹发展提供体制机制保障。① 从内涵来看，城镇行政管理体制改革不仅包括政府层级改革，还包括"县改市""县改区""镇改市"等行政区划调整。本节主要分析行政区划调整对我国城镇化的影响。我国城市管理体制具有两个特点：一是城市是行政区，它不仅包括主城区，还包括下辖中小城市、小城镇和广阔农村。因此，在统计城镇人口规模和人口密度时存在不同的口径，产生截然不同的结论。二是城市分等级。我国城市按照行政等级分为直辖市、副省级城市、地级市、县级市和镇，不同

---

① 《关于深入推进经济发达镇行政管理体制改革的指导意见》，https：//baike. so. com/doc/24996968 – 25958466. html。

行政等级的城市拥有不同的行政资源配置权利，高等级城市管辖低等级城市。这种传统的城镇行政管理体制严重滞后于城镇化发展进程，难以适应新型城镇化发展，通过深化包括行政区划调整在内的城镇行政管理体制改革来推动城镇化转型。

一、城镇行政管理体制改革对城镇化影响的相关研究

学术界关于行政管理体制改革（主要是行政区划调整）对城镇化的影响，主要有以下内容：

有的学者研究了行政区划调整对城镇人口规模统计的影响。他们提出，在大规模实行县改市、县改区的情况下，继续采用户籍人口和非农业人口来统计城市人口，前者严重偏离了市镇实际人口规模，后者造成人口统计偏大而出现严重的数据虚高（周一星等，1990 年；冯奎，2013）。

有的学者研究了行政区划调整对城镇空间结构的影响。他们认为，以撤县设区为主要手段的行政区划调整，不但可以在短期内有效扩大城市发展空间，推动乡村地域性政区向城市型政区转化，还可以减少不必要的资源浪费和无谓的区域内恶性竞争，扩大市场运作空间，整合政府间的关系，提高公共效率。同时，由于中心城市城区人口、空间规模迅速扩大，形成了虚假城市化，促进了城市空间的蔓延和设施建设的低效率（罗震东等，2007；王婷琳，2017）。

有的学者研究了城市行政区划调整格局的变化与体制创新的关系。由于中国实行行政等级化的城镇体系，上级城镇的决策者不可能把手中的资源用于支持和自己生存发展以及生活毫无关系的小城镇，反而会通过行政手段从更低等级的城镇获取更多的资源，用于自身所在地的城镇建设（李铁，2002）。近年来，我国行政区划基本格局出现了以地级建制城市与市辖区数量进一步增多、并伴随着基层乡镇规模整合导致乡镇数量减少的发展特征。这种变化在促进我国城市化发展的同时，消除了大城市、特大城市规模扩张进程中的体制性障碍，为降低城市行政运行成本提供了新的体制保障条件（汪宇明等，2008）。

有的学者研究了行政区划调整与人口城市化的关系。一方面，他们利用撤县设区实验研究，发现撤县设区改革显著提高了撤并城市市辖区城镇常住人口的增长率，这一变化并非源自户籍人口的增加，主要来本县（区）内

和外省的人口迁入（唐为、王媛，2015）。另一方面，他们进行案例研究发现，行政区划调整有利于城镇化水平的提高，县改市后城镇化率增长速度与没有调整的县相比每年高出 0.79%，县（市）改区后城镇化率增长速度与其他没有改区的县市相比每年高出 0.83%，并且县（市）改区使得 8 个地级市的城市规模等级升级（朱建华、陈曦等，2017）。

有的学者分析了行政区划调整与乡村城镇化的关系，他们提出了"区划调整先导性城市化"概念，即以区划调整为先导，带动乡村地区基础设施、产业结构、社会管理、居民意识等的城市化转型。这种转型过程在短期内看是"虚假"的，但从长时段来看是一种由"虚假→部分真实→真实"的渐进城市化过程（刘云刚、靳杰，2014）。

有的学者研究行政区划调整与区域城镇化的关系。他们以县和县级市为研究单元，分析了 2000～2010 年间县（市）行政区划调整对我国及对东北、东部、中部和西部四大板块城镇化的影响。结果表明，撤县（市）设区和撤地（县）设市为主的行政区划调整对提升 2000～2010 年城市化率产生了重要影响，对全国城镇化的贡献度达 52.82%。特别是，东北地区哈尔滨的两次撤县（市）设区调整极大地影响了东北地区的城镇化；东部地区的 3 个直辖市与省会城市的撤县（市）设区调整对城镇化增长率产生了重要影响；中部地区城镇化受行政区划调整的影响不大；西部地区快速增长的城镇化率受行政区划调整的影响很大（孟延春、谷浩，2017）。

总体看来，以往关于包括行政区划调整在内的行政体制改革对城镇化影响的研究较为全面，奠定了较好基础。但是，多是侧重于行政区划调整与城镇化之间的相互关系，而前者对后者的影响与作用机制，缺少深入分析。

二、城镇行政管理体制改革对城镇化的影响

在我国城镇化的快速推进过程中，涌现出一大批经济发达的小城镇。但是，这些小城镇仍为镇的体制，没有独立的财权、用人权、管理权、审批权，面临着"脚大鞋小""身大衣小"问题，城镇管理体制严重制约了城镇化。为此，中共十九大报告明确指出，"要深化行政体制改革，赋予省级及以下政府更多自主权，在省市县对职能相近的党政机关探索合并或合署办公"，深化城镇行政管理体制改革对推进城镇化建设具有重大的现实意义和深远影响。

（一）深化城镇行政管理体制改革，有助于促进农村人口就地城镇化

目前我国有 2 亿多农业转移人口生活工作在城市中，但没有充分享受教育、医疗、养老、保障性住房等基本公共服务，市民化进程严重滞后。到 2030 年，我国城镇化率要达到 70% 左右，还有 1.7 亿新增农业转移人口进入城市，届时 4 亿多庞大的农业转移人口仅仅依靠大城市吸纳是不现实的，也是不可能的。因此，小城镇吸纳农业转移劳动力就成为加快推进新型城镇化进程的重要突破口。

目前，北上广深等一线特大超大城市主要是在中心城区限制农业转移人口，而在城郊区和周边小城镇却聚集着大量外来人口，特大镇成为吸纳农民工就业的重要载体，优先解决这些外来人口的居住和生活问题，是新型城镇化建设的重要内容之一。2012 年，全国镇区人口超过 10 万人的小城镇共吸纳外来人口 4970.7 万人，占我国外出农民工总量的 1/4；而镇区人口规模在 5 万人以上的小城镇共吸纳外来人口 2431.5 万人，占小城镇吸纳外来人口总量的 35.8%（国家发改委城市和小城镇改革发展中心调研组，2014）。通过深化城镇行政管理体制改革，全面解决小城镇农民工落户问题，对于缓解大量农村转移人口流入大城市起到较好的分流作用，能够有效地贯彻落实中央有关推进城镇化发展的战略部署。

（二）深化城镇行政管理体制改革，有助于构建合理的城镇体系结构

新型城镇化的关键是优化城镇规模结构，增强中心城市辐射带动功能，加快发展中小城市，重点发展小城镇，促进大中小城市和小城镇协调发展。我们不能将城镇化片面理解为发展大城市，也不能遍地开花发展小城镇（韩俊等，2005），必须坚持"两条腿走路"：一方面要积极发展和培育具有全球竞争力的城市群，另一方面要加快发展中小城市和小城镇。与西方国家城镇化进程不同，我国城镇化进程不仅是农村人口向城市地区的转移和城市不断发展壮大的过程，也是农村人口向县驻镇、集镇、建制镇地区的转移以及这些小城镇不断发展壮大的过程。城市地区的城市化和镇域地区的城市化客观上实实在在构成了我国城镇化的内容，我国城镇化具有中国特色的"城"和"镇"构成特征（王红霞，2018）。

全国城市规模结构具有城市数量过少、规模结构失调的特点，不适应城

镇化的客观需要，不利于我国城市体系的长远发展。2010 年以来，城市人口和镇人口的增速都明显下降，但镇地区人口依然保持了 1990 年以来的稳定上升趋势。2015 年镇人口占全部城镇总人口的比重为 41.76%，比 2010 年提高了 2 个百分点，达到历史最高点（见表 11.1）。2016 年，我国建制镇 20883 个，乡级政府所在的小集镇 10872 个，这些小城镇聚集了我国 3.4 亿城镇人口。据国家统计局数据，我国镇区人口规模在 5 万人以上的小城镇有 801 个，镇区人口规模超过 20 万人的有 25 个，10 万～20 万人的镇有 176 个。这些特大镇人口已达城市规模，经济实力已达城市标准，基本公共服务具备城市基本框架和功能。他们作为连接城乡的重要经济节点，既是特色产业聚集区，也是劳动力就业地。通过深化"省直管县""撤镇设市"等行政管理体制改革，稳妥有序增设一批中小城市，更好地发挥小城镇在降低农业转移人口成本、就地吸引农业劳动力、带动辖区经济发展的比较优势，对完善我国城镇体系具有重要意义。

表 11.1　　　　　　　　1990～2015 年我国城镇总人口构成　　　　　单位：%

年份	城市人口比重	镇人口比重	城市人口增长率	镇人口增长率
1990	71.24	28.76	—	—
2000	63.79	36.21	38.54	94.81
2010	60.26	39.74	37.98	60.26
2015	58.24	41.76	11.26	20.99

资料来源：王红霞：《城镇差别、三部门经济与新时代中国新型城镇化》，载于《上海经济研究》2018 年第 4 期，第 41～51 页。

（三）深化城镇行政管理体制改革，有助于城乡融合发展

在从农村社会转变为城市社会的过程中，并不意味着城市单一发展，也不意味着城市代替农村，而是城市与农村要协调、融合发展，农村发展本身就是新型城镇化的重要组成部分。

城乡统筹需要"以城带乡""以工促农"的发展模式带动农村、农业和农民发展，促进农业转化为现代农业、农村转化为现代农村、农民转化为现代农民。小城镇是乡村地区的经济、政治、文化中心，具有上接城市、下连农村的综合功能，在城乡统筹、融合发展中起到桥梁和纽带作用。小城镇能

够将已经形成的政治影响力、经济带动力、文化辐射力、社会服务力延伸到
农村，改善农村基础设施和社会保障水平，促进农村经济社会发展。实际上，
我国小城镇的城乡二元特征的确在城乡融合发展中起到了不可替代的作用。
通过深化城镇行政管理体制改革，加快小城镇发展，促进生产要素在城乡之
间自由流动、合理配置和优化重组，实现城乡一体化发展。

三、城镇行政管理体制改革对城镇化的影响机制分析

新型城镇化主要包括四个内容：一是市场化建设构成新型城镇化的制度
基础，政府对市场起引导与矫正作用。二是"三化"同步发展的产业经济构
成新型城镇化的经济基础，新型工业化是发展的动力和核心，农业现代化是
发展的基础和根基，信息化是发展的活力，现代服务业是发展后续力，它们
彼此相互促进，共同推进新型城镇化。三是城乡融合发展的区域经济构成新
型城镇化的空间范围，建立健全城乡融合发展体制机制和政策体系，促进城
市与乡村共同发展。四是农业转移人口市民化是新型城镇化的核心内容，标
志着城镇化质量的高低。城镇行政管理体制（主要是行政区划调整）通过直
接参与产业经济、区域经济、市场制度建设、促进人口转移等方面来影响城
镇化（苏东坡，2013）。

（一）行政区划调整促进产业经济发展

其一，区划调整激发农业现代化的活力，它能够扭转长期以来以城市、
工业为主导、要素单向流入城市、农业农村发展长期落后的局面，加大工业
反哺农业的力度，促进要素在城乡之间自由合理配置，推动农业现代化和农
村产业融合发展。其二，区划调整拓展新型工业化发展的路径，使得政府有
更广阔的空间推动产业转移和结构调整，同时拥有高水平的产业专业化和多
样化，带来更高的聚集效应，进而显著提升生产率。其三，区划调整提供信
息化、服务业发展的新机会。因为区域整合使服务业、信息化面临着更大的
市场，必将促进区域内服务业和信息化获得更大发展。

（二）行政区划调整促进区域经济发展

其一，区划调整扩大了城市空间，将周边乡村政区转变为城市政区，赋

予城市政府以更大的发展自主权，促进大中小城市、小城镇之间平等发展。其二，区划调整扩大了经济空间，经济管理权限逐步扩大，有利于开展更加广泛的地区分工和横向经济合作，在更大空间范围安排经济结构，促进各种产业竞相发展。其三，区划调整扩大了制度创新空间，政府可以在更大空间范围为更多人口提供公共服务，为更多产业提供发展条件，倒逼政府采用治理新方式，树立治理新理念。

（三）行政区划调整促进市场建设

在分权体制下，地方政府之间存在广泛的竞争关系，不同地区之间出现各种市场壁垒和市场分割。行政区划调整使得城市政府将碎片化市场整合成统一标准、统一框架下运行的统一市场，各种要素和产品在统一市场中进行流通。在此基础上，不断扩大的市场通过分享、匹配和学习等机制产生聚集经济效应，促进市场综合化、高端化。

（四）行政区划调整促进农业转移人口市民化和就地吸纳农业剩余劳动力

一方面，行政区划调整直接将农村人口转变为城镇人口，可能会产生虚假城镇化问题。另一方面，行政区划调整促进市场融合后，推动原企业扩张和新企业进入，带动当地就业量上升，使得城市人口不断增长。另外，行政区划调整后，政府加大公共服务支出，提高公共服务质量，扩大公共服务覆盖面，提高农业转移人口市民化水平。

可见，行政区划调整通过市场建设、区域经济、产业发展、人口转移等机制来全方位影响新型城镇化，推动新型城镇化建设。在这个影响过程中，可能产生各种正负效应，需要明确行政区划调整是参与新型城镇化的制度条件，要充分发挥行政区划调整作为城镇化的重要工具效用。

第二节　我国城镇行政管理体制改革历程及存在问题

城镇行政管理体制改革分为行政层级改革和行政区划调整两个方面。本节从这两个方面回顾我国城镇行政管理体制改革的发展历程，重点分析目前存在的问题，有利于深入推进我国城镇行政管理体制改革。

一、行政层级改革发展历程及存在问题

我国行政层级是适应国家经济社会发展而不断演化，时代背景不同，服务的发展需求不同，其内容和政策目标也不同，直接影响着城镇化进程。

（一）第一阶段：行政层级调整时期（1949～1978 年）

新中国成立初期，我国区域管理实行"中央—大区—省—专区—县—乡"六级行政管理体制。1952 年 11 月，大行政区人民政府一律改为行政委员会，不再作为地方最高政权机关，原来的 52 个省级行政区精简为 29 个。1967～1971 年，出于政治因素的考虑，国家将专区更名为地区（王婷琳，2017）。这样，我国就形成了"中央—省—县"三级行政管理体制，外加地区行署和乡公所两个派出机构，即"3 + 2"体制。这一时期除了对行政层级进行调整外，还对"市管县"体制进行了探索。为了充分发挥中心城市在经济建设中的聚集作用、辐射作用以及带动作用，1959 年第二届全国人大第九次会议通过了《关于直辖市和较大的市可以领导县、自治县的决定》，赋予"市管县"体制以法律规定。国务院先后批准北京、天津、上海三市和辽宁省实行市管县体制，并逐步在一些经济较发达地区试点并推行。1960 年，全国有 48 个市领导 234 个县。受三年困难时期影响，"市管县"体制开始收紧，并重新回到市县分治体制，到 1965 年只有 24 个市领导 78 个县（范毅、冯奎，2017）。随后，由于"大跃进""文化大革命"等历史原因，行政体制改革基本终止。

（二）第二阶段："市管县"体制改革时期（1978～2002 年）

改革开放以后，我国城市行政管理体制发生重大转变，区域型行政建制逐渐替代了城市型行政建制。为了改变地市并存造成的机构重叠、条块分割现状，实现以城带乡、缩小城乡差距进而城乡一体化的发展目标，国家决定重新提出"市管县"问题。1982 年，中共中央 51 号文件《改革地区体制，实行市领导县体制的通知》中提出："在经济发达地区将省辖中等城市周围的地委行署与市委市政府合并，市管县、管企业。"1983 年 2 月，中共中央、国务院发出了《关于地市州党政机关机构改革若干问题的通知》，要求"积极实行地、市合并"。1982 年，"市管县"体制首先在江苏试点，之后在四

川、广东、吉林、山东等省纷纷推广。1983 年，全国撤销了 35 个行政公署，将 368 个县划归城市领导，另有 22 个县与市合并，40 个县改为县级市或地级市。江苏、辽宁和广东分别于 1983 年、1984 年和 1988 年撤销了地区。截至目前，全国除了港澳台、4 个直辖市以外的 27 个省和自治区，都普遍实现"市管县"体制，省县之间的"地区层次"由虚变实，成为一级政府，原来的"3 + 2"行政管理体制变为"中央—省—地区—县—乡镇"五级行政管理体制[①]。

"市管县"体制改革促进各地纷纷撤地建市，地级市数量大增。1983 ~ 2002 年是我国地级市数量增加最多、最快的一个时期，由 144 个增加到 275 个，年均增加 6.5 个。然而，从发展趋势来看，"市管县"体制的负面影响逐渐显现，"三大漏斗"（即财政漏斗、权利漏斗和效率漏斗）效应明显（才国伟、黄亮雄，2010）。

首先，地级市对辖县产生"挤出效应"，农村大量资源流向城市，"市卡县、市压县、市吃县"现象比较严重，城乡收入差距非但没有缩小，反而进一步扩大，从 1985 年的 1.86：1 扩大到 2002 年的 3.11：1。如果把城乡基本公共服务差距计算在内，城乡实际收入差距已接近 6：1。从绝对数额来看，城乡居民收入 1985 年分别为 739.1 元、397.6 元，2002 年分别发展为 7702.8 元、2475.6 元，二者差距高达 5227.2 元。

其次，政府层级过多，加大了行政成本，降低了行政效率。根据世界各国的经验来看，行政层级越少，信息传递越迅捷有效。反之，信息传递缓慢低效。目前，世界上只有 8 个国家行政层级在四级以上，其中，亚洲 5 个国家，非洲 3 个国家。欧洲、大洋洲、北美洲等发达国家一般都只有二级或者三级行政层级（见表 11.2）。

表 11.2 世界各国行政区划层次基本情况

地区	无		一级制		二级制		三级制		四级制		缺	小计
	数量（个）	占比（%）	数量（个）	占比（%）	数量（个）	占比（%）	数量（个）	占比（%）	数量（个）	占比（%）	数量（个）	数量（个）
亚洲	1	2.1	8	16.7	16	33.3	18	37.5	5	10.4	1	49
欧洲	1	2.6	5	12.8	22	56.4	11	28.2	0	0.0	5	44

---

① 有的学者将我国城市行政层级细分为"直辖市—副省级市—省会城市—地级市—县级市—建制镇"六级。

续表

地区	无		一级制		二级制		三级制		四级制		缺	小计
	数量（个）	占比（%）	数量（个）	占比（%）	数量（个）	占比（%）	数量（个）	占比（%）	数量（个）	占比（%）	数量（个）	数量（个）
非洲	3	5.4	6	10.7	26	46.4	18	32.1	3	5.4	0	56
大洋洲	4	16.7	14	58.3	6	25.0	0	0.0	0	0.0	0	24
北美洲	4	10.8	19	51.4	13	35.1	1	2.7	0	0.0	0	37
南美洲	0	0.0	1	7.7	9	69.2	3	23.1	0	0.0	0	13
全球	13	6.0	53	24.4	92	42.4	51	23.5	8	3.7	0	223

注：表中"无"表示不划分行政区；"缺"表示缺少资料；占比为占世界 217 个样本国家和地区的比例。

资料来源：浦善新：《中国行政区划改革研究》，商务印书馆 2006 年版，第 265 页。

（三）第三阶段："省管县"体制改革时期（2002 年至今）

市管县体制的弊端成为省管县体制改革的逻辑起点。省管县是指对县的管理由"省管市—市管县"模式转变为省代替市直接管理县，使得省、市、县行政管理关系由省、市、县三级行政层级转变为省和市、县二级行政管理关系，市和县由纵向管理与被管理的关系转变为横向平等关系。该体制改革主要包含两层含义：第一层面是经济管理和财政直管，即在经济管理和财政等方面减少政府层级，主要改革措施是经济管理上"强县扩权"和财政上"省直管县"，这是浅层次的省直管县改革。第二层面是行政直管，即在行政管理上减少政府层级，在省和县之间减少地级市，县级的人事、财政、审批权等全部由省级政府掌握，这是深层次的省直管县改革（宋哲，2008；楚明锟等，2011）。

目前，"省管县"体制改革经历了三轮：

第一轮发轫于 20 世纪 90 年代、推行于 2002 年经济管理领域"强县扩权"的"省直管县"体制改革。之所以是 2002 年，一是这一年我国县级财政赤字非常严重。在 2030 个县域单位中，赤字县共有 706 个，财政补贴 914 个，二者合计占比高达 80%。还有一些县虽然账面上没有赤字，但存在着巨大的隐性赤字，即以当年应付未付的各种支出拖欠，或以负债、寅吃卯粮等形式存在的赤字。二是这一年恰好是我国"省直管县"改革实践起步最早的浙江省进行第三次大面积改革，将原本属于地级市的 313 项经济管理权下放给 20 个经济强县（市）。这一改革措施得到中央认可和支持。随后湖北、河南、广东等省也把地级市的经济管理权限直接下放到一些重点县，力图在经济管理方面减少 1 个政府层级，促进县域经济发展，缓解财政困境。

第二轮始于 2005 年财政领域"省直管县"体制改革。2005 年 1 月，财政部制定了《关于切实缓解县乡财政困难的意见》，对"省管县"提出了具体要求，对财政困难县要在体制补助、税收返还、转移支付、财政结算、专项补助、资金调度等方面直接核定并监管到县。2005 年 6 月，温家宝总理在全国农村税费改革试点工作会议上明确指出："要改革县乡财政的管理方式，具备条件的地方，可以推进'省管县'的改革试点"。接下来，国家发布了一系列文件来推进该项改革（见表 11.3）。截至 2011 年，全国共有 27 个省份 1080 个县及县级市进行了财政省直管县（市）改革（张占斌，2012）。

表 11.3　　　　2006 年以来国家发布的"省直管县"体制改革相关文件

时间	文件	改革内容
2006 年	中央一号文件《关于推进社会主义新农村建设的若干意见》	有条件的地方可加快推进"省直管县"财政管理体制和"乡财县管乡用"管理方式的改革
2008 年	国务院办法《关于地方政府机构改革的意见》	要继续推进省直接管县（市）的财政体制改革，有条件的地方可依法探索省直接管县（市）的体制，以进一步扩大县级政府社会管理和经济管理权限
2009 年	中央一号文件《关于 2009 年促进农业稳定发展农民持续增收的若干意见》	推进省直接管县（市）财政体制改革，将粮食、油料、棉花和生猪生产大县全部纳入改革范围。稳步推进扩权强县改革试点，鼓励有条件的省份率先减少行政层次，依法探索省直接管县（市）的体制
2009 年	财政部发布《关于推进省直接管理县财政改革的意见》	提出了改革的基本原则、主要内容、总体目标、时间表。要在 2012 年底前，力争全国除民族自治地区外全面推进省直接管理县财政改革

第三轮起于 2010 年的行政"省直管县"体制改革。为了深入推进改革，2010 年，中央编办确定安徽、河南、江苏、宁夏等 8 省区 30 个县（包括县级市）进行省直管县改革试点，计划用 3～5 年的时间，将试点县（市）全部实现省直管，为逐步在全省实行省直管县积累经验。这轮改革要求试点省区在重点问题上有所突破，要触及深层问题，不能只打外围战：（1）进一步扩大试点县（市）的经济社会管理权限。凡适宜县级政府行使且法律法规不禁止下放的行政管理权，都应逐步下放给县级政府。（2）逐步赋予试点县（市）政府行使地级市政府的行政管理权。由省级政府直接领导试点县（市）

政府工作，积极探索与省直管县体制相适应的干部人事管理制度。改革目标就是建立权责一致、分工合理、决策顺畅、监督有力的县级行政管理体制；通过试点县（市）在经济社会管理权限上基本等同于地级市，引导农业转移人口在县城就业和创业，促进县域城镇化和就地城镇化，推动城乡一体化发展（张占斌，2014）；形成以县城为核心、小城镇为依托、新型农村社区为基础的层次分明、功能互补、协调发展的现代城镇化格局（朱进芳，2017）。

随着"省直管县"体制改革深入推进，面临着一些难题和挑战：

其一，管理幅度问题（吴金群，2013）。根据 2019 年《中国统计年鉴》，除了港澳台和 4 个直辖市以外的全国 27 个省和自治区中，地级行政区划 333 个（其中地级市 293 个），县级行政区划 2851 个（其中市辖区 954 个）。如果不考虑区域差异，在市管县体制下，每个省级政府平均管理 12.3 个地级行政单位，每个地级行政单位管理 8.6 个县级行政单位。在省直管县体制下，每个省级单位平均管理 70 个县级市、县、自治县等行政单位。显然，在市管县体制下的省级和地级政府管辖幅度都偏小，而在省直管县体制下的省级政府管理幅度偏大，管理能力和管理半径面临挑战，管理效率也不一定高，管理成本也不一定低。如果完全按照省直管县体制，省级政府管理幅度超过 100 个的有 4 个省（其中四川省达到 131 个），100～70 个的有 9 个省区，70～40 个的有 10 个省区，少于 40 个的只有吉林、海南、青海、宁夏 4 个省区（见表 11.4）。如果按照省直管县的平均管理幅度，13 个省区超过了 70 个；如果以省直管县 40～50 个为适宜标准，21 个省区超过了 50 个。这表明，我国省级政府的管理规模和管理幅度普遍较大。

表 11.4　　　　　　　我国完全省直管的管理幅度情况

省直管县级行政单位的数量	省级区划
>100 个	河北（121）、河南（106）、四川（131）、云南（113）
100～70 个	山西（96）、内蒙古（80）、山东（83）、湖南（87）、广西（71）、贵州（73）、江西（76）、陕西（78）、新疆（92）
70～40 个	辽宁（41）、黑龙江（63）、江苏（41）、浙江（53）、安徽（61）、福建（57）、湖北（64）、广东（57）、西藏（68）、甘肃（69）
<40 个	吉林（39）、海南（15）、青海（37）、宁夏（13）

资料来源：根据 2019 年《中国统计年鉴》计算而来。

其二，改革定位问题。省直管县体制改革已进行三轮，每一轮改革的政策目标都不相同，2002 年解决基层财政困难，2005 年"强县扩权"，2010 年为全面实施行政省直管县积累经验，这三者之间缺乏连续性（冯俏彬，2015），改革目标不清楚。实际上，这三轮改革的历史脉络比较清晰，从财政领域"省直管县"入手，逐步扩大到行政"省直管县"，前者发展到一定程度必然要求后者的配套改革，以解决财政"省直管县"改革中遇到的深层次问题。从前者走向后者是一个由易到难、由点到面、由浅入深的改革过程，"省直管县"本身的改革目标是明确的、清晰的、连续的。然而，从宏观来看，"省直管县"改革是为了减少行政层级和化解基层矛盾的权宜之计，还是为了统筹城乡发展、促进县域城镇化的长久之计？如果就"省直管县"改革论"省直管县"改革，不利于解决目前改革中存在的问题，还会产生很多新问题。因此，"省直管县"改革必须与新型城镇化相结合，促进农业转移人口就地城镇化和中小城市发展与壮大。

其三，改革方式问题。我国地域广阔，各地情况千差万别，即使在同一个省内，县域情况也是多样复杂。因此，省直管县改革不能整齐划一，应当分类推进、重点突破。但在实践操作中，如何理解和把握"分类推进"中的"类"？不同的"类"，采取何种方式进行改革？这一问题并不十分清晰。有的学者认为，"类"是东、中、西的区域概念，"分类推进"是指东部沿海地区的"省直管县"改革可以先行一步，中西部地区暂不调整市管县体制。还有的学者认为，"类"是以经济发展水平作为依据，经济强县应率先进行省直管县改革，经济弱县、贫困县应该暂缓。而在实际试点中，既有经济强县，也有经济弱县，还有农业大县，整个改革处于无序状态。

二、行政区划调整发展历程及问题

行政区划是国家将国土划分为若干层次、大小不同的行政区域，并在各个行政区域设置相应的国家机关。调整行政区划分为建制变更、行政区域界限变更、行政机关驻地迁移、隶属关系变更、行政等级变更、更名和命名（范今朝，2004）。本书主要分析县域和镇域行政区划调整。省域区划调整的特征不明显，不列入研究范围；市域行政区划调整前面已经论及，不再赘述。

（一）县域行政区划调整

县域行政区划调整主要有两类：一是增加城市数量的"撤县设市"，二是扩大城市规模的"撤县设区"。从历史演进角度看，每一个阶段都存在"撤县设市"和"撤县设区"，特别是中共十八大以来，这两种县域行政区划同步调整的特征比较明显。但总体来看，县域行政区划调整的阶段性特征比较突出。

1. 第一阶段："撤县设市"时期（1983~1997年）

改革开放以后，国家工作重心转到经济建设。为了提高我国工业化、城镇化水平，顺应中小城市和小城镇优先发展以及"以城带乡"发展战略，全国广泛开展了"撤县设市"改革。1983年，劳动人事部和民政部联合向国务院提出《关于地市机构改革中的几个主要问题的请示报告》，指出了整县改市的法律问题，正式开启撤县设市的改革序幕。1986年，国务院批准民政部《关于调整设市标准和市领导县条件的报告》，提出了撤县设市标准。在这一版规定中，人口规模超过50万人的县政府所在地只要具备非农业人口、国民生产总值这两个条件就可以设市；而低于50万人的县政府所在地在上述两个条件的基础上再增加农业人口占比，具备这三个指标就可以设市（见表11.5）。可见，设市门槛大幅度降低，政策由紧缩控制转为积极推动，撤县设市在全国迅速发展。截止到1993年新标准出台之前，我国县级市数量由1983年的149个猛增至1993年的371个，每年增加22个。

表11.5　　　　　1986年版、1993年版县级市设市标准

项目		1986年版		1993年版		
县政府所在地	人口规模（万人）	>50	<50	—	—	—
	人口密度（人/平方公里）	—	—	<100	100~400	>400
	非农产业人口（万人）	>12	>10	8	10	12
	常住人口中农业人口占比（%）	—	<40	—	—	—
	非农业户籍人口（万人）	—	—	6	7	8
	国民生产总值（亿元）	>4	>3	—	—	—
	自来水普及率（%）	—	—	55	60	65
	道路铺装率（%）	—	—	50	55	60

续表

项目		1986 年版		1993 年版		
县域 指标	非农产业人口（万人）	—	—	8	12	15
	非农产业人口比重（%）	—	—	20	25	30
	国民生产总值（亿元）	—	—	6	8	10
	第三产业占国内生产总值的比重（%）	—	—	20	20	20
	乡镇以上工业产值（亿元）	—	—	8	12	15
	乡镇以上工业产值占工农产值的比重（%）	—	—	60	70	80
	县级财政预算内收入（万元）	—	—	4000	5000	6000
	人均县级财政预算内收入（元/人）	—	—	60	80	100

资料来源：根据1986年民政部颁发的《关于调整设市标准和市领导县条件的报告》以及1993年民政部《关于调整设市标准的报告》相关内容整理而来。

为了解决前一阶段"设市热"带来的问题，中央开始提高设市门槛以遏制地方政府设市的冲动。1993年，国家对设市标准做了进一步调整，增加了人口密度、公共服务、经济结构、财政收入等指标。但是，城市数量仍然持续增长，1993年、1994年两年达到了历史最高峰，分别增加53个和52个（其中，地级市分别为5个、10个；县级市分别为48个、42个）（见表11.6）。主要原因在于，设市新标准在审批中没有得到完全执行。根据相关研究表明，1994~1997年的99例撤县设市中，符合1993年版中人口、工业产值、财政收入三项主要指标的仅有6例（李力行，2014）。

表 11.6　　　　　　1984~2018 年我国省级以下行政建制数量变化情况　　　　单位：个

年份	地级市	县级市	市辖区	县	镇	乡	年份	地级市	县级市	市辖区	县	镇	乡
1984	3	8	43	−22	4218	49776	1988	13	40	15	−50	378	−13544
1985	15	9	26	−23	1954	−2840	1989	2	14	1	−17	395	−571
1986	4	25	8	−29	1578	−21097	1990	0	17	3	−16	211	−227
1987	4	24	3	−31	385	−2614	1991	2	10	—	371	−1743	−83

续表

年份	地级市	县级市	市辖区	县	镇	乡	年份	地级市	县级市	市辖区	县	镇	乡
1992	4	34	12	-46	2084	-8827	2006	0	-5	4	-1	-153	-645
1993	5	48	7	-53	1266	-1382	2007	0	-1	0	0	-120	-186
1994	10	42	28	-60	897	-982	2008	0	0	0	0	-15	-53
1995	4	14	9	-19	830	-1961	2009	0	-1	-1	1	88	-219
1996	8	18	11	-20	639	-2446	2010	0	3	-2	-3	88	-277
1997	4	-3	10	-3	754	-1090	2011	1	-1	4	-6	273	-984
1998	5	-5	10	-4	291	-254	2012	1	17	3	-3	198	-306
1999	9	-10	12	-7	540	-967	2013	1	-18	12	-11	236	-469
2000	23	-27	38	-8	556	-190	2014	2	-7	25	-17	284	-530
2001	6	-7	21	-14	46	-4543	2015	3	0	24	-28	114	-967
2002	10	-12	22	-11	242	-1372	2016	2	-1	33	-31	368	-443
2003	7	-7	15	-7	-374	-576	2017	1	3	8	-11	233	-343
2004	1	0	7	-6	-334	-530	2018	-1	12	8	-20	181	-276
2005	0	0	0	0	-370	-1583							

注：表中负数表示行政建设减少数量。

资料来源：1984~2011年数据根据2012年《中国民政统计年鉴》整理而来，2012~2018年数据根据相应年份的《中国统计年鉴》整理而来。

　　伴随着各地撤县设市改革的迅猛发展，城市数量快速增加，城镇化加速发展。1996年我国城镇化率达到了30.5%，比1983年的21.6%提高了近9个百分点，年均增长0.7个百分点。同时，县改市的问题也进一步暴露出来：县改市的预期目标是"以城带乡"，但是县改市后却造成"城不像城、乡不像乡"，不少地域仍是农村，城市的辐射带动作用得不到发挥；许多地方缺乏合理规划，把工作重心彻底转移到城市建设中来，减少了农业投入，严重影响了农业生产（孙关龙，1998）；一些农村人口仍然占绝大多数的县虚假申报而导致"假性城镇化"。鉴于此，1997年国务院批准最后一个撤县设市的行政区湖北汉川后，正式冻结县改市。在此后1998~2012年的十四年里，民政部只批复了云南蒙自、文山两个县撤县设市和江西省德安县部分区域设立共青团市的申请（冯俏彬，2016）。

2. 第二阶段："撤县设区"时期（1997～2012 年）

1997 年，国务院叫停"撤县设市"，并没有阻挡人口流动、城市扩张的趋势。在人口增长、经济发展驱动下，行政区划调整转而冲向"撤县设区"，此为"撤县设区"的第一次高潮。之所以出现这种变化，一是 1997 年我国城镇化率达到了 31.9%，城镇化发展进入加速期，大中城市日益成为工业化、城镇化的主要载体。与此同时，1994 年分税制改革改变了地方政府依靠工业化来增加税收的行为选择，转而寻求通过城市化来增加政府收入，其结果就是城市区土地面积不断扩张（杨帅、温铁军，2010），而城市区土地面积扩张最便捷、最简单的方法就是把周边县市变成市辖区。二是我国即将加入 WTO，国际市场对我国市场经济体制提出了更高要求。我国行政区经济的封闭性限制了要素自由流动和市场配置，撤县设区是打破行政区经济封闭性的有效方法。三是为了解决"市管县"体制下产生的"市卡县、市压县、市吃县"问题，地级及以上大中城市希望通过"撤县设区"来加速县域与中心城区之间生产要素的自由流动，打破市县之间原来的无序竞争，促进县域经济发展。因为撤县设区政策除了扩大城市规模外，还打破了市与区之间的行政界线，在城市规划、产业布局、基础设施建设等方面实现了统一决策和安排。一些地级及以上城市为了扩容，积极推动"撤县设区"，导致县（市）数量的减少和市辖区数量的增多。1997～2007 年，我国县级市减少了 77 个，县减少了 61 个；而市辖区则增加了 139 个。尤其是 1999～2002 年是"撤县设区"的高峰期，这四年县级市减少了 56 个，县减少了 40 个，而市辖区增加了 93 个（见表 11.6），分别占 1997～2007 年整个时段的 73%、66%、67%。在经历这个高峰期后，撤县设区现象急剧减少，2005 年没有发生 1 个案例；2006 年有 6 个案例，但都是发生在重庆市内；2007 年只有 1 个案例。2008 年，中央对区县一级的行政区划调整叫停，市辖区数量小幅减少，但基本稳定在 850 多个。这一轮"撤县设区"主要集中在我国经济发达、城镇化水平较高的长三角、珠三角、京津冀地区的中心城市。1997～2007 年，我国共有 41 个城市进行了 55 次撤县设区，其中发达地区共有 33 个，约占总数的 78%；这些城市共撤县设市 46 次，约占总数的 84%（罗震东等，2015）。

撤县设区使得我国地级及以上城市迅速发展，城镇化水平快速提高。2002～2007 年，地级及以上城市的土地面积由 54.3 万平方公里提升到 62.2

万平方公里，在全国占比由 5.7% 提高到 6.5%；城市人口在全国占比由 25.6% 提高到 28.2%；固定资产投资总额在全国占比由 53.04% 提高到 54.1%；地区生产总值在全国占比由 61.35% 提高到 63%。全国城镇化水平由 1997 年的 31.9% 提升到 2007 年的 45.9%，年均提高 1.4%。从中心城市的发展来看，中心城市突破了空间限制，在更大范围进行统一规划，加强基础设施建设，扩大公共服务覆盖率，缩小城乡差距；加快推动人口向大城市聚集，稳步提高城市人口的数量与比率；强化了新设区"城镇化"主战场功能，进一步优化了市域范围内人口城镇化的空间格局。

从推动新型城镇化发展的视角来看，"撤县设区"存在以下问题：

其一，"撤县（市）设区"是我国空间城镇化快于人口城镇化的主要推动力，出现了"假性城镇化"现象。真正的城镇化不仅在于城乡户籍和政区性质的转换，更重要的是农民在身份、职业、生活方式、公共服务等方面同步实现"市民化"。"县改区"往往是"整县改区"，许多市辖区无论是产业结构、基础设施，还是市政建设和管理方式，还具有浓厚的县域特色，与市政建制相差很远。特别是那些距离中心城区较远的市辖区，地理位置偏远，人口聚集不足，城市建设迟缓，公共服务远远落后于中心城区，阻碍了向城市型市辖区转变。1984～2012 年，我国县（市）改区共计 206 个，其中距离中心城区 50 公里以上的有 12 个，30～50 公里的 18 个，接近新设区的 15%（范毅、冯奎，2017）。

其二，"撤县（市）设区"导致城市摊大饼的外延式发展，不利于紧凑型城市建设。一些地级城市热衷于"撤县设区"的主要目的就是增加土地资源，扩大城市空间，城市走上了粗放型、低密度发展之路。2000～2010 年，全国城市建成区面积年均增速为 7.8%，远远高于同期城镇人口年均增速 4.5% 和城镇化水平年均增速 3.7%；而建成区人口密度却以年均 1.7% 的速度在减少（见表 11.7）。如果考察我国市辖区人口密度，2013 年胡焕庸线以东地区的人口密度为 361 人/平方公里，2013 年人口密度低于这一指标的市辖区达到 158 个，占当年市辖区总数的 18.1%。如果以全国人口密度 140 人/平方公里为市辖区人口密度的下限标准，则有 59 个市辖区低于这一标准，占当年市辖区总数的 6.8%（魏后凯、白联磊，2015）。这充分说明，"撤县设区"导致市辖区数量过多。

表 11.7 　　　　　　2000～2010 年城市建成区面积、人口密度变化情况

年份	城市建成区面积 （平方公里）	城镇人口 （万人）	城镇化水平 （%）	建成区人口密度 （人/平方公里）
2000	22439	45906	36.22	20458
2001	24027	48064	37.66	20004
2002	25973	50212	39.09	19332
2003	28308	52376	40.53	18502
2004	30406	54283	41.76	17853
2005	32521	56212	42.99	17285
2006	33660	57706	43.90	17144
2007	35470	59379	44.94	16741
2008	36295	60667	45.68	16715
2009	38107	62186	46.59	16319
2010	40058	66978	49.95	16720

资料来源：2001～2011 年《中国统计年鉴》。

其三，"撤县（市）设区"不利于城市体系合理化和农村农业发展。一方面，"撤县（市）设区"使得地级及以上城市规模不断扩大，中小城市的数量持续减少，城市体系不合理。另一方面，"撤县（市）设区"使得县由原来的地域行政区转换为城市行政区，政府的关注点由农业经济转到工业经济和服务经济上来，再加上失去了农业补贴，势必减少农业投入，影响农业发展。新型城镇化是以高质量的农业发展和农业现代化为前提和基础，如果大量撤县改区危及农业发展，新型城镇化必然成为无源之水、无本之木。

3. 第三阶段："撤县设市"与"撤县设区"并存时期（2012 年至今）

中国特色城镇化建设不仅需要充分发挥大城市的聚集和辐射作用，还需要众多中小城市吸纳农业转移人口、带动农村发展。从 2010 年开始，我国行政区划调整一改以往单兵突进的格局，同步推进"撤县设区"与"撤县设市"。

2010 年～2017 年 7 月，"撤县设区"案例 113 个，占行政区划调整总数的 76%；"撤县设市"案例 35 个，占行政区划调整总数的 24%。主要集中在东部发达地区，数量多达 61 个，占考察年份案例的 54%（见表 11.8）。不过，从增速来看，中西部地区"撤县设区"的增速远快于东部地区。这表

明，经济欠发达地区经过多年的快速发展，希望通过"撤县设区"来满足空间扩张的需求，这一点与东部地区基本相似。

表 11.8　　　　　　　2010~2017 年全国行政区划调整基本情况　　　　　　单位：个

省份	东部		中部		西部	
	撤县设区	撤县设市	撤县设区	撤县设市	撤县设区	撤县设市
2010	1	0	0	0	0	2
2011	1	0	1	1	4	2
2012	5	0	0	0	1	0
2013	7	0	1	1	3	3
2014	15	0	4	0	5	3
2015	14	1	4	1	9	7
2016	15	1	3	2	13	4
2017	3	2	1	1	3	4
总计	61	4	14	6	38	25

注：2017 年数据截至 2017 年 7 月 18 日。
资料来源：根据中国行政区划网信息整理。

从实践层面看，"撤县设区"是医治"大城市病"的良方。前几年各地积极发展大城市，出现了中心城区交通拥挤、住房紧张、人口过度集中、环境承载能力不足等"大城市病"，而"撤县设区"是克服城市发展瓶颈最经济、最便捷的方法。从政策层面看，是对"省直管县"的抢先接替。2009 年财政部发布的《关于推进省直接管理县财政改革的意见》中提出，在 2012 年底之前除民族自治区以外的全国所有地区全面推进省直接管理县财政的改革目标，一些设区的地级市由于担心实施省直管县失去对县的控制而影响未来的发展空间，因此，赶在省直管县前抢先"撤县改区"。在这一轮"撤县设区"改革中，"假性城镇化""城市型政区"特征不明显、体制摩擦、治理难度增加等老问题依然存在，设区标准过于原则、不够明确和细化等新问题非常突出。虽然 2014 年民政部出台了《市辖区设置标准（征求意见稿）》，明确规定了中心城市人口、县域非农人口、二三产比重、生产总值和财政收入等，却没有细化中心城市经济发展的指标；同时已有的规定也没有形成系统的量化指标。

如今，国家重新启动被冻结 16 年之久的"撤县设市"，是新型城镇化建设的必然要求。2013 年 11 月，中共十八届三中全会通过的《中共中央关于全面深化改革若干重大问题的决定》中提出："完善设市标准，严格审批程序，对具备行政区划调整条件的县可有序改市"，这是国家权威文件对"撤县设市"的明确阐述。2014 年，国家发展改革委向国务院上报城镇化改革方案，明确提出"推进行政区划创新，完善城市行政区划设置和布局"。2014年底，国家发展改革委等 11 个部委联合印发国家新型城镇化综合试点通知，提出"镇改市"是中国新型城镇化破题的重要一环。自此以后，全国上下掀起了"撤县设市"的高潮。仅在 2017 年，全国就有 151 个县谋求改市，东部地区的山东有 16 个县之多，浙江有 12 个县；中部地区的安徽、湖南、河南都超过 10 个县；西部地区的陕西省有 12 个县（见表 11.9）。如此众多的县提出设市要求，不仅契合了国家新型城镇化建设，更重要的是县域经济发展的内在需求。很多县级市的经济实力远超过中西部很多地级市，但囿于县域行政区划，严重限制了经济发展，亟须为县域发展寻找出路，"撤县设市"就是一种选择。从目前"撤县设市"改革的绩效来看，总体上县域经济有了很大提升，但是有的县级市经济社会发展并不理想，且城镇化水平仍然较低。究其原因，除了一些地方领导盲目追求行政升格外，还在于撤县设市改革的预期目标与"制度意外"，具体表现为改革中地方政府发展理念的异化导致经济不协调、发展方式的异化导致政治不稳定、发展目标的错位导致社会不信任（邢健，2018）。

表 11.9   **2017 年全国行政区划拟调整情况**   单位：个

省份	行政区划调整的数量	撤县设区	撤县设市	撤镇设市
广东	21	13	8	
海南	2	0	2	
上海	1	1	0	
山东	21	0	16	5
江苏	10	1	9	
福建	14	5	9	
浙江	15	3	12	27

续表

省份	行政区划调整的数量	撤县设区	撤县设市	撤镇设市
辽宁	14	6	8	
东部	**98**	**29**	**64**	**32**
湖北	10	2	8	
安徽	18	8	10	
湖南	21	9	12	
河南	29	11	14	4
江西	16	9	7	
中部	**94**	**39**	**51**	**4**
广西	17	9	8	
陕西	20	8	12	
四川	15	6	9	
甘肃	12	4	7	
西部	**64**	**27**	**36**	**0**
共计	**256**	**95**	**151**	**36**

资料来源：根据《2017 年国务院撤县设区部分名单》，（https：//zuciwang.com/show/592813.html）整理而来。

（二）镇域行政区划调整

新型城镇化工作的重点之一就是中小城市的培育与发展，这涉及镇域行政管理体制的改革，但这项工作至今未有实质性突破。

1. 国家相关政策规定

对于镇域行政区划改革而言，早在 20 世纪 90 年代初期国家就提出"镇改市"。进入到 21 世纪，提出了放权强镇，建立高效的行政管理体制。中共十八大以来，又提出了"大部制"改革。至此，我国镇域行政区划改革经历了"镇改市"→"放权强镇"→"大部制"不断深化而又相互联系的三个阶段，具体政策详见表 11.10。这一改革不仅明确了具体"镇改市"的路径，更重要的是探索新城市的管理方法，有利于降低行政成本，提高行政效率。

表 11.10   国家对镇域行政管理体制改革的相关论述

年份	文件	有关论述
1993	民政部《关于调整设市标准的报告》	少数经济发达、已经成为该地区经济中心的镇，如确有必要，可撤镇设市
2000	《中共中央国务院关于促进小城镇健康发展的若干意见》	力争经过10年左右的时间，将一部分基础较好的小城镇建设成为农村区域经济文化中心，其中少数具备条件的小城镇要发展成为带动能力更强的小城市，使全国的城镇化水平有一个明显的提高
2008	《中共中央关于推进农村改革发展若干重大问题的决定》	依法赋予经济发展快、人口吸收能力强的小城镇相应行政管理权限
2008	《中共中央国务院关于2009年促进农业稳定发展农民持续增收的若干意见》	依法赋予经济发展快、人口吸纳能力强的小城镇在投资审批、工商管理、社会治安等方面的行政管理权限
2009	《中共中央办公厅、国务院办公厅转发〈中央机构编制委员会办公室关于深化乡镇机构改革的指导意见〉的通知》	深化乡镇机构改革，要以转变政府职能为核心，理顺职责关系，创新体制机制，优化机构和岗位设置，严格控制人员编制，推动乡镇行政管理与基层群众自治有效衔接和良性互动，建立精干高效的乡镇行政管理体制和运行机制，建立服务型政府
2010	中央编办等六部门联合下发《关于开展经济发达镇行政管理体制改革试点工作的通知》	全国选择浙江、广东等13个省25个经济发达镇进行行政管理体制改革试点：1. 加快推进体制创新，对一些经济发达镇适时进行区划调整；2. 继续下放经济社会管理权限；3. 创新机构编制管理
2012	中共十八大报告	优化行政层级和行政区划设置，有条件的地方可探索省直接管理县（市）改革，深化乡镇行政体制改革
2013	《中共中央关于全面深化改革若干重大问题的决定》	对吸纳人口多、经济实力强的镇，可赋予同人口和经济规模相适应的管理权
2014	《国家新型城镇化规划（2014—2020年)》	对吸纳人口多、经济实力强的镇，可赋予同人口和经济规模相适应的管理权
2016	国务院《关于深入推进新型城镇化建设的若干意见》	开展特大镇功能设置试点，以下放事权、扩大财权、改革人事权及强化用地指标保障等为重点，赋予镇区人口10万人以上的特大镇部分县级管理权限，允许其按照相同人口规模城市市政设施标准进行建设发展。同步推进特大镇行政管理体制改革和设市模式创新改革试点
2018	国家发展改革委《关于实施2018年推进新型城镇化建设重点任务的通知》	稳妥有序增设一批中小城市……推动城市群及国家新型城镇化综合试点地区范围内符合条件的县和非县级政府驻地特大镇率先设市

2. 地方改革试点

广东省在中央提出改革试点之前就开始探索小城镇扩权改革。2010 年推行"量体裁衣"式赋权，即按照镇辖区常住人口、土地面积、财政一般预算收入三项指标将镇分为一般镇、较大镇和特大镇，根据镇的类别下放权力和确定行政编制，避免镇域行政管理体制改革超越当地经济社会发展状况，超越本地城镇化水平以及超越当地政府管理和服务能力等激进现象（李金龙等，2017）。

浙江省推行"强镇扩权"，按照"依法下放、能放则放"的原则，赋予中心镇部分县级经济社会管理权限。例如，温州市苍南县将 1575 项县级管理权限下放到龙港镇[①]，刻制 23 个县级部门 2 号公章、9 个县级部门审批专用章授权龙港镇使用，将 18 个县派驻部门的 300 多名行政事业人员成建制划转给龙港镇。同时，龙港镇将 12 个内设机构、11 个事业单位和县派驻部门重组为 15 个大部门。宁波市设立镇级独立金库，明确辖区财政收入超基数部分市和辖区所得全额留存，土地出让金净收益除上交国家和省以外部分全额留存。

江苏省实施"强镇扩权"，主要包括：第一，创新管理体制，试点镇按照副县级管理，镇以下不设派出机构；第二，扩大管理权限，赋予试点镇县级经济社会管理权限，下放权力原则上进入镇便民服务中心，推行"一站式"服务；第三，强化公共服务，提高镇级社会管理和公共服务能力；第四，激发发展活力，通过镇级户籍制度、社会保障制度、农村土地制度等一系列制度改革，激发城镇内生发展动力和活力。

从地方改革试点的实践来看，镇级行政管理体制改革存在以下问题：

一是"镇改市"滞后。在镇域行政管理体制三项改革中，"放权强镇"和"大部制"改革推进顺利，而"镇改市"比较滞后。这意味着，镇域行政管理体制改革把放权和利益调整作为重点，没有把城镇化作为重点。如果不站在城镇化发展的大趋势上认识镇域行政管理体制存在的问题，仅仅从管理权限的再分配角度出发，在各级城镇政府间进行有限的放权让利，依然把外来农民工的管理和服务放在城镇公共服务的重点范畴之外，是无法破解当前新型城镇化发展进程中的一些根本性矛盾（李铁，2010），更无法将镇域行政管理体制改革推向深入。

---

① 2019 年 8 月 30 日，经国务院批准，浙江省同意撤销龙港镇，设立县级龙港市。

二是扩权改革中存在放权力度逐渐减弱以及反复问题。放权的实质是县镇之间的利益博弈，对于县级政府和部门而言，权力下放意味着利益减少和损失，一些地方政府和部门不愿意将权力真正下放，存在着"明放暗不放、放小不放大、放虚不放实、放差不放好"的现象。特别是财税体制改革，只是围绕着增量做文章，没有进行存量改革，即使是第一批国家新型城镇化综合试点的经验也是如此。例如，浙江省某市设立镇级独立金库，明确辖区财政收入超基数部分市和辖区所得全额留存；湖北省仙桃市某镇建立镇级财政体制，以 2014 年为基数的新增税收地方留存部分全额返还，比上年新增部分按 50% 进行奖补。扩权反复是指每次改革试点到期后，下放的权力基本上都被上级政府收回。目前进行的扩权强镇，都是对当初改革的反复。这主要是因为扩权改革只是以政府下发的文件形式进行的，没有制定相应的法律法规，缺乏法律保护和支撑。

总之，镇域行政管理体制改革增加了城镇发展的自主权，激发了城镇发展动力。但是，由于法律和法规不完善、县镇政府间利益固化、各级地方政府加强经济发展的统筹规划衍生管理权限向上集中等原因，放权改革落实不尽人意，难以从根本上解决经济发达镇的可持续发展问题，必须为它们寻找一条出路，稳步推动镇域行政管理体制改革向纵深迈进。

第三节　深化城镇行政管理体制改革的对策建议

总体上看，现行等级化的城镇行政管理体制已经远远不能适应城镇经济社会发展的空间格局，镇级管理体制严重滞后于城镇化发展进程。近年来，在户籍所在乡镇地域以内从业的本地农民工，无论是增量还是增速都远高于外出农民工，占新增农民工总量的比重从 2014 年的 58% 提高到 2016 年的 88%（2017 年降为 48%），农业转移人口外流现象得到很大缓解。在乡村振兴战略影响下，必将还有大批外出农民工回乡创业就业，有利于推动县域和镇域的经济发展，提升城镇化水平和质量。这对城镇行政管理体制改革提出了新的要求。

一、深化城镇行政管理体制改革的目标

其一，城镇行政管理体制改革要助推新型城镇化建设。新型城镇化建设不仅是行政管理体制改革的背景，也是行政管理体制改革的目标。行政管理体制改革要服务于城镇化，推动城镇化发展。从实践来看，目前各省城镇行政管理体制改革重点都放在了调整城镇的管理权限和利益分配上，并没有把城镇化作为改革的重要目标，要及时矫正改革方向和定位的偏差。为此，城镇行政管理体制改革，一要弥补中小城市发展不足的缺陷，促进中小城市发展，完善城市体系结构；二要破除重城轻乡的倾向，加强城乡联动，推动城乡共同体建设。

其二，城镇行政管理体制改革要赋予城镇平等的发展权。城镇行政管理体制改革的核心就是要打破等级化，改变按照行政级别的高低来配置资源，消除公共资源配置中的城市行政等级观念，建立城市间平等的发展机制。正是从这个意义上讲，城镇行政体制改革不是等级色彩浓厚的"放权"问题，而是一个"还权"的过程，应该回到城市的本质——建立城市间平等的竞争关系。在社会主义市场经济条件下，任何城市无论规模大小和地区所在，都应当拥有平等的发展权，城际公平、机会均等应是城镇行政体制改革追求的目标。

其三，城镇行政管理体制改革要实现行政层级扁平化，降低行政成本，促进县域经济发展。层级扁平化是在市场化、信息化主导的新型城镇化条件下的必然选择，也是世界各国政府改革的大势所趋，有利于提高行政效率，调动基层经济发展的积极性。世界各国的地方行政层级设置平均为2.03级，大多数国家都是两级或者三级，而我国却是"中央—省—地区—县—乡镇"五级行政管理体制，改革是必然选择。从我国的历史来看，省和县都是比较稳定的建制。目前在乡村振兴战略的大背景下，乡镇层级需要在调整中加强，不能削弱。相比之下，通过地区层级改革，把市县放到一个级次平台上，推进"市县分置"，县由省直管，由此将我国地方行政层级简化为"中央—省—县（市）—乡"四级。

二、深化城镇行政管理体制改革的政策建议

根据我国城镇行政管理体制改革目标，提出以下改革对策与建议。

1. 加快设市步伐，增加中小城市数量

2010 年以来，相对于"撤县设区"而言，"撤县设市"步伐缓慢，今后应该按照"三优先"原则进行撤县设市：其一，存量优先。按照 2016 年国家颁布设立县级市标准（主要包括人口、区域经济、资源环境基础设施、基本公共服务四项指标），把东部地区已经是城市的县（包括特大镇）先行设市。其二，城市群范围内的县优先。考虑到城市群是我国当今及未来城镇化的主体形态，应该面向全国城市群中的核心城市，积极推进县改市、镇改市，优化城市群空间格局，提升城市化质量。其三，全国新型城镇化总体布局等国家战略中涉及的县优先。《全国新型城镇化规划（2014—2020）》明确提出，构建"两横三纵"的城镇化战略格局，这几年通过"撤县设区"重点培育了"两横三纵"中的地级及以上大城市，成效显著，这一任务基本完成。今后，应该面向全国新型城镇化总体布局以及"一带一路"、国家重点工程等国家战略，通过推进县改市、镇改市来解决中小城市数量不多、质量不高的问题，形成合理的城市体系结构。

2. 扩权强镇，弱化行政等级

其一，扩权改革要实现法制化。目前，在我国等级化城镇行政管理体制不可能实现根本改变的情况下，通过进一步扩大县和镇的经济社会管理权限，使县拥有市级、镇拥有县级相同的经济、社会、文化等管理权限，激发县域经济内生发展的活力，推动县域经济持续健康发展。扩权主要有三种途径：一是省政府直接授权，二是市县政府及其部门依法委托，三是简化市县政府及其部门审批程序和环节（向春玲等，2015）。这三种放权方式都是以本级政府下发的文件为依据，缺乏法律支撑，不可避免地出现放权不充分和放权反复等现象。因此，要实现放权改革法制化，制定"扩权强镇"的相关法律和法规，实现依法放权。

其二，放权改革要与新型城镇化相结合。为了破解农民工在特大城市、大城市落户难的困境，可以在其郊区的特大镇、经济发达镇率先突破，将城镇行政管理体制改革与推进外来农民工落户问题结合起来。在机构设置与人员编制方面，要把常住人口而非户籍人口作为重要依据，提高对外来农民工的公共服务管理能力。在财政体制方面，财力达到一定规模的特大镇可以建立独立的一级政府财政；同时完善县和特大镇与上级政府的税收分配关系，保障县级财政支出，促进县域经济社会发展和城乡基本公共服务均等化。在土地指标方面，设立与常住人口规模为依据的土地指标分配方法，主要用于解决外来农民工的安居落户。

3. 优化行政层级，重组地方政府体系

首先，增加省级行政区划数量，化小面积过大的省区。就国土面积而言，美国国土面积略少于我国，设有 50 个州和 1 个特区；日本国土面积大大低于我国，有 47 个一级行政区；而我国却只有 34 个省级行政区划。就人口规模而言，我国人口超过 5000 万的省份有 9 个，超过 7000 万的有 5 个，超过 8000 万的有 3 个。无论国土面积还是人口规模，我国省级行政区划管理范围过大，应当适当增加直辖市，来源有三：一是目前现有的副省级城市，其中一部分可设为直辖市；二是在国家战略规划中，承担区域中心城市功能的城市；三是其他具有国家战略意义且具有人口聚集功能的城市。另外，综合考虑自然地理、民族构成、历史传统、人口数量、国家安全、经济联系和管理便利等因素（吴金群，2013），可以将一些面积过大或者版图过于狭长的省区一分为二，或者将相邻省区各自划出一部分整合为一个新省区。

其次，完善省直管县体制，缩小地级市管辖范围。在省直管县改革上，应适当压缩省直管县的数量，省直管县的数量过多，行政管理幅度过大而降低管理效率。在财政省直管县基础上，逐渐推行全方位省直管县，由省直接管理县的财政、人事、行政等工作，实现真正的省直管县。在省直管县体制下，地级市在负责管理市政府驻地的基础上，将其塑造成一个具有跨市县协调职能的大都市区政府，旨在对整个大都市区范围内的基础设施、环境保护、公共服务等跨界公共事务进行有效的组织、协调和管理，促进城镇群协调发展（陶希东，2017）。

最后，正确处理市县之间的关系。省直管县改革是县级政府经济社会管理权限日益增强而省辖市权益日益削弱的过程，市县关系既相互竞争又相互依赖。为了防止市县关系陷入纷争，在没有很好理顺市县两级政府事权基础上，一要构建市县政府利益分享和成本分担新机制，充分调动市县政府改革创新的积极性；二要构建市县政府合作新机制，在土地利用、产业布局、城乡规划、基础设施建设、公共服务等方面加强协作（朱进芳，2017），建立跨行政区域的合作机制。

第四节　本章小结

本章主要分析了城镇行政管理体制与新型城镇化之间的关系。城镇行政管理体制改革是调控城镇化的重要举措，从加快城镇化发展和提高城镇化质量的角度来深化城镇行政管理体制改革，主要做了如下工作：

（1）分析了城镇行政管理体制改革对城镇化的影响机制。城镇行政管理体制改革对城镇化的影响表现为有助于促进农村人口就地城镇化，有助于构建合理的城镇体系结构，有助于推动城乡融合互促。这些影响主要是通过直接参与产业经济、区域经济、市场制度建设、促进人口转移等途径和方式表现出来。

（2）研究了行政层级改革的发展历程以及各阶段改革对城镇化的影响。我国行政层级改革分为 1949～1978 年行政层级调整阶段、1978～2002 年"市管县"改革阶段以及 2002 年至今的"省管县"改革阶段。"市管县"体制改革促进各地纷纷撤地建市，地级市数量大量增加，我国城镇化进程明显加快。但"漏斗"效应显著，地级市对辖县产生"挤出效应"，农村大量资源流向城市，"市卡县、市压县、市吃县"现象比较严重，城乡收入差距进一步扩大。同时，政府层级过多，加大了行政成本，降低了行政效率。"省管县"体制改革在减少行政层级、促进城镇化、形成合理城镇结构方面发挥了重要作用，但是随着省直管县体制改革深入推进，面临着管理幅度过大、改革目标不清楚、改革方式单一等问题。

（3）研究了行政区划调整的发展历程及其各个时期行政区划调整对城镇化的影响。从县域行政区划调整来看，1983～1997 年是"撤县设市"时期，各地城市数量快速增加，但县改市后难以发挥城市的辐射带动作用；许多地方把工作重心转移到城市建设中来，减少了农业投入，严重阻滞了农业发展；"假性城镇化"现象比较严重。1997～2012 年是"撤县设区"时期，我国地级及以上城市迅速发展，中心城市获得了更大的发展空间；人口向大城市聚集，优化了市域范围内人口城镇化的空间格局。但是，"撤县设区"助推了空间城镇化快于人口城镇化，城市摊大饼的外延式发展不利于紧凑型城市建设、城市体系的合理化以及"三农"发展。2012 年以来"撤县设市"与

"撤县设区"并存，新一轮"撤县设区"改革不仅没有解决诸如"假性城镇化""城市型政区"特征不明显、体制摩擦、治理难度增加等老问题，还出现了设区标准过于原则，不够明确和细化等新问题。"撤县设市"改革总体上促进了县域经济发展，但是有的县级市经济社会发展并不理想，城镇化水平仍然较低。

（4）提出了城镇行政管理体制的改革目标，即助推新型城镇化建设、赋予城镇平等发展权、实现行政层级扁平化。在此基础上，城镇行政管理体制改革要加快设市步伐，增加中小城市数量；扩权强镇，弱化行政等级；优化行政层级，重组地方政府体系。

参考文献

［1］阿布都瓦力·艾百，康新梅，吴碧波. 印度城镇化进程中农村富余劳动力转移及其对中国的启示 ［J］. 世界农业，2015 (2)：27 –32.

［2］安虎森，朱妍. 经济发展水平与城市化模式选择 ［J］. 求索，2007 (6)：1 –5.

［3］巴春生. 关于市场主导型城市化问题的探讨 ［J］. 生产力研究，2004 (8)：26 –31.

［4］巴曙松，杨现领. 城镇化大转型的金融视角 ［M］. 厦门：厦门大学出版社，2013.

［5］白永秀. 城乡二元结构的中国视角：形成、拓展、路径 ［J］. 学术月刊，2012 (5)：67 –76.

［6］白永秀，王颂吉，鲁能. 国际视野下中国城乡发展一体化模式研究 ［M］. 北京：中国经济出版社，2013.

［7］白永秀，王颂吉. 马克思主义城乡关系理论与中国城乡发展一体化探索 ［J］. 当代经济研究，2014 (2)：22 –27.

［8］白永秀，赵勇. 中国城市化发展模式转型：由 "被动城市化" 到 "主动城市化" ［J］. 领导之友，2011 (11)：6 –8.

［9］北京大学 "多途径城市化" 研究小组. 多途径城市化 ［M］. 北京：中国建筑工业出版社，2013.

［10］才国伟，黄亮雄. 政府层级改革的影响因素及其经济绩效研究 ［J］. 管理世界，2010 (8)：73 –83.

[11] 蔡昉，杨涛. 城乡收入差距的政治经济学 [J]. 中国社会科学，2000 (4)：11 - 22.

[12] 蔡继明，王成伟，周炳林. 我国城市化战略选择与定量分析 [J]. 当代经济研究，2012 (12)：22 - 27.

[13] 蔡乐渭. 中国土地征收补偿制度的演进、现状与前景 [J]. 政法论坛，2017 (6)：96 - 108.

[14] 蔡书凯，李婧. 中国城乡一体化发展的阶段定位、区域差异与推进策略 [J]. 江西财经大学学报，2016 (4)：3 - 11.

[15] 蔡秀玲. 中国城镇化历程、成就与发展趋势 [J]. 经济研究参考，2011 (63)：28 - 37.

[16] 曹钢. 中国城镇化模式举证及其本质差异 [J]. 改革，2010 (4)：78 - 83.

[17] 曹宗平. 三种城市化发展模式评述 [J]. 改革，2005 (5)：59 - 64.

[18] 茶洪旺. 论新型城镇化发展中的政府有限主导 [J]. 中州学刊，2013 (11)：26 - 29.

[19] 陈斌开，林毅夫. 发展战略、城市化与中国城乡收入差距 [J]. 中国社会科学，2013 (4)：81 - 102.

[20] 陈俭. 新中国城乡关系演变的特点及启示 [J]. 河北经贸大学学报，2016 (6)：48 - 58.

[21] 陈锡文. 推进以人为核心的新型城镇化 [N]. 人民日报，2015 - 12 - 07.

[22] 陈甬军，宜超. 新时期中国特色城市化理论研究 [M]. 北京：中国人民大学出版社，2013.

[23] 陈钊，陆铭. 城市化、城市倾向的经济政策与城乡收入差距 [J]. 经济研究，2004 (6)：50 - 58.

[24] 陈钊，陆铭. 从分割到融合：城乡经济增长与社会和谐的政治经济学 [J]. 经济研究，2008 (1)：21 - 32.

[25] 陈钊，陆铭. 迈向社会和谐的城乡发展 [M]. 北京：北京大学出版社，2016.

[26] 成德宁. 经济发达国家与发展中国家城镇化的比较与启示 [J]. 经济评论，2002 (1)：122 - 125.

［27］程建平. 混合型城市化发展模式初探［J］. 河南师范大学学报（哲学社会科学版），2006（6）：57 - 60.

［28］迟福林. 改革红利：十八大后转型与改革的五大趋势［M］. 北京：中国经济出版社，2013.

［29］迟福林. 推进规模城镇化向人口城镇化的转型［J］. 中国井冈山干部学院学报，2013（3）：19 - 22.

［30］储玉坤，孙宪钧. 美国经济［M］. 北京：人民出版社，1990.

［31］楚明锟，崔会敏，周军. 从"市管县"到"省直管县"的体制转型分析［J］. 商丘师范学院学报，2011（1）：60 - 65.

［32］楚明钦. 产业发展、要素投入与我国供给侧改革［J］. 求实，2016（1）：33 - 39.

［33］从茂昆，张明斗. 城乡统筹发展的框架设计与推进策略研究［J］. 工业技术经济，2016（8）：122 - 128.

［34］杜雯. 我国流动人口的变化趋势、社会融合及其管理体制创新［J］. 改革，2013（8）：147 - 156.

［35］樊纲，张晓晶. "福利赶超"与"增长陷阱"：拉美的教训［J］. 管理世界（月刊），2008（9）：12 - 24.

［36］范剑勇，莫家伟. 城市化模式与经济发展方式转变：兼论城市化的方向选择［J］. 复旦学报（社会科学版），2013（3）：65 - 73.

［37］范剑勇，莫家伟. 城镇化过程中慎重推进土地流转：国际经验及对中国的启示［J］. 毛泽东邓小平理论研究，2013（1）：20 - 24.

［38］范今朝. 1979 年以来浙江省行政区划调整变更的过程及作用：兼论中国未来行政区划改革走向［J］. 经济地理，2004（4）：449 - 453.

［39］范毅，冯奎. 行政区划调整与城镇化发展［J］. 经济社会体制比较，2017（6）：66 - 73.

［40］费利群，藤翠华. 城乡产业一体化：马克思主义城乡融合思想的当代视界［J］. 理论学刊，2010（1）：62 - 65.

［41］冯奎. 中国城镇化转型研究［M］. 北京：中国发展出版社，2013.

［42］冯俏彬. "省直管县"何去何从?：基于新型城镇化与行政区划改革背景［J］. 地方财政研究，2016（2）：11 - 15.

［43］冯俏彬. 在新型城镇化进程中重新定位"省直管县"政策［J］. 行

政管理改革, 2015 (5): 44 - 47.

[44] 付恒杰. 日本城市化模式及其对中国的启示 [J]. 日本问题研究, 2003 (4): 18 - 21.

[45] 高虹. 城市人口规模与劳动力收入 [J]. 世界经济, 2014 (10): 145 - 164.

[46] 高环. 城镇化建设中产业发展问题研究 [D]. 哈尔滨: 东北林业大学, 2004.

[47] 高珮义. 中外城市化比较研究 [M]. 天津: 南开大学出版社, 1991.

[48] 顾朝林, 袁家冬, 杜国庆. 全球化与日本城市化的新动向 [J]. 国际城市规划, 2007 (1): 1 - 4.

[49] 管清友. 能源 - 交通体系与城市化模式 [J]. 中国市场, 2010 (50): 67 - 71.

[50] 光明日报城乡调查研究中心, 上海交通大学城市科学研究院. 创新发展理念引领城市新区建设: 我国大都市新城新区发展现状、问题与对策 [N]. 光明日报, 2016 - 01 - 13.

[51] 郭熙保, 崔文俊. 我国城乡协调发展: 历史、现状与对策思路 [J]. 江西财经大学学报, 2016 (3): 58 - 71.

[52] 国家发改委城市和小城镇改革发展中心调研组. 如何激发特大镇发展活力 [N]. 光明日报, 2014 - 07 - 15.

[53] 国家发展改革委政策研究室. 城镇化的国际模式及其启示 [J]. 宏观经济管理, 2013 (4): 18 - 20.

[54] 国务院发展研究中心课题组. 农民工市民化进程的总体态势与战略取向 [J]. 改革, 2011 (5): 5 - 29.

[55] 国务院发展研究中心课题组. 中国新型城镇化道路、模式和政策 [M]. 北京: 中国发展出版社, 2014.

[56] 韩长赋. 正确把握和处理新阶段的城乡关系 [J]. 求是杂志, 2009 (19): 57 - 59.

[57] 韩俊, 崔传义, 赵阳. 巴西城市化过程中贫民窟问题及对我国的启示 [J]. 中国发展观察, 2005 (6): 4 - 6.

[58] 韩俊. 中国城乡关系演变60年: 回顾与展望 [J]. 改革, 2009 (11): 5 - 14.

［59］何爱霞，刘雅婷. 城镇化进程中农民工从结构到实质融入的教育培训问题［J］. 现代远程教育研究，2017（1）：79－87.

［60］何华玲. 协同治理视角下的新型城镇化：政府角色、职能位移与市场"嵌入"［J］. 江西行政学院学报，2015（4）：5－12.

［61］洪银兴，陈雯. 城市化模式的新发展［J］. 经济研究，2000（12）：66－71.

［62］洪银兴. 新阶段城镇化的目标和路径［J］. 经济学动态，2013（7）：4－9.

［63］胡必亮，马昂主. 城乡联系理论与中国的城乡联系［J］. 经济学家，1993（4）：98－128.

［64］胡存智. "最严格节约用地"推进城镇化［J］. 瞭望，2012（40）：24－26.

［65］胡拥军. 新型城镇化条件下政府与市场关系再解构：观照国际经验［J］. 改革，2014（2）：120－130.

［66］华生. 城市化转型与土地陷阱［M］. 北京：人民东方出版传媒、东方出版社，2013.

［67］黄勤，杨爽. 通过产业转型升级加快推进新型城镇化建设［J］. 经济纵横，2014（1）：44－47.

［68］黄升旗. 我国城市化发展问题研究［M］. 长沙：湖南师范大学出版社，2010.

［69］J. 克拉潘. 现代英国经济史：下卷［M］. 姚曾异，译. 北京：商务印书馆，1977.

［70］纪晓岚. 英国城市化历史进程分析与启示［J］. 华东理工大学学报（社会科学报），2004（2）：91－101.

［71］贾康，梁季. 市场化、城镇化联袂演绎的"土地财政"与土地制度变革［J］. 改革，2015（5）：67－81.

［72］杰里米·里夫金. 第三次工业革命：新经济模式如何改变世界［M］. 张体伟，等译. 北京：中信出版社，2012.

［73］简新华，何志扬，黄锟. 中国城镇化与特色城镇化道路［M］. 济南：山东人民出版社，2010.

［74］简新华，刘传江. 世界城市化的发展模式［J］. 世界经济，1998

（4）：12 – 17.

[75] 简新华，张国胜. 日本工业化、城市化进程中的"农地非农化" [J]. 中国人口·资源与环境，2006（2）：95 – 100.

[76] 江俊伟. 新中国成立以来中共城乡关系政策的演变及其经验研究 [J]. 党史研究，2010（6）：29 – 38.

[77] 焦华富. 发展中国家城市化政策及模式比较 [J]. 安徽师范大学学报（自然科学版），2000（4）：368 – 371.

[78] 剧锦文. 中国的城镇化与小城镇化发展 [M]. 北京：中国社会科学出版社，2013.

[79] 孔祥云，王小龙. 略论我国农村城镇化模式的选择 [J]. 农村经济，2013（1）：95 – 99.

[80] 孔祥智. 城乡差距是怎样形成的：改革开放以来农民对工业化、城镇化的贡献研究 [J]. 世界农业，2016（1）：222 – 226.

[81] 雷广平. 城市化进程中的住房问题及政策调控 [J]. 经济研究参考，2014（14）：38 – 43.

[82] 李超，万海远. 新型城镇化与人口迁移 [M]. 广州：广东经济出版社，2014.

[83] 李英东，刘涛. 地方政府公共支出行为与半城市化现象 [J]. 财贸研究，2017（5）：66 – 76.

[84] 李二超，韩洁. "四化"同步发展的内在机理、战略路径与制度创新 [J]. 改革，2013（7）：152 – 159.

[85] 李国平. 内需问题的根源在于体制 [J]. 理论视野，2011（2）：54 – 56.

[86] 李金来. 我国城市化应走优先发展中等城市的道路 [J]. 城市问题，1990（2）：30 – 33.

[87] 李金龙，闫倩倩. 我国乡镇行政区划调整中的激进现象及其消弭 [J]. 甘肃社会科学，2017（6）：219 – 224.

[88] 李培林. 小城镇依然是大问题 [J]. 甘肃社会科学，2013（3）：1 – 4.

[89] 李强，陈宇琳，刘精明. 中国城镇化"推进模式"研究 [J]. 中国社会科学，2012（7）：82 – 100.

[90] 李少星，颜培霞，蒋波. 全球化背景下地域分工演进对城市化空间格局的影响机理 [J]. 地理科学进展，2010 (8): 943 –951.

[91] 李世美，沈丽. 居住证制度与户籍制度改革：北京、上海、深圳的政策解读与对比 [J]. 山东农业大学学报（社会科学版），2018 (1): 66 –74.

[92] 李铁. 发展特大镇吸纳农民工 [J]. 江苏农村经济，2010 (10): 59 –60.

[93] 李铁. 行政等级管理体制制约城镇发展 [J]. 经济研究参考，2002 (15): 36 –37.

[94] 李永乐，胡晓波，魏后凯. "三维" 政府竞争：以地方政府土地出让为例 [J]. 政治学研究，2018 (1): 47 –58.

[95] 李庄. 论我国城市化模式的战略选择 [J]. 求实，2006 (12): 61 –64.

[96] 林光彬. 我国工业现代化进程临界点 [N]. 中国社会科学报，2013 –04 –02.

[97] 林毅夫，蔡昉，李周. 中国的奇迹：发展战略与经济改革 [M]. 上海：上海三联书店，上海人民出版社，1994.

[98] 刘爱梅. 我国城市规模两极分化的现状与原因 [J]. 城市问题，2011 (4): 2 –7.

[99] 刘纯彬. 论我国乡村城市化道路 [J]. 中国农村经济，1987 (9): 37 –41.

[100] 刘国新，刘瑜. 城镇化进程中我国户籍制度的绩效评价与改革创新 [J]. 学术交流，2014 (5): 70 –74.

[101] 刘洁，苏杨，魏方欣. 基于区域人口承载力的超大城市人口规模调控研究 [J]. 中国软科学，2013 (10): 147 –156.

[102] 刘守英. 城乡中国的土地问题 [J]. 北京大学学报（哲学社会科学版），2018 (3): 79 –93.

[103] 刘守英，熊雪峰. 我国乡村振兴战略的实施与制度供给 [J]. 政治经济学评论，2018 (4): 80 –96.

[104] 刘守英. 中共十八届三中全会后的土地制度改革及其实施 [J]. 法商研究，2014 (2): 3 –10.

[105] 刘守英. 中国城乡二元土地制度的特征、问题与改革 [J]. 国际经

济评论，2014（3）：9-25.

[106] 刘守英. 中国土地制度改革：上半程与下半程 [J]. 国际经济评论，2017（5）：29-56.

[107] 刘文龙，罗平峰. 近代拉美与美国城市化的不同进程与经济职能 [J]. 拉丁美洲研究，2000（5）：41-48.

[108] 刘学艺，等. 经济增长方式与环境保护的战略转变 [J]. 环境保护，2007（6）：41-45.

[109] 刘禹涵. 我国土地征收制度改革的问题与走向 [J]. 河北法学，2017（4）：123-133.

[110] 刘云刚，靳杰. 区划调整的城市化效应：中山市的案例研究 [J]. 地理科学进展，2014（8）：1047-1057.

[111] 刘志彪. 以城市化推动产业转型升级：兼论"土地财政"在转型时期的历史作用 [J]. 学术月刊，2010（10）：65-70.

[112] 刘志彪，于明超. 从GVC走向NVC长三角一体化与产业升级 [J]. 学海，2009（5）：59-67.

[113] 刘志平. 城镇化进程中城乡基本公共服务均等化面临的困境与思考 [J]. 福建广播电视大学学报，2016（3）：63-67.

[114] 陆大道. 区位论及区域研究方法 [M]. 北京：科学出版社，1988.

[115] 陆铭，高虹，佐藤宏. 城市规模与包容性就业 [J]. 中国社会科学，2012（10）：47-66.

[116] 陆铭，向宽虎，陈钊. 中国的城市化和城市体系调整：基于文献的评论 [J]. 世界经济，2011（6）：3-25.

[117] 陆升军. 中国城市化模式的制度成因 [J]. 广西师范学院学报，2003（2）：39-42.

[118] 罗必良. 农地保障和退出条件下的制度变革：福利功能让渡财产功能 [J]. 改革，2013（1）：66-75.

[119] 罗震东，汪鑫，耿磊. 中国都市区行政区划调整：城镇化加速期以来的阶段与特征 [J]. 城市规划，2015（2）：44-49.

[120] 罗震东. 中国当前的行政区划改革及其机制 [J]. 城市规划，2005（11）：29-35.

[121] 马光红，胡晓龙，施建刚. 美国住房保障政策及实施策略研究

[J]. 建筑经济, 2006 (9): 75 - 78.

[122] 马凯. 转变城镇化发展方式, 提高城镇化发展质量, 走出一条中国特色城镇化道路 [J]. 国家行政学院学报, 2012 (5): 4 - 12.

[123] 马克思, 恩格斯. 马克思恩格斯全集: 第2卷 [M]. 北京: 人民出版社, 1957.

[124] 马克思, 恩格斯. 马克思恩格斯全集: 第46卷 (上册) [M]. 北京: 人民出版社, 1979.

[125] 马晓河. 一亿农业转移人口市民化的难题研究 [J]. 农业经济问题, 2018 (4): 4 - 14.

[126] 马约生. 论日本早期的城市化 [J]. 扬州大学学报 (人文社会科学版), 2006 (5): 78 - 83.

[127] 毛丰付, 赵奉军. 新型城镇化与住房发展 [M]. 广州: 广东经济出版社, 2014.

[128] 毛蒋兴, 薛德升. 世界城市化模式及其对珠江三角洲的启示 [J]. 规划师, 2006 (5): 76 - 79.

[129] 孟习贞, 韩学丽. 推进城镇化的理性思考 [M]. 扬州: 广陵书社, 2013.

[130] 孟祥林. 城镇化进程模式: 从发达国家的实践论我国存在的问题 [J]. 广州大学学报 (社会科学版), 2010 (4): 25 - 31.

[131] 孟延春, 谷浩. 中国四大板块区域城镇化路径分析: 以县 (市) 行政区划调整为例 [J]. 城市发展研究, 2017 (10): 54 - 60.

[132] 倪鹏飞. 新型城镇化: 理论与政策框架 [M]. 广州: 广东经济出版社, 2014.

[133] 宁光杰. 中国大城市的工资高吗?: 来自农村外出劳动力的收入证据 [J]. 经济学 (季刊), 2014 (3): 1021 - 1046.

[134] 《农业投入》总课题组. 农业保护: 现状、依据和政策建议 [J]. 中国社会科学, 1996 (1): 56 - 71.

[135] 齐昕. 金融经济力: 城市化新模式的协调机制 [J]. 金融发展研究, 2012 (10): 19 - 25.

[136] 乔小勇. "人的城镇化" 与 "物" 的城镇化的变迁过程: 1978 ~ 2011 年 [J]. 改革, 2014 (4): 88 - 99.

[137] 乔晓楠，张欣. 美国产业结构变迁及其启示：反思配第 – 克拉克定律 [J]. 高校理论战线，2012（12）：32 – 42.

[138] 秦震. 论中国政府主导型城镇化模式 [J]. 华南师范大学学报（社会科学版），2013（3）：24 – 29.

[139] 全国人大预工委. 关于规范地方政府债务管理工作情况的调研报告 [J]. 中国人大，2016（5）：19 – 23.

[140] 任太增. 城市偏向制度及其对城乡收入差距的影响 [J]. 江西社会科学，2008（5）：72 – 77.

[141] 任远. 城市流动人口的留居模式与社会融合 [M]. 上海：上海三联书店，2012.

[142] 任远. 新型城镇化是以人为核心的城镇化 [J]. 国家行政学院学报，2014（3）：33 – 34.

[143] 芮明杰. 欧美"再工业化"对我国的挑战与启示 [N]. 中国社会科学报，2013 – 03 – 06.

[144] 单卓然，黄亚平. "新型城镇化"概念内涵、目标内容、规划策略及认知误区解析 [J]. 城市规划学刊，2013（2）：16 – 22.

[145] 尚启君. 论城市化模式的决定因素与我国的城市化道路 [J]. 经济经纬，2007（4）：52 – 54.

[146] 尚启君，魏正果. 日本和印度工业化初期主导产业与农业发展的比较研究 [J]. 农业现代化，1996（1）：58 – 61.

[147] 邵龙飞. 中国城市化的动力机制及发展模式探析 [J]. 上海城市规划，2001（1）：15 – 17.

[148] 盛广耀. 城市化模式转变：从城乡分割到城乡统筹：对城市化与"三农"关系的思考 [J]. 城市，2005（6）：18 – 20.

[149] 盛广耀. 关于城市化模式的理论分析 [J]. 江淮论坛，2012（1）：24 – 30.

[150] 盛广耀. 中国城市化模式的反思与转变 [J]. 经济纵横，2009（9）：31 – 35.

[151] 石淑华，吕阳. 我国城镇体系等级规模结构演化的制度分析与改革 [J]. 福建行政学院学报，2014（6）：10 – 16.

[152] 宋才发，向林生. 农民工市民化视野下的户籍制度改革 [J]. 商丘

师范学院学报，2015（8）：106－111.

[153] 宋洪远，赵海. 同步推进工业化、城镇化和农业现代化面临的挑战与选择 [J]. 经济研究参考，2012（28）：19－28.

[154] 宋敏. 城镇化与土地收益分配 [J]. 安徽农业科学，2006（7）：1471－1474.

[155] 宋哲. 中国地方政府层级设置比较研究：以"市领导县"与"省直管县"体制为分析对象 [J]. 华中师范大学研究生学报，2008（1）：35－39.

[156] 苏东坡. 新型城镇化与行政区划调整的或然走向 [J]. 改革，2013（12）：144－153.

[157] 孙关龙. 21 世纪中国不能没有县：对"整县改市"模式的质疑 [J]. 广西民族学院学报（哲学社会科学版），1998（2）：83－85.

[158] 孙嘉明. 城市化与城乡统筹发展的国际比较 [J]. 探索，2014（3）：141－146.

[159] 孙久文，李华香. 中国区域城市化模式研究 [J]. 社会科学辑刊，2012（1）：111－115.

[160] 孙群郎，郑殿娟. 西方发达国家后工业城市的主要特征 [J]. 社会科学战线，2007（5）：122－127.

[161] 孙一仰，焦晓云. 中国城镇化建设取得的成就与基本经验 [J]. 技术经济与管理研究，2015（10）：124－128.

[162] 孙中伟. 农民工大城市定居偏好与新型城镇化的推进路径研究 [J]. 人口研究，2015（5）：72－86.

[163] 谭崇台，马绵远. 农民工市民化：历史、难点与对策 [J]. 江西财经大学学报，2016（3）：72－80.

[164] 唐为，王媛. 行政区划调整与人口城市化：来自撤县设区的经验证据 [J]. 经济研究，2015（9）：72－85.

[165] 唐耀华. 城市化概念研究与新定义 [J]. 学术论坛，2013（5）：113－116.

[166] 陶虹，杨东平，李阳. 农民工子女义务教育状况分析：基于我国 10 个城市的调查 [J]. 教育发展研究，2010（9）：6－9.

[167] 陶希东. 中国特大城市（地级市）县改区：问题与出路 [J]. 创新，2017（1）：13－20.

［168］田相辉，徐小靓. 为什么流向大城市?：基于城市集聚经济的估计［J］. 人口与经济，2015（3）：23－32.

［169］佟家栋，刘程. 国际经济保护主义与经济全球化的调整期［J］. 南开学报（哲学社会科学版），2013（2）：131－138.

［170］完世伟. 当代中国城乡关系的历史考察及思考［J］. 贵州师范大学学报（社会科学版），2008（4）：14－20.

［171］汪海. 都市圈通勤铁路建设：中国经济稳增长、扩内需的强大引擎［J］. 中国软科学，2015（12）：75－87.

［172］汪宇明，王玉芳，张凯. 近十年来中国城市行政区划调整的影响［J］. 规划师，2012（3）：196－200.

［173］王海光. 2000年以来户籍制度改革的基本评估与政策分析：21世纪以来中国城镇化进程中的户籍制度改革问题研究之一［J］. 理论学刊，2009（5）：91－100.

［174］王红霞. 城镇差别、三部门经济与新时代中国新型城镇化［J］. 上海经济研究，2018（4）：41－51.

［175］王建. 城镇化与中国经济新未来［M］. 北京：中国经济出版社，2013.

［176］王建国，李实. 大城市的农民工工资水平高吗？［J］. 管理世界，2015（1）：51－62.

［177］王克忠. 城镇化路径［M］. 上海：同济大学出版社，2012.

［178］王世元. 新型城镇化之土地制度改革路径［M］. 北京：中国大地出版社，2014.

［179］王曙光. 农本（第二辑）：新型城镇化：挑战与寻路［M］. 北京：中国发展出版社，2013.

［180］王树春. 中国城市化模式的选择问题研究［J］. 学习与探索，2003（1）：90－94.

［181］王婷琳. 行政区划调整与城镇空间结构的变化研究［J］. 城市发展研究，2017（6）：156－160.

［182］王小鲁. 中国城市化路径与城市规模的经济学分析［J］. 经济研究，2010（10）：21－32.

［183］王小梅，秦学志，尚勤. 金融危机以来贸易保护主义对中国工业出

口的影响研究 [J]. 国际贸易问题, 2014 (9): 88 - 97.

[184] 王学圣. 小城镇不能作为我国城市化道路的模式选择 [J]. 人文杂志, 1991 (2): 60 - 64.

[185] 王垚, 年猛. 政府"偏爱"与城市发展: 以中国为例 [J]. 财经研究, 2015 (5): 147 - 161.

[186] 王涌彬. 新型城镇化建设不应忽视农村 [J]. 城乡建设, 2013 (3): 24.

[187] 王媛, 杨广亮. 为经济增长而干预: 地方政府的土地出让策略分析 [J]. 管理世界, 2016 (5): 18 - 31.

[188] 王振. 上海城乡发展一体化的战略目标、瓶颈制约与对策建议 [J]. 上海经济研究, 2015 (2): 3 - 13.

[189] 王治河. 另一种城市化: 走出城乡二元对立深谷的新思路 [J]. 唐都学刊, 2014 (9): 41 - 64.

[190] 韦廷柒, 潘保兴. 我国城市化模式的选择: 一种生态可持续发展的视角 [J]. 广西社会科学, 2011 (12): 107 - 110.

[191] 魏后凯, 白联磊. 中国城市市辖区设置和发展评价研究 [J]. 开发研究, 2015 (1): 1 - 7.

[192] 魏后凯, 关兴良. 中国特色新型城镇化的科学内涵与战略重点 [J]. 河南社会科学, 2014 (3): 18 - 26.

[193] 魏后凯. 论中国城市转型战略 [J]. 城市与区域规划研究, 2011 (1): 1 - 19.

[194] 魏后凯, 盛光耀. 我国户籍制度改革的进展、障碍与推进思路 [J]. 经济研究参考, 2015 (3): 6 - 7.

[195] 魏后凯. 中国城镇化进程中两极分化倾向与规模格局重构 [J]. 中国工业经济, 2014 (3): 18 - 30.

[196] 文贯中, 柴毅. 政府主导型城市化的土地利用效率: 来自中国的实证结果 [J]. 学术月刊, 2015 (1): 11 - 23.

[197] 文贯中. 吾民无地: 城市化、土地制度与户籍制度的内在逻辑 [M]. 北京: 东方出版社, 2014.

[198] 吴金群. 基于省管县改革的行政区划调整 [J]. 中共浙江省委党校学报, 2013 (5): 92 - 98.

［199］吴翔阳. 略论两种不同体制下的城市化模式［J］. 广东教育学院学报，2001（1）：15 – 19.

［200］吴业苗. 户籍制度改革与"人的城镇化"问题检视［J］. 学术界，2016（4）：45 – 57.

［201］吴振磊. 我国城乡经济社会关系的历史演进：阶段、特征与趋势［J］. 西北大学学报（哲学社会科学版），2012（4）：26 – 31.

［202］武力. 1949—2006 年城乡关系演变的历史分析［J］. 中国经济史研究，2007（1）：23 – 31.

［203］习近平在湖北考察改革发展工作时强调坚定不移全面深化改革开放脚踏实地推动经济社会发展［N］. 人民日报，2013 – 07 – 23.

［204］夏永祥. 改革开放 30 年来我国城乡关系的演变与思考［J］. 苏州大学学报（哲学社会科学版），2008（6）：18 – 20.

［205］向春玲. 城镇化热点难点前沿问题［M］. 北京：中共中央党校出版社，2014.

［206］向春玲，等. 中国特色城镇化重大理论与现实问题研究［M］. 北京：中共中央党校出版社，2015.

［207］向春玲. 中国特色城镇化道路的探索与选择［J］. 江苏行政学院学报，2004（6）：61 – 66.

［208］肖金成，党国英. 城镇化战略［M］. 海口：海南出版社，2014.

［209］肖顺武. 从管制到规制：集体经营性建设用地入市的理念转变与制度构造［J］. 现代法学，2018（3）：94 – 108.

［210］谢志强，姜典航. 城乡关系演变：历史轨迹及其基本特点［J］. 中共中央党校学报，2011（4）：68 – 73.

［211］新玉言. 国外城镇化：比较研究与经验启示［M］. 北京：国家行政学院出版社，2013.

［212］新玉言. 新型城镇化：理论发展与前景透析［M］. 北京：国家行政学院出版社，2013.

［213］邢健. 撤县设市改革的制度绩效与路径选择：基于湖北省 66 个县的实证研究［J］. 武汉理工大学学报，2018（3）：86 – 94.

［214］徐和平，蔡绍洪. 当代美国城市化演变、趋势及其新特点［J］. 城市发展研究，2006（5）：13 – 16.

[215] 徐和平. 战后美国与欧盟城市化政策及模式比较 [J]. 中国名城, 2011 (11): 7-11.

[216] 徐智环. 中国城市化模式的一般性选择与西部地区城市化模式的个别性选择 [J]. 经济问题探索, 2008 (7): 22-25.

[217] 薛光明. 中国城市化模式的演进 [J]. 党政干部学刊, 2010 (12): 37-39.

[218] 薛敬孝, 曾令波. 论经济全球化的内涵和表现形式 [J]. 北华大学学报 (社会科学版), 2000 (1): 65-69.

[219] 阳敏, 王绍光. 中国基层财政之困 [J]. 南风窗, 2006 (5): 15-19.

[220] 杨柏芳. 我国区域城市化模式选择分析 [J]. 哈尔滨商业大学学报 (社会科学版), 2007 (4): 96-98.

[221] 杨红炳. 发达国家平抑城乡收入差距的经验及其对我国的启示 [J]. 河北理工大学学报 (社会科学报), 2007 (3): 47-50.

[222] 杨林, 刘春仙. 后土地财政时代提高我国城镇化建设可持续性对策研究 [J]. 地方财政研究, 2014 (5): 17-22.

[223] 杨民, 杨献东. 土地改革与工业化的相互作用研究 [J]. 社会科学, 2005 (11): 35-40.

[224] 杨荣. 工业革命对美国城市化的影响 [J]. 安庆师范学院学报 (社会科学版), 2002 (2): 25-27.

[225] 杨帅, 温铁军. 经济波动、财税体制变迁与土地资源资本化 [J]. 管理世界, 2010 (4): 32-41.

[226] 杨小凯, 张永生. 新兴古典经济学和超边际分析 [M]. 北京: 中国人民大学出版社, 2008.

[227] 杨益明. 转型期我国城市化模式研究 [J]. 湖北社会科学, 2007 (7): 76-79.

[228] 姚士谋, 王成新, 解晓南. 21世纪中国城市化模式探讨 [J]. 科技导报, 2004-07-18.

[229] 姚小飞. 城乡一体化发展的一般规律与中国特殊国情 [J]. 技术经济与管理研究, 2016 (3): 124-128.

[230] 叶连松, 靳新彬, 叶秀庭. 再论新型城镇化: 着力提高城镇化质量

[M]．北京：中国经济出版社，2014.

[231] 叶兴庆，徐小青．从城乡二元到城乡一体：我国城乡二元体制的突出矛盾与未来走向 [J]．管理世界，2014（9）：1-12.

[232] 余燕，袁培．国内外城乡一体化发展模式研究综述及启示 [J]．苏州教育学院学报，2016（2）：78-83.

[233] 俞金尧．20 世纪发展中国家城市化历史反思：以拉丁美洲和印度为主要对象的分析 [J]．世界历史，2011（3）：4-23.

[234] 曾福生，吴雄周，刘辉．论我国目前城乡统筹发展的实现形式：城镇化和新农村建设协调发展 [J]．农业现代化，2010（1）：19-23.

[235] 曾宪明．从政府主导型到市场主导型：中国城市化的战略转换 [J]．广东农工商职业技术学院学报，2006（8）：5-9.

[236] 张国胜，陈瑛．我国户籍制度改革的演化逻辑与战略取向 [J]．经济学家，2014（5）：78-86.

[237] 张鸿雁．城市化理论重构与城市化战略研究 [M]．北京：经济科学出版社，2012.

[238] 张静．城市地区户籍制度改革及其路径思考 [J]．中国行政管理，2009（8）：58-62.

[239] 张蕾，张京祥．撤县设区的区划兼并效应再思考：以镇江市丹徒区为例 [J]．城市规划，2007（1）：36-40.

[240] 张启良．城镇化率：历史与全球视野下的轨迹（上）[J]．统计与咨询，2013（3）：40-41.

[241] 张强．中国城乡一体化发展的研究与探索 [J]．中国农村经济，2013（1）：15-23.

[242] 张德荣．"中等收入陷阱"发生机理与中国经济增长的阶段性动力 [J]．经济研究，2013（9）：17-29.

[243] 张蕊．中国城市化和道路模式探讨 [J]．西昌师范高等专科学校学报，2003（3）：40-45.

[244] 张孝德．中国特色城镇化模式：城乡两元文明共生模式 [J]．经济研究参考，2013（1）：14-19.

[245] 张鑫．制造业外迁倒逼城市经济转型 [N]．中国社会科学报，2016-07-13.

［246］张学兵. 当代中国史上"粮油关系"的兴替［J］. 长白学刊，2010（5）：120－126.

［247］张占斌. 解析新型城镇化［M］. 北京：经济科学出版社，2014.

［248］张占斌. 中国新型城镇化背景下的省直管县体制改革［J］. 经济社会体制比较，2012（6）：1－12.

［249］张占斌. 中国新型城镇化健康发展报告［M］. 北京：社会科学文献出版社，2014.

［250］张志前，王申. 进城圆梦：探寻中国特色城镇化之路［M］. 北京：社会科学文献出版社，2014.

［251］赵光瑞. 日本城市化模式与中国的选择［M］. 北京：中国书籍出版社，2007.

［252］赵光瑞. 日本公共住房政策及其对中国的启示：以高速增长时期的住房政策为中心［J］. 南京财经大学学报，2011（5）：92－97.

［253］赵丽娜，孙宁宁. 新贸易保护主义对中国出口贸易的影响及对策研究［J］. 理论学刊，2014（11）：63－71.

［254］赵群毅. 城乡关系的战略转型与新时期城乡一体化规划探讨［J］. 城市规划学刊，2009（6）：47－52.

［255］赵新平，周一星. 改革以来中国城市化道路及城市化理论研究述评［J］. 中国社会科学，2002（2）：132－138.

［256］郑秉文. "中等收入陷阱"与中国发展道路［J］. 中国人口科学，2011（1）：2－15.

［257］郑国，叶裕民. 中国城乡关系的阶段性与统筹发展模式研究［J］. 中国人民大学学报，2009（6）：87－92.

［258］郑思齐，廖俊平，任荣荣，曹洋. 农民工住房政策与经济增长［J］. 经济研究，2011（2）：73－86.

［259］中国财长楼继伟：中国可能滑入中等收入陷阱［EB/OL］. 腾讯财经，http：//finance. qq. com/a/20150427/016518. htm，2015－04－27.

［260］中国城市经济学会中小城市经济发展委员会，《中国中小城市发展报告》编纂委员会. 中国中小城市发展报告（2012）［M］. 北京：社会科学出版社，2012.

［261］中国审计署. 我国政府性债务审计报告［A］. 2013年第32号公告。

[262] 周英. 城市化模式选择：理论逻辑与内容 [J]. 生产力研究, 2006 (3)：59 - 61.

[263] 周黎安. 中国地方官员的晋升锦标赛模式研究 [J]. 经济研究, 2007 (7)：36 - 50.

[264] 周一星, 史育龙. 关于我国市镇人口的几个问题 [J]. 人口与经济, 1990 (6)：9 - 13.

[265] 朱建华, 陈曦, 戚伟, 陈田. 区划调整的城市化效应：以江苏省为例 [J]. 经济地理, 2017 (4)：76 - 83.

[266] 朱进芳. 省直管县改革存在的问题与改进对策 [J]. 中州学刊, 2017 (5)：11 - 15.

[267] 朱铁臻. 城市现代化研究 [M]. 北京：红旗出版社, 2002.

[268] 朱熹群. 城乡一体化发展中的政府与市场合力驱动：一个理论分析框架 [J]. 江苏社会科学, 2015 (4)：143 - 148.

[269] 踪家峰, 周亮. 大城市支付了更高的工资吗？ [J]. 经济学（季刊）, 2015 (4)：1467 - 1496.

[270] 邹一南. 城镇化的双重失衡与户籍制度改革 [J]. 经济理论与经济管理, 2014 (2)：39 - 49.

[271] 左学金, 王红霞. 中国现行土地制度对土地利用和新型城镇化的影响及应对 [J]. 社会科学, 2016 (9)：49 - 58.